정치는 중업重業이다

이한동 회고록

- 어느 시골 소년의 꿈과 삶 -

숭연사

정치는 중업重業이다
이한동 회고록

초판인쇄 2018년 10월 15일
초판발행 2018년 10월 25일
2쇄발행 2018년 11월 15일
3쇄발행 2019년 1월 28일
4쇄발행 2023년 11월 20일

지 은 이 | 이한동
펴 낸 이 | 김광태

펴 낸 곳 | 도서출판 승연사
디 자 인 | 네오프린텍㈜
인   쇄 | 네오프린텍㈜

출판등록 | 1991년 4월 21일 제318-2005-000054호
전   화 | 02-2671-5305 / 02-391-2239
팩   스 | 02-749-4939 / 02-391-2230
핸 드 폰 | 010-3243-5305
주   소 | 서울시 종로구 진흥로432 요진오피스텔 908호
E-mail | ktkim7788@naver.com

값 18,000원
ISBN   978-89-93297-15-7 03340

저작권ⓒ 이한동 2018
이책의 저작권은 저자와 출판사에 있습니다.
서면에 의한 허락 없이 내용의 일부를 인용하거나 발췌하는 것을 금합니다.

「이 도서의 국립중앙도서관 출판예정도서목록(CIP)은 서지정보유통지원시스템 홈페이지(http://seoji.nl.go.kr)와 국가 자료공동목록시스템(http://www.nl.go.kr/kolisnet)에서 이용하실 수 있습니다.(CIP제어번호: CIP2018028116)」

정치는
중업重業이다

이한동 회고록

화 보

경복중 기계체조부 시절(가운데)

경복고 시절 남산에서(1953)

대학졸업(1958)

논산훈련소 훈련병 시절(1958)

1군 사령부 군법무관 시절(1960)

아버지 이정호씨

어머니 채병숙씨

아버지(이정호씨) 회갑연(1969)

약혼사진(1960)

신혼여행(1961)

가족사진

판사 시절 법정에서
(1966)

동료판사들과
판문점 방문
(1967)

부장검사 시절 집무실에서(1977)

나까소네 야스히로
총리 예방(1984)

민정당 사무총장 재임시
덕유산 평생동지
수련대회(1985)

내무부 장관 임명장 수여 후(1988)

일본 자민당 모리수상 한국 방문, 김종필 총재와 함께(1992)

세 번째 원내총무 임명장 수여(1993)

원내총무시절 긴급대책회의(1995)

국회 부의장 시절 "터키" 이스탄불 국립박물관 방문(1995)

국회 부의장 시절 독일 하원의장과 함께(1995)

폴란드 대우자동차 현지 공장 방문(1996)

네타냐후 이스라엘 총리 예방(1996)

연천 수해 복구 현장(1996)

레이니 주한 미국 대사 초청 동두천 미2사단 방문(1997)

신한국당 대선후보 경선 시 이수성 전 총리와 함께(1997)

신한국당 대선후보 경선 대회장(1997)

신한국당 민주당 합당 전당대회(1997)

자유민주연합 총재 취임(2000)

중국 조선족 조남기 부주석 부부와 함께(2000)

국무총리 임명장 수여(2000)

총리 취임 후 김대중 대통령 내외분과 함께(2000)

총리 임명장 수여식 후 고향에서 조상 산소에 고유(2000)

총리 취임 후 전두환 전 대통령 예방 (2000)

수교 10주년 기념 러시아 국빈 방문, 카시아노프 총리와 함께(2000)

사우디아라비아 국빈 방문, 국왕과 함께(2001)

남아공 만델라 전대통령 접견(2001)

수교 10주년 기념 중국 국빈 방문, 장쩌민 주석과 함께(2001 중남해)

수교 10주년 기념 몽골 국빈방문, 엔흐바야르 총리 부부와 함께(2001)

코피 아난 UN사무총장 예방(2001 UN본부 사무총장실)

제56차 UN총회 기조연설(2001 UN본부 총회회의장)

수교 10주년 기념 베트남 국빈방문, 국가 주석과 함께(2002)

개성공단 방문시 선죽교에서(2003)

경복고 동문대상 수상기념 (2004)

소수서원 원장 재임(2009~2010)

서 문

정치는 중업重業이다

　어느 해보다도 폭염으로 무더웠던 여름이 지나고 수확과 결실의 계절 가을이 오니, 70년간 전쟁위협에 시달려온 이 땅에도 모처럼 화해의 소식이 들리고 희망의 기운이 온 누리에 퍼지는 것 같다.

　그러나 한반도의 평화는 아직도 요원하며, 갈 길이 멀다는 생각에 잠을 설치고 있는 사람이 어디 나 뿐이겠는가 싶다.

　사람이란 나이가 들면 조금씩 익어가며 욕심이 없어지는 가 보다. 어느새 팔순(八旬)의 한가운데에 서고 보니 과거와 현실이 하나의 얼개로 엮여있다는 사실에 놀라게 되고, 후손들의 미래를 염려하는 마음이 더 깊어진다.

　돌아보건대, 약관 24세에 관계(官界)에 발을 들여 놓은 뒤 법조인(17년)과 정치인(24년)으로 41년간 일하면서 내 딴에는 최선을 다했지만, 지난 세월을 반추(反芻)해보니 자랑할 것은 별로 없고, 국가와 국민께 회한과 죄스러움만 가득할 뿐이다.

　다만 내가 얻은 최고의 깨달음은 '정치는 중업(重業)'이라는 사실이었다. 정치인은 아무나 함부로, 개인의 영달이나 이익을 위해 취할 직업이 아니라는 말이다. 고려·조선조를 대표하는 명재상인 익재(益齋)이제현 선생이나 서애(西厓)류성룡 선생처럼 자신을 죽여 나라와 국민을 살리려는 살신구국(殺身救國)의 역사적 소명의식에 투철한 사람이 정치인이 되어

23

국정을 맡아야 험난한 국제정세 속에서 조국의 번영과 통일을 이끌 수 있고, 국민의 안녕과 행복을 지킬 수 있다는 말이다.

정치권력이란 스스로 아름다운 멍에를 지는 일이다. 멍에를 짊어진 소는 늘 주인(국민)을 위해 땀 흘려 일하고, 그 직을 그만 둔 뒤에도 무한 봉사해야 한다. 멍에를 짊어진 자가 돈과 명예를 탐한다면 국가발전은 멀어지고 본인도 결국에는 불행해 진다.

무릇 재상에게는 '덕승재(德勝才, 덕이 재주에 앞선다)'의 자질이 요구되지만, 나라가 상시 위기에 처한 우리의 경우 위국헌신·애국애민의 리더십을 발휘해야 하는 정치인에게도 똑같은 자질이 요구된다 하겠다.

막스베버는 20세기 초반, 독일의 지독한 관료주의에 염증을 내고 열정·책임감·통찰에 바탕한 균형적 판단을 정치가 뿐만 아니라 모든 공직자가 갖춰야 할 윤리덕목으로 제시한 바 있다.

덧붙여 나는 보수정당의 정치인으로 40년을 살아왔지만, 박근혜 전 대통령의 탄핵사태 이후 정권 교체를 비교적 냉정하게 받아들이고 있다. "보수는 정체성을 지키기 위해 개혁한다"는 에드먼드 버크의 주장을 빌지 않더라도, 이 시점에 '왜 다시 보수인가'라는 화두, 즉 '보수개혁'에 대한 본질적인 논의가 요원의 불길처럼 일어나길 바란다. 보수주의는 역사와 전통을 중시하고 고치는 것 또한 똑같이 중시하기 때문에 진정 미래를 지향하고 있다는 것을 강조하고 싶다.

21세기 벽두에 정치 일선에서 떠난 지 14년이 흘렀지만 대한민국 제33대 국무총리를 지낸 사람으로서 어찌 국태민안(國泰民安)과 국리민복(國利民福)에 관심이 없으랴. 기우(杞憂)일지도 모르지만 우리가 처한 현재의 답답한 정치상황으로 인해 후진들에게 작은 보탬이라도 되어주어야겠다는 생각에서 무딘 붓을 잡아보았다.

재언컨대, 정치는 국사(國事)를 조직하고 이끄는 최고의 업이다. 우리 정치의 발전과 후배 정치인들의 분발을 위해 격동의 시대를 정치일선에서 일해 온 사람으로서 기억을 되살려 내가 겪은 일들을 담담하게 정리해보았다. 성공의 기록보다는 실패의 기록에 가까울 수도 있지만, 그래서 더 소중할 수 있을 것이다. 조금이나마 참고가 되면 좋겠다.

원고를 정리하면서 여러 분들을 실명으로 썼는데, 그것은 우리 현대정치사의 산 기록이라는 점과 그분들에 대한 나의 애정이라 여겨주시면 고맙겠다. 혹여 언짢은 표현이 있었다면 나의 무지와 기억의 한계라는 점을 밝혀두며 강호제현(江湖諸賢)의 양해를 구한다.

이 책을 펴내는데 도움을 준 지난날의 동지와 후배들의 노고에 감사드린다. 그리고, 나를 낳아주시고 덕과 인으로 키워주신 부모님, 어려운 집안 8남매의 맏며느리로서 형제·자매들을 챙기고 나의 공직생활 반백년과 특히 정치생활 24년의 영고(榮枯)를 곁에서 변함없이 지켜주며 희생과 헌신으로 도와준 아내, 또한 20여년 지역구(포천·연천)를 열과 성을 다해 관리해주시고 평상시 집안의 대소사를 한결같은 마음으로 챙겨주신 막내(한강) 제수씨에게 한없이 고마운 마음을 전한다.

서기 2018년 가을

이 한 동 적음

목 차

화 보 · 5
서 문 · 23

제1부
고난은 남자를
장부(丈夫)로
키운다

1 천년 간 공직에 봉직한 집안 · 33
2 시골 면서기의 아들 · 37
3 일제치하 말기, 해방 직후의 혼란 · 42
4 운명이 결정된 경복중 합격 · 47
5 몸으로 겪은 6.25전쟁의 격동기 · 51
6 피난길의 고난 · 56
7 학생노무자, 전쟁통의 고단한 학업 · 61
8 청운의 꿈, 서울대 법대 시절 · 68
9 고시 재수생 · 72

제2부
군 법무관
시절

10 훈련병에서 군 법무관으로 · 83
11 잊지 못할 광주 대성서점 · 86
12 박정희 소장과의 만남 그리고 4.19 · 89
13 평생배필과의 운명적 만남 · 93
14 신혼 그리고 5.16 군사혁명 · 98

제 3 부
험난한 법조인의 길 23년

15 국정 과도기의 판사 5년 • 107
16 변호사에서 공안검사로 • 115
17 김대중 납치사건 • 119
18 문화재 수사 전문가가 되다 • 123
19 격동기에 부장검사 5년 • 126
20 소용돌이치는 정국, 서울의 봄 • 133

제 4 부
집권당 당3역
(사무총장, 원내총무(3회), 정책위의장) 역임

21 흙의 은혜에 보답하기 위해 정치 입문 • 141
22 국제정치에 시동 건 의원외교 활동 • 151
23 5공시대, 냉혹한 정치의 한 가운데로 • 155
24 이농심행(以農心行) 무불성사(無不成事) • 165
25 유럽·북아프리카지역 순방 • 175
26 정치혼란기에 원내총무를 맡다 • 181
27 87년 민주화운동과 6.29선언 • 190
28 6공시대 개막 • 200
29 아쉬운 남북국회회담 무산 • 206
30 88서울올림픽은 선진국 도약의 발판 • 212

목 차

제5부
5공청산과 문민정부

31 내무부장관으로 국법질서 확립에 진력 • 217
32 경찰개혁과 부산 동의대 사건 • 228
33 5공청산의 큰 고비를 넘다 • 236
34 3당 합당,「민주자유당」출범 • 248
35 러시아·중국·일본을 돌아보다 • 252
36 YS시대의 개막 • 258

제6부
시대에 대한 도전과 영욕(榮辱)

37 세 번째 원내총무 수락 • 273
38 국회부의장 시절 • 284
39 새로운 도전의 길에 나서다 • 295
40 중동·유럽에서 배우다 • 299
41 새 시대 지도자론 • 306
42 YS와 이회창의 동반 추락 • 315
43 DJP연합,「한나라당」에 신승 • 319
44「자유민주연합(자민련)」시대를 열다 • 328
45 제33대 국무총리 2년 2개월 • 335
46 대북문제로 DJP 공동정부 파국 • 348
47 국무총리시절 ; 못다 한 이야기 • 352
48「하나로국민연합」창당, 대선 출마 • 369
49 노무현의 '참여정부' • 380

제7부
노 정객이 남기고 싶은 말

50 내 삶의 신조; 해불양수(海不讓水) · 389

51 나의 정치철학 · 393

　(1) 역동정치론 · 393

　(2) 신중부권 역할론 : 지역패권주의 해소 · 397

　(3) 국민통합의 정치론 · 404

　(4) 홍익인간 사회의 건설 · 413

52 영원한 한국의 보수정치인 · 416

53 한국 보수 우파의 미래를 위한 제언 · 423

54 개헌에 관한 단상(斷想) · 428

[부록] 주요연설문

1 제56차 유엔총회 기조연설(2001. 11. 10) · 434

2 하노이국립대학 초청강연(2002. 4. 10.) · 443

3 보하오클럽(BF회의) 총회 기조연설(2002. 4. 12.) · 456

저자 약력 · 468

정치는
중업重業이다
이한동 회고록

제1부
고난은 남자를 장부(丈夫)로 키운다

1. 천년 간 공직에 봉직한 집안
2. 시골 면서기의 아들
3. 일제치하 말기, 해방 직후의 혼란
4. 운명이 결정된 경복중 합격
5. 몸으로 겪은 6.25전쟁의 격동기
6. 피난길의 고난
7. 학생노무자, 전쟁통의 고단한 학업
8. 청운의 꿈, 서울대 법대 시절
9. 고시 재수생

1
천년 간 공직에 봉직한 집안

나는 1934년 12월 5일 경기도 포천군 군내면 명산리 231번지에서 아버지 이정호(李貞鎬), 어머니 채병숙(蔡秉淑) 사이에서 8남매 중 장남으로 태어났다. 내 위로는 누님이 두 분 계셨고, 내 밑으로 3남 2녀가 더 출생을 한 것이다. 당시 함께 모신 이기락(李基洛) 할아버지는 아버지 정호(貞鎬)와 건호(健鎬) 형제를 두셨다.

나의 관향은 고성(固城), 고려 문종 때 호부상서를 지낸 중시조 이황(李璜)의 32대 손이다. 고려말 이후에 성세를 보였으며, 조선에서 문과 급제자 36명, 상신(相臣) 1명을 배출하였다.

고성 이씨의 약 1천년에 걸친 세보(世譜)를 살펴보기로 하자.

2세 전기(田技)는 문과 중랑장에 올랐고, 3세 경안공 국헌(國軒)은 병부상서, 4세 영년(永年)은 상호군, 5세 인충(麟冲)은 봉의대부에 오르기도 하였다. 그런가 하면 7세 존비(尊庇)는 중서 좌상지, 8세 문헌공 우(瑀)는 중대광 판3사 좌시중에, 9세 문열공 교(嶠)는 이부상서에 올랐다.

이교(李嶠)의 백씨되는 행촌 이암(李嵒)은 목은 이색의 스승으로 공민왕때 수문하시중을 역임했다. 이암은 조맹부의 송설체에 능통한 고려말의 명필가로 〈단군세기〉를 남겼다.

또한 10세 림(琳)은 대광문하시중, 판전의사사에, 11세 귀생(貴生)은 관후덕 부사에, 12세 남곡공 운로(云老)는 보문관 직제학에 올랐으며, 13세 포(泡)는 귀계공랑 돈령부승으로, 14세 호연(浩然)은 선무랑 장흥고 부사로, 15세 구하(龜河)는 고령진 병마첨 절제사로, 16세 린(潾)은 사간원 사간으로, 17세 운손(雲孫)은 사헌부 지평으로, 18세 정려(精黎)는 장시랑 북부 참봉으로 각각 대를 이어 관직에 봉사하였다.

이렇듯 대대손손 관직에 오른 고성 이씨 가문이 포천군 군내면 명산리에 뿌리를 내린 것은 19세 창주공 이성길(李成吉) 때였다. 창주공은 나의 13대 조가 되신다. 창주공께서는 명종 17년(1562년)에 태어나 선조 22년 문과에 급제하여 문무에 걸쳐 출중한 능력을 인정받았을 뿐만 아니라, 특히 당대의 명재상 유성룡(柳成龍)의 총애를 받았다. 공께서는 임진왜란시 이양원(李陽元) 휘하에서 혁혁한 전공을 세워 그 공으로 선조 27년 병조좌랑, 29년 북청판관으로 부임하였으며, 30년에는 함흥판관에 제수되었다. 창주공께서는 회화에도 출중하시어 쌍포 등지에서 왜적을 물리친 기록화인 〈쌍포승첩도(雙浦勝捷圖)〉가 오늘날까지 내려오며, 〈무이구곡도〉는 문화재 2216호로 국립중앙박물관에 소장되어 있다. 그리고 〈세한도〉 역시 후세에 길이 남을 문화재이다.

그 후 와병으로 잠시 관직에서 물러나 있다가 선조 34년 정월 홍문관 교리로 다시 제수되었으며, 형조정랑과 함경도어사를 지냈다. 뒤이어 양산군수, 예조정랑, 합천군수에 차례로 부임하였다. 광해군 10년(1618년)에는 훈련도정에, 이듬해에는 병조참의에 올라 만주에서 흥기한 여진족의 내침에 대비하여 군사력 증강을 도모하였다. 그러나 1621년 아깝게도 나이 예순을 일기로 작고하여 포천군 군내면 명산리에 묻혔다.

이후 명산리에 터를 잡은 고성 이씨 후손들은 집성촌을 일구어 나가는 한편 문무과에 걸쳐 관직에 두루 봉직하였다.

20세 수남공 중국(重國)은 대구 도호부사 겸 대구진 병마첨 절제사를 지냈으며, 21세 수창(壽昌)은 창주공과 더불어 명산리의 이름을 드높인 인물로 기록되었다. 그리고 22세 익명(翊明)은 사헌부 감찰, 23세 현상(顯相)은 용양위 부호군, 24세 의춘(宜春)은 승정원 좌승지 겸 경연 참찬관을 각각 지냈다. 또한 25세 신재 득준(得駿)은 경상좌도 수군절도사로 봉직했고, 26세 문도(文道)는 유원군수 겸 병마첨절제사를 지내는 한편, 〈찬세모록〉, 〈팔도지승연혁도〉, 〈동국장전공수설〉 등의 저작을 후세에 남겼다. 27세 행연(行淵)이 묻힌 군내면 상성북리 메기울 분묘자리는 포천일대에서 명당터로 이름이 높다.

이후 만경현령과 용양위 부호군에 오른 28세 종필(種秘)은 나의 고조부이시다. 고조부는 조선 철종 대에 청렴하고 백성을 사랑하는 현령으로 명망이 높았다. 아울러 〈가례집요(家禮輯要)〉, 〈사사례(四士禮)〉, 〈향삼례(鄕三禮)〉 등의 저서를 펴냈으나 일실되고 말아 안타깝기만 하다.

또한 근세에 들어서는 나의 종증조 소주(小州) 이청열(李淸烈) 어르신의 공이 지대하시다. 소주께서는 헌종 13년(1847년)에 태어나 94세의 수를 누리며 고종 8년에 별군직, 고종 10년에 판관, 선전관 등을 역임하였다. 그후 호조좌랑, 중추부 첨지 겸 사복시를 거쳐 함안군수, 청산진 첨사를 지냈고, 이어 고종 29년에 방어사, 31년에 선유사로 동학란을 진압하는데 큰 공을 세웠으며, 광무원년(1897. 대한제국 원년) 중추원 의관에 올랐다가 한일병탄이 되자 홀연히 관직을 떠나 명산리로 귀향하였다. 귀향 후 소주 어르신은 호병골에 서당을 세워 훌륭한 인재를 양성 배출하였다. 후일 〈역리철학(易理哲學)〉등 많은 저작을 남긴 대학자 서석구(徐錫九) 씨가 대표적인 인물이다.

소주 어르신은 포천의 현인으로 추앙받고 있는데, 노새에게 엎드려 절을 한 일화를 남겨 나라 잃은 슬픔이 얼마나 큰지를 넌지시 교훈해주고 있다.

기르던 노새가 주인을 보기만 하면 언제든 반가워하는 양을 보고 소주 어르신은 그 앞에 넙죽 엎드려 통한의 눈물을 흘렸던 것이다.

"너는 주인을 알아보는데, 나는 그만 주인을 잃었구나."

나의 종증조 소주 이청열 어르신의 나라사랑을 한마디로 보여주는 일화이다. 그러나 소주 어르신은 해방을 보지 못한 채 1940년, 내가 여섯 살 때 눈을 감으셨다.

한편 나의 증조부 정열(靜列) 어르신은 선략장군, 용양위 부사과를 끝으로 관직에서 물러나 나라 잃은 슬픔에 빠져 팔도를 떠도느라 가계를 돌보지 않았다. 그 때문에 가세는 점점 기울어져 갔으며, 할아버지(李基洛 이기락)는 어려서부터 가난한 살림을 혼자 힘으로 꾸려갈 수밖에 없었다.

2
시골 면서기의 아들

내가 태어났을 때 우리 집에는 할아버지와 할머니가 계셨고, 고모님 세 분이 같이 사셨다. 15명이라는 대가족이 살았는데, 다행히도 우리 집은 추수를 약 백석 정도 하는, 동네에서는 비교적 잘사는 유복한 가정이었다.

이러한 가세는 할아버지가 자수성가하신 결과이다. 할아버지는 1910년 한일병탄 이후 조선총독부가 '조선 인장령(印章令)'을 반포해서 모든 성인들에게 인장을 사용토록 하는 조치를 취했을 때, 기회를 잘 포착하여 인장 새기는 기술을 배워 돈을 많이 모으셨다고 한다.

할아버지는 '제가(齊家)'를 남아의 제일 덕목이라는 인생관을 가지시고 평생을 살아오신 분이다. "보처자(保妻子)'도 못하는 자는 사나이가 아니다."라는 말씀을 자주하셨다. 가족의 생계가 위협받는 형편에서는 자식들의 교육도 얼마든지 포기할 수 있다는 생활철학을 실천하신 분이시다.

이러한 가훈 속에서 자란 선친(李貞鎬 이정호)은 포천군 창수면 면서기로 성가(成家)를 이루어 나가기 시작하였고, 1926년 포천에서 면장을 지낸 평강 채씨(蔡氏) 채수면(蔡洙冕) 씨의 딸 채병숙(蔡秉淑)과 혼인을 했다.

할아버지는 내가 서울의 경복중학으로 진학하였을 때, 70의 노령에도 불구하고 고향 본가의 경제권을 다시 거머쥐고 가족의 생활을 완벽하게 영위해나가시면서, 나의 학비와 서울 가족의 생계비는 모두 아버지가 벌어서 조달하라고 엄명하셔서 아버지는 뒤늦게 경기도청에 다시 취직하시어 이 문제를 해결하셨다. 젊어서 자수성가하신 그 집념과 정열, 그러면서도 불우한 사람을 외면하지 않는 측은지심의 인정 있는 삶을 살아오신, 평범하지만 위대한 할아버지를 나는 평생 존경하면서 살아왔다.

할아버지의 삶의 철학은 분명했다. 앞에서도 말했듯이 사나이라면 적어도 제 처자식을 안전하게 먹고 살 수 있도록, '보처자(保妻子)'라는 가족건사의 가치를 삶의 제일의 덕목으로 아시고, 가난했던 집안을 일으키신 대단한 강골의 소유자이셨다.

그런 할아버지 밑에서 강하게 가르침을 받은 아버지는 할아버지의 토지에 기대지 않고 열심히 노력하여 포천공립보통학교 6년을 졸업하고, 내가 태어났을 당시 포천군의 면서기를 하고 계셨다. 아버지는 서울에 있는 중학교로 진학하는 것이 꿈이셨는데 그 때만해도 가세가 조금 어려워서 중학교 진학을 포기하였고, 대신 면서기 시험에 합격하여 면서기로 오랫동안 근무하였다. 아버지는 자신이 중학교를 못 다닌 한을 평생 가슴에 안고 말단 공무원으로 생을 마치셨는데, 자식들에 대한 교육열만큼은 누구에게도 뒤지지 않으셔서, 그 높은 교육열 덕분에 우리 4형제는 모두 서울대학교를 졸업할 수 있었다고 생각한다.

   나는 일곱 살이 되었을 때, 할아버지로부터 천자문을 배웠다. 그 때 배운 한자 실력이 평생 큰 도움이 된 것만 봐도 조기 한자교육의 효용성을 알아 지금도 한자교육사업에 여생을 할애하고 있다.

   여덟 살이 되던 1941년 4월초, 포천 군내면에 있는 청성공립초등학교에 입학했다. 그 때 입학시험은 면접시험으로 가름했는데, 서울에 있는 경성농업을 갓 졸업하고 귀가하신 숙부(李健鎬 이건호)께서 내 손을 잡고 학교까지 데려다 주셨다. 하루는 아버지가 퇴근 후 집에 돌아와 보니 아버지 동생이 한문공부를 하고 있는 것이 아닌가. 숙부는 초등학교를 졸업하고 중학교 진학을 하고 싶어 했는데, 할아버지께서는 '보처자(保妻子)'에 지장이 있다고 안보내주시고 『동의보감』 한질을 사다가 한문 선생님을 사랑에 모시고 한의(韓醫)가 되라고 공부를 시키신 것이다. 아버지는 숙부에게 '너 이거 공부하다간 결국엔 나같이 면서기 될 테니 정신 차려라. 건넌방에 문 잠그고 들어가서 단식투쟁이라도 해라.'라고 하셨고, 숙부가 그대로 따라서 하자 결국 할아버지께서 백기를 들고 숙부를 경성농업학교에 보냈던 것이다. 참 재미있고, 의리 있는 형제였다는 생각이 든다.

   지금도 생생하게 기억하는데, 그때가 일본 사람들이 창씨개명을 강행했을 때인지라, 나는 송촌가광(松村家光, 마쓰무라 이에미츠)이라는 일본 이름으로 입학하였다. 나라 잃은 설움을 이름자부터 일본식으로 바뀌면서 겪게 되었다.

   입학하기 전 네댓 살 때 어머니를 따라 서울 청량리 전농동에 있는 외갓집에 간 일이 있는데, 그 때 서울 여기저기를 구경한 기억이 지금도 생생하다. 종로 화신백화점에서 쭉 세워놓은 마네킹을 본 기억이 나고, 창경원에서 각종 동물들을 본 기억, 특히 아주 큰 새장 안에 노란 새가 많이 앉아 있던 광경이 지금도 눈에 선하다. 이는 어머니가 '자식을 낳으면 서울로 보내라'는 전해오는 말을 믿고 나를 서울로 데려가 큰물에서 놀도록 배려하려는 뜻이었음을 늦게야 알았다.

1942년 초 아버지는 군내면에서 포천군청 축산계 회계담당 서기로 전근이 되셔서 우리 집은 포천읍으로 이사했다. 나도 포천읍에 있는 포천초등학교로 전학하게 되었는데, 낯선 분위기와 새로 만난 학우들 틈바구니에서 어울리는데 그렇게 오랜 시간이 걸리진 않았다. 포천초등학교 2학년 담임은 일본어로 도미(どみ)라는 여선생님이었는데, 참으로 자상하였다. 2학년 때 공부를 나름대로 열심히 했는데, 몇 점 차이로 우등을 놓치자 도미 선생님이 "조금만 더 노력하라."는 격려를 해준 기억이 지금도 생생하다.

아버지는 새로 부임한 포천군청 축산계 공직생활에 아주 잘 적응하셔서 직장 일이 무척 재미있으신 것 같았고, 저녁이면 공사의 술자리가 많았던 기억이 난다. 어머니는 겨울이면 감기 등으로 고생을 많이 하셨고, 할아버지는 사랑방에 계시면서 새로운 읍 생활에 적응을 잘 하신 것 같다.

내가 열 한 살 때인 1944년 1월 4일 셋째 동생 한륭(현 부산 동의대 경영학과 명예교수)이가 태어났다. 어머니는 신병으로 젖이 잘 안 나와서 일본제

모리나가(森永) 우유 배급을 타서 수유를 대신하였다. 나는 바로 아래 동생 한중(현 미국 미시간 주 디트로이트 심장내과 전문의)이와 연유와 분유를 어머니 몰래 훔쳐 먹은 기억이 지금도 난다.

나는 3학년이 되자 나에게 놀라운 기억력이 있다는 사실을 알았다. 그 때 3학년 담임선생님은 하야시(林)라는 여선생이셨는데, 국어 시간에 국어책 제7과 잠수함(潛水艦, 센스이칸)을 외우라고 시간을 주셨는데, 나는 짧은 몇 분 동안에 7과의 반 이상을 외울 수 있었다. 그것이 계기가 되어 3학년 국어책을 1과부터 24과까지 다 외웠다. 그 때문인지 3학년 말에 우등상에 개근상까지 탔다. 아버지께서 얼마나 기뻐하셨는지, 두 개의 상장을 내 방의 벽에 붙여놓으셨던 기억이 난다.

내가 열한 살 때 큰 누이가 포천군 신북면 만세거리에 사는 한양 조(趙)씨 집안 조대원씨에게 시집을 갔다.

4학년이 되어 만난 담임선생님은 춘천사범을 막 졸업하신 남자 분으로 기계체조를 썩 잘하셨다. 철봉에서 대차도 하시고, 덤블링을 아주 좋아하셨는데, 우리 4학년 학생들이 체조시간에 선생님을 따라 재미있게 기계체조를 한 까닭으로 나는 기계체조와 덤블링에 푹 빠져 물구나무를 서서 운동장의 반은 걸어갈 만한 실력이 되었다. 이러한 기량이 그대로 이어져서 경복중학교 3학년 때 전교 체육대회에 출전, 물구나무서기 경주에서 1등을 한 일도 있다.

3
일제치하 말기, 해방 직후의 혼란

　1945년 4월, 초등학교 5학년 때였다. 일제는 태평양전쟁에서 패색이 점차 짙어지자 거의 발악적인 국민총동원 체제를 가동했다. 조선에서 젊은이들은 징병·징용으로, 젊은 여성들은 위안부로 끌어갔고, 초등학교 학생은 모내기, 벼베기, 산에 가서 장작하산하기와 나무뿌리 캐기는 물론 소나무 관솔 따기, 머루넝쿨 걷어오기 등에 총동원되었다. 그런가하면 학교 운동장을 모두 개간하여 고구마 등 농작물을 심도록 해서 우리들은 조회도 하지 못했다.

　교사(校舍) 전면에는 "미영격멸(美英擊滅, 미국·영국 격멸)·생산증강·국어상용(일본어만 쓰도록)"이란 구호가 붙었다. 이러한 일제의 발악도 1945년 8월 15일 일본 천황 유인(裕仁, 히로히토)의 무조건 항복 발표로 모두 끝나고, 결국 일제는 패망하고 우리나라는 해방이 되었다.

　초등학교 3, 4, 5학년 때 겨울이면 얼음판에 가서 썰매를 탔다. 나는 썰매를 아주 잘 탔다. 보통 철사 줄을 나무에 대고 썰매를 만드는데, 썰매

발을 스케이트 날처럼 날카롭게 하면 썰매가 더 잘 나갈 것 같아서 부엌에서 어머니가 쓰시는 불집게를 끊어서 썰매 발을 만들어서 탔다. 평소에도 집안에 온갖 도구를 가지고 뭘 만들고 해서 할아버지, 어머니한테 많이 혼났다. 또 동그란 쇠구슬을 구해 와서 직접 팽이에 박아서 놀기도 하고, 통나무를 썰어 가운데 구멍을 뚫고 바퀴를 만들어서 동생을 태우고 달리는 것을 좋아했다.

해방 직후인 8월 15일~20일 사이 어느 날인가, 포천 신읍에 지금 있는 천주교회 앞 광장에 일본인이 세운 포천신사가 있었는데, 나는 학교 친구들과 횃불을 만들어서 초저녁에 불을 질러버렸다. 밤을 새워 불타는 신사를 보며 만세를 부르고 신나게 놀던 그 기억, 그 때의 기쁨과 흥분을 지금도 잊을 수가 없다.

당시 애국가는 지금과 가사가 같지만 아직 안익태 선생이 지은 애국가가 들어오기 전이라 영국의 민요 '올드랭 사인(Auld lang syne, 스코틀랜드 민요)'에 애국가 가사를 붙여서 밤이 새도록 불렀다.

8월 15일 이후 잔전(潺田)이라는 일본인 교장은 일본으로 떠났고, 한국인 이내훈 교장이 부임하셨다. 9월 초 쯤 학교 수업이 시작되었던 것 같은데, 한글로 수업을 했다. 나는 어머니가 '가갸거겨고교구규그기' 표를 만들어 주셔서 그걸 보고 한글을 하루에 다 깨쳐 버렸다. 한글은 과학적으로 잘 조합되어 있어서 "한글은 하루아침에도 깨친다."는 속담처럼 금방 깨우칠 수 있었다. 나는 한글로 된 책을 바로 다음날부터 떠듬떠듬이나마 읽을 수 있었다. 쉽게 한글을 깨치고, 학교생활에 적응했다. 그 때의 영향 때문인지

8순이 넘어서도 '어문정책정상화추진회' 일에 동참하고 있다.

그 해 가을 어느 날인가부터 우리 포천초등학교 교문의 간판이 신읍공립국민학교에서 포천공립국민학교로 바뀌었다. 학병에서 막 귀국한 연희전문을 나오신 김일동 선생님이 5학년 담임으로 오셨다. 김일동 선생님은 우리 5학년을 참 자상하게 잘 가르쳐주셨다. 김 선생님은 그 후 6·25 전에 덕수상고에서 교편을 잡으신 일도 있다.

1945년이 어수선한 분위기 속에 흘러가면서 포천군 영중면 양문리에서 동서로 이어지는 38선이 그어졌다. 포천 신읍에 소련 군인이 나타나서 거리를 행보한 일이 더러 있었는데, 소련 군인이 잘 안보이게 되던 어느 날 포천에 미군이 진주해왔다. 전 군민이 길거리에 나와 열렬하게 미군을 환영했고, 흥분한 미국 장병들이 차 위에서 레이션 박스에 들어있는 초콜릿, 껌, 담배, 휴지 등을 마구 주민들에게 던져주었다. 나는 그때 운 좋게 여섯 개비가 든 담배 한 갑을 손에 거머쥘 수 있었다. 할아버지에게 갖다 드렸더니 담배 맛이 아주 좋다고 하신 기억이 난다. 38선의 분단조짐이 그때 이미 나타나기 시작한 것이다.

그러나 해방 정국은 다시 혼란으로 빠져들었다. 포천에도 '군 인민위원회'라는 것이 생기고, 좌우익의 대결이 심각해지기 시작했다. 미군정이 시작되자 은퇴하셨던 70이 되신 호병골(지금의 호병동)의 이덕원 영감이 포천군수로 취임하였다.

1946년 봄 우리 집은 포천읍내 집을 처분하고 군내면 명산리 울미 본가로 돌아왔다. 나는 포천초등학교를 떠나 청성초등학교 5학년에 편입하였다. 1946년 가을에 6학년으로 진급하고, 1947년 7월 청성초등학교를 졸업했다.

청성초등학교 6학년 때 동생 한중이는 1학년이었는데 7살에 입학한 탓인지 학교생활에 적응을 못해 결석이 잦았다. 어떤 날은 내가 학과를 시작할 때쯤 어머니가 한중이를 업고 학교에 오셔서 나를 찾은 적도 있다. 한중이는 아버지가 미리 학교 선생님에게 사다 맡겨놓은 사과를 주면 그제서야 어머니 등에서 내려왔다. 그만큼 어리광이었는데, 초등학교를 졸업할 때는 도지사 상을 타고 포천중학교를 거쳐 서울 경동고등학교를 졸업했다. 그 후 서울 의대를 졸업하고 의사로 미국에 진출해서 심장내과전문의로 미시건 주에서 명망이 높은 의사가 되었다. 이것을 보면 아이들의 미래는 예단할 수 없다는 것, 주위의 영향이 지대하다는 것을 알 수 있다.

아버지는 나의 인생스승

아버지는 학벌은 낮았지만 삶의 철학은 확고하셨다. 초등학교 4학년 가을 무렵, 아버지 손을 잡고 포천읍에서 고향 울미 집에 돌아오는데, 사나이가 세상을 어떻게 살아야 하는지 말씀해주셨던 것이 기억난다. 어린 나이에 어려운 내용이었지만 지금도 생생하게 기억나는 것은 "고코로사시오타테요(立志, こころざしをたてよう)"라고 일본말로 해주셨던 말이다. 사나이는 무엇을 할 것인지 뜻을 세우고, 세운 뜻을 향해서 열심히 노력하지 않으면 안 된다는 말씀만큼은 생생히 기억이 난다. 초등학교 5,6학년이 되면서 '입지(立志)'의 깊은 의미를 이해하게 되었고, 그것은 내 평생의 교훈이 되었다.

초등학교를 졸업하고 중학교 진학을 준비할 때가 되자 '남자로 태어난 이상 국사 시간에 배운 을지문덕 장군이나 이순신 장군 같은 영웅이나 세종대왕 같은 위대한 왕은 될 수 없다고 할지라도, 한 시대의 이 나라를 이끌고 나가는 나라의 큰 인물(국가지도자) 가운데에는 들어가야 하지 않겠는가' 하는 나만의 뜻을 세우게 되었다.

1947년 7월 포천 청성초등학교를 졸업하고 중학교 입학시험을 준비할 때 아버지께서는 서울에 가셔서 경기중과 경복중 두 학교에만 입학 원서를 접수해놓고 오셨으며, 나는 아버지를 따라 입학시험을 보러 상경하여 경기·경복 두 학교의 수험생 예비소집일에 등교하여 수험번호를 각각 받아두었다가 수험 당일 아버지의 결단으로 경복에 응시했고, 합격했다.

4
운명이 결정된 경복중 합격

1947년 7월 아버지를 따라 상경, 경복중학에 응시하여 모르는 것 없이 답안을 다 썼다.

합격자 발표 날, 비가 내리는 가운데 아버지와 같이 경복중학에 가서 강당 벽에 걸린 합격자 발표문을 보았다. 1200명 지원에 200명 합격이니 경쟁률이 6대 1에 달했다. 내 수험번호는 56번이라 합격자 200명 중에 앞 쪽에서 금방 발견할 수 있었다. 벽보에서 내 이름을 본 그 날이 어린 내겐 평생에서 제일 기뻤던 날이고, 아마 내 인생의 운명이 결정된 날이었을 것이다. 그 이후로는 순리대로 쭉 살아왔다.

돌아보면, 시골에서 초등학교 다닐 때는 모두가 가난했다. 고무신도 못 신고, 맨발로 다녔다. 책은 국가에서 주니까 교과서는 있었지만 참고서 같은 것은 당연히 없었다. 그러다가 중학교에 들어갔으니 얼마나 좋았을까. 그 때 경복중학생은 교모에 흰 테가 넓은 테, 가는 테 두 개였고, 옷에는 복(福)자 하얀 배지가 있었다. 그 차림으로 포천버스정류장에 내리면 사람들이 다 쳐다봤다. 포천에서는 볼 수가 없었으니까 말이다. 그렇게 학교생활을 시작했다. 나는 그 이후로 평생 경복을 사랑했다. 국회 부의장 시절에는 경복 총동창회장을 2기에 걸쳐서 하기도 했고, 총리를 지낸 후에는 경복동창회에서 매년 한 사람씩 주는 경복동문대상을 받았다. 하지만 특별히 모교에 한 게 없어서 항상 죄송하다.

1947년 9월 1일 경복공립중학교 1학년 2반에 편성되어 학교생활을 시작했다. 담임선생님은 일본 경도제대 물리과를 다니신 박동준 선생님으로 수학을 가르치셨다. 반장은 정주영군, 부반장은 최진영군이었다. 입학하고 나서 처음에는 충무로 4가에 있는 당숙 댁에서 6촌 형들과 같이 기거했다. 그러다가 10월 말경 아버지께서 경기도청 학무국에 취직이 되어 상경하셔서 종로구 소격동 104번지에 월세방 한 칸을 얻어 작은 누이 한수(漢壽)를 올라오게 하여 셋방살이를 시작했다. 아버지께서는 할아버지의 "시골에서는 쌀 한 톨 가져갈 생각을 하지마라. 네 자식은 네가 벌어서 가르쳐라."라는 엄한 분부를 그대로 따라 서울에서 어려운 셋방살이를 감내하셨다. 그때는 미군정에서 배급이 나왔는데 쌀은 거의 귀하고 주로 밀, 보리, 밀가루 배급을 타다가 먹었고, 겨울이면 방에다가 군불을 때야하는데 신탄이 비싸고 귀해서 못 때고 냉방에서 3년 겨울을 지냈다. 나는 젊으니까 괜찮았지만 아버지는 모진 추위도 아들과 함께 참아내셨다.

경복중학 2학년 여름, 아버지께서 서울 성북구 종암동 경기도청 관사에 방 한 칸을 배정받으셔서 거기로 이사했다. 해가 바뀌어 1949년 6월22일

막내 남동생 한강(전 목우촌 사장)이가 태어났다. 막내라 어머니의 사랑을 독차지하며 자랐다. 1950년이 되자 학제가 바뀌어 4월 1일이 새 학기 시점으로 정해졌으나 9월에서 4월로 5개월을 단축한다는 것은 학업 진도에 문제가 있어 1950년에 한하여 6월 1일로 새 학년이 시작되는 것으로 결정돼서 나는 50년 6월 1일자로 중학교 4학년이 되었고, 새 교과서를 모두 수령하고 4학년 5반에서 공부를 시작했다. 만 3년 후면 대학에 진학해야 하니 이제는 공부를 좀 착실히 해야겠다고 결심하고, 6월 1일부터 본격적으로 공부를 시작했다. 밤 12시까지 책상에 앉아 공부하는 것을 원칙으로 했고, 공부가 끝나면 관사 안길에서 달리기를 몇 번하고 우물물에 목욕을 한 뒤 잠자리에 들었다. 또 영어 오천단어집을 사서 A부터 외우기 시작했고 과학자가 되겠다고 결심을 했다. 특히 중3 때 화학 성적이 학년 1등을 할 만큼 취미도 있고 능력도 있다고 생각해서 서울공대 화공과로 진학하겠다고 마음먹었었다.

그 후 6.25 전쟁이 나기 이전 중학교 3년간은 그런대로 무난한 학교생활을 할 수 있었다. 그러나 1950년 6.28일(서울함락) 이후 인공 치하에서의 3개월과 1.4후퇴, 그리고 중공군 춘계공세 시의 피난 생활, 이어서 1952년 여름에 고등학교 2학년으로 복학하여 54년 3월 고등학교를 졸업할 때까지의 서울에서의 생활은 말할 것도 없고, 서울법대 4년간은 참으로 감내하기 어려운 고난의 연속이었다. 그런 가운데도 작은 누이의 도움이 있었기에 학업을 마칠 수 있었다.

나는 어떤 역경에 임해서도 내가 세운 뜻과 젊은 날의 꿈을 저버릴 수는 없었다. 내가 역경에 굴복하는 것은 곧 우리 집안의 몰락을 의미하는 것이었기에 부모님과 자라나는 동생 5명을 생각할 때 나의 의지는 꺾일 수가 없었다.

돌아보면, 험난한 역정을 이겨 나오면서 나의 뇌리에는 장부의 길에 대해 말씀하신 아버님의 가르침이 늘 떠나질 않았다.

나는 하늘과 신(절대자)의 존재를 믿는다. 그리고 바로 그 하늘이 내가 젊은 날에 세운 뜻과 가슴에 품었던 꿈을 잘 이해하고 받아들여주었다고 믿고 있다. 왜 그렇게 생각하는가 하면, 나는 내 스스로 세운 뜻과 목표를 달성하기 위해 내가 흘린 땀과 노력에 비하여 하늘은 언제나 더 큰 것, 더 보람 있는 것을 내려주셨다고 본다. 내 능력에 벅찬 직책도 맡겨주시기도 했다. 이 모두 하늘의 은총이라고 믿는다.

그렇다고 내가 평생 무위의 세월을 보냈다는 의미는 결코 아니다. 나는 평생을 두고 부모님께 가슴으로 감사하는 것이 있다. 그것은 튼튼한 체력과 비상한 기억력을 물려주신 것이다. 이 두 가지 큰 힘이 오늘날까지 나를 지탱해주고, 나를 있게 한 것이라고 생각한다. 6·25 전쟁의 소용돌이 속에서 생존을 유지하기 어려웠을 때나 처참한 생활고 속에서도 좌절하지 않고 버티고 공부할 수 있었던 것은 내가 타고난 그 체력과 변치 않는 기억력의 힘이 있었기 때문이라고 믿는다. 더구나 공부가 부족하고 준비가 잘 안된 상태에서 무모하게 도전한 경복중학과 서울법대 입학시험, 그리고 고등고시까지 합격할 수 있었던 것은 어머님이 물려주신 위에 말한 두 가지 힘이 있었기에 하늘도 은총을 내렸다고 생각한다.

5
몸으로 겪은 6.25전쟁의 격동기

이렇게 공부에 열중하기 20여 일이 지난 1950년 6월 25일 일요일, 북한군의 남침으로 6·25 전쟁이 발발했다. 청량리 서울대학 예과 건물이 임시피난민 수용소였는데, 6월 25일 오후 나는 전방지역인 포천의 가족이 혹 서울로 피난오지 않았을까하는 생각으로 청량리 일대를 누볐다. 그때 북한 인민군 전투기가 청량리 역을 기총 소사하는 것을 보았고, 하늘에는 서울 북쪽으로부터 시커먼 먹구름이 남으로 밀려오던 것을 기억한다.

6월 26일 월요일에 학교에 갔지만 수업이 제대로 되지 않았고, 전황을 걱정하는 소리와 4, 5, 6학년은 학도병으로 나가게 된다는 등의 소문으로 어수선한 분위기였다. 6월 26일은 물론 27일도 나는 청량리역 인근에서 혹시나 하며 가족을 찾아 헤매다가 포천 피난민들에게서 소식을 들었다. 아직 그대로 고향에 잘 계신다고 했다. 나는 할아버지를 모시고 계신 어머니가 피난도 못 떠나고 있다가 피해를 입으시면 어떡하나 하는 근심으로 밤을 지새웠다.

6월 28일 새벽이 되었다. 아버지와 나는 한강을 건너 피난을 가기로 하고 집을 나섰다. 그런데 한강인도교는 국군이 지난밤에 폭파했다고 하고, 지금의 광진교도 아군이 교각을 폭파하여 건널 수 없을 뿐 아니라 북한 인민군이 서울을 장악하고 도처에서 국군과 교전이 이뤄지고 있다고 했다. 우리 눈앞에서도 그러한 광경을 목격했고, 죽은 국군의 시체를 무수히 보며 서둘러 집으로 돌아왔다. 나는 아침 식사 후 포천 고향집으로 먼저 내려가기로 결심하고 책가방을 들고 길을 나섰다. 성동역 근처를 지나면서 인민군 대부대가 서울로 진입하는 것을 보았다. 그리고 중랑교를 지나는데 공중에 프로펠러가 없는 날쌘 비행기 4대가 나타나서 뒤로 흰 연기를 뿜으면서 급강하하며 태릉의 육사 쪽을 향해 로켓포 사격을 퍼붓는 장면을 보았다. '아! 저게 미군 전투기구나.'하고 생각했는데, 이승만대통령 처가의 나라인 호주에서 보내 온 비행기라는 소문이 퍼지면서 우리 국민들이 그 미군기 T-33을 '호주기'라고 부른 기억이 난다.

이틀을 걸어서 포천 울미집에 도착하니, 식구들이 모두 나와 나를 맞이해주어 한시름 놓았다. 오히려 집 식구들은 서울에 있는 가족을 걱정했다고 했다. 그날부터 소위 인공(人共) 치하에서의 3개월여 질곡 같은 생활이 시작되었다. 며칠 후 아버지께서도 서울 살림을 정리하시고 고향집으로 내려오셨다. 명산리에는 김일성 장군이라는 인물의 포스터가 붙기 시작했고, 인민위원회가 만들어져서 주민총회에서 종친이신 이영렬씨를 위원장으로, 이기읍씨를 서기장으로 선출했다. 앞집에 사는 족숙(族叔) 이창호씨는 군내면 자위대장이 되었다. 면의 여맹원이라는 젊은 여자들이 밤이면 동네에 나와 회의를 열고, 공산주의 활동을 주도했다. 나의 초등학교 동창인 여학생 두 명도 그런 활동을 하기 위해서 우리 마을에 와 우리 집 사랑마루에서 회의를 주재하는 것을 나는 초조한 마음으로 뒤꼍에서 지켜봤다.

적 치하에서 17세 이상 남자들은 의용군으로 끌려가기 시작했고, 그런 가운데 미군 전폭기들이 매일 날아와 큰 건물들을 폭격하였으며, 나의 모교인 청성초등학교도 미군의 전폭기에 의해 전소되었다. 그러나 우리 국민들은 미군기의 공습을 보는 것이 통쾌했고, 미군이 계속 승리하고 있다고 믿을 수 있었기에 수복의 날이 머지않아 반드시 올 것이라고 생각하며 고난을 이겨낼 수 있었다. 미군기의 폭격이 없이 조용하게 며칠이 지날 때면 너무도 불안하고 초조했다. 동네 젊은 남자들은 대부분 수원산 등 깊은 산속으로 들어가 의용군 징집을 피했고, 끌려가다가도 도망쳐 나와 산 속에 숨었다. 부녀자들은 산에 나물을 하러 가는 것으로 위장하여 식사를 날라 아들, 남편, 시동생을 살렸다.

그해에는 유난히도 보리농사가 시원치 않았는지 먹을 것이 귀해 모두 고생했다. 서울에 갔던 많은 고향 사람들이 피난을 내려오기도 했고, 서울에서 알던 친지들이 식량을 얻으러 우리 집을 찾아오는 일도 많았다. 그런데 다행히 그해 따라 산에 도토리가 많이 열려 도토리를 삶아 팥처럼 짓이겨 먹기도 하고 묵을 쑤어 먹기도 하는 집이 많았다.

9월에 들어섰다. 인민군은 부산에서 시가전을 한다고 큰 소리를 쳤는데, 낙동강전선에서 패한 패잔병들이 4~5명 또는 7~8명씩 무리지어 계속 북으로 우리 동네 길을 지나갔다. 어떤 날은 우리 집 사랑방에 들어와 하루를 자고 간 경우도 있다. 그 때 보아 기억나는 일이지만, 인민군 병사들이 발을 씻는데 보니까 양말이 없어서 감발로 쳐 매고 군화를 신는다는 것을 알았다. 북으로 떠나면서도 그들은 "부산 시가전이 곧 인민군의 승리로 끝날 것"이라고 큰소리 쳤다.

9월 하순에 들어서자 포천에서 바라본 남쪽 서울 하늘이 붉은 빛을 띠면서 큰 포성이 연일 울렸다. 밤중에도 하늘이 붉게 물들어 있는 것이 보였다. 인천상륙작전(9.15)이 성공하여 서울로 진격하는 유엔군의 활약이었다. 드디어 9월 28일 서울이 유엔군에 의해 탈환되었으나, 우리가 사는 북방 50km 포천에서는 그 소식을 알 리가 없었다.

1950년 10월 어느 날, 포천지역으로 한국군 7사단 주력부대가 들어왔다. 나는 동네 친구들과 포천 신읍에 나가 국군의 늠름한 모습을 보았다. 대오를 맞추어 북으로 전진하는 모습을 보면서 우리는 모두 만세를 불렀다. 그러나 한편에서는 비극적인 장면들이 벌어지고 있었다. 인민군이 며칠 전에 후퇴하면서 우익 민주인사와 지역 유지들을 학살하였는바, 국군이 들어온 후 그 시체를 찾아 헤매는 가족들의 비참한 모습이 여기저기서 벌어지고 있었다. 그리고 이틀 사이 국군이 진격해온 후 급조된 치안대원들과 군 기관원 일부에 의해 살해된 소위 빨갱이 인민위원장, 서기장 등 부역자의 시체를 찾아 운반하는 가족들의 모습. 시체의 마구잡이 행렬로 간선도로는 어수선했다. 목불인견(目不忍見)으로 참으로 비참했다.

나는 그때 국가의 공권력이 전혀 작동되지 않는 무정부상태 속에 반공(反共)과 용공(容共)의 이념에 의해, 공사(公私) 간의 원한에 의해 서로 죽이고 죽는 원시 밀림의 법칙만이 난무하는 그런 사회가 얼마나 무섭고 처참한가를 17세 어린 나이에 몸으로 겪었고 오감으로 확인했다.

1950년 10월에 들어서면서 포천군은 물론 가평, 철원, 연천 일대에는 후퇴하던 인민군 패잔병들이 큰 산중에 잠복하여 게릴라 활동을 통해서 주민들을 많이 괴롭히고, 군과 경찰의 일부 병력과 자주 충돌하는 일들이 벌어졌다. 우리 마을에도 공비가 밤중에 나타나서 사람을 길잡이로 납치해 가는가 하면, 공비를 체포하기 위해 출동한 경찰·치안대원과 교전하는 가운데 동네 젊은이가 총에 맞아 사망하는 사고도 있었다. 그렇게 어수선하게 10월이 가고 11월이 되어 압록강 혜산진까지 진격했던 유엔군과 국군은 통일을 목전에 두었으나 12월에 들어서면서 중공군의 참전으로 후퇴하기 시작했고, 12월 중순 어느 날 포천에도 다시 피난 명령이 떨어졌다.

6
피난길의 고난

우리 집은 대가족인데다 또 할아버지가 계셨기 때문에 전 가족이 피난갈 수 없어서 며칠 동안 남양주까지 나왔다가 다시 집으로 돌아가 연말을 보냈다. 그런 가운데 1951년 새해가 되었다. 1951년 1월 4일 새벽, 아직 캄캄한 밤이었지만 밖이 무척 소란하고 시끄러워 가족들이 모두 잠에서 깼다. 뒤쪽 울타리 너머로 많은 사람들이 소를 몰거나 또는 지게에 짐을 지고 우리 집 북쪽 군내면 직두리 마을에서 넘어오고 있었다. 그들은 중공군이 이미 자기들 마을에 들어와서 피난을 떠나는 것이라고 말하는 것이 아닌가.

나는 사랑방에서 할아버지를 모시고 자고 있다가 급히 일어나서 아버지 어머니와 상의한 끝에, 이 급박한 상황에서 전 가족이 움직일 수 없으니 우선 다 큰 작은 누이 그리고 나와 아버지, 그렇게 셋만 피난을 떠나고 나머지 가족은 그냥 집에서 있을 수밖에 없다는 결론을 내리고, 급한 김에 이불 한 채를 짊어지고 셋이서 새벽 피난길에 나섰다.

포천군 내촌면을 거쳐 지금의 남양주시를 종단하여 추위를 뚫고 눈길을 걸어 해가 질 무렵에 덕소나루에 이르렀다. 마침 강물이 얼어있어 눈 덮인 얼음 위로 강을 건너서 광주군 미사리 어느 농가 사랑방에서 하루 저녁을 기숙했다. 하루에 약 백리를 강행군해서 한강을 건너고 나니, 중공군 침입에 대한 불안과 공포가 어느 정도 해소되어 피곤한 김에 그날 밤에는 깊은 잠에 빠졌다. 다음날 아침에 일어나보니 발바닥에 물집이 많이 잡혀있었는데, 성냥불로 지지면 좀 낫다고 해서 그런 방법으로 발을 응급치료하고 수원을 향해 길을 떠났다. 수원에는 나중에 포천 민선군수를 지낸 이진호 족숙(族叔)이 수원경찰서 경무주임으로 있었기 때문에 그 아저씨의 도움을 받고자 했던 것이다.

오후 늦게 수원 시내에 들어서는데 후퇴하는 영국군의 전투 차량 행렬이 끝도 없이 이어져서 내려왔고, 팔달산 아래 이진호 아저씨의 관사를 찾아갔더니 이미 포천에서 온 피난민들이 방을 가득 메우고 있었다. 피난민들과 함께 자는 둥 마는 둥 그날 밤을 새우고, 다음 날 새벽 수원역으로 피난열차를 타러 나갔다. 이미 출발 대기 중인 남행열차는 피난민들로 모든 객차가 꽉 차서 들어설 틈도 없었으며 객차 지붕에도 피난민들이 전부 올라타 기차 지붕에 끈으로 자기 몸을 묶고 있었다. 우리 가족 셋은 운 좋게 맨 뒤의 화물용 화차 지붕에 자리를 잡을 수가 있었다. 잠시 후에 열차가 출발했다. 1월의 칼바람이 화물차 지붕 위에 앉은 우리를 얼어붙게 만들었다. '이제 대구 아니면 부산으로 가는구나!' 안도의 한숨을 쉬었다. 그러고 나니 두고 온 가족에 대한 걱정이 물밀듯이 밀려왔다.

기차가 병점, 오산을 지나 서정리에 이르렀을 때, 이유도 모르게 정차했다. 그 때 북쪽에서는 포성이 계속 들리고 미군 전폭기가 북쪽 어딘가를 폭격하는 것이 보였다. 이미 중공군이 수원에 진입했을 것이라고 하는 말이 돌았다. 그런데 이게 웬일인가! 정차했던 열차가 떠나면서 우리가 탄 화차 칸을 떼어놓고 가버리는 것이 아닌가. 화차 지붕 위에 타고 있던 우리 가족을 위시한 여러 피난민들은 '다시 우리를 데리러오지 않겠나' 하는 막연한 희망에 지붕에서 내려가지도 못하고, 그 강추위 속에 화차 위에서 밤을 꼬박 지새웠다. 그러나 끝내 구원의 손길은 우리를 외면했다.

　다음 날 우리는 새벽 화차에서 내려와 많은 피난민들과 함께 북쪽의 포성을 들으면서 기차선로를 따라 남으로 걷기 시작했다. 걷다가 철교가 나오면 철교 위의 침목을 딛고 다리를 건넜다. 잘못 삐끗하고 헛디디면 수백 길 철교 아래로 떨어져 목숨을 잃을 위험도 아랑곳하지 않고 살기 위해 필사적으로 걸었다. 실제 그 때 어느 철교에선가 다리 아래 떨어져서 죽은 피난민의 시체를 본 일이 기억난다. 전쟁터에서 피난이란 소설이 아니라 생명을 건 탈출이었던 것이다.

　우리는 천신만고 끝에 천안에 도착한 뒤 아버지와 상의한 끝에 계속 남으로 가는 것을 일단 보류했다. 온양 근처에서 전황을 보아 다시 고향으로 돌아가는 것이 좋겠다는 생각에서였다. 나는 그 때 경복중학교 1학년 2반 때 내 뒷자리 옆에 앉았던 예산 출신의 정미소 부잣집 아들 이은선군이 생각났다. 예산으로 이은선군을 찾아가면 밥은 얻어먹을 수 있지 않겠나 하는 희망이 떠올라 아버지에게 일단 예산으로 가자고 말씀을 드려, 그렇게 하기로 했다. 온양에서 하루를 자고 예산으로 들어가다가 신례원이라는 마을에 방을 얻어 거처를 정했다. 며칠 후 나는 예산읍에 나아가 이은선군의 정미소를 하루 온종일 찾아다녔다. 그 다음 날도 찾아다녔지만 끝끝내 이은선군의 집이라는 대형정미소는 찾을 수가 없었다.

그런데 다행히 아버지가 예전에 포천군 군내면 직두리에 살던 친지 한 분을 신례원에서 만나 그분의 배려로 예산군 신안면 화암사(華巖寺, 수덕사 말사)로 피난 거처를 옮기게 되었다. 나중에 안 일이지만, 그 곳은 추사(秋史) 김정희(金正喜) 선생이 젊어서 공부하던 곳이었고, 원래 그 분의 증조부가 창건하신 자그마한 절이었다. 그 절에는 대처승이지만 종교적으로나 학문적으로 아주 훌륭하신 김씨 성을 가진 스님이 주지로 계셨고, 장남은 나와 동년배로 공주농업 4학년에 재학 중이어서 우리 둘은 금방 친해졌다. 매일 뒷산에 가서 나무 한 짐씩 같이 하고, 또 노래도 같이 부르고 절에서 신자들의 불공이 있는 날이면 푸짐한 밥상을 마주하고 함께 밥을 배불리 먹었던 그야말로 다정하고 착한 친구였다. 김낙규라는 친구를 나는 영원히 잊지 못할 것이다. 2년 후 내가 고등학교에 복귀하고 나서 김낙규에게 편지를 띄웠으나 그 이후 지금까지 회신이 없다. 백방으로 찾아보았으나 찾을 길이 없는 것이 무척 안타깝게 생각되는 친구다.

피난시절 화암사에 대한 보은이라 할까 나는 내무장관 시절에 화암사에 '약사전'을 개인 시주한 적이 있다. 그 후 1997년 하반기에 다시 화암사를 방문했더니 서까래와 기왓장이 깨져 비가 새는 것을 확인하고 보수할 수 있도록 요로를 통해 도움을 준 것을 작은 보람으로 생각한다.

1951년 들어서서 유엔군과 국군은 경기도 평택과 강원도 원주를 잇는 북위 37도선에서 중공군의 침공을 저지하고 반격을 시작했다. 얼마 안 되어 서울이 탈환되고 아군은 38선 이북으로 적을 밀어 올려 3월에는 포천이 수복되었고, 평강·철원·금화 등 소위 철의 삼각지대에서 치열한 전투가 계속되었다.

 그때 나는 매월 한 번씩 당진군 내 합덕장에 먹을 식량을 사러 가서 쌀 반 호밀 반으로 장을 보아왔다. 반찬은 아무것도 없이 깨소금에 호밀잡곡밥을 비벼먹는 것이 식사의 전부였다. 어쩌다가 절에서 얻어먹는 김칫국물 몇 숟갈로 비위를 맞추곤 했다. 땔감으로는 절 뒷산에서 청솔가지를 하루 한 짐씩 하고 불쏘시게 감으로 마른 풀을 베어 한 묶음 만들어가지고 왔다. 잠을 해결하기 위하여 나 혼자 매일 밤 불기라고는 전혀 없는 법당 윗목에서 이불 한 자락을 덮고 그 추운 겨울을 났다. 그러나 감기 한번 안 걸렸으니 모두가 부처님의 가피(加被)를 입은 덕이라고 생각한다. 아버지와 직두리 아저씨는 매일 밤 절 아래 동네 큰 집 마실 방에서 주무시고 아침이면 올라오셨다. 그 와중에도 아버지는 매일 어렵사리 신문을 구하여 전황(戰況)을 살피셨다.

 고달픈 피난살이였지만 어느덧 51년 3월 하순이 되었다. 아군의 대반격으로 전황이 호전되어 포천이 완전히 수복되었음을 확인하고 우리 세 가족은 3월 하순 어느 날 화암사의 주지스님과 정든 친구 김낙규 군과 헤어져 귀향길에 올랐다. 헤어지던 날 김낙규 군이 절 앞의 높은 축대 위에 서서 나를 바라보고 계속 손을 흔들며 석별의 정을 나누었던 그 일이 지금도 뇌리에 선명하게 남아있다.

7
학생노무자, 전쟁통의 고단한 학업

우리는 일단 수원을 목표로 하고 며칠을 걸었다. 도중에 제2국민병으로 부산까지 내려갔다가 굶주린 배를 움켜쥐고 삼삼오오 북쪽의 집을 향하는 장정들의 헐벗고 비참한 모습을 무수히 만났다. 우리는 수원 아래 역인 병점에 이르렀다. 병점역에서 서쪽으로 들어가는 첫 번째 큰 농촌 마을인 안녕리에 방 하나를 얻어 여장을 풀었다.

그런데 아버지가 걱정스러운 말씀을 하셨다. 가지고 나온 돈이 이제 다 떨어져서 쌀 살 돈이 없는데 쌀자루에는 이제 2-3일분 식량밖에 안 남았다고 하시는 것이 아닌가. 나는 '구걸이라도 하지 않으면 생존을 유지할 수 없겠구나' 하는 절망감에 빠졌다. 그런데 마침 안녕리 이장이 "지금 병점역에 미군의 전방지원탄약부대가 주둔하고 있는데, 오늘 저녁부터 노무자를 모집하고 있다."고 말해주었다. 나는 아버지께 말씀드리고 학생복에 교모를 쓴 채로 노무자 모집에 응했다. 미군에 배속된 한국 병사들이 "너는 학생이 왜 노무자가 되려고 하느냐."고 묻기에 사정을 얘기했더니 즉시 채용되어, 그날 밤부터 병점역에서 국군 병사들의 지시에 따라 부산에서 화차로 실어오는 포탄과 탄약 등을 일단 하차하여 쌓아놓았다가 전방에서 보급 받으러 오는 미군 트럭이 오면 그 차에 실어주는 작업을 시작했다.

나는 그날부터 15일 간을 밤낮으로 일해서 보름 만에 수 만원을 벌었고, 부대에서 배급 주는 쌀을 모아서 우리 가족이 지내는데 걱정이 없도록 했다. 역시 먹을 것이 해결되어야 무슨 일이든 여력이 생기는 법이다.

그때 전황은 아군이 역전하여 수원이 민통선이었다가 북으로 더 들어가서 한강이 민통선이 되었다고 하기에 우리는 포천을 향해 길을 떠났다. 그때 수원 오산 공군기지에는 최신 미군 전폭기인 F-86세이버 제트기가 무수히 뜨고 내리는 것을 볼 수 있었다. 참으로 마음 든든한 일이었다.

안녕리를 떠나 이틀 만에 지금의 남양주시 미음나루 백사장에 도착하여 밤새 기다린 끝에 새벽녘에 강을 건널 수 있었다. 그리고 밤 12시까지 쉬지 않고 걸어 한밤중에 고향집에 도착했다. 그렇게 안위가 걱정되던 할아버지, 어머니, 동생 모두 무사한 것을 확인하고 우리는 부둥켜안고 실컷 울었다. 그날 밤 내내 우리는 중공군이 동네에 몰려들어오던 날부터 북으로 후퇴하던 날까지 3개월 동안 우리 집과 울미 동네에서 일어난 여러 가지 일들을 화제로 올려 잠을 설쳤다.

중공군은 군기가 엄해서 우리 민간인을 해코지하거나 부녀자를 희롱하거나 하는 일이 전혀 없었다고 한다. 총은 군인 열 명에 한 자루 정도 되는 것 같고 수류탄을 여러 개씩 지니고 전방으로 떠나는 것을 보았다고 한다. 우리 집에서 사육하던 큰 돼지와 닭 등을 집에 들어오자마자 무조건 다 잡아 콩기름에 볶아서 자기들끼리만 먹고, 우리 어머니가 할아버지께 조금 드리게 달라고 해도 막무가내였다고 한다.

　나는 집에 돌아온 날부터 동생 한중, 한륭, 한강이를 데리고 장난감 마차를 만들어 막내 동생을 태워 끌면서 십여 일을 푹 쉬며 잘 놀았다. 그러던 어느 날, 미군 병력이 우리 동네에 들어와 우리 집 뒷동산에 참호를 파며 아이들에게 뗏장을 떠달라고 하여 심부름도 하였다. 미군이 뒷산에 참호를 파는 것은 전선이 남으로 밀리면 우리 집 뒷동산을 방어선으로 삼으려는 것이라는 생각이 들어 크게 걱정이 되었다. 그런데 며칠 후, 포천 북쪽 38도선 근처에서 미군과 국군이 중공군에게 패하여 후퇴를 시작했고, 우리 집 뒤 참호를 파놓은 미군도 어느샌가 떠나버렸다. 그때 아군은 중공군의 춘계 대공세를 저지하지 못하고, 다시 서울 외곽까지 후퇴하고 말았다. 피아간에 전선이 일진일퇴하였던 것이다.

　4월 하순 어느 날, 나는 다시 아버지를 모시고 12살된 둘째 한중이를 데리고 두 번째 피난길에 올라야만 했다. 포천군 소흘면 고모리 소재 죽엽산 밑을 통과할 때 미군과 중공군이 아래 위에서 쏘아대는 탄환 속을 뚫고 내촌을 지나 남양주를 거쳐 서울 동대문으로 들어섰다. 그리고 인적 없는 종로를 지나 남대문-서울역-용산-한강로를 걸어서 노량진 인도교 밑에 국군이 가설한 부교를 건너 캄캄한 밤에 노량진 어느 민가에서 많은 피난민 틈에 끼어 눈을 붙이고, 그 다음 날 걸어서 수원으로 갔다. 수원은 한수 이북에서 내려온 피난민들로 매우 혼란스러웠다. 우리는 거처할 방을 도저히 구할 수가 없었다. 정말 천신만고 끝에 아버지가 경기도청 재직 시에 잘 알던 친구의 도움으로 수원 팔달산 서쪽 기슭에 폐가가 다 된 문짝도 없는 옛 관사 건물의 방 한 칸을 얻어 가마니로 바닥을 깔고 문을 만들어 피난살이를 시작했다.

수원에서 약 50일 동안 피난살이 하는 동안 군에 입대하셨다가 고령 제대를 하신 숙부를 만나 그간 고생하신 일들을 소상하게 말씀 들었다. 어린 한중이의 손을 잡고 수원 서호에 가서 반찬감으로 새우잡이를 하던 일, 논밭두렁에 있는 먹을 수 있는 풀을 뜯으러 들판을 헤매던 일, 수원에 주둔했던 터키군 병원 부대에서 흘러나오는 식료품 장사를 해보겠다고 아버지께 말씀드려 돈 만원(환)을 장사 밑천으로 얻어서 장사를 하다가 본전을 거의 다 까먹을 뻔 한 일 등등, 고생했던 일들이 지금도 잊히지 않는다.

그 사이 유엔군사령관 겸 미8군사령관이 밴 플리트장군(James Alward Van Fleet)으로 바뀌었고, 서울 사수작전이 성공하여 중공군은 서울 북쪽에서 엄청난 손실을 입고 후퇴하였고, 유엔군과 한국군이 적을 다시 철의 삼각지대로까지 밀어붙여 포천은 또다시 수복되었다. 우리 가족은 물론 포천의 피난민들은 다시 고향집으로 돌아갈 수 있게 되었다.

1951년 6월 초순 어느 날 아버지와 나, 한중이 세 식구는 한강을 건너 피난살이에 지친 몸을 이끌고 고향 울미로 돌아갔다. 그런데 가족은 다 무사하였으나 우리 집은 앞집과 함께 미공군기 폭격과 기총소사로 불타 잿더미가 되어 있었다. 나는 평생 처음 겪는 엄청난 불행 앞에 망연자실했다.

땅에 파묻은 곡식 일부를 건졌을 뿐 가재도구나 서책, 내 교과서, 사진 등 모든 것이 불타버린 것이다. 미공군기의 상황 판단 미숙이 가져온 불행이라고 할 수 있으나, 그나마 가족이 모두 무사한 것은 하늘이 도왔다고 마음을 정리했다.

아군과 적군이 밀고 밀리면서 치열하게 싸운 전쟁터였던 내 고향 포천지역은 건물다운 건물은 단 한 채도 남지 않을 만큼 거의 잿더미가 되었다. 더구나 식량과 가축을 중공군에게 거의 수탈당했기에 그해는 먹고 사는 것이 큰 문제였다. 여름 보리농사는 거름주기를 제대로 못해 매우 부실했고, 비축된 식량도 거의 없는 상태라서 주민들은 감자, 채소, 옥수수, 칡뿌리, 도토리로 연명하는 가구가 많았다. 그 중에서 좀 낫다는 우리 집도 어렵게 여름을 넘기고 가을을 맞이했다. 올벼까지도 아직 덜 여물었을 때 어머니와 나는 종댕이(짚이나 싸리 등으로 엮은 주둥이가 좁고 밑이 넓은 바구니)를 차고 논에 들어가 누르스름한 벼이삭을 골라 손으로 훑어 종댕이에 담아와 솥에 넣고 쪄서 말린 뒤 절구에 찧어서 쌀을 만들어 할아버지 밥상을 차리고 가족의 끼니를 이은 일도 있다.

나는 분명 학생의 신분이었으나 학교는 부산으로 가 있는 상태였고, 혼자 공부할 수 있는 책은 모두 불타버려서 공부할 방도가 없었다. 농사를 제대로 지어본 일도 없는 17세의 청년으로서는 겨우 집에서 기르는 소에게 꼴을 베어다가 사료로 주는 일 정도나 할 수 있었다. 우리 집의 주업인 영농을 확실하게 돕지도 못하는 반건달 신세였다.

그때 우리 집 인근에는 국군 부대는 물론 미군부대들이 많이 주둔하고 있었다. 미군부대의 속칭 하우스보이로 취업하는 친구들이 많이 생겼다. 나는 할아버지에게 '하우스보이를 하겠다'고 하였다가 큰 꾸지람을 듣고 포기했다.

전쟁은 소강상태로 접어들어 어느새 1952년 봄이 되었다.

구정이 지나고 3월 하순에 들어서자 나는 여름에 땔나무 걱정을 항상 하시는 어머니의 마음을 편안하게 해드리고자 수원산에 가서 하루에 두 짐씩 물거리 나무를 해오기 시작했다. 그런 어느 날, 나와 초등학교 동기이자 동갑내기인 우리 집안의 종손 이현모군이 피난에서 돌아왔다. 현모군은 어머니하고 같이 전주로 피난을 갔는데 전주사범에 편입하여 사범학교 본과 3학년이 되었다고 한다. 나는 그 얘기를 들으면서 순간 눈앞이 캄캄해졌다. 현모는 지금 서울에는 학생들이 전부 서울 동서남북에 한 개씩 생긴 학교 불문·학적 불문의 학생들로 구성된 '훈육소'에 다니고 있다고 했다. 그러면서 나에게 "이렇게 시골에 처박혀 있어서 어떡하느냐"고 강하게 충고하는 것이 아닌가. 나는 부모님에게 강한 의지로 말씀드리고 옛 교복과 교모를 찾아서 입고 쓰고, 며칠 뒤에 현모를 따라 서울로 올라갔다.

서울에서 마포훈육소, 서부훈육소 등 두 군데를 찾아 실정을 알아보다가 6·25 전 동기생을 몇 명 만났다. 다 고3 모자와 배지를 달고 있었다. 나는 절망을 느꼈고, 고향 집으로 발길을 돌렸다. 거처할 곳도 없고 2년을 월반할 수도 없어서 이제 학업을 계속할 방법이 없으니 군에 입대해야겠다는 생각을 한 것이다. 몇 달을 고민 하던 중에 서울에 경복중학교가 따로 훈육소를 개설한다는 정보를 접하고 다시 상경하여 교무주임 이용찬 선생님을 만났다. 이용찬 선생님은 고향 사람으로 아버지와도 친구여서 나를 잘 알았다. 선생님은 지금 어차피 3학년으로 들어가도 못 따라갈 것이고, 2학년으로는 넣어줄 수 있으니 1년 묵어서 대학을 가라고 충고해주셨다. 그 말을 듣고 등록을 하고, 결혼한 작은 누이 살림집에 방 하나를 얻어 학교를 다시 다니게 되었다. 나에겐 참으로 천운이었다.

드디어 1952년 6월에 2학년으로 복학했다. 그 후 1954년 3월 고등학교를 졸업할 때까지 1년 7-8개월의 세월은 아마 평생에 있어서 가장 힘들었던 기간이 아니었나 싶다. 이 기간 동안 도시락 없이 점심을 굶으며 학교에 다녀야했다. 누이 집에서 먹는 밥이라고 해봤자 꽁보리밥에 반찬은 김치밖에 없었다. 점심시간에는 슬그머니 교실에서 나와 뒷산에 앉아서 먼 하늘을 쳐다보곤 했다. 무엇보다도 오후에 하는 교련과 체육은 지쳐 고생스러운 시간이었다. 배고픔은 젊은 나를 주눅 들게 했고, 그 까닭인지 대학 때 신경쇠약이 생겨서 고시공부를 하는 동안 당시 신경쇠약약인 〈뇌신〉〈명랑〉을 2년여 먹어야 했다.

나는 고등학교 중간에 하도 고생스러워 군대나 갈까 생각하기도 했다. 한번은 매부 김명진씨가 내가 버스 타러 나온 것을 알고 끝끝내 붙잡아서 다시 학교를 보냈다. 만약 그 때 매부가 붙잡아주지 않았다면 나는 군대를 가서 어떻게 됐을지 모른다. 매부에게 제대로 보답하지 못하여 죄송할 따름이다.

8
청운의 꿈, 서울대 법대시절

고등학교를 졸업하자 처음에는 서울 공대 화학공학과를 가려고 했었다. 그런데 아버지께서는 말단 지방공무원 출신이었고, 중졸의 숙부님도 포천군의 농업직 공무원이셨다. 두 분 모두 하급 공무원 출신들이라서 고등고시를 쳐서 고급공무원이 되는 것이 젊었을 때의 꿈이었다. 그래서 내가 화공과를 가겠다고 했더니 아버님과 숙부님이 법과대학을 강하게 권유하셨다. 가만히 생각해보니 아버님과 숙부님의 여망을 받드는 게 자식의 도리가 아닌가하는 생각이 들어 원서 쓰기 한 달 전에 화공과에서 법대로 생각을 바꿨다. 법과대학을 지원하겠다고 했더니 선생님이 깜짝 놀랐다. 나는 학교 성적이 그렇게 좋지는 않은 편이었지만 그래도 모의고사는 성적이 괜찮았다.

지금도 잊히지 않는 건 합격자 발표장에서 본 나의 수험 번호 814번이다. 발표장에는 혼자 확인하러 가서 보았다. 당시 경복고 동기들이 18명 정도

법대에 진학했다. 그 중에는 나중에 유명해진 가수 최희준씨도 있다. 나와는 고등학교, 대학교 동기이다.

합격자 발표 날, 나는 발표를 보고 막차라도 좋으니 버스를 타고 내려가겠다고 아버님과 약속했다. 1954년이니까 전화도 없고 포천에 전기도 들어오기 전이다. 오후 5시에 합격자 발표를 보고 서울 생활을 도와준 고모님이 택시를 타고 서울시내 드라이브라도 하자고 해서 서울을 조금 돌고 돈암동 버스 정류장에 가니 포천행 막차가 이미 떠나버리고 없었다. 어쩔 수 없이 지나가던 군용 트럭을 얻어 타고 의정부에 가서 다시 트럭을 얻어 타고 밤 12시가 되어 포천에 도착했다. 아버님은 버스정류장에서 기다리시다가 내가 오지 않자 떨어졌구나 생각하고 동네 아저씨와 약주를 드시고 계셨다. 집까지 걸어가는데 그 때는 밤길이 무섭지도 않았다. 초조하게 기다리시던 할아버지, 아버지께 큰절로 합격인사를 올렸다.

모든 사람들이 다 와서 축하하는데 할아버지께서는 처음에 무슨 일인지 모르고 계셨다가 조선시대의 대과급제와 같은 것이라고 생각을 하셨는지 그렇게 좋아하셨다. 그 때는 아버님이 포천군 교육청에 복직이 되어서 대학 등록금을 나름대로 마련해 두었던 것 같다. 그런데 숙부님이 등록금을 내주셨다. 지금 기억에 1만1800환이다. 참으로 잊지 못할 고마운 일이다.

1954년 4월 11일로 기억한다. 서울대학교 종로구 동숭동 문리대 운동장에서 입학생 3천 몇 백 명이 모여서 입학식을 했다. 그 때는 법과대학이 동숭동 중앙공업연구소 뒤쪽에 있었는데 창고 같은 건물이었다. 한 학년 300명이었다. 교사(校舍)는 초라했지만 다들 자부심들은 강했다. 법대건물

뒤에는 미술대학이 있었다. 미술대학에는 여학생들이 많았다. 아침에는 교문을 같이 쓰니까 섞여서 등교했고, 1학년은 교양 과정이 주니까 300명씩 같이 듣곤 했다.

저명한 교수님들이 많았다. 민법을 가르치셨던 고병국 학장은 일본 동경제대 법문학부를 나오고 고등문관 시험 양과에 합격하셨던 분이었고, 법학개론을 가르치셨던 황산덕 교수, 헌법을 가르치셨던 한태연 교수, 정치학개론을 가르치셨던 정인흥 교수, 자연과학개론을 강의하시던 최기철 교수, 국어를 가르치셨던 이하윤 교수 등이 계셨다. 이런 분들이 우리가 첫 대면해서 법대가 어떤 곳인지를 잘 알게 해주신 훌륭한 교수님들이다. 강의 수준이 너무 높아서 알아듣기가 어려운 대목도 많았다.

1학년 1학기말 시험에 한태연 교수님이 헌법 문제를 내셨는데 "주권 개념의 정치성을 논하라."라는 용어의 의미도 어려운 문제였다. 90명 가까이가 과락을 했다. 나는 간신히 과락은 면했던 기억이 있다. 황산덕 교수님은 "우리의 법으로서의 행복을 논하라(자유·진리·정의의 한계)"라는 문제를 내셨다. 그걸 고등학교 3학년을 갓 벗어난 학생들이 쓸 도리가 없었다. 칠판에 문제를 써주셨을 때 앞이 캄캄했다. 그게 60년이 훨씬 지난 일이다. 아직도 아련하게 생각난다.

나는 좋지 않은 여건에서 대학을 다녔지만, 1학년 입학하자마자 둘째 매부 김명진씨의 주선으로 매부의 고모 아들 형제의 가정교사로 소개 받았다. 나는 입주가정교사를 해서 식사와 잠자리를 제공받고 용돈을 얻어 쓰면서

10개월을 보냈다. 매부의 고모님이나 고모부가 후덕하신 분들이셔서 편안한 마음으로 내 집같이 잘 지냈다. 그 때 지도했던 이광재, 이학재 두 학생에 대한 기억이 난다. 하지만 가정교사만 하다가는 내 공부를 할 수가 없었다. 다른 친구들은 이미 1학년 2학기 말쯤부터 고시 준비에 들어갔는데 나는 참고서 한 권도 아직 못 산 형편이었다.

9
고시 재수생

　가정교사를 그만두고 공부를 시작해야겠다 싶어서 작은 누이를 찾아갔다. 2학년 올라가기 직전 겨울방학에 평소 아는 절인 망월사에 가서 한 달만 공부할 수 있게 쌀 서말 살 돈과 용돈 조금만 달라고 사정했더니 단칸방에서 셋방살이하는 누이가 돈을 마련해줬다. 1955년 2월 초, 누이가 준 돈을 가지고 쌀 서말과 반찬거리를 사서 들고 돈암동에서 버스를 타고 의정부로 가다가 장수원에서 내렸는데, 어둑어둑하고 눈이 오기 시작했다. 경사가 급한 망월사 길을 봇짐을 지고 눈을 맞으면서 헤매어 절을 찾아들어 갔다. 밤길이라 어디가 어딘지 알 수가 없어 불빛 있는 데만 찾아가니 요사채(寮舍寨)였다.
　안에 들어가니 주지스님 같은 나이 드신 스님과, 스님은 아닌데 노인이 한 분 계셨다. 스님은 당대의 고승 춘성(春城) 스님이었고 같이 앉아있던 어른은 동국대학교 국사교수 황의돈 선생이었다. 스님은 황의돈 선생이 만해(萬海)의 제자라고 하셨다. 선생은 내 눈비 맞은 초췌한 모습을 보시더니 내 관상이

"나중에 훌륭한 인물이 될 상"이라고 좋게 말씀해주셨다. 모든 게 잘 안 풀려가는 가운데 그런 말씀을 해주셔서, 나는 그 이후에 힘들 때마다 그때 그 말씀으로 위안을 삼았다.

주지스님께 밤늦게 절을 찾은 연유를 말씀 드렸다. 내 간절한 말을 듣고 나시더니, 스님은 안 되었다는 얼굴로 나를 바라보시면서 지금 망월사에는 방이 다 찼다는 것이다. 그러니 안 되었지만 오늘 밤은 이렇게 왔으니 나하고 이 방에서 자고 날이 새면 산에서 내려가라고 하셨다. 나는 실망감이 커서 밤새도록 잠을 못 잤다. 자기 전에 일기에 "하늘이 나를 버리시는구나"라고 썼다. 신에게 도와달라고 간절한 기도 같은 것을 적어서 책갈피에 넣었다.

주지스님은 밤새도록 내가 잠 못 드는 것을 느끼셨던 것 같다. 새벽이 되어 심부름하는 사람을 불러 뭐라고 하시는데 잘 들리지 않았다. 시간이 꽤 지나 그 사람이 돌아왔다. 주지스님 얼굴이 편안해지시더니 나를 오라고 하셨다. 스님께서는 "너 때문에 밤새 고민을 했다, 우리 망월사에는 방이 없지만 고개 넘어 우리 말사로 광법사라는 조그만 암자가 있다, 40대 여승이 혼자 입주해있는데 거길 내가 안내했으니 아침 먹고 이 사람을 따라가 거기 가서 땔나무 할 것만 대어드려라, 그러면 숙식을 하게 해주실 것이다"라고 소개해주셨다.

스님들과 아침 공양을 마치고 나는 쌀 서말과 책가방을 들고 심부름 갔던 아저씨를 따라 광법사에 갔다. 거기서 아주 인자해 보이는 40대 여승을 만났다. 또 70을 넘어 보이는 보살님도 계셨다. 나는 그 절에서 낮에는 나무를 하고 와서 자고 초저녁이 되면 불을 켜고 앉아서 밤을 꼬박 새며 열 몇 시간씩 공부를 하면서 한 달을 지냈다. 그 동안 고시공부의 큰 산맥 중에 하나인 민법 5권을 2회독 정독했다. 그게 그 이후 내 시험공부의 큰 바탕이 되었다.

그 때 망월사에 내 고등학교 후배들도 와 있었고 서울대학교 대학원에 다니는 학생들도 와서 수양생활을 하고 있었다. 그래서 친구가 생겨서 무서움을 무릅쓰고 망월사로 밤에 마실 가서 놀기도 했다. 주말이면 서울로 나와 술과 안주를 사오는 친구도 있어서 가끔 젓가락 장단에 유행가를 부르는 수험생활 중의 낭만도 있었다.

주지 여승은 일주일에 한 번 정도 신도의 집에 가서 공양을 받아오셨다. 그러면 김치 같은 것을 우의로 만든 배낭에 담아 지고 오셨다. 가끔은 내가 장수원까지 내려가 대신 짊어지고 모시고 돌아오기도 했다. 이 분은 스님이 된 지가 얼마 되지 않아 불경을 한창 공부하는 중이었다. 처음 배우는 게 보통 『천수경』인데, 아침에 도량을 돌 때마다 그것을 외셨다. "정구업진언 수리수리 마하수리 수수리 사바하 오방내외안위제신진언 나무 사만다 못다남 옴 도로도로 지미 사바하……" 하는 것인데, 아침마다 듣다보니 외워져서 아직도 기억이 난다. 밤에 혼자서 공부를 하면 쌩쌩 바람이 부는데, 창호지 울리는 소리가 호랑이 울음소리 같은 착각이 들 때도 있었다. 차츰 익숙해지자 나중에는 무서운 줄을 몰랐다.

광법사에서 한 달을 지낸 후 내려와서 미아리의 작은 숙부 건넛방에 공부방을 차리고 공부를 계속했다. 보통 법대생들은 2학년 쯤 되면 두 세

개의 파로 나눠졌다. 하나는 입산파로 좀 넉넉한 아이들은 한 달에 얼마씩 주고 사찰로 들어갔다. 다른 청강파는 죽으나 사나 꼬박 학교 강의를 다 듣는, 주로 여학생들이었다. 그리고 청강도 틈틈이 하면서 대학 도서관을 이용해서 공부하는 도서관파가 있었는데 나는 주로 도서관파였다. 이렇게 나눠진 파는 기말시험이나 학년말 시험이 되면 청강파의 노트 때문에 하나로 모였다. 학기말 시험을 치고 학점을 따서 졸업은 해야 했으니까 그걸 베끼느라고 바빴다. 복사기도 없던 시절이라 하나 빌려서 베끼고 하는데 한참 걸렸기 때문에 정말 보물 같은 노트였다. 나는 중앙도서관 왼쪽에 대학원생 열람실이라고 밤 12시까지 하던 곳을 주로 이용해서 공부했다. 문리대 앞에 연하춘이라는 중국집이 있었는데 어쩌다 친구들이 사줘서 자장면을 얻어먹으면 그 날은 정말 행복한 날이었다.

또 한 가지는 내가 고시공부하면서 신경쇠약으로 고통을 받았던 기억을 잊을 수가 없다.

경복중학에서 나와 같은 학년이었던 28회 동기 중에 고시 합격자가 둘이 있었다. 그 중에 하나는 강대헌인데 강명옥(康明玉) 법제처장의 아들이었다. 또 한 친구는 민경택인데 민복기 대법원장의 둘째 아들이었다.

내가 대학 입학했을 때 민경택의 집이 법대 뒤 동숭동 2층 양옥집이었다. 한번은 자기 집에 가자고 해서 갔었는데 2층이 아버지 서재였다. 사면이 모두 법률 책이었다. 그 때 나는 삼촌 집에 오면 책상도 없어서 한쪽 벽에 책을 쌓아놓고 이부자리 하나 있는 것이 내 방이었는데, 그걸 보고, '하늘이 나를 어여삐 여겨서 도와줬구나, 대학을 다니는 것만도 큰 은총이다'라고 생각했다. 이 친구들이 8회 때 합격하고 나는 뒤늦게 10회 때 붙기는 했지만 공부하는 환경이 천양지차였던 것을 생각하면 하늘에 감사하는 마음이다.

가까운 친구들과 틈틈이 청계천 판잣집에 가서 순댓국 같은 것 하나 시켜놓고 막걸리, 소주에 흠뻑 취해서 호기를 부린 날도 많아 1학년 때는 많이 놀았던 편이다. 3, 4학년에도 열심히는 했지만 공부하는 시간이 다른 사람들 반도 못 되었을 것이다. 합격은 신의 큰 도움이 있었던 것 아닌가. 지금도 이 생각은 변함이 없다.

나는 대학 2,3학년 2년을 4학년 때 있을 9회 고등고시에 맞추어 나름대로 준비했다. 3학년 말 겨울방학이 되어 고향집에 내려가 아랫목에는 할아버지가 숙식을 하셨기 때문에 사랑방 윗목에 자리를 잡고 학업에 전념했으나 신경쇠약 증세로 능률이 나지 않아서 고민하고 있던 어느 날, 8회 고시 사법과 발표가 있었다. 신문을 보니 합격자가 150명이 넘고 대학동기생 이름도 여러 명이 눈에 띄었다. 전례 없이 많은 합격자를 낸 것이다.

1957년 봄, 대학 4학년이 되었다. 그해 8월 9회 고시 양과에 응시하였다. 준비도 미흡했고 자신도 없긴 했지만 합격자 발표를 보고 놀랐다. 3500여명이 응시한 사법과 필기시험에 단 4명이 합격한 것이다. 그 가운데 대학동기인 박영호 군이 들어있었는데, 박군은 구술시험에서 실패를 했다. 전 헌재소장 김용준 씨가 수석합격을 했다. 이것은 나의 실망이기 전에 큰 사회적 충격이었다. 나는 취업 시험도 포기한 채 책 보따리를 싸서 고향집으로 내려갔다.

고향집 사랑의 공부방을 정리하고 나서 나는 우선 학교에 제출할 졸업논문을 준비했다. 논제는 "권력분립의 원리"로 정하고, 한태연 교수의 헌법학과 그 외에 국내외 학자들의 저서와 출판물에 들어있는 헌법 관련 논설 등을 참고하여 상당한 분량의 논문을 작성해서 학교에 제출했다. 그 해 겨울은 유난히도 추웠다. 그런 가운데 시간은 흘러서 1958년이 되었다.

새해 1월 말경, 할아버지의 병세가 급격하게 악화되었다. 78세나 되는 노인의 병환일 뿐 아니라 포천에서 제대로 불러올만한 의사도 없는 시대이었기에 특별한 치료를 하지 못했다. 며칠이 지난 어느 날 저녁, 할아버지가 나에게 소주 한잔만 따뜻하게 데워 달라고 하셨다. 나는 가끔 하던 방식대로 양은 물 잔에 소주 한 잔을 따라서 화롯불에 따뜻하게 데워서 드렸다. 할아버지는 그 소주 한 잔을 잡수시고 얼마 안 있어 운명하셨다. 운명하시기 직전 나의 귀에다 입을 대고 들릴 듯 말 듯 한 소리로 "나는 지금 죽어도 여한이 없다. 다만 네가 잘 되는 것을 못보고 죽는 것이 한이로구나."라는 말씀을 남겨주셨다.

할아버지 장례는 7일장으로 치렀고, 온 동네 사람들이 모두 와서 장례를 도왔으며 조문객이 많아 우물물이 마를 지경이었다. 할아버지가 평소에 확보해두셨던 은행나무로 관을 새로 짜서 염습을 모셨고, 생전에 소망하셨던 대로 울미 저수지 서쪽 동산 기슭에 셋째 할머니 충주 최씨와 합장을 해드렸다. 나는 할아버지 생전에 고시에 합격하지 못한 것을 큰 불효라고 생각한다. 할아버지께서 1년만 더 사셨더라면 내가 불효를 면할 수 있었는데 하는 아쉬움이 있다.

58년 3월 28일, 서울대 전체 졸업식이 문리대 대운동장에서 있었다. 나는 부모님을 모시고 상경하여 졸업식에 참석했으나 아무 것도 내세울 것이 없는 초라한 졸업식이었다. 졸업식에는 이미 노쇠한 이승만 대통령 내외분이 참석하였는데 축사도 하지 못하고 추운 날씨에 담요로 무릎을 덮고 앉아계시다가 그냥 돌아가셨다. 졸업식 다음 날 나는 어머니를 모시고 포천으로 내려갔다. 평소에 어머니는 차멀미가 심하셨는데, 그날따라 더 심하셔서 돈암동에서 의정부까지 간신히 버스를 탄 채 버티고 가시다가 의정부에서 내려서 친척 집을 찾아 하루 밤 주무시고, 그 다음날 60리가 넘는 길을 둘이 걸어서 고향집에 갔다. 모자가 걷던 봄길 60리, 그 길은 내 인생에 새로운 자극이 되었다.

대학을 졸업한 뒤 나는 4월에서 7월까지 4개월 동안 고시 참고서 4회독을 했다. 공부하는 틈틈이 산에서 나무를 베어다가 다듬고 철망을 쳐서 고향집 서쪽 공터에 양계장을 지었다. 그리고 병아리를 수백 마리를 길렀다. 돈에 쪼들리는 가계에 도움을 드리겠다고 하는 바람이 있었던 것이다. 공부하다 쉬는 참에 논두렁을 거닐면서 개구리를 많이 잡아다가 닭 사료와 섞어서 주었더니 병아리가 잘 자랐다.

8월이 되어 제10회 고시 사법, 행정 양과에 응시하였다. 신경 쇠약에 시달린 지친 몸을 이끌고 상경하여 정릉 소재 작은 누이 집에 기숙하면서 수일에 걸친 시험을 별로 자신도 없이 치러냈다. 시험을 끝내고 다시 고향집에 내려가 동네 젊은 아이들과 어울려 미꾸라지를 잡는 등 천렵놀이를 더러 하면서도 시험에 떨어지면 내년(59년)에 서울 법대에 출범할 행정대학원에 가는 것과 아예 군에 입대하여 군에서 고시에 계속 도전하는 것의 두 가지 길을 놓고 고뇌에 찬 하루하루를 보냈다.

정치는
중업重業이다
이한동 회고록

제2부
군 법무관 시절

10. 훈련병에서 군 법무관으로

11. 잊지 못할 광주 대성서점

12. 박정희 소장과의 만남 그리고 4·19

13. 평생배필과의 운명적 만남

14. 신혼 그리고 5·16 군사혁명

10
훈련병에서 군 법무관으로

그러던 9월 중순 어느 날, 대학 동기 중 아주 가까운 친구인 권오현 군(지금은 대기업가)으로부터 서신이 왔다. 10월 초에 자원입대 하고자 하는데 갈 의향이 있으면 연락해서 같이 군에 입대하자는 것이었다. 나는 즉시 결심을 했다. 부모님께는 아무 말씀도 안 드리고 조용히 군대에 가겠다고 마음먹은 것이다. 마침 추석 명절이라 다음 날 상경하였다. 아버지께는 "서울에 잠깐 볼 일이 있어 다녀오겠습니다." 하고 나왔다. 상경 후 당시 성북경찰서에 근무하던 자형에게 입대 수속을 부탁하고, 입대허가가 떨어져 58년 10월 2일 입대 장정들이 집합하는 서대문 금화초등학교에 모여 서울역에서 논산행 열차를 탔다.

그 때 고3이었던 동생 한중이가 금화초등학교 정문에 와 있다가 나를 보자 다가와 "형, 집 걱정은 말고 건강하게 다녀오세요."라고 송별 인사를 했다. 나는 동생과 헤어지면서 한 없이 눈물을 흘렸다.

논산 제2훈련소에 입소하여 나는 대학 동기인 권오현, 장주일, 송윤재,

임수웅 군 등과 함께 21연대 7중대 5소대에 배치되어 훈련을 받았다. 논산훈련소장은 백남권 장군이었는데, 훈련소 운영은 극도로 부패되어 있는 것 같았다. 군의 기강은 문란하고, 인사 특히 병력 충원행정 전반이 공정하지 못했던 것 같다. 나는 법대를 졸업한 사병인데 어찌 된 영문인지 광주 상무대 포병학교로 차출되어 훈련을 마친 12월 12일 밤, 논산 연무대역에서 광주행 군용 열차를 타게 되었다. 나는 열차 안에서 두리번거리면서 친구들을 찾았지만 같이 훈련을 마친 대학 동기생 여러 명 중에 한 사람도 눈에 띄지 않았다. 깊은 시름과 절망감에 빠졌다. 마음속으로 대학에서 법률을 전공한 병사를 포병으로 배치하는 군의 인사관리를 개탄하고, 자유당 정권이 종말을 향해 가고 있는 단초같이 느껴졌다.

육군포병학교는 군기가 엄하기로 소문나 있었는데, 도착하는 날 밤 내무사열을 받다가 이유도 모르는 기합과 폭행을 당했다. 나는 28명의 훈련병과 함께 포병 측지반에 분류되어 12월 14일부터 측지 교육을 받았고, 측지반에서 교육계를 맡아 일을 했다. 12월 17일 아침, 측지반 동료 박기택군과 교장에 나가다가 정훈참모부 앞을 지나게 되었다. 이틀 전인 12월 15일 고시 사법과 합격자 발표가 있었을 터인데 신문을 얻어 볼 수 없는 형편이니 답답하던 참이었다. 그런데 정훈참모부 입구에 '신문은 이쪽으로'라는 손가락 모양 지시표가 눈에 들어오는 것이 아닌가. 박기택군이 내 팔을 끌고 안으로 들어갔다. 그 곳 전시대에는 12월 16일자 서울신문 조간이 있었다.

신문을 집어든 순간 합격자 발표 명단 속에서 내 이름 석 자를 발견했다.

김진억, 최광율, 이상혁, 정해창 등 아는 동창들의 이름과 같이 있는 것이 아닌가. 꿈인지 생시인지 모를 흥분된 마음을 가라앉히고 교장(敎場)으로 나가 교관인 임선하 중위(육사 11기생)에게 신고하고 그 분의 도움으로 휴가증을 받아 12월 22일 상경하여 구술시험에 응시할 수 있었다. 그 때 포병학교 교장은 나중에 국방장관을 지낸 노재현 준장(육군대장 예편)이었는데, 학교 규정에 훈련병을 휴가 보내는 근거가 없어 참모회의를 열어, 논의 끝에 나에게 휴가증을 주기로 결정했다는 말을 들었다.

11
잊지 못할 광주 대성서점

나는 필기고시를 치고 나서 약 3개월 동안 책을 한 줄도 본 일이 없고, 머릿속도 텅 빈 것 같은 진공 상태였기 때문에 이대로 구술고시를 보면 백이면 백 실패하는 것 아닌가 하는 초조함 끝에, 광주시내의 한 책방에 들어가서 필요한 참고서를 몇 권이라도 얻어서 하룻저녁이라도 봐야 마음이 안정될 것 같은 생각이 들었다. 그래서 휴가증은 나왔지만 저녁에 광주시내에 나갔다.

길을 걷다가 책방이 보여 무조건 들어갔는데 관리하는 사람이 젊은 학생이었다. 나는 상황을 설명하고, "필요한 책을 전깃불 밑에서라도 몇 시간 좀 보고 갈 수 있게 해주십시오."하고 부탁하니 그 학생이 필요한 책을 날더러 선택하라고 했다. 민사·형사·민법·형법 등 꼭 필요한 책 몇 가지를 골랐고, 주인이 자신이 먹고 자는 방이 있으니 밤새도록 거기에서 책을 읽으라고 친절을 베풀어주었다. 집에 가는 길에는 작은 식당에 데려가 백반을 사주기도 했다. 그리고 그 학생을 따라 광주시내 골목을 한참 돌아서 어느 건물 안으로 들어가니 꽤 넓은 방에 장구, 북 등 국악기들이 놓여 있었다. 그곳은 바로 호남국악원이었다.

그 학생은 낮에는 서점을 보고 밤에는 국악원을 지키며 잠자리를 해결한다고 했다. 그곳이 자기가 기숙하는 곳이라면서 전깃불을 비춰주고 공부하라고 해주어서 밤을 꼬박 새며 책을 읽었다.

아침에 헤어졌는데 나중에 알고 보니 그 분이 바로 광주 양동시장의 대성서점 주인 김광평씨였다. 그는 나주분이셨는데, 내가 국회부의장을 지내고 있던 때에 내 직원이 어찌어찌 하여 김광평씨와 서로 알게 되어서 직원을 통해 내가 그 일을 기억하고 있는지 확인을 해왔다. 어떻게 그런 분을 잊을 수가 있겠는가. 연락이 되어서 꼭 36년만인 1994년 1월, 서울로 모셔다가 식사를 대접했고, 그 후에 의형제를 맺었다. 나이가 나보다 조금 아래여서 형님동생하고 지냈다. 요새는 건강이 나빠졌는지 연락이 없어 안타깝다.

아무튼 나는 그분의 도움으로 밤새워 책을 훑어보고 12월 19일 송정리에서 군용열차(상무호)를 타고 다음 날 새벽 서울 용산역에 도착했다. 그길로 포천 집으로 내려가 사랑에 모셔져있던 할아버지 영정에 고유(告諭)하고, 12월 22일 다시 상경하여 별 준비도 없이 서울 법대에서 구술고시에 응시했다. 고시위원들은 초라한 군복에 빡빡 깎은 머리의 졸병 수험생인 나를 많이 동정해주셨으리라 짐작한다. 이어서 12월 27일 최종합격자 발표를 보고 포병학교로 귀대하여 2개월의 교육 과정을 다 마치고, 육본 법무감실 소속

사병으로 있다가 1959년 5월 14일 육군 중위(군법무관 시보)로 현지 임관되었다. 현지 임관이란 사병이 장교로 신분을 전환하는 특별한 케이스로 국방장관의 명에 의한 것이다.

군 법무관이 되고나서 첫 보직처는 경인지구를 관장하는 제6관구 사령부 법무참모부로 발령되어 이태원에 있던 사령부로 부임했다. 그때 6관구 사령관은 박정희 소장이었고 참모장은 김재춘 대령이었다. 나는 부임 후 군 검찰관 직무를 보다가 군법회의재판 후 심사업무를 보면서 군법회의 심판관도 겸직했다. 그 당시 제6관구 군법회의는 대부분의 사건이 국방경비법 제9조 도망사건이었고, 더러 교통사고, 군수품 부정처분 사건 등 비교적 경미한 사건들이 많았다.

12

박정희 소장과의 만남 그리고 4.19

제6관구사령부는 59년 여름 서울 문래동에 있는 HID(육군첩보부대)와 병영을 상호 교환하여 이전했다. 새 사령부는 이태원 막사보다 넓어 여유롭고 쓸모가 있었다. 장교들은 점심시간에 장교 전용식당을 많이 이용했는데, 박정희 사령관과 김재춘 참모장은 언제나 여러 장교들과 같이 식사를 하셨던 것으로 기억이 난다. 깡마르고 차디찬 모습의 박정희 소장은 웃는 것을 거의 보지 못했고, 김재춘 대령은 항상 쾌활하게 웃으면서 말씀도 많이 하셨던 것으로 기억된다.

그 해 가을, 육군은 부산 제2관구사령부를 부산 소재 전 군수기지창을 관장하는 군수기지사령부로 개편하고, 초대사령관으로 청렴 강직한 박정희 소장을 보임하였으며, 제6관구사령관에는 육군 공병감으로서 남산 국회의사당 부지 공사를 지휘하던 엄홍섭 소장이 보임되었다. 당시는 경제상황이 어렵고 물자가 귀하여 군수물자가 부정 유출 거래되는 사례가 많아 강력한 지휘 통제가 절실한 시기여서 박정희 소장이 초대 군수기지사령관이 된 것으로 알고 있다.

그런데 정치정세는 급변했다.

이승만 대통령의 자유당은 1958년 제4대 국회의원 선거를 부정으로 얼룩진 가운데 치르고, 이어서 소위 사사오입 개헌을 강행하여 이 대통령의 삼선개헌과 종신 집권의 길을 터놓았다. 그 후 1960년 3월 15일 대통령 부통령 선거를 앞두고 자유당과 정부가 결탁하여 헌정 사상 유례없는 불법 부정선거 음모를 계획하더니 실제로 3·15선거에서 천인공노할 부정을 총동원하여 대통령에 이승만, 부통령 이기붕을 당선시켰다. 그러나 한국의 민주주의가 종언을 고하는가 싶은 순간에 드디어 3월 15일 마산의거를 시작으로 4·18 고대생 피격사건을 거쳐 4·19 민주혁명의 도화선에 불이 붙고 말았다.

나는 제6관구사령부 군법무관으로서 서울에서의 4·19를 직접 몸으로 겪으며 권력의 무상함을 깊이 느꼈다. 동시에 민주주의를 갈망하는 국민의 소망이 가져온 반독재투쟁의 위대한 승리를 목격했다. 자유·민주·정의의 민주화투쟁에 목숨을 바친 청년 학생들의 숭고한 정신과 불같은 애국심을 보았다. 국가와 정치, 그리고 민주주의의 미래에 대한 희망을 보았다. 한국의 민주화는 80년대 후반이 아닌 60년대 초에 이미 불이 붙기 시작한 것이다.

당시 4월 19일부터 4월 26일 이승만 대통령이 하야하기까지 일주일은 한국 민주주의의 시험 기간이었는데, 나는 계엄사령부 지휘부의 신중하고도

현명한 대처를 보고 깊이 감사했다.

당시 내가 직접 참가한 상황을 돌아보자.

1960년 4월 22일 저녁, 서울 지역에 근무하는 군법무관과 군의관 일부가 계엄사령부 법무처에 소집되었다. 법무처에서는 영관급 법무관 1명을 팀장으로 위관급 법무관 1명, 군의관 1명을 팀원으로 하는 서울 지역 각 경찰관서 및 교도소에 대한 유치장 감찰팀을 수 개 구성하여, 그 날 밤으로 서울 전역에 대한 유치장 감찰을 시행하였다.

그 날 나는 제6관구 법무참모부 검찰과장 주광한 소령이 팀장인 조에 수도육군병원 군의관 한 명과 같이 편성되어 마포 구치소, 서대문서, 용산서, 성북서에 대한 유치장 감찰을 실시하고, 고대생 등 여러 명의 학생을 석방시키고 경찰서 백차로 학생들을 귀가 조치하도록 하는 한편 우리가 타고 간 지프차에 몇 명을 태워서 집까지 데려다 주기도 하였다. 군의관은 수감 학생들의 옷을 벗겨서 부상 여부와 고문 여부를 확인했다. 어느 경찰관서 유치장에도 판사의 정식 구속영장이 발부되어 구금되어 있는 사람(학생 또는 일반인)은 한 사람도 없었던 바, 판사들이 구속영장을 거의 기각하였음을 알게 되었다. 이 날을 기점으로 군의 대처 방향이 민주혁명 세력지지 쪽으로 기울어져갔던 것이 아닌가 판단된다.

4·19 민주혁명이 성공할 수 있었던 것은 군과 미국이 권력에 등을 돌리고 학생 등 민주세력에게 우호적인 대책을 선택하였던 것이 큰 힘이 되었다고 생각한다. 특히 4월 25일 서울 시내 각 대학교수들의 민주화 시위가 꺼져가고 있던 시위의 불을 점화했고, 드디어 4월 26일 이 박사를 하야토록 하였던

것이다. 다행한 것은 일주일 간의 시위 종료 후 대학생들이 각 경찰관서에 배치되어 사회질서 회복에 노력했다는 점이다. 이승만 대통령의 하야 후 과도정부가 출범하여 허정 수반에 의해 혁명의 뒷마무리가 착실하게 진행되었다. 과도 정부의 새로운 내각이 출범했으나 국회는 자유당 의원들이 그대로 있는 가운데 개헌을 추진할 수밖에 없었고, 1960년 6월 15일 의원내각제를 권력구조로 하는 헌법 안을 통과시켰다.

13

평생배필과의 운명적 만남

    나는 그 해 5월 군법무관 실무고시에 합격해 군법무관이 되어 5월 30일자로 중위에서 대위로 진급하였고, 제6관구사령부 법무참모부 심사과장으로 보임되었다. 이제 법관 자격이 있으므로 군법회의 법무사를 겸했다. 대위로 진급하니 중견 장교가 되어 보는 눈이나 생각이 나도 모르게 커졌고, 부대 내의 위상도 달라진 기분이었다.

    그 무렵 대학 동기인 신광현군이 나를 면회 와서 아리따운 여학생 사진을 보여주었다. 자기가 사귀고 있는 여자의 동생인데 S여대 대학원 영문과에 다니고 아버지는 대전시 교육감을 지내셨다고 간략한 소개를 하는 것이 아닌가. 그러면서 나를 소개해주겠다고 하여 그것이 인연이 되어서 며칠 후 용산 삼각지 아래 어느 한적한 다방에서 신광현군, 사귀는 여자 자매, 나 이렇게 넷이 첫 만남을 가졌다.

    나는 그때까지 여성과의 교제 경험이 전혀 없는 처지였기 때문에 두 여대생을 마주한 자리에서 무척 어색해했고, 그 때문에 세련되지 못한 모습을 보였던 것 같다. 그 당시 지금의 아내를 처음 보았는데, '용모도 단정하고 인상이 우아해 보이고 교양미가 있어 보인다.'고 느껴 깊이 호감을 가졌던 것이 사실이다. 나는 그날 일단 신광현군에게 "됐어"하는 좋다는 의사표시를 했는데, 후에 안 일이지만 상대방 여성은 나의 첫인상이 별로였고, 다만 소개한 분의 입장을 생각하여 수차 만나면서 자연스럽게 정리할 수밖에 없지 않는가 하는 씁쓰레한 결론을 내렸다고 한다.

그런데 충무로의 태극당 과자점에서 가진 두 번째 만남 이후 그녀의 나에 대한 생각이 변한 것 같다. 그 날이 마침 미국의 아이젠하워 대통령의 방문일이라 그 일대가 완전히 사람으로 가득차서 도로로 다니질 못할 정도였다. 제6관구가 있던 영등포에서 기차를 타고 한강을 건너 서울역에 내려서 충무로의 태극당까지 걸어가니 약속시간에서 1시간이나 늦었건만 그래도 그녀가 기다려줘서 만날 수 있었다. 참 고마운 느낌이 들었다.

그날 우리는 중앙극장에서 상영중인 독일배우 쿠르트 위르겐스(Curd Jürgens) 주연의 '백야(白夜)'를 관람한 뒤 저녁식사를 하고, 용산역 근처인 그녀의 집까지 동행했다. 그날부터 우리는 급속하게 가까워진 것 같다. 그녀가 여름방학이 되어 대전 본가로 내려갈 때까지 우리는 이삼일에 한 차례씩은 만났다. 한강 백사장 포플러나무 길을 밤에 산책하기도 하고, 영화관에도 가고, 몇 차례 식사를 하며 만나는 사이, 연령이 비슷하고 학력도 비슷하고 같은 시대를 살아오면서 정리된 정서와 소양, 윤리 의식 등에서 서로 상충되는 점이 없어 쉽게 조화되었고, 예상 외로 빨리 가까워져 거부감 없이 서로가 다정함을 느꼈다. 지금 생각하니 우리는 천생연분이었던 것 같다.

1960년 8월 초 아내가 본가로 내려가면서 나에게 놀러오라고 하여 나는 대전에 내려가 예비 처가에 들러 예비 장인 장모께 인사드렸다. 대전에 이삼일 있는 동안 아내와 유성온천 근처의 들과 냇가를 산책하거나 대전 상수도의 수원지 인근 계곡으로 소풍을 가서 사진도 찍고 물장난도 하면서 꿈같이 행복한 시간을 보냈다. 정국이 어수선한 시기였지만 청춘남녀의 익어가는 사랑을 방해하지는 못했다.

당시 둘째 고모가 대전에 살고 계셨기에 나는 아내 될 사람을 우리 가족 중 제일 처음으로 고모에게 인사시켰다. 아내가 냉면과 일식 새우튀김덮밥을 좋아하는 것을 그때 알았다.

1960년 7월 29일 내각제 신헌법에 따라 이루어진 민·참의원 선거가 민주당의 압승으로 끝나고 큰 진통과 우여곡절 끝에 장면 총리의 민주당 정부가 출범하였으나, 민주당내 신구파의 대립과 갈등이 심하여 국정운영이 제대로 되지 못하여 정정이 불안하고 사회혼란이 심해가고 있었다.

나는 그해 9월, 의외의 전속 명령을 받았다. 전남 광주 상무대에 있는 전투병과 교육사령부 법무참모부에 군법회의 법무사요원이 없다하여 내가 선택된 것이다.

돌이켜보면, 59년 2월 상무대의 포병학교를 졸업하고 1년 7개월 만에 이등병에서 육군 대위가 되어 그 상무대(전부병과교육사령부) 법무참모부 보좌관으로 부임한 것이니 어찌 보면 금의환향이었다. 당시 법무참모는 두창국 중령이고, 법무관은 시보 수습 중인 홍성운(법원장 역임) 중위가 있었다. 부임하는 날, 광주 시내 소재 제1관구사령부 법무참모부의 김병하 대위와 나석호 중위를 만나 저녁 식사를 같이 했다.

나는 상무대 앞마을에 허름한 초가집 방 한 칸을 얻어 짐을 풀고, 그 방에서는 잠만 자고 아침 식사는 교육사 장교식당에서 해결하는 어색한 생활을 40여일간 했다. 그 사이에 대전 예비 처가에 아내를 만나러 두세 차례 다녀왔다. 고향의 부모님과 장인장모님의 결혼승낙이 있어, 1960년 10월 9일 경 사주단자를 처가에 전달하였다. 아버님이 포천에서 대전까지 가서서 사돈 간의 예절을 갖추셨고, 결혼식은 이듬해 봄에 택일하여 치르기로 합의하셨다.

그 해 11월 초, 군법무관 전후방 교류인사에 의해 1군 산하 제5군단 법무부로 전속 명령을 받아 포천군 이동면 소재 제5군단 사령부에 부임했다. 군단장은 박임항 소장이고, 법무참모는 내가 제6관구에서 모셨던 주광한 중령이었다. 나는 사령부 옆 마을에 셋방 한 칸을 얻어 마침 5사단에 근무하던 외종형인 최희주 중위와 방을 같이 쓰기로 하였다. 저녁 퇴근 후에는 부대 장교들과 같이 이동면 장암리에 나가 술잔도 나누고, 다방에 가서 대중음악을 들으며 전방의 무료함을 달랬다.

그때 나는 순애보를 쓰고 있었다. 거의 매일 '여보'라고 서두를 시작하는 편지 한통씩을 대전에 있는 아내에게 군사우편으로 보냈고, 61년 5월 결혼할 때까지 2주일에 한 번씩 주말이면 대전 처가에 내려가 아내를 만났다. 지금은 대전이 가깝지만 그 당시는 녹녹치 않은 길이었다. 금요일 오후 포천의 이동에서 버스를 타고 서울로 나가 서울역에서 부산행 야간 급행을 타고 대전에 도착하면 밤 12시경이었다. 당시는 통행금지가 발효

중이라 서둘러 걸어서 처가에 도착하면 시간 맞추어서 대문을 열어주던 그 사랑하는 여인이 지금의 아내인 것이다. 그러는 사이에도 서울에서 몇 차례 만났다. 낙엽이 수북하게 쌓인 광릉수목원 어둑어둑한 황혼을 낙엽을 밟으며 거닐었고, 눈이 수북하게 쌓여 발이 푹푹 빠지는 금곡릉 주변 소나무 숲길을 산책하기도 했다.

헤어지면 그립고 만나면 행복했던 반년의 시간이 지나 1961년 5월 4일, 우리는 서울 종로 예식장에서 봄비가 내리는 가운데 숙명여대 김두종(金斗鍾) 총장님의 주례와 친구 최광률군(전 헌법재판관)의 사회로 결혼식을 올렸다. 신혼여행은 서울역에서 기차를 타고 충남 온양온천으로 떠났다. 온양 철도관광호텔은 당시로서는 최고급 호텔이었다. 그곳에서 며칠 숙박하면서 온양 인근에 있는 동정호에서 보트도 타고 기념사진도 많이 찍었다.

그리고 대전 처가에 들렀다가 5월 11일 경 포천 본가로 가서 이삼일 간 동네잔치를 했다. 나와 아내는 택시를 타고 울미 입구까지 가서 가마를 타고 본가에 도착하여 전통 신랑신부 복장으로 갈아입고 한차례 전통 혼례를 치르고, 어른 한 분 한 분 인사를 드리는 등 큰 법석을 떠는 잔치를 치른 것이다. 그러다가 아내는 드디어 10여 일간의 피로가 쌓여 독감에 걸려 눕게 되었다.

14

신혼 그리고 5.16 군사혁명

그런 가운데 5월 16일 새벽, 친구들이 결혼선물로 사준 일제 내셔날 트랜지스터라디오에서 "5·16 군사혁명이 발발했다"는 박종세 아나운서의 낭랑한 목소리가 들려왔다. 내가 제6관구 시절에 본, 키가 작고 까무잡잡하고 잘 웃지도 않았던 사령관 박정희 소장이 바로 혁명의 중심인물이라고 한다. 그런데 "외출 휴가 중인 전 장병은 즉시 부대로 복귀하라"는 명령이 또 방송에서 나오는 게 아닌가. 나는 즉시 일어나 독감으로 고생하는 신부를 낯선 집에 두고 군복을 찾아 입고 5군단 사령부에 복귀했다.

그 다음날부터 군부는 바쁘게 움직였다. 나는 부대에서 밤늦게 지프차로 퇴근하여 20킬로미터 떨어진 본가에 와서 아내를 병간호하고 그 다음날 일찍 출근하는 힘든 시간을 보냈다. 그때 마침 5군단 산하 26사단 의무중대 군의관으로 있던 중학교 동기 이헌영군(성모병원 산부인과 과장 역임)을 대동하고 집에 와서, 몇 차례 아내의 독감을 치료하도록 했으니 고마운 친구이다.

아내가 독감에서 벗어나 며칠이 지난 어느 날, 나는 일동면 기산리에 마침 신축을 끝낸 방 한 칸을 월세 오천 환에 얻어 그 방에서 신혼살림을 시작했다. 우리는 5월 봉급 5만 환(62년 화폐개혁 후 5천원)을 들고 일동면 기산리 시장에 가서 숯으로 불 피워 바람을 불어넣어 화력을 일으키는 숯풍로 1개, 냄비 2개, 숯 한 포, 쌀 한 말, 간장 한 병 등의 반찬거리 몇 가지 그리고 식기, 수저 등을 사가지고 와서 밥을 처음 지어 먹는 것으로 살림을 시작한 것이다.

나는 아내에게 값나가는 보석 반지 하나도 예물로 주지 못했다. 결혼을 할 수 있는 준비가 전혀 안되어 있었기 때문이었다. 하지만 막연한 얘기일지 모르나 그래도 어느 정도는 예상이 되는 미래에 대한 희망이 있었기에 우리는 행복했다. 나는 그때 내가 너무 준비도 안 되었고, 실제 아무 것도 해준 것이 없었던 것에 대해 지금도 아내에게 정말 미안하게 생각한다. 그런데도 이 부족한 나를 믿어준 아내가 감사할 뿐이다.

군사혁명이 성공하면서 군 인사가 대폭으로 이루어졌다. 5군단장 박임항 소장은 5월 20일 경 1야전군 사령관으로 영전되고, 며칠 후 5사단장 채명신 장군은 정부 내에 새로 신설되는 감찰위원회위원장으로 보임되었다. 3군의 법무 장교 중 영관급이 모두 혁명재판소와 혁명검찰부로 차출되어 혁명재판에 투입되었는바, 5군단 법무참모 주광한 중령도 혁명검찰부

부장으로 전출됨으로써 나는 대위 계급으로 군단 법무참모가 되었다. 그때 우리 법무참모부에는 법무관으로 이형년 대위, 홍성운 대위, 안우만 대위(후에 법무부장관, 대법관)가 있었고, 행정장교가 2명 있었다. 그리고 계엄법에 의해서 민간인에 대한 범죄사건, 특히 폭력사건 등을 5군단 군법회의에서 재판하였는바, 나는 법무사로 군법회의를 주도하였다.

중앙에서는 헌법 조항 대부분의 기능이 정지되고, '국가재건비상조치법'에 의해 '국가재건최고회의'가 삼권을 장악하여 혁명을 추진해나갔다. 최고회의는 박정희 소장이 부의장으로 있다가 의장인 장도영 장군이 반혁명 사건으로 퇴진하고, 곧이어 박정희 장군이 의장이 되어 통치권을 행사하였다.

그해 여름 윤보선 대통령이 하야하자 박정희 의장이 대통령 권한 대행이 되었다. 최고회의에서는 무수한 법령을 제정·공포하였고, 그 가운데 군형법과 군법회의법도 새로 제정되어 군사법제도에 큰 변화가 있었다. 내각도 모두 군인으로 짜여졌다. 법무감실 법무차감 고원증 준장이 법무장관이 되고, 검찰과장 장영순 대령이 준장으로 진급하여 검찰총장이 되었다. 혁명재판소와 혁명검찰부가 설치되어 3·15 부정선거사범, 부정축재사범, 밀수폭력사범, 좌경진보 정치인·언론인 등에 대한 혁명 차원의 사법처리가 이뤄졌다.

반공을 국시로 하고 민생고 해결을 위한 경제 건설을 공약으로 내건 혁명 주체세력은 검찰 등 모든 수사기관을 지휘·감독하는 중앙정보부를 설치하고, 혁명 주체 세력의 핵심인 김종필(육사8기)씨를 부장으로 임명하여 강력한 힘으로 혁명과업수행을 뒷받침하도록 했다. 혁명 재판에서는 정치폭력단의 두목 이정재, 3·15 부정선거 및 경무대 앞 발포사건의 책임자인 내무장관 최인규와 경무관 곽영주, 부산의 밀수왕 등에 대한 사형 선고와 집행이 있었다.

5·16 혁명으로 인하여 병무행정과 군의 내부 기강은 엄정하게 정립 개선되어 갔다. 무수한 병역기피자들이 직장에서 퇴출되어 군에 입대하였고, 군의 고질적 비리였던 소위 후생사업이 없어졌다. 군수품 부정처분 및 거래도 거의 사라져갔고, 군의 보급 행정이 정상화되어 갔다. 군의 문란했던 기강이 바로잡히고, 사기와 전투력이 향상되었다. 전국의 조직폭력배가 제주 5·16도로개설 등 국토건설에 투입됨으로써 사회질서가 안정되어 가기 시작했고, 공무원 사회의 고질적인 부정비리도 정화되어 갔다. 구정치인의 다수가 혁명재판소에서 재판을 받았고, 대부분의 정치인들이 '정치활동정화법'에 의해 정치 활동이 금지된 가운데, 우리 국민들은 헌법이 보장한 자유·민주 등 기본적 인권을 철저히 유보당한 채 미래에 대한 기대와 우려가 혼재하는 스산한 분위기 속에서 1961년 한해를 보냈다.

1962년이 되었다. 혁명정부는 경제개발5개년 계획을 수립하여 발표하였고, 경제개발에 본격 착수했다. 6월 들어서서 나는 전후방 교류에 의해 육군본부 법무감실로 전보되어, 보통검찰부(부장 김인덕 대령) 검찰관으로 보임되었다. 당시 보통검찰부에는 검사로 재직 중 소집되어 온 김기홍

소령(후 대법관)·유원종 대위·이용식 대위(검사장 역임)·윤종수 대위 등과 시보인 고영구 중위(후 국정원장 역임) 등이 있었다.

그때는 이미 혁명검찰부가 해체된 후여서 혁명재판소와 혁명검찰부가 해야 하는 사건을 육군본부 보통군법회의와 보통검찰부가 대행하고 있어, 많은 사건이 중앙정보부에서 송치되어 왔다. 헌병대에서 박기헌 상병을 파견 받아 일을 시작했다. 박상병은 성신대학(현 가톨릭대학교) 3학년에 재학 중 군입대하여 근무 중이었는바, 1년 후 제대하여 대학에 복학, 신부수업을 마치고 신부가 될 예비 성직자였다.

그때 부정축재 처리법 유관사건을 여러 건 담당 처리하였는데, 그 중에는 김진만 전 공화당 원내총무, 김용주 전남방직 회장, 이용범 대동공업회장 등이 있었으며, 중앙정보부 부산지부장 박용기 대령의 횡령 사건도 있었다. 소위 이주당(二主黨) 및 민주당 반혁명 사건과 관련하여 소환되어 나온 장면 전 총리를 본 일이 있으며, 동아일보 사설 '국민투표는 만능이 아니다'라는 논설과 관련, 중앙정보부에 입건 구속되어 우리 부에 송치되었던 황산덕 교수님의 초췌한 모습도 그때 뵈었다. 황 교수님은 재판 도중에 김인덕 부장의 노력과 나의 작은 기여로 석방이 될 수 있었는 바, 그 후 제대할 때까지 8개월 동안 일을 하면서 제행무상(諸行無常)을 절감했다.

나와 아내는 1962년 6월 초 포천 일동에서 이삿짐을 들고 일단 영등포구 신길동에 있던 처형 집 건넌방에 짐을 풀었다. 두 달 쯤 지난 8월 중순경 서울 성북구 정릉동 입구에 있는 국민주택(토담 양기와 집) 9평 반짜리 단독주택을 전세금 7만원에 세를 얻어 만삭이 된 아내를 데리고 이사했다. 9평 반짜리 집이었지만 집 뒤에는 건평보다 넓은 채소밭이 있고 펌프 설비가 잘 되어 있어 편리했다. 이사하는 날, 나는 내 입회서기를 보는 박기헌 상병과 함께 집 뒤 밭에 배추씨를 뿌려, 그해 가을 그 배추로 김치도 하고 국도 끓여서 유용하게 잘 먹었다.

1962년 9월 1일 초저녁, 만삭의 아내에게 급한 진통이 왔다. 아무 준비도 없이 서울대 병원을 찾아갔다. 병원 입구에 정신없이 앉아 있는데 마침 길을 가는 김용준 판사를 만났다. 아내는 입원실에서 밤새도록 진통이 계속되었다. 다음 날 새벽녘 병실 밖에서 무사 분만을 기원하며 초조히 기다리고 있는데, 무사히 아기를 분만했다는 연락이 왔다. 나의 평소 소망대로 예쁜 딸이 태어났고, 갓 태어난 아기의 얼굴이 그렇게도 귀여웠다. 그때가 9월 2일 오전 8시 경이었고, 그 아기가 지금의 내 큰딸 사랑하는 지원이다. 엄마는 지혜라고 이름 짓자는 것을 계집 원(媛)자가 더 좋지 않냐 해서 지원으로 확정한 것이다. 그때 의대병원 산부인과 레지던트로 있던 안영환 박사의 도움을 물심양면으로 받았다.

나의 사랑하는 큰 딸이 태어났을 때, 나는 신분이 육군대위였기에 "지원아, 너는 푸시킨 소설의 제목처럼 '대위의 딸'이구나."하는 말을 하곤 했다. 지원이는 갓난아기 적에 엄마가 소화 장애로 식사를 잘 못하여 모유를 제대로 먹지 못하고 우유를 먹고 컸다. 그때만 해도 국산 우유가 없어서 네덜란드산 '비락(villac)'을 사다 먹였다. 대위의 봉급으로는 비락을 사 먹이는 것도 힘들었다. 지원이는 엄마의 희생적인 보살핌으로 예쁘게 잘 자랐다.

그때 나는 군 의무복무 기간인 3년 4개월이 지났는데도 불구하고, 법무감실에서는 법무관 요원이 턱없이 부족하다고 예편을 해주지 않고 있었다. 1962년 말경 겨우 예편 예정 증명을 법무감 박재명 대령으로부터 받아 대법원에 법관 임명 신청서를 냈다.

제3부
험난한 법조인의 길 23년

15. 국정 과도기의 판사 5년
16. 변호사에서 공안검사로
17. 김대중 납치사건
18. 문화재 수사 전문가가 되다
19. 격동기에 부장검사 5년
20. 소용돌이치는 정국, 서울의 봄

15
국정 과도기의 판사 5년

나는 1963년 2월 28일자로 서울지방법원 판사로 임명되어 법관의 길로 나아가게 되었다. 그 당시는 조진만(趙鎭滿) 대법원장, 김재형(金濟亨) 서울지방법원장, 주재황(朱宰璜) 수석부장판사 등 존경받는 법조인들이 군사정권 하에서 사법부의 독립과 존엄을 지켜나가고 있을 때였다.

나는 육군본부 군법회의의 검찰관직을 떠나 근엄한 대한민국 사법부의 일원이 되었다는 긍지를 느껴볼 새도 없이, 새롭고 어려운 서울지방법원 민사신청부(재판장 유현석 판사)에 배치되어 배석판사로서 힘든 나날을 보내야만 했다. 그해 가을 민사합의부로 옮겼다가, 64년 초 서울지방법원이 민사법원과 형사법원으로 분할될 때 형사법원으로 보임되었다. 그리고 형사단독 판사 11명 중 맨 끝인 11단독 판사로 배치되었다.

법정형 단기 1년 이하의 형사사건을 단독으로 재판하는 업무를 수행하는 것이나 실제에 있어 형사사건은 형사단독에 의해 처리되고, 형사합의사건(중범 사건)은 두 개의 합의부에서 담당, 처리되고 있었다. 형사합의

1부와 형사단독 11명이 큰 방 하나를 같이 쓰고 있어, 무척 어수선한 분위기였다. 그때 양헌, 이영수, 이회창, 김정환, 정보성 판사 등이 형사단독 판사로 같이 근무했다. 나는 처음 해보는 형사단독 재판이라 선배들에게 자문을 구해가며 조심스럽게 일을 시작했다. 유죄 무죄를 판단하는 것도 무척 어려웠지만, 양형은 더욱 어려웠다. 영장발부, 구속적부심, 보석결정 등과 일요일 등 공휴일 영장 당번일 때의 서울지역 즉결재판을 담당하는 일까지, 생소한 일이지만 법과 양심에 따라 공정을 기하고자 노력했다.

병보석 판결로 오해 살 뻔하다

1964년 가을, 육군 군법회의 보통검찰부에서 같이 근무하다 제대하고 변호사 개업을 한 윤종수 변호사가 황모 피고인에 대한 부정수표단속법 위반 사건을 수임하고, 병보석신청을 해왔다. 기록을 살펴보니 이 사건은 당시 부정수표단속법 시행 이후 부도액이 가장 큰 사건으로서 언론에도 대서특필된 바 있고 피해자가 수백 명에 이르는, 사회적으로 크게 문제가 된 사건임을 확인할 수 있었으나, 피고인은 간장에 이상이 있어 구치소에서의 구금생활이 계속되면 사망할 우려가 있다는 의사 소견서가 제출되어 있었다. 윤종수 변호사도 피고인의 생명이 위독함을 간절히 호소하면서 병보석허가를 받아 일반병원에서 치료를 받게 해달라고 하는 것이었다. 나는 이 사건을 놓고 수일간을 고민하다가 보석허가 결정을 하였다.

그런데 며칠 후, 주재황 법원장님이 나를 부르시기에 즉시 원장실로 가 뵈었더니, 두툼한 진정서 한 묶음을 건네주셨다. 바로 그 부정수표단속법 위반사건의 피해자들이 황 피고인에 대한 보석허가가 잘못되었으니 취소되도록 해달라는 진정서라고 하시면서 "원장인 나에게 낸 진정서이기에 받아서 담당판사에게 전하는 것뿐이니 그냥 알고 있으라."고 말씀하시는 것이 아닌가. 재판에 대한 간섭이라는 오해를 받으실까봐 무척 고심하시는 원장님께 죄송하다는 말씀을 드리고 나왔다. 나는 피고인의 병이 위독하지도 않고 조작된 것은 아닌가하는 깊은 회의에 빠졌다.

그리고 2~3개월이 흘렀다. 윤 변호사가 황 피고인이 간암으로 사망했음을 통보해왔다. 나는 피고인 사망에 의한 공소 기각 결정으로 사건을 종결지었다. 아울러 나의 보석허가 결정은 올바름이 확인되었다. 나는 이 사건 처리과정을 거치면서 형사판사로서 필요한 여러 가지 교훈을 얻었다.

혁명정부의 압력을 이기다

1964년은 5·16 군사혁명을 마무리하고 새로 개정된 3공화국 헌법에 의해 출범한 박정희 대통령의 공화당 정권이 새로운 국가질서를 정비해나가는 상황이었고, 사법부와 검찰도 새 헌법 아래 새로운 체제를 갖추고 일을 하기 시작하였던 시점이었다. 공화당 정권은 강력한 권위를 세울 필요가 있었기에 박 대통령은 군 시절 심복인 신직수 중앙정보부 차장을 검찰총장으로 앉히고, 그 검찰로 하여금 정권의 위엄을 세우는 작업을 시켰다. 그리하여 검찰은 정부 각 분야를 내사한 끝에, 박 대통령과 절친한 군 동기인 철도청장 박형훈 예비역 소장을 구속수사하고, 이어서 체신부장관 홍헌표 씨를 수사하기에 이르렀던 것이다. 그런데 나는 공교롭게도 영장당직판사로서 그 두 사람에 대한 구속영장을 각각 발부한 일이 있다. 검찰은 홍헌표 씨가 잠적하여 영장집행이 안 되자, 홍씨의 부인을 뇌물전달혐의로 입건하고 구속영장을 신청해왔으나 나는 이를 기각했던 기억이 난다.

그 64년 초겨울, 나는 죄질이 나쁜 '수입인지위조사건'을 재판한 일이 있는데, 피고인도 4~5명되고 검찰과 변호인이 날카롭게 대립하고 있어, 대법원의 대법정에서 특별 기일을 잡고 공판을 하였는바, 어느 날 방청석에 고향의 아버님이 앉아 재판 진행을 보고 계신 모습이 눈에 들어왔다. 휴정하고 내려가 인사드릴 수도 없어 공판을 다 끝내고 보니 아버님이 안 계시기에 죄송한 생각이 들었다.

그 얼마 후 고향에 내려가서 들으니 아버지께서 나의 재판하는 모습을 보시고 귀가하시어 어머니에게 "나는 이제 죽어도 여한이 없소. 한동이가 법복을 입고 큰 법정에 앉아 늠름한 모습으로 재판하는 것을 보고 왔다오."라고 말씀하시면서 그렇게 흐뭇해하셨다고 한다.

1963년에서 64년 말까지 그러니까 '국가재건최고회의'에서 공화당 정권으로 넘어가는 시기는 우리나라의 정치사회적 격동기로서 합법보다 합목적이, 합리보다 부조리가 판치던 시기였다. 군사정권의 입장에서는 사법부는 골치 아픈 보수집단이었고 판사들은 마음대로 할 수 없는 자존심 강한 존재들이었다.

심지어 이런 일도 있었다.

1963년 여름, 중앙정보부가 입건한 시국사건의 피의자 다수 학생에 대한 구속영장이 연속 세 번 신청되었는데 이택돈 판사, 허정훈 판사, 김진억 판사 등 세 판사가 이어서 모든 구속 영장을 기각해버렸다. 이것이 도화선이 되어 최고회의 법제사법위원회에서 서울법원 판사 전원에 대한 출근 상태 감사로 이어졌고, 박정희 최고회의 의장은 당시 김제형 서울지방법원장을 불러 혁명과업에 협조를 당부했다. 김제형 원장은 사법부와 법관의 독립성을 강조하는 것으로 답변을 하고 의장실을 나왔으나, 민정이양에 따른 새로운 헌법에 의한 첫 인사에서 서울고등법원 수석부장 판사로 좌천되고 말았다. 이에 김제형 원장은 법관직을 사퇴하고 후배 부장판사 몇 사람과 제일합동변호사 사무실을 개업하였다.

또 64년 봄에는 영장 당직 판사인 양헌 판사 자택에 공수부대 군인들이 난입하여 시국사건에 대한 영장을 발부할 것을 강요하였으나, 양 판사가 그 다음날 그 구속영장 신청을 모두 기각 처리한 일도 있다.

그 때 그 시절 우리나라 판사들은 박봉에 시달리면서, 기록보따리를 들고 재판받으러 나오는 당사자들과 같이 입석버스를 타고 출퇴근하면서도 사법부의 존엄과 권위, 법관으로서의 자존과 양심을 지키기 위해 온갖 어려움을 감내하고 깨끗하게 살고자 노력하였다고 자부하고 싶다. 지금도 퇴근 후 시름을 달래던 무교동, 북창동 등의 대포집이 생각난다.

65년 5월 서울민사·형사 지방법원 판사의 교류가 있었다. 나는 민사법원으로 옮겨 김용철 부장(후의 대법원장)의 부에 우배석으로 김주상 판사와 같이 일했다. 김용철 부장은 민사 이론과 실무에 밝으신 분으로 1년 동안 많은 가르침을 받았다. 1년 후인 1966년 조규광 부장(초대 헌법재판소장)이

재판장인 민사항소부에 배치되었다가, 얼마 후 조부장이 민사 수석부장이 되면서, 같은 부에서 문영극 부장을 모시고 일했다. 민사항소부는 그때만 해도 소가(訴價) 10만원 미만인 민사 단독사건의 항소심이라 본안사건은 그리 어려운 사건이 없었으나 경매 등 각종 신청사건의 항고 사건이 많았고, 사건에 따라 복잡하고 어려운 사실 관계와 법리문제를 수반하는 경우가 있어 일본의 법률 참고서와 판례를 살펴가며 결론을 내려야만 했다. 더구나 대법원으로 상고·재항고되기 때문에 고민을 많이 했었다.

그때 조규광 부장이나 문영극 부장은 재판 기일이 있는 날 저녁에는 어김없이 우리 배석들에게 술을 진진하게 사주셨다. 그래서 배석판사들은 재판하는 날이 기다려졌고, 지금도 나는 인정 있는 그 분들을 잊지 못한다. 나는 어렵게 저축하고 계도 들고 해서 1966년 8월 그 당시 영등포구 대방동에 23평짜리 슬래브 지붕 집을 어렵사리 새로 지어 이사했다. 내 집이 있다는 기쁨은 하늘을 날 것 같았다. 지금 돌아봐도 뿌듯한 감정이다.

67년 1월에 민·형사 교류 인사로 나는 다시 형사지방법원으로 옮겨 형사단독으로 배치되어 대학과 고시 동기인 김상훈 판사와 새로 지은 청사의 같은 방에서 근무하게 되었다. 입회서기는 허태석 계장이었는데, 그는 몸과 마음이 반듯하고 믿을 수 있는 사람이어서 지금까지 정을 나누고 있다.

선거정국의 판결들

1967년은 박정희 공화당 정권이 정착되어가던 때로서, 7대 국회의원 총선을 앞두고 정국은 무척 어수선했다. 형사단독판사들은 일주일에 1회씩 공판기일을 정하여 재판을 진행하였다. 일은 많은 편이었으나 새 청사에서 보람있게 직무를 수행하였다. 재판하면서 결론을 내기까지 많은 고민을 했었기에 지금도 몇 건 기억되는 사건이 있다.

먼저 7대 국회의원 선거와 관련된 전 재일거류민단장 김재화씨에 대한 반공법 위반사건이다. 주임검사는 선배 강용구 검사였는데 나는 재판과정에서 정리된 심증과 증거의 적법성 사이에서 고민하다 김재화씨는 유죄판결을 하였고, 추가하여 기소된 양일동 의원의 보석신청은 허가 결정하였다. 그때쯤 허태석 계장의 소개로 카톨릭청년회장을 하면서 넝마주이 집단거주 작업마을을 운영하는 자선단체 개미마을의 회장인 박수길씨를 만났다. 나와 허태석 계장에게 사단법인 개미마을의 이사로 들어와 힘을 합해 달라고 하여 우리 둘은 이를 수락했다. 67년 크리스마스 때 아현동 기상대 뒤 개미마을 천막에서 막걸리 파티를 했을 때, 넝마주이들을 위문 차 찾아오신 당시의 서울 대주교 김수환 추기경님을 처음 뵙고 인사했다. 사복 수녀 여러 명과 오셔서 파격적인 유머로 장내를 웃기시던 김 추기경님의 모습이 지금도 생생하다.

68년 초, 다시 민사법원으로 전보되어 처음으로 민사단독 판사가 되었다. 서울민사법원 단독사건은 소가는 10만원 미만이지만, 사건의 무게에 있어서는 합의사건 못지않게 사실인정과 법률판단이 무척 어려운 사건들이 많았다. 나는 또다시 김상훈 판사와 같은 방에서 성실하게 기록검토를 하고 판결문을 쓰는 보람으로 고달픔을 달랬다. 특히 내가 맡은 민사5단독에는 전임자가 결론 내리기가 어려운 사건을 많이 미뤄놨기에 장기 미제가 많이 쌓여서 수개월 간 무척 힘들었던 기억이 난다.

1968년 초 사법부는 조진만 대법원장이 퇴임하고, 민복기 대법원장이 새로 취임하였는바 연말이 가까워지면서 판사들에 대한 중앙과 지방의 교류가 내년부터 시작된다는 풍설이 돌았다.

1969년 1월 드디어 대법원은 서울에서 오래 근무한 지방법원 판사 중 1번부터 5번까지 다섯 명을 지방으로 전출시키고, 지방법원 판사를 서울로 보임하는 교류를 단행했다. 그러자 서울을 떠나야 할 판사 5명은 즉시 사표를 내고 변호사 개업을 했다. 뒤이어 3개월 후인 4월 1일자로 나와 동료 황계룡 판사 등 5명이 지방 전출 발령이 났다. 나는 춘천지방법원 근무를 명받았는데, 서울법원에서 사표를 받아주지 않아서 부임 날짜에 일단 춘천지방법원에 부임을 하여 일을 하다가 4월 말경 춘천지방법원장에게 사표를 냈다. 그 사표는 한 달이 지나, 5월 말일 경에야 수리가 되어 나는 소공동에 변호사 사무실을 개업했다.

16
변호사에서 공안검사로

5월부터 11월 중순까지 6개월 간 변호사를 개업하여 상당한 돈을 벌었다. 그 돈으로 작은 집을 벗어나 40여 평 되는 보일러 난방을 한 집으로 증축하였고, 그해 12월 초 부모님의 합동회갑연도 서울과 고향에서 성대하게 열어드렸다. 고맙게도 친구인 가수 최희준과 그의 동료 김세레나가 찾아와 축가를 불러주었다. 고향에서는 며칠 동안 잔치를 했는데, 중소 한 마리를 도축하여 모든 손님과 동네 분들에게 푸짐하게 대접을 하였고, 성심을 다해 부모님께 잔치를 해드렸다.

그러나 나는 타고난 기질에 안 맞아서인지 변호사 업무를 더 이상 할 생각이 없어져 검찰로 전직할 것을 고민하던 끝에, 대검과 법무부의 고위간부들이 나의 의사를 수용하여 69년 11월 15일 검사로 임관, 발령 받았다. 그때의 갑작스런 진로 결정을 후회한 일은 없으나, 변호사를 1~2년 더 했더라면 더 좋지 않았겠나하는 가벼운 아쉬움이 마음 한 구석에 남아있다.

동작동 국립현충원 법적 지위 보장

그러나 검사생활을 시작하면서 나의 운명은 새로운 길을 열기 시작하였다. 첫 보직은 법무부 법무실 겸 서울지검 검사(4호봉)였고, 국가 송무 업무를 보았다. 판사와 변호사 경력이 있는 나로서는 국가소송 업무가 매우 친숙한 일이라서 별로 힘들지 않았다. 그때 유명한 골동품 사기범 김 모씨가 개입된 현 동작동 국립묘지와 관련하여 국가가 당사자로 된 부동산의 민사소송을 전임 검사로부터 인계받아, 국가가 패소하는 방향으로 잘못 진행되던 것을 기록검토 과정에서 발견하고, 새로이 답변서를 제출하여 결과적으로 국가가 승소할 수 있게 함으로써 오늘의 동작동 현충원이 법적으로 안정되게 한 일은 큰 보람으로 기억된다.

1970년 봄, 국가소송업무가 법무부 법무실에서 각 고검과 지검으로 이관됨에 따라 나는 서울지검 송무부 검사로 보임되었다. 그 때 나는 생애 처음으로 중고 자가용 승용차를 샀다. 가족들이 무척 기뻐했던 모습이 지금도 생생하다. 그때부터 우리 가족의 생활 패턴이 달라졌다. 주말이면 취사도구와 식재료를 차에 싣고 가족이 모두 서울 근교 산과 계곡, 그리고 들로 나가 자연을 즐기고 음식을 만들어 먹고 즐거운 시간을 보낼 수 있었던 것이다.

기라성 같은 검사들

1971년 초, 서울지검 형사1부(설동훈 부장)로 보직이 변경되었다가 얼마 후 보건부(허형구 부장)로 배치되었다. 그때 서울지검 보건부에는 마약사범 전담반이 편성되어 김두희 검사가 전임검사로 있었는데, 나와 한 방에 근무했다. 내가 보건부의 상석검사였고, 부원 중에는 이종남 검사, 김영은 검사가 같이 있었다. 허형구 부장은 고시 2회 사법과 출신으로 인품이 너그러운 신사풍이셔서 부의 분위기는 좋았다. 나는 후배 검사들과 술자리를 가끔 즐겁게 가졌고, 참으로 친숙하게 지냈다.

허형구 부장이 검찰총장, 법무장관을 먼저 역임했고, 이종남, 김두희 두 검사가 그 후에 검찰총장과 장관을 지냈고, 이종남 검사는 감사원장도 역임했다. 나는 도중에 정치를 하게 되어 헤어졌으나 정치하는 동안 위의 세 검사로부터 많은 도움을 받았다. 또 무슨 인연인지 노태우 대통령 시절 내가 내무부장관으로 입각할 때 허형구 법무장관과 같이 임명장을 받아 정부에서 같이 일하기도 하였다. 김두희 검사는 지덕을 겸비한 훌륭한 품성의 소유자로 명예롭게 공직에서 물러났지만, 나라를 위해 더 쓰였어야 할 인물이라는 아쉬움이 있다.

1972년 여름, 나는 서울지검 공안부 검사로 배치되었다. 정명래 부장검사가 부장이었다. 그때는 대검 중앙수사부도 없었고, 지검에도 특수부가 운영되기 전이어서 서울지검 공안부는 장관·검찰총장의 특명사건, 정치성이 있는 시국사건, 그리고 중앙정보부, 보안사령부, 경찰의 대공부서에서 송치하는 공안사건 등과 노동사범, 선거사범 등을 전담 수사 처리하는 어려운 임무를 담당하고 있었다.

그때 공안부에서 같이 일했던 검사들은 모두 자질과 능력이 훌륭하여 그 어렵고 힘든 일을 묵묵히 잘 처리했다고 기억된다. 그래서인지 그때 공안부 검사들은 모두 공직을 명예롭게 마무리했다. 그중 문호철 검사가 일찍 타계한 것은 정말 안타까운 일이지만, 이창우, 최영광 검사 등은 서울지검장을 지냈고, 최상엽 검사는 법무장관, 서정신 검사는 법무차관, 김영수 검사는 문공부장관, 정경식 검사는 감사위원을 역임했으니 말이다. 그 시절 모든 공안 사건의 수사종결에 있어 송치관서의 의견과 달리 불기소할 때에는 중앙정보부와 사전협의를 하도록 제도화되어 있었고, 보안사 대공처에서도 많은 사건을 송치해왔는데 검사들이 기소한 후에 공소유지에 어려움이 많았다.

17

김대중 납치사건

1971년 7월, 제7대 박정희 대통령 취임 이후 일어난 소위 사법파동을 거치면서 학원가의 소요는 격렬해졌고, 드디어 동년 10월 25일에는 서울 일원에 위수령이 발동되어 서울의 주요 대학에 군 병력이 투입되었고, 박 대통령은 12월 6일 국가 비상사태를 선포하기에 이르렀다. 다음 해인 72년 10월 17일, 박정희 대통령은 비상계엄을 선포한 뒤 국회를 해산하고, 정당 활동을 금지했다. 이어 11월 22일에 소위 유신헌법을 국민투표로 확정하여 유신독재 체제를 출범시키고, 12월 23일에는 통일주체국민회의에서 제8대 대통령으로 다시 선출되었다.

이듬해인 1973년 한여름 무더위가 기승을 부리던 8월 8일 김대중씨 납치사건이 발생했다. 백주에 일본 수도 도쿄의 유명한 호텔에서 일어난 일이다. 그로부터 5일 후인 8월 13일 괴한에게 납치되었다는 김대중씨가 서울 마포구 동교동 자택에 모습을 드러냈다.

김대중씨는 일본 도쿄에서 피랍되어 동교동 자택에 오기까지의 사건 경위를 국내외 기자들 앞에서 상세히 밝혔다. 이로 인해 한일 관계는 급속히 냉각되었다. 일본은 경시청이 수사에 착수하였고, 우리 정부는 서울지검 공안부장을 수사본부장으로 하는 수사팀을 구성하여 수사에 착수했다.

나는 공안부장의 수사지휘를 돕는 보조업무를 담당했다. 주로 일본 측의 수사 진행사항을 알기 위해서 일본의 아사히, 요미우리, 마이니치 등 일간지에 보도되는 일본 경시청의 납치사건에 대한 수사 진행사항을 매일 우리말로 정리하여 부장에게 보고하였고, 부산·인천 등 항구에서 범행 시간 안에 있었던 국내외 선박의 입출항 사항 등을 조사하는 등 바삐 움직였다. 당시 일본 경찰은 수사 착수 초기에 한국의 중앙정보부 요원인 김동운 서기관이 범행에 가담하였음을 확인하고, 그 바탕 위에 수사를 진행했던 것으로 기억된다. 수사가 지지부진한 가운데 범행 당일로부터 5일 후인 8월 13일, 김대중씨가 갑자기 동교동 자택에 모습을 드러내자 한일 양측은 동시에 혼란에 빠지고 말았던 것이다.

그로부터 2~3일이 지난 어느 날 오후, 나는 정명래 부장으로부터 "지금 정장을 하고 삼청동 일본 대사관저로 가서 우시로쿠(後宮) 대사를 동교동 김대중씨 집으로 안내하고, 두 사람의 면담 자리에 입회한 뒤 그 결과를 보고하라"는 지시를 받았다. 당시 불과 얼마 전 출범한 다나카 가쿠에이(田中角榮) 수상의 일본 정부는 김대중씨의 일본에서의 납치는 일본의 주권 침해 행위라고 강력 항의하는 한편, 김대중씨의 안위를 직접 확인하라는 지시를 주한 일본대사에게 내리고, 우리 정부에게 면담을 허용할 것을 요청해온 것이다. 우리 정부는 검사 한명이 입회하는 조건으로 면담을 허용했으며, 그 임무가 나에게 떨어진 것이다.

나는 그날 저녁 부장의 지시대로 삼청동 일본 대사관저에서 우시로쿠 대사를 안내하여 동교동 김대중씨 집으로 가 두 사람의 면담을 주선한 뒤 그 자리에 입회하였고, 결과를 그날 밤 상부에 보고했다. 지금 기억나는 두 사람의 대담을 일부 정리해본다.

- ◆ 우시로쿠 대사 : 다나카 수상의 명을 받아 일본 정부를 대신하여 김대중 선생의 안부를 확인코자 방문했습니다.
- – DJ : 다나카 수상과 일본 정부에 감사합니다. 다나카 가쿠에이 수상은 도요토미 히데요시 이후 최초의 평민재상으로서 일본 국민의 사랑을 받으신 분이고, 나도 존경합니다.
- ◆ 우시로쿠 : 김대중 선생은 한국의 다나카 가쿠에이가 아니십니까.

백발이 성성한 우시로쿠 대사는 직업 외교관으로서 몸에 밴 특유의 매너를 갖춘 신사풍의 인물이었으며, 오른쪽 눈 위에 작은 상처의 흔적이 완연한 김대중씨는 생각보다 건강해 보였다.

이튿날 아사히 등 일본의 일간지에는 우시로쿠 대사와 김대중씨의 면담사실이 보도되었는데, 그 면담 자리에는 한국의 젊은 검사 한 사람이 입회하였다는 내용도 빠뜨리지 않고 있었다.

그로부터 많은 세월이 흐른 후 내가 김대중 정부에서 국무총리로 봉직하던 2001년 어느 날, 청와대 집무실에서 김대통령과 대화하던 도중, 28년 전 우시로쿠 대사와의 면담 사실과 그때 입회하였던 검사가 저라고 말씀드렸더니 "전혀 기억이 안 난다"고 하는 답변을 들었다. 그 사건 당시 김대중씨의 정신적인 충격이 너무도 심각했음을 짐작케 한다.

18
문화재 수사 전문가가 되다

나는 74년 연초 서울지검 공안부를 떠나 경제부에 배치되었다. 경제부장은 김태원 부장검사였으며, 나는 문화재 사범을 전담하게 되었다. 그때 문화재 사범을 전담처리하면서 문화재에 대한 식견을 넓혔고, 문화재 보호에 국가 차원의 노력이 필요함을 절감하여 문화재 해외 밀반출을 저지하는 데 최선을 다했다.

지금도 기억나는 사건이 몇 가지 있다. 1974년 초 나는 놀라운 정보를 입수했다. 서울근교에 산재한 석재업자들이 고양군·양주군 등 농촌지역에 있는 선조들의 묘역에 세워진 망부석·문인석·무인석·비석 등 석물을 밀발굴·수집하여 문화재관리국으로부터 비문화재 증명을 발급받아 일본으로 수출하는 사건이 공공연히 자행되고 있다는 것이다.

나는 문화재관리국 소속의 특별사법경찰관의 도움을 받아 법률검토를 마치고, 서울시경의 1개 형사반을 지휘하여 망부석, 분묘 장식물 등 문화재를 도굴 수집하여 일본에 수출해 온 20여 명의 업자들을 구속 처리함으로써 문화재의 불법해외유출을 근원적으로 차단하였다.

그때 불과 6개월 간 문화재 담당검사로 일하면서 세상에 알려져 있지 않은 골동품에 얽힌 여러 가지 일들을 알 수 있었다. 1970년대 초까지도 전국에서 골동품(청자·백자 도자기, 금동불상 등 문화재) 도굴꾼(속칭 호리꾼)은 수천 명이 활동하였다고 한다. 그 조직을 두 명의 골동거상이 장악하고 있으면서 발굴되는 골동품을 매점하고, 단골수집가인 재벌이나 정관계 실세에게 고가에 매도하여 엄청난 차액을 올림으로써 부를 축적하였다는 것이다. 이 도굴꾼 조직의 세력다툼도 치열해서 서로 상대방의 범법행위에 대한 정보를 수사기관에 밀고하여 라이벌을 약화시키는 싸움도 서슴지 않았다고 한다.

국내 최대의 도굴조직을 장악하고 있던 서울 종로구 인사동 소재 G골동품상점의 주인 K씨는 그 상점의 점원으로 출발하여 주인의 사위가 되었고, 그 점포를 승계 받아 경영하면서 위에 말한 방법으로 거금을 모아 1970년대 초 오늘의 용인 민속촌을 건설하는 큰 의미 있는 사업을 하였다. 전국 각 지방에 산재한 고 가옥들을 종류와 시대별로 매수하여 원형대로 민속촌에 이전한 것이다. 그렇게 오늘의 용인민속촌을 만들어놓음으로써 외국 관광객에게 우리의 민속 문화를 알 수 있게 하고, 많은 역사드라마를 찍어내는 귀중한 장소를 제공하고 있는 것이다. 그런데 이런 훌륭한 문화사업을 한 K씨가 그 때 대검중수부에서 문화재보호법 위반으로 사법처리되어, 모든 사업을 포기하고 남미로 이민을 가고만 일도 있었다. 그 뒤의 일은 들은 바가 없으니 안타깝다.

골치 아픈 문화재 감정

문화재 감정에도 문제가 있어 수사에 많은 애로가 있었다. 같은 문화재를 놓고 문화재 전문위원에 따라 감정이 다른 경우가 있었다. 실례를 들면, 그 때 국내 모 골동품상이 일본 관광객에게 팔아 일본으로 밀반출된 통일신라시대의 금동불상 1점을 집요한 공작 끝에 일본인에게서 국내로 환수 반입하는 데 성공하여 감정을 의뢰한 일이 있다.

당시 모 전문위원의 '동불상은… 통일신라시대에 제작된 금동불상으로 광배가 특히 정교하고 아름답다'는 문화재 감정을 받아서 매도한 상인을 문화재보호법위반으로 내가 기소하였는데, 재판 과정에서 다른 전문위원이 재 감정을 해보니, "동불상은 발굴될 당시 형체가 거의 다 부식되었던 것을 광배를 위시한 몸통 전체를 새로 금동을 붙여 위작된 것이므로 문화재 가치가 없다"라는 사실이 밝혀져서 재판에서 무죄가 된 일이 있다. 이만큼 전문가들에게조차 혼란스런 것이 문화재 영역이다.

19
격동기에 부장검사(대전부산서울) 5년

나는 1974년 9월 1일자로 고등검찰청 검사로 승진되어 법무연수원 부원장으로 보임되었다. 원장은 경복고 선배인 윤두식 검사장이었다. 그때 법무연수원은 수원교도소 앞에 있었는데, 교정 공무원에 대한 교육, 검찰 일반직에 대한 보수 교육, 검사들에 대한 새마을정신 교육을 담당했고, 나는 검찰 일반직에 대한 수사실무 강의를 하는 외에 특별히 바쁜 일이 없어 책을 많이 읽을 수 있었다.

당시 읽은 책 중에서 감동을 받은 작품은 일본 작가 시바 료타로(司馬遼太郞)가 쓴 '사카노우에노쿠모(坂の上の雲, 언덕위의 구름)'이었다. 오늘의 일본을 있게 한 명치시대의 그 많은 천재들이 어떻게 그렇게 많이 쏟아졌는지, 놀라운 역사적 사실이라고 생각한다.

1974년 연말, 윤원장이 정년퇴직을 한 이후 부원장인 내가 원장 직무대리를 하였고, 매주 입학식·졸업식을 한 번씩 주재하면서 연설을 많이 했다. 이 경험은 그 후 정치하는 데 큰 도움이 된 것 같다. 사실은 내가 법무연수원에 발령을 받은 직후 나는 국회법사위원회 전문위원으로 파견 나가도록 내정이 되어 있었는데, 일년이 다 지나도록 국회 측의 사정으로 발령이 나지 않았다. 1975년 가을 인사를 맞이하게 되어 나는 황산덕 법무장관님에게 "국회에 파견 나가는 것을 포기하겠다"고 말씀을 드려, 내정이 취소되고 내 후임으로 고시 동기인 이진우 검사가 가고, 나는 75년 10월 1일자로 대전지검 부장검사로 전보되었다.

그때 대전지검은 민흥식 검사장(경복고선배), 백광현 차장검사, 그리고 부장검사는 나 혼자였고, 평검사가 5~6명 있었다. 그때 대전은 인구 50만도 채 안 되는 보통 시였으나, 충남도청 소재지로서 도 단위 기관들이 모두 있고, 경부선·호남선의 분기점으로서 교통의 요충지이기 때문에 상당히 활력 있게 발전하고 있는 지방 도시였다.

1973년 12월 23일 소위 유신체제 출범(박정희 대통령이 통일주체국민회의에서 8대 대통령으로 선출) 이전인 1972년 12월 27일 북한은 주체사상을 담은 신헌법을 공포하고, 김일성이 국가 주석으로 취임하여 남북 간의 체제경쟁과 긴장이 더욱 고조되고 있었다. 74년 연말은 제1차 오일쇼크의 영향으로 석유 가격은 물론 모든 물가가 폭등하는 등 경제가 불안해져 국민들은 큰 고통을 받았다.

그때 고 장준하씨 등 재야인사 30명이 주도한 유신헌법 반대 백만인 서명운동은 단 2주 동안에 43만 명이 서명하였다. 이에 놀란 정부가 1974년 1월 8일 소위 새 헌법에 의한 긴급조치 1호(개헌논의 금지)를 발령하여 장준하씨 등을 긴급조치 위반으로 구속하였다. 한편, 그해 8월 15일 서울에서는 최초의 지하철 1호선(청량리-서울역)이 개통되었는데, 하필 그 날 광복절 기념행사장인 국립극장에서 재일한국인 문세광이 쏜 총탄에 대통령 영부인 육영수 여사가 서거하는 비극이 일어났다. 이로 인해 북한의 악랄한 도발에 온 국민이 경악하고, 북한의 적화야욕을 재인식하는 계기가 되었다.

그러나 정국은 갈수록 급랭으로 치달았다.

1974년 12월 24일, 동아일보 기자 190여 명이 모여 '자유언론실천선언'을 채택했다. 그동안 정부기관이 언론기사의 사전검열을 하여 신문 등 편집에 간섭해온 데 대한 저항인 것이다. 그러자 정부는 광고주들에게 압력을 가해 동아일보를 고사시키고자 하였고, 이를 항의하려는 시민의 호응이 빗발쳤다. 동아일보에는 일반시민, 학생들의 개인 광고까지 몰려온 것이다. 그 내용은 '동아여, 우리들 모두의 희망은 당신뿐이다!', '빛은 어두우면 어두울수록 빛이 난다' 등 격려성 광고문이 줄을 이었다. 그러나 동아의 경영자는 끝내 굴복하고 말았다. 송건호 편집국장 등 투쟁을 주도했던 인사들은 해고되고 말았다.

국가적으로 이렇게 뒤숭숭한 시기였던 1975년 10월부터 77년 3월 31일까지 나는 대전지검의 부장검사로서 관내 공안업무, 사회안전법 관련사건, 공직비리 등 특별 수사업무 등을 전담했다. 일반 공안업무는 크게 어려운 사건이 없었으나, 다만 대통령에 대한 모독사범(처음 22사범이라 하다가 후에 안전대책사범이라 고침) 처리에는 여러 가지 고충이 있었다.

그 중 사회안전법 관련 업무는 너무 힘겨웠다. 그때 대전교도소에는 미전향 좌익 장기수 수백 명이 수감 중이었고 형기 만료로 출감자가 늘어나, 출감 전에 '사회안전법'에 의거한 응분의 보안처분을 해야 했기 때문이었다. 지금은 폐지된 법률이지만 그때는 법 시행 직후라서 법무부의 감독이 강력하였으며, 엄격한 지침에 따라 제대로 처리해야 했기에 무척 힘들었다. 1976년에 나는 '사회안전법' 관련 업무 처리에 공이 컸다고 정부로부터 근정포장을 받기도 했다.

대전지검에서 1년 반 근무하는 동안 나는 대전에 소재한 국제금속의 조부영 사장, 박종윤 전무, 영진건설의 이종완 사장 등과 가까이 지냈다. 조부영 사장은 10여년 후 국회의원으로 여의도에서 만나 지금까지 친분을 유지하고 있고, 16대 국회 부의장을 지낸 정계원로가 되었다. 그리고 75년 10월 내가 대전지검에 부임했을 때 충남도지사는 서정화 선배였는데, 얼마 후 김치열 검찰총장이 내무장관으로 옮기자 서정화 선배는 내무차관으로 영전하였고 그 후임에 정석모 선배가 도지사로 왔다. 대전지방노동청장은 유용태였는데, 아주 유능하고 처신이 발라서 특별히 가까이 지냈다. 그 후 국회에서 유용태 의원으로 만났고, 또 총리 시절 노동부장관으로서 정부에서 같이 일했다. 지금도 유용태 대한민국헌정회 회장과 가까이 지내고 있다.

대전에 근무하는 동안 평일 저녁에는 조부영 사장 등과 가끔 술자리를 같이 하였다. 주말에는 서울 집에 가야했기 때문에 주중 새벽 골프를 더러 했다. 76년 여름 어느 날, 조부영 사장과 유성CC에서 새벽골프를 하다가 14번 홀에서 생에 첫 홀인원을 했다. 골프를 시작한 지 2년도 안된 시점이었기에 그 기쁨이 매우 컸다.

그때 대전지검에 사법연수원에서 검찰 실무수습을 위해 배치되어 있는 연수생으로 민형기, 윤종남 두 원생이 있었고, 내가 지도부장이었다. 연수가 끝날 무렵 나는 성품이 온화한 민형기 원생에게는 판사로 가는 것이 좋겠다고 권유했고, 성품이 활달한 윤종남 원생에게는 검사로 가도록 권유했는데 각각 그대로 진출하여 민형기 판사는 헌법재판소 재판관까지 되고, 윤종남 검사는 검사장을 역임하는 등 각각 큰 성취를 이룬 것이 고맙고 자랑스럽다.

1977년 봄 4월 1일자 검찰인사에서 나는 서울지역으로 발령 날 것을 기대하였는데, 뜻밖에 부산지검 형사3부장으로 발령이 나서 부산으로 부임했다. 그때 부산지검은 부산직할시, 경상남도(지금 울산광역시 포함)를 관할하였고, 진주·마산·통영·거창지청이 있었다. 나는 부임 초 1개월여 하숙을 하다가 남천동에 새로 지은 삼익아파트에 전세방을 얻어 자취를 하였다. 아침식사는 출근길에 해결하였고 숙소에서는 거의 잠만 자고 주말에는 항공편으로 상경하여 이틀을 집에서 보내고, 월요일 첫 항공편으로 내려와 출근하는 생활을 2년 동안 하였다.

77년 가을인사 때 나는 형사3부장에서 특별수사부장으로 보직이 바뀌었다. 그때 부산지검 특별수사부는 공안과 특별수사업무를 겸무하고 있었기 때문에 중앙정보부 부산지부, 보안사 등과의 업무협조 등 신경 쓸 일이 많았던 것 같다. 그때 특수부에는 강원일 검사, 황상구 검사, 신상두

검사, 강재섭 검사 등 중진검사들로 진영이 잘 짜여 있었고, 팀웍도 잘 이루어졌었다. 특히 강재섭 검사는 정치에 일찍 투신하여 집권여당 대표를 지낸 큰 정치인이 되었다.

1978년 12월에 있었던 10대 국회의원선거를 앞두고 나는 부산·경남지역 선거사범전담수사반장이 되어 특수부 소속 검사들과 철저히 대비하였다. 그때 부산·경남지역구에는 여권의 거물 이후락, 박종규, 야권에는 황낙주, 이기택, 최형우 등이 출마하여 선거 분위기가 치열했다. 나는 서울지검 공안부에서 선거사범 처리를 해본 경험을 바탕으로 대검공안부와 충분히 협의해가면서 공정하고 원만하게 선거사범처리를 마무리했다.

그 당시 부산항에는 1년에 한번 미 태평양함대소속 항공모함 한 척이 며칠 씩 기항하였었다. 그렇게 되면 항공모함에 있는 미 해군 범죄수사대와 부산지검 마약수사팀이 업무공조협약을 맺고 상호방문을 하게 된다. 그래서 나는 형사3부장 시절 마약사범 전담 검사 등과 함께 항공모함에 초청되어 승선, 견학한 일이 있다. 초강대국 미국 국력의 상징 중의 하나인 6만 톤급 항모의 위용에 압도되기도 했지만, 항모에서 도망병이 발생하면 몇 달씩 검거를 못할 때도 있었다. 또 '부자(父子)'가 함께 항모에 근무하건만 만나는데 1년도 더 걸린 일도 있다'고 하는 얘기를 듣고 웃었던 기억도 난다. 갑판의 넓이가 축구장 3개의 크기라고 하여 놀라웠지만 그 밑에 몇 개 층의 구조물이 모두 항공기 엔진을 교환하는 등의 항공기 수리공장으로 되어 있는 것을 보고 감탄했다.

모든 것이 낯설기만 했던 부산에서의 2년이라는 세월, 나는 참으로 좋은 친구 한 사람을 깊이 사귀면서 의지하고 살았다. 그 친구가 바로 나와 한자 이름이 같은 '이한동(李漢東)'이라는 친구로서 당시 중소기업은행 부산지점장이었다. 서울에서 이름과 얼굴은 알고 지냈지만, 부산에서 만나 가끔 부산 동광동 소재 일식집 '명송'에서 마주 앉아 생선회에 정종대포를 몇 잔씩하고, 같은 방향인 남천동 전셋집까지 동행하는 생활을 2년간 한 사이다. 그 친구의 나이가 나보다 한 살 아래라서 친형제 같은 정을 나누어 지금까지 살아오고 있다. 그 시절 술에 얼큰해 진 채 남천동으로 귀가하는 승용차 안에서 힘차게 합창했던 가수 조용필의 '돌아와요 부산항에' 노래는 영원히 잊지 못할 것이다.

1979년 3월 1일 나는 지방을 전전한지 3년 6개월 만에 서울지검 영등포지청(지청장 이영기 검사) 공안부장으로 발령받고 상경했다. 그동안 집안일이며 아이들 교육이며 모든 것을 아내에게 맡기고 나는 거의 챙기지 못하였으나 지원, 용모, 정원이 삼남매는 공부도 잘하고 잘 자라주었다. 집 살림도 대방동에서 상도동으로 이사 온 후 많이 안정되어 있었다. 나는 포니 승용차를 한 대 사서 매일 출근 전에 서투른 운전솜씨로 삼남매를 학교에 등교시키고 출근하는 생활을 6개월 쯤 했다. 그 시절 영등포 지청 공안부는 관내에 서울대학교가 있어서 학생들의 집단 시위 등 시국 사건이 많아 신경 쓸 일이 많았으나 큰 문제없이 잘 대처했다.

20
소용돌이치는 정국, 서울의 봄

1979년 10월 들어 정치권은 깊은 소용돌이에 휘말려들고 있었다. 10월 4일 국회는 경호권을 발동한 가운데 본회의장을 옮겨 여당 단독으로 야당총재 김영삼 의원을 제명하였고, 이에 반발한 야당의원 66명이 의원직 사표를 집단 제출하기에 이르렀다. 그러자 미국의 조야에서도 김영삼 의원의 제명을 비판했다.

김영삼 총재는 "나를 의회로부터 추방하여 감방에 집어넣음으로써 민주회복을 향한 국민의 열의가 사그라질 것이라고 공화당 정권이 생각한다면 그것은 큰 오산이다. 오히려 민주회복에의 길을 가속화시키는 결과가 된다는 것을 생각하지 않으면 안 될 것이다."라는 성명을 발표하고 의회를 떠났다. 그의 사퇴 후 정세는 그의 말대로 전개되었다.

김영삼 총재의 출신지 부산에서는 데모가 확대되어 폭동사태로 확대되었고, 이웃 마산까지 파급되었다. 이에 놀란 정부는 부산에 비상계엄,

마산에는 위수령을 발동했다. 이른바 '부마사태'가 벌어진 것이다. 그해 봄부터 가을까지 서울대학은 비교적 조용했고, 지청 공안부는 이미 재판에 회부된 시국사건 공소유지에만 신경 쓰고 있었다.

10.26사태와 국보위

그런데 '부마사태'가 소강상태에 들어선 10월 26일 밤 청와대 인근 안가에서 박정희 대통령이 심복인 중앙정보부장 김재규의 총탄에 사망하는 비극이 벌어졌다. 이로써 18년 간에 걸친 군사 절대 권력이 붕괴되었고, 정국은 일촉즉발의 위기상황으로 치달았다.

11월 27일 대통령 권한대행으로 최규하 국무총리가 취임하고, 전국에 비상계엄을 선포했다. 동년 12월 6일 최규하 대행은 통일주체국민회의에서 제10대 대통령으로 선출되었다. 시국은 격변을 거듭했다. 그 후 12월 12일 박정희 대통령 암살사건의 수사 담당인 계엄사 합동수사본부장 전두환 보안사령관의 지휘를 받은 수사팀에 의해 정승화 계엄사령관 겸 육군참모총장이 박대통령 암살 관련 혐의로 체포 구금되는 일이 벌어짐으로써 시국은 극도로 불안해졌다.

그런 상황 속에서도 많은 국민들은 80년 서울의 봄이 오고 있다고 생각했다. 80년 2월 말 정부는 김대중, 윤보선 씨 등 687명의 공민권을 회복시켰으나 민주화를 열망하는 학생들의 시위는 전국으로 확산되어 갔다. 그 영향으로 노동현장에는 쟁의가 숲을 이뤘다. 이러한 시국상황에 대해 새로이 권력을 잡은 신군부는 강경책으로 대응키로 결단하고, 5월 17일 비상계엄을 전국으로 확대했다. 그 결과 김대중씨를 계엄포고령 위반으로,

김종필씨를 부정축재 용의로 체포하였다. 서울의 봄은 여름, 가을을 뛰어넘어 엄혹한 겨울이 된 것이다.

5.18 광주민주화운동, 그 후

1980년 5월 18일에서 27일까지 전라남도 및 광주 시민들이 계엄령 철폐, 김대중씨의 석방을 요구하며 민주화 운동을 벌였다. 김대중씨 등은 광주민주항쟁의 배후주모자로 지목되어 7월 31일 내란음모죄로 기소되었다.

시위가 계엄군에 의해 진압된 후인 동년 5월 31일 사실상 국정의 최고기관인 '국가보위비상대책위원회(국보위)'가 설치되어 상임위원장으로 전두환 보안사령관 겸 중앙정보부장서리가 임명되었고, 동년 8월 16일에는 최규하 대통령이 사임하고 통일주체국민회의는 8월 27일 전두환 장군을 11대 대통령으로 선출하였다. 그리고 새로 출범한 신정부(국무총리 남덕우, 부총리 신병현)는 9월 29일 새 헌법안을 공고하고, 10월 23일 새 헌법(5공화국헌법)을 국민투표에 부쳐 투표율 95.5%, 찬성률 91.6%라는 압도적 찬성으로 확정시켰다. 새 헌법에 의거하여 10월 27일 국회, 모든 정당, 통일주체국민회의가 해산되고 '국가보위입법회의'가 발족되었는데 입법위원 81명은 전두환 대통령이 임명하였다. 이 '입법회의'를 통해 엄청난 개혁이 추진되었다.

'정치풍토쇄신특별조치법'에 의해 811명의 구정치인의 정치활동 금지를 강제한 상황에서, 동년 11월 28일 여당인 민주정의당이 전두환 대통령을 총재로 하여 창당되고, 1981년 1월 17일에는 민주한국당(총재 유치송)이, 이어서 21일에는 민주사회당(총재 고정훈), 23일에는 한국국민당(총재 김종철)이 창당됨으로써 한국정치는 외형상 복수 정당구도를 갖추게 되었다. 전 대통령은 1월 24일 비상계엄을 전면 해제하고 1월 28일 미국을 공식 방문하여 40대 미 대통령으로 취임한 로널드 레이건과 한미정상회담을 성공적으로 마치고 귀국했다.

1981년 2월 11일 5공 헌법에 따라 대통령 선거인단 선거가 실시되었고, 동년 2월 25일 전두환 대통령을 12대 대통령으로 선출하여 3월 3일 취임식을 가짐으로써 5공화국이 정식 출범하였다. 전두환 대통령은 1년 새에 11대, 12대 대통령에 취임한 셈이 되었다.

검찰에 불어 닥친 신군부의 칼바람

여기서 잠시 나의 입장에서 뒤돌아보자.

나는 79년 10·26 이후 청와대에 차려진 박정희대통령 빈소에 문상을 하며 인생과 정치의 무상함을 가슴깊이 절감했다. 그러나 현실정치는 늘 냉혹한 것, 더구나 북한과 대결하고 있는 안보상황에서 군부의 입김은 어느 때보다 더 강해졌다.

80년에 접어들자 신군부에 의한 개혁의 칼바람은 검찰에도 몇 차례 불어 닥쳐 전국에서 여러 명의 검사들이 옷을 벗었다. 그 와중에 80년도 봄 검찰인사에서 나는 서울지검 특별수사1부장검사로 발령받았다. 서울지검에는 특별수사부가 1개였던 것을 3개로 나누어 1부장은 내가 맡고, 2부장은 최상엽, 3부장은 정구영 검사가 맡았다. 1부에는 3명의 검사가 배치되었는데 신건, 도규만 검사가 생각난다. 신건 검사는 나중에 법무차관을 했고, 내가 국무총리시절 국정원장으로 있으면서 나를 많이 도와주었다. 그때 특수부는 시국에 영향을 받아 국보위에서 이첩되는 내사사건을 주로 처리했다.

몇 달 안 되어 나는 서울지검 형사1부장으로 수평 이동하였다. 서울지검에는 형사부가 3개 있었고, 1부에는 13명의 평검사가 배치되어 있었다. 김현철 검사(고검장 역임), 박순용 검사(검찰총장 역임), 김성호 검사(법무장관역임), 안대희 검사(대법관 역임), 김희선 검사(전 국회의원), 임희윤 검사(검사장 역임), 변호사로 활약하는 강지원 검사 등의 얼굴이 생각난다. 나는 의도적으로 부원들과 함께 주말에는 서울인근의 소요산, 산정호수 등 야외로 나가 단합대회를 몇 차례 가졌다.

우리 부는 분위기가 아주 좋았고 우리 부에 배치된 연수생이 13명씩이나 되어 같이 자리를 하면서 연수생들에게 호연지기를 길러주었다. 말 그대로 다사다난했던 1980년이 가고 81년 1월이 되었다. 5공화국이라는 한 시대의 역사가 본격적으로 전개되는 1월, 의외로 나에게도 운명을 시험하는 새로운 앞날이 대기하고 있었다.

정치는
중업重業이다
이한동 회고록

제4부
집권당 당3역(사무총장, 원내총무(3회), 정책위의장) 역임

21. 흙의 은혜에 보답하기 위해 정치 입문
22. 국제정치에 시동 건 의원외교 활동
23. 5공시대, 냉혹한 정치의 한 가운데로
24. 이농심행(以農心行) 무불성사(無不成事)
25. 유럽·북아프리카지역 순방
26. 정치혼란기에 원내총무를 맡다
27. 87년 민주화운동과 6.29선언
28. 6공시대 개막
29. 아쉬운 남북국회회담 무산
30. 88서울올림픽은 선진국 도약의 발판

21
흙의 은혜에 보답하기 위해 정치 입문

　1981년 1월 15일 소위 신군부 세력이 주도한 민주정의당 창당대회 겸 대통령후보 지명대회가 장충체육관에서 열렸고, 그 대회에서 전두환 장군이 대통령 후보가 되었다. 1월 중순 어느 날, 나는 청와대 사정수석비서관실에 파견 나가있는 김두희 검사로부터 만나자는 전갈을 받았다. 삼청동 소재 어느 안가에서 만난 김 검사는 나에게 "이번 11대 국회의원 총선을 앞두고 선거구가 일부 조정되어 내 고향인 포천과 이웃인 가평·연천이 새로운 복합선거구가 되었으니 출마를 해보시는 것이 어떻겠느냐"고 권유를 하는 것이다. 나는 대화를 나누는 동안 김 검사의 권유하는 모습 속에서 이 문제가 정치적으로 이미 결정되었음을 알 수 있었다. 그 후 일주일 이상 갈등과 고민 속에 시간을 보냈고, 아내는 '출마는 절대 안된다'며 이불을 쓰고 누워버렸다. 나는 정치 입문 후 비교적 당직·국회직·정부직을 많이 역임한 관계로 지역구 관리는 온전히 아내의 몫이었다. 정치를 반대했던 아내의 헌신적인 내조가 6선 정치인을 만든 것이다.

며칠 동안 정치인의 길을 모면해보고자 여러 가지로 노력을 했으나 허사였다. 긴 고민과 방황의 시간을 거쳐 1월 26~27일 경 나는 마음을 정했다. 내가 평생 그렇게 사랑해 온 고향이 나를 부르고 새로운 시대가 필요하다고 한다면 아무리 험난하더라도 그 길로 나아가야 하는 것이 대장부의 도리가 아니겠느냐 하는 결정에 이른 것이다. 나는 결심하고 나서 즉시 청와대에 통보하고 그날로 종로구 관훈동 소재 민주정의당 당사를 방문하여 권정달 사무총장을 면담했고, 그 때 당사에서 당 정책위의장으로 있던 남재희 동문과 친구 봉두완을 만났다. 1월 28일 검사직 사표를 내자 사표는 당일 수리되었으며, 1월 29일 수원시민회관에서 있었던 민정당 경기도당대회에 경기·인천 제12지구당(연천·포천·가평)의 조직책 자격으로 참석하여 김영선 도당위원장을 선출했다.

정치 출사표

그 다음날, 나는 지구당 조직책의 신분으로 고향 포천에 내려갔다. 공화당이 쓰던 당사에 나를 환영 나온 지역의 당원, 유지, 선배, 동창, 친지 등 많은 사람 앞에서 정치에 참여하게 된 경위와 앞으로 지향해 나갈 포부와 꿈을 이렇게 말했다.

"여러분! 제가 포천이라는 가난하고 척박한 땅에서 태어나 6.25전란을 겪으면서 중·고등학교와 대학을 마칠 수 있었던 것은 이 고향의 흙의 은혜라고 생각합니다. 대학을 나와 국가고시에 합격하여 법조계에서 20여 년 동안 큰 흠 없이 근무할 수 있었던 것도 고향의 은혜라고 생각합니다. 그러나 이제 앞날이 확고하게 보장되어 있는 중견 검사의 길을 떠나 정치인의 험난한 길을 택한 것은 고향의 흙의 은혜에 보답하기 위함입니다. 이제 여생을 정치인으로서 고향을 위해 일하라는 한 시대의 소명을 받고 이 자리에 온 것이니, 신념을 바쳐 열심히 일하겠습니다."

내 말을 경청한 고향 분들은 흥분과 감동을 느낀 듯 보였고, 그 다음부터 매우 협조적이었다.

회고해보건대, 나의 고향 사랑은 열네 살 어린 나이에 고향 집을 떠나 서울로 유학할 때부터 싹튼 것 같다. 6.25 전쟁이 나기 전 중학생 때에는 방학이 되어야 고향에 내려가 놀 수 있었으니, 서울에서 고생스럽게 학교 다니는 동안 고향과 어머니는 항상 그리움의 대상이었다. 더구나 6.25전란으로 완전히 폐허가 되었던 고향 포천의 수 없는 마을들, 흔적도 없어진 모교 건물, 내가 태어나 자란 울미 우리 집의 처참했던 피폭 잔해, 그 터 위에 우거졌던 잡초들, 전쟁이 끝나고 다시 서울로 복학하여 고등학교 2학년 때 매 주말이면 돈암동 군 검문소에서 달리는 군용트럭에 올라타고 고향을 오르내리면서 적재함 위에서 내려다 본 초췌한 고향의 모습, 삶에 지친 고향 사람들의 얼굴들, 그것들은 그 후 오랫동안 내 뇌리와 가슴에 각인되어 있었던 것 같다.

나는 고등학교 시절 우연한 기회에 시인 정지용 선생의 시 '향수(鄕愁)'를 접할 수 있었는데, 특히 2절이 항상 가슴에 와 닿았다.

- 질화로에 재가 식어지면, 비인 밭에 밤바람 소리 말을 달리고, 엷은 졸음에 겨운 늙으신 아버지가 짚베개를 돋워 고이시는 곳. 그 곳이 차마

꿈엔들 잊힐리야.

이 구절이 내 가슴에 와 닿아 울적할 때나 술자리에서 자주 이 구절을 읊조려 본 것 같다. 내가 초등학교 시절 고향의 우리 집 사랑채는 꽤 커서 동네 할아버지들과 아저씨들의 마실 방이었고, 사랑방의 어른은 당연히 우리 할아버지셨다. 겨울이면 소여물을 끓이고 난 후 남은 불덩이를 질화로에 담아 사랑방에 들여놓고, 저녁 참 시간이 지나면 동네 마실꾼들이 몰려와 이야기꽃을 피우다가 밤이 깊어지면 마실꾼들이 다 돌아가고, 할아버지와 나만 남을 때쯤이 되면 질화로의 재가 식어지고 창문 밖에는 찬 겨울바람이 쌩쌩 말달리던 소리를 내던, 내가 겪은 정경이 정지용 시인의 향수 2절의 소재와 내 가슴 속에서 겹쳤기 때문일 것이다.

고향 사랑은 파도같이

고향에 대한 사랑은 고향의 산과 들, 마을에 대한 사랑과 고향 사람들에 대한 사랑이라고 나는 생각한다. 나는 군법무관 시절, 군법회의 재판 기록을 살피다가 본적이나 주소가 포천군 사람이면 나도 모르게 가능한 한 관대한 결정과 판결을 받을 수 있도록 도움을 주기도 했다. 공사(公私) 구분 못한 것 아니냐고 힐난할지 모르지만 한국인이라면 누구나 응당 가지고 있을 향토애가 아니겠는가.

서울지방법원 판사로 근무할 때 나의 모교인 포천 청성초등학교에 방송시설자재와 풍금 두 대를 기증한 일도 있고, 검찰로 옮겨 서울지검 평검사 시절에는 포천고등학교, 영북고등학교, 일동고등학교 등 3개교에 박봉을 털어 교양서적 100권씩을 기증한 일도 있다. 1972년에는 상공부에 근무하던 고교 시절의 친구 박웅재 군의 도움으로 내 고향 마을 울미에 농어촌 전화사업 예산으로 전기가 들어오도록 한 일도 있다. 캄캄한 밤에 온 동네가 대낮처럼 밝아지자 환호하며 기뻐하시던 아버지, 어머니, 이웃집 아저씨, 아주머니 등 고향 마을 사람들의 모습은 평생 잊을 수 없다.

또 1975년 10월에는 고향에서 고 이광순회장, 고 이강협 회장, 김용채 의원, 고 강창성 장군, 고 유호열 사장, 김영관 철도청 차장, 고 백오현 체신부 실장, 고 이범규 사장 등과 함께 각 100만원씩을 추렴하여 '재경포천장학회'를 설립하고, 첫 회에는 회비를 걷어 고향 후배 10명에게 장학금을 지급했다. 지금은 기금이 4억 원쯤 되는 '재단법인포천장학회'로 발전했으며 그동안 도합 500여명에게 장학금을 지급했다. 나는 이 재단의 이사장을 맡고 있는데 설립회원은 거의 돌아가셨고, 새로 정해관, 조시영, 허학무, 원홍순, 이일훈, 이철용, 이강모, 정동화, 한진수, 윤찬모, 이내풍 사장 등이 현재의 회원이다.

민정당 경기 제12지구당 조직책의 신분으로 나는 고향 분들에게 간단한 인사의식을 마치고 10여 일이 지난 1981년 2월 8일 민정당 경기 제12지구당 개편대회가 대의원 200여명이 참석한 가운데 포천읍 경향극장에서 열렸다. 11대 총선을 45일 앞둔 시점이었다. 나는 지구당 위원장으로 선출된 후 포천·연천·가평 3개 군의 당원과 군민들에게 첫 공식 인사말을 했다.

"나는 포천 청성초등학교를 졸업하고 서울에 있는 경복중고–서울법대를 졸업하는 과정에 고향에 대한 그리움이 사랑으로 바뀌었습니다. 저는 고향의 흙의 은혜를 입어 국가고시에 합격하여 판검사로 20여 년을 국가에 봉사하였습니다. 이번에 우리 지역구(포천·연천·가평) 3개 군의 부름을 받아 이 지역의 상머슴으로서 새로이 열리고 있는 시대적 소명을 다하고자 합니다. 우리 지역 3개 군이 경기도에서 가장 가난한 5개 군 안에 다 들어간다고 합니다.

지난 날 오랜 세월 가난했기에 못 배웠고, 못 배웠기에 가난했습니다. 보릿고개 설움의 잔재가 지금도 남아있습니다. 앞으로 저는 저의 모든 것을 다바쳐 잘사는 포천·연천·가평을 반드시 만들겠습니다."

이 말을 하며 나도 눈물을 흘렸고 모두가 눈시울을 적시며 내 말을 들었다. 나는 그날 애향심에서 우러나는 눈물과 함께 고향의 밝은 희망을 지역민들에게 바쳤다. 이날 위원장 취임인사를 소개드린다.

민정당 경기 제12지구당 위원장 취임사

존경하는 민정당 중앙위의장 송지영 선생님과 경기도당 위원장 김영선 장군님을 모시고 각계에서 오신 귀빈 여러분의 축복 속에 우리 지구당 창당대회를 갖게 된 것을 우선 당원 일동과 함께 깊이 감사드리고자 합니다.

저는 오늘 새 역사·새 시대·새 정치의 창조를 갈구하는 국민적 여망 속에 탄생된 우리 민정당 당원 동지 여러분과 새로이 화합되고 복된 지역 사회의 발전을 갈망하는 우리 고장 여러분의 부름을 받고 늘 그리워하며 한시도 잊어본 적이 없는 내 고장 포천·연천·가평에 내려와 이렇게 달라진 모습으로 여러분 앞에 섰습니다.

저는 여기 밖에 나서면 잘 보이는 저 수원산 아래에서 태어나 여러분의 품안에서 많은 벗들과 함께 흙의 은혜를 입고 성장하였고, 여러분이 거닐던 저 논둑길을 따라 초등학교를 다녔으며 중·고등학교와 대학 시절, 여러분이 그 동안 지켜주신 저 산야에서 뛰놀며 젊은 날의 꿈을 키워가면서 이 고장과 이 나라의 장래를 걱정하기도 했던 것입니다. 돌이켜보면, 실로 칠흑 같은 일제의 탄압 하에서 유년기를 보냈고, 6.25 전쟁의 처참한 비극을 여러분과 함께 나누었으며, 지난 일제 36년 간의 혼돈과 무질서 속에서 그래도 절망하지 않고 굳세게 살아왔습니다.

저는 그 세월 속에서도 다행히 학업을 마치고 즉시 법조에 투신하여 자유당 말기와 4.19, 5.16 때는 군법무관으로서, 그 후에는 판사 또는 검사로서 국가에 봉직하며 잠시도 사랑하는 내 고장 그리고 여러분을 잊어본 적이 없었습니다.

이제 지난 20여 개 성상, 정의사회 구현과 인권 옹호를 위해 젊음을 바쳤던 정든 법조를 외롭게 떠나 누구나가 형극의 길이라고 하는 정치에 나서기에는 며칠 간의 긴 밤을 번민했습니다. 법률가로서 나라에 봉직하고 하늘을 우러러 한 점 부끄럼 없기를 기원하며 살아온 이 몸, 이제 일신의 안일과 작은 행복 속에 안주할 것인가? 아니면 국가적인 부름과 나를 길러준 흙의 부름 앞에 옷깃을 여미고 경건하게 머리 숙일 것인가? 하는 그 결정을 망설였던 것입니다. 솔직히 말씀드려 정당의 지구당 위원장이 과연 어떤 것이며, 앞으로 무엇을 어떻게 해야 저를 위원장으로 뽑아주신 여러분의 기대에 부응하는 것인지 조차 아직 잘 모릅니다. 다만 무거운 책임감만을 뼛속 깊이 느낄 뿐입니다. 그러나 한편 앞으로의 저의 갈 길에는 험한 가시덤불과 자갈밭 길이 있는가 하면 밤낮이 없는 분주한 세월과 살을 에는 고통의 날들이 있을 것이라는 것을 잘 알고 있습니다. 저에게는 저를 선출해주신 여러분의 불같은 동지애와 이 고장 선배 · 친지 · 동료 · 형제 여러분의 뜨거운 성원이 뒤에 있기에 주저함이 없이 저의 신명을 바쳐 열과 성으로 주어진 소명을 다할 것을 감히 이 자리에서 서약 드리고자 하는 것입니다.

근간 이 나라의 국운은 바야흐로 욱일승천하는 태양과도 같은 기세로 국제사회의 총아로 등장하고 있습니다. 우리당의 총재 전 대통령 각하께서는 10.26 사태 이후의 온갖 사회적 불안과 무질서, 비리와 병폐를 추상같은 사회정화 작업을 통하여 일소하심으로써 실의에 빠졌던 국민에게 희망과 용기를 주셨고, 국민적 단합을 이룩하셨으며, 그 후 남북정상 상호 방문에 대한 1.12 제의 · 비상계엄 해제 · 김대중 사면 등 일련의 조치에 이어 금번 미합중국 방문이라는 역사적 대성과를 거둠으로써 이 나라의 안보와 국방, 경제와 외교를 반석 위에 올려놓으셨으며 제5공화국의 기틀을 확고하게 다져놓으신 것입니다.

이제 위와 같은 국가적 진운에 발맞추어 우리 고장에서도 새로운 화합과 발전의 새 기운이 싹트고 있다고 저는 확신합니다. 저는 앞으로 민정당의 지역구 위원장으로서 정치 일선에서는 이 땅에 민주주의가 토착화되고 정의로운 복지사회가 이룩되도록 최선을 다함을 물론, 이 고장에서는 다시는 권력이 군림하지 아니하고 반드시 주민에게 봉사하며 누구하고나 서로 마음을 터놓고 속 시원히 말할 수 있고, 착한 것은 권장하고 악한 것은 선도하는 화목한 고장이 되도록 힘쓸 것입니다.

그 다음 가진 사람이 뽐내지 아니하고, 가지지 못한 사람이 슬퍼하지 아니하며, 배운 사람이 교만하지 아니하고, 못 배운 사람이 무시되지 아니하는 고장이 되도록 힘쓰겠습니다.
 당원 동지 여러분!
 이제 우리 고장의 지난 세월 속에서 불가피하게 싹텄던 사소한 감정이나 서로의 서운함은 저 한탄강에 멀리 띄워 보내고, 화합되고 복된 새 고장을 만드는 데 힘을 함께 합시다. 그리고 나아가 제5공화국 건설에 주도적인 역군으로서 탁월하신 총재님의 영도 하에 '민족·민주·정의·복지·통일'이라는 당의 이념에 따라 정의로운 민주복지 사회가 이 땅에 뿌리내리도록 해야 할 것이며, 다가오는 양대 선거에서는 구세대의 온갖 선거 상의 비리와 부정을 배격하고 공명정대한 정책 대결로 국민의 압도적인 지지를 얻어 필승을 기해야겠습니다. 민주와 복지가 꽃피고 열매 맺는 새 나라와 새 고장은 오직 공명한 선거, 그리고 깨끗한 투표로 탄생되어야 한다는 역사적인 당위를 잊지 맙시다. 그리고 우리 모두 한마음 한 뜻이 되어 영광된 통일조국 속에 복되고 화목한 이 고장의 풍요로운 앞날을 내다보며 불굴의 신념과 긍지를 갖고 힘차게 전진 또 전진합시다.
 감사합니다.

― 이한동

 나는 그 직후 지구당 조직정비에 착수했다. 그리고 본격적인 선거운동에 들어갔다. 지역은 광활하고 도로는 엉망이고 주거는 분산되어 있는데 만나야 할 사람은 끝이 없어 매일 밤늦도록 3개 군을 누볐다. 포천 신읍의 윤찬모 회장이 조카의 집을 비우고 선거기간동안 쓰도록 배려해주었는데, 아내는 마음과 몸을 추스르지 못하여 선거운동 초반에 포천에 오지 못했다.

 후보등록 마감 결과 포천에서는 나와 박광철, 이진철, 김유근, 연천에서는 이중익, 가평에서는 홍성표 씨 등 7명이 출마했다.

 어느 날 경기도당으로부터 양평 민정당 당사에서 전두환 대통령과 한수이북 경기도지구당 위원장과의 면담이 있으니 참석하라는 통보가 왔다. 나는 그날 면담 자리에서 선거운동을 함에 있어서의 애로 사항이 있으면 말하라는 전 대통령의 말씀에 대해 "이번 선거는 최선을 다해 이기겠습니다. 다만 한 가지 저희 지역에 소망이 있습니다. 의정부에서 포천까지의 43번 도로를 4차선으로 확장해주십시오."라고 진언했다.

전 대통령께서는 그 길은 자기가 초급장교 시절 자주 다녀서 잘 아는 길이라고 하시면서 건설부장관(김주남)에게 '되는 방향으로 검토하라'고 지시를 내렸다. 이어서 나는 대통령비서실장 김경원(대학동기)에게도 잘 챙겨달라고 부탁했다. 나는 그 날 오후 개최된 포천군 일동초등학교에서의 합동유세에서 전 대통령과의 면담내용을 공개하고 43번 도로 확장을 선거공약 1호로 선언했고, 장내는 환영과 박수소리로 떠나갈 듯했다. 선거의 판세는 이 날부터 나에게 결정적으로 유리하게 돌아갔고, 그 후 선거운동은 잘 풀려나갔다.

그런 가운데 나는 이 43번 도로의 확·포장은 포천의 미래를 위해 반드시 성사되어야 할 사활적인 사업이라는 확신을 갖게 되었다. 나라의 예산 사정이 어떠하건, 사업의 우선순위가 어느 수준이건, 이 선거공약만큼은 반드시 지키겠다는 신념을 굳건히 했다. 선거운동이 무사히 끝나고 1981년 3월 25일 11대 국회의원 선거결과, 포천·연천·가평에서 나는 기대에는 못 미쳤지만 총 유효투표 11만2779표 중 43.34%인 4만8887표를 득표하여 1위로 당선되었다.

첫 당직, 민정당 원내부총무

나는 민정당 소속으로서 국회농수산위에 배정되었으며, 교섭단체인 민정당의 원내부총무라는 당직도 받고 국회운영위원회 위원으로서의 원내 활동을 겸하게 되었다. 11대 국회 전반기에 민정당 원내총무는 이종찬 의원이었고 부총무는 나를 비롯해 한병채, 유경현, 심명보, 오한구 의원 등 5명이었다. 제1야당인 민주한국당의 원내총무는 고재청 의원이었고, 부총무는 조중연, 목요상, 박관용, 서석재 의원이었다. 81년 4월 11일 11대 국회가 개원되었다. 예비역 장군인 정래혁 의원이 국회의장, 채문식(민정당), 김은하(민한당) 두 의원이 부의장으로 선출되는 등 원 구성을 마무리했다.

22
국제정치에 시동 건 의원외교 활동

그해 8월 나는 운 좋게 초선의원으로서 일본·미국·멕시코 정계를 시찰하는 첫 외유를 다녀옴으로써 국제적 감각을 익혔고, 우리나라 정치발전을 위한 실질적인 경험을 쌓았다. 시찰단의 구성은 민정당 권정달 사무총장을 단장으로 하고 봉두완, 김정남 의원과 내가 함께 했다.

먼저 일본에서 스즈키 일본 수상을 예방하고 이어서 후쿠다 전 수상, 아베 신타로(아베 총리 부친) 정조회장, 다케시타 의원(후 수상) 등을 면담했고, 아베 회장으로부터는 큰 연회에 초청되어 융숭한 대접을 받았다. 후쿠다 전 수상을 면담하는 자리에는 모리(후 수상), 가토 두 의원이 후쿠다 수상 좌우에 배석했고, 후쿠다 수상은 우리 단장에게 '대인춘풍(對人春風) 임기추상(臨己秋霜)'라는 휘호를 써서 주었다. 일본에서의 요인들의 면담은 주일한국대사관의 이상구 공사가 주선했고, 한일의원연맹 한국 측 간사장인 김윤환 의원이 통역을 했다. 일본 측 의원들은 대체적으로 연로한 사람들이 많았고, 우리 일행을 보며 '와카이네(若いね)'를 연발하면서 젊다고 의아한

듯이 대했다.

　일본에서의 일정을 마치고 미국 하와이에 들렀다. 한국에서부터 동행한 KAL의 정호용 상무(고교동창)가 입국편의를 봐주었다. 호놀룰루에서 KAL이 운영하는 와이키키호텔에 여장을 풀고 2박 3일 동안 이승만 박사 기념관을 방문하고, 국립묘지를 참배했다. 다음 LA로 이동하여 교민회 간부들을 만났고, 디즈니랜드도 관광했다. 라스베이거스로 가서 그랜드캐년 국립공원을 소형비행기를 타고 관광하면서 대자연의 신비함을 깊이 느꼈다. 공중에서 후버댐의 장관을 보았는데, 참으로 대단했다. 우리나라의 수자원문제에 대한 생각을 다듬게 했다.

　그 다음 세인트루이스를 거쳐 미주리 주 콜럼비아시로 가서 미주리대학에서 조순승 교수(후 국회의원)와 대학원에서 공부하고 있는 유인학씨(후 국회의원)를 만났고, 예정에 따라 권정달 총장은 미주리대학에서 강연을 했다. 이어서 뉴욕으로 이동하여 월도프 아스토리아 호텔에 여장을 풀고 교민 다수를 초청하여 만찬을 대접했다. 교민들은 고국의 정치적 변동에 관해 관심이 매우 높았다. 나는 고등학교 동창 여러 명과 고향의 후배 김칠동군을 만났다. 그때 김칠동군은 월도프 아스토리아 호텔의 상가에 이태리의 유명한 바리샵을 경영하고 있었다.

　다음은 워싱턴DC로 갔다. 유병현 한국대사, 미 국무성 소속 통역 톰 킴씨가 나왔다. 이름이 알려진 워터게이트 호텔에 여장을 풀고 공식 일정에 들어갔다. 미 국무성 클라크 부장관, 상원의 공화당과 민주당 원내총무를 잇달아 방문하고 공화당 전국위원회의 연락실을 방문하였다. 미국은 완전한 원내정당제도이기 때문에 우리처럼 중앙당, 지방당, 사무처와 같은 조직이 없고, 대신 연락실에 실장이 있고 그 아래 200명의 사무직원이 있으며, 연락실장은 일주일에 한번 정도 백악관에 업무연락 차 출입한다고 했다.

우리 일행이 그곳 지도자들을 방문했을 때 통역을 맡은 톰 킨이 제일 먼저 권정달 사무총장을 한국 Democratic-Justice Party의 "Secretary general"이라고 소개했는데, 미국의 정당제도에는 사무총장직이 없기 때문에 미국 측에서는 어느 정도의 정계 실력자인지 잘 모르는 것 같았다. 그런데 나를 소개할 때에는 민정당 원내부총무를 "Majority whip"이라고 소개하여 미국의회의 다수당의 원내총무와 같은 수준의 실력자로 착각하는 것 같았다. 그래서 통역이 권정달 총장을 한국 정계의 2인자라고 쉽게 소개하였는데, 이 사실이 국내 고위층에 정보보고가 되어 약간의 오해를 빚기도 한 일이 있다. 워싱턴DC에서는 링컨기념관, 백악관 등 명소를 다 돌아보고, 하루는 우리 단장이 초청인이 되어 저명인사들을 초청하여 리셉션을 베풀고 다음 행선지 멕시코로 떠났다.

멕시코에서는 대통령도 예방하고 의회지도자, 한-멕시코의원친선협회의 멕시코 측 의원 등 많은 정치인과 오찬 만찬을 했다. 멕시코시가 해발 2000m 이상이어서 밤에 자는데 약간의 호흡 장애가 있었다. 대통령이 6년 단임이고 국회의원도 단임이기 때문에 우리나라와 비교하여 이 나라 의원들의 정치적 위상이 한마디로 말이 아님을 알았다. 우리가 방문했을 때 상원의장을 하던 한 의원이 상공부 차관이 된 것을 크게 축하하는 그런 모습을 보았다. 나는 멕시코에서의 둘째 날, 한국에서 나와 있는 종합상사 지사장 10여 명을 저녁 식사에 개인적으로 초대하여 유명하다는 멕시코 명주 데킬라로 지사장들과 통음했다. 그 다음날 한국대사가 한 인사를 태국대사라고 소개하여 서로 인사를 했다. 그런데 그 태국 대사는 이곳에 온지 1년이 넘었는데, 신임장 제정을 못하고 있다고 한다. 한국 대사는 멕시코대통령을 언제든 만날 수 있는데, 이것이 모두 국력의 문제라는 것이다. 순방 일정을 모두 성공적으로 마치고 멕시코를 떠나 LA, 앵커리지를 거쳐 81년 8월 말경 귀국했다.

23

5공 시대, 냉혹한 정치의 한 가운데로

국내는 11대 국회 첫 정기국회 준비에 어수선했다. 나는 농수산위 소속이었는데 외무통일위원회로 바뀌었고, 예산결산특별위원회 제1분과위원장을 맡았다. 정기국회 3개월은 나에게는 제대로 공부하는 기간이었다. 나는 국가예산안 처리는 정부에 주도권이 있고, 국회에서의 예산안 심의절차는 민주적인 정당성 부여를 위한 요식행위에 불과하다는 것을 알았고, 앞으로 예산·회계 제도, 특히 예산안 심의 처리 절차에 개선할 점이 너무도 많다는 것을 절감했다.

총재비서실장, 국정운영의 현장 학습

1982년 1월, 나는 국방위원회에 있던 봉두완 의원과 상임위를 맞바꿔 국방위원회로 옮겼다. 아무래도 국가안보 문제의 전문가가 되어야 큰 리더가 될 수 있다는 판단에서였다. 그리고 82년 연초 당·정 인사에서 당에 신설된 당 총재비서실장(당직서열 5위)에 임명되었다. 당에서 정무장관 후보로 추천되었다는 말이 돌았는데, 정무장관보다 서열이 앞인 총재비서실장이 된 것이다. 내 방은 당사 총재실 옆에 있고, 승용차도 당에서 배정되었다. 매일 출근을 청와대 이범석 비서실장 방으로 하고, 매주 월요일은 대통령 주재 수석비서관회의에 정식멤버로 참여하였고, 그 후에 평일에는 청와대 비서실장이 주재하는 수석비서관 회의에 참석하여 국정 제 분야에 관한 당의 입장을 설명하고, 모든 정책 사안에 관한 토론에 참여하여 당에 돌아오면 청와대 회의 내용을 사무총장과 대표위원에게 보고해야 했다.

1982년 1월 중순부터 시작된 정부 중앙 각 부처의 대통령에 대한 새해 업무보고회가 열렸는데, 당에서는 총재비서실장 한 사람만 참석했다. 나는 그때부터 25개 중앙부처의 업무보고를 대통령을 모시고 모두 참여했으며, 메모한 것이 비망록 한권 분량이나 되었다. 그 보고가 끝나고 15개 시·도에 대한 대통령의 연두순시에도 빠짐없이 수행했고, 대통령께서 유숙하시는 시·도에서는 저녁에 민정당 총재가 현지 당 요원에게 베푸는 격려 만찬을 총재비서실장으로서 주선하고 집행했다.

그러다가 그 해 5월 20일경, 이유도 자세히 모르고 권정달 총장, 나석호 정책위의장, 봉두완 대변인 등과 함께 면직되었다. 그러나 재직기간 4개월여는 그야말로 혹독한 정치훈련을 받은 의미 있는 기간이었다. 법원과 검찰에서 육법전서와 씨름하는 편협한 분야에서 지내오다가 국가전체 또는 세계정세와 관련된 국정의 제 분야의 정책을 수립, 그리고 이를 집행하는 상세한 내용을 접하게 되니 놀랍지 않을 수 없었고, 법과대학 4년을 다닌 것보다 지난 정치수련 4개월 동안에 더 많은 것을 배운 것 같은 생각이 들었다. 아무튼 국정전반을 파악하고 나라를 이끄는 리더십을 익히는 소중한 기간이었다.

돌이켜보면, 1982년에 들어서는 5공화국 정부와 여당인 민정당은 새마을운동과 의식개혁운동(청탁배격 등)을 강력하게 추진했는데, 2개의 운동이 국민의 호응을 받아 착실하게 전개되어가던 상황에서 소위 이철희, 장영자 부부의 어음사기사건이 발생했다. 전두환 대통령은 처삼촌인 이규광 예비역장군을 처제 장영자로부터 용돈으로 1억 원을 받은 죄로 당장 구속할 것을 검찰에 지시했다. 아울러 이와 관련하여 민정당 권정달 사무총장이 어음사기 사건에 관련이 있는 공영토건 김상무라는 자와 친구 사이라는 것이 밝혀지자, 이를 문제 삼아 대규모 당직개편을 단행했던 것이다. 대표위원 이재형씨와 원내총무 이종찬 의원의 의견이 대통령에게 받아들여진 것이 아닌가하는 생각이 들었다. 대표위원과 원내총무는 유임되고 사무총장에 권익현, 정책위의장에 정석모, 정무장관에 오세응, 총재비서실장에 남재두, 대변인에 김용태로 당 진영이 재편되었고, 나를 비롯한 대부분의 당직자들은 사유도 모른 채 물러나야했다.

나는 총재비서실장직을 사직하고 나서 처음으로 정치의 냉혹함과 무상함, 그리고 허무함을 절감했다. 그 후 나는 청와대로부터 총재비서실장 재직 기념컵을 받았다. 전두환 대통령도 퇴임인사차 방문한 나에게 '지난 몇 달 동안 공부 많이 했지?' 하시며 격려의 말씀을 해주셨다.

물가잡기에 사활을 건 5공정부

총재비서실장 시절에 있었던 몇 가지 이야기를 하고자 한다.

전두환 대통령의 경제정책신조 제1조는 '물가 한자리수 이내로 잡는 것'이었다. 매일 수석비서관 회의에서 김재익 경제수석이 먼저 오늘의 물가동향을 보고하고 나서야 회의가 진행되었다. 그러던 중 82년 4월 어느 날, 김재익 수석이 드디어 물가가 한자리 수로 잡혔다고 보고했다. 그때 확인한 바지만 물가 통계를 식료품, 비식료품으로 나누어 통계를 내서 평균치를 내는 방식으로 하는데, 그날 배포된 자료에는 식료품 물가가 많이 떨어져 비식료품과 합해 전체적으로 한 자리수를 시현했던 것으로 기억된다.

이런 강한 정책의지의 바탕에는 인플레이션을 잡지 못하면 경제성장도 수출증대도 봉급인상도 다 무의미해진다는 전 대통령의 확고한 철학이 있었기에 해방 이후 처음 물가를 잡을 수 있었던 것이다. 전두환 대통령은 또 1983년 정기국회 예산심의에서도 84년도 예산안을 심의하면서 전년 수준으로 예산을 동결할 것을 당정에 지시하여 그대로 강행한 것을 나는 기억하고 있다. 물가를 잡아야 한다는 열의를 엿볼 수 있는 대목이다. 결과적으로 해방 이후 40여 년간의 만성 인플레이션을 잡은 바탕 위에 85년 말부터 약간의 무역 흑자를 낸 한국경제는 86년에서 89년까지 계속하여 흑자를 시현함으로써 내실 있는 경제성장과 재정의 건전성을 확고히 다질 수 있었던 것이다.

경기도지부위원장이 되다

1983년이 되었다. 나는 정동성 경기도지부위원장이 국회 상공위원장으로 선임이 되어간 자리의 후임으로 경기도지부위원장으로 선출되었다. 그때는 인천이 경기도에 속하고 있었을 때라 경기도지부 산하에는 인천의 1·2지구당과 경기도 지역 10개 지구당을 합하여 12개 지구당이 있었다. 도지부위원장은 중앙당의 최고의결기구인 중앙집행위원회의 당연직 위원이고, 도 단위 여권의 중심적인 직위였으므로 자연스럽게 당시 염보현 경기도지사를 비롯한 도 단위 각급 기관장과 사회단체장들과 긴밀한 유대관계를 맺을 수 있었다.

경기도지부위원장으로서 내가 할 우선적인 일은 당시 신축 중이었던 도 당사(黨舍)의 완공과 당의 조직력 강화에 힘쓰는 일이었다. 도 당사는 전임 위원장이 도에 협조를 받아 대지를 마련하고 골조 공사를 하다가 자금조달이 안 되어 중단된 상태였으므로, 나는 경기도당 이성호 사무처장의 조력으로 도당 부의원장단과 도내 대기업 총수 몇 분으로부터 특별 당비를 지원받아 당사를 준공하였다. 그리고 조직정비에 들어가 도지부 소속 전 중앙위원들을 경기남부-북부-인천 3개 권역으로 나누어 지회를 결성·단합시키고, 각 지구당의 읍면동 책임자, 즉 협의회장들을 중앙당 연수원에 입소시켜 교육을 통해 정신적 결속을 강화시켰다. 그때의 민정당 읍면동 협의회장들 중 상당수는 1995년 지방자치 전면 실시 이후 시군구의원, 도의원, 기초단체장, 그리고 국회의원 등으로 진출하여 국가사회에 큰 기여를 하고 있다.

5공정부는 1980년 11월 30일부터 언론기관 통폐합이라는 초 강경책을 추진해나가던 중 1982년 들어서서부터는 여러 면에 걸쳐 온건 정책으로 전환하여 사회 분위기도 차츰 달라져갔다. 몇 가지 예를 들면,
- 82년 1월 6일을 기해 36년간 지속되어온 야간통행 금지가 해제되었고,
- KBS는 1980년 11월 1일부터 칼라 TV 방송을 해왔으며,
- 82년 3월 프로야구가 개시되었고(전두환 대통령이 시구),
- 83년 3월에는 중고생 교복이 폐지되었다.

그러나 5공 출범 이전 소위 국보위 시절에 사회정화 차원에서 수많은 사람들이 군이 관리하는 소위 삼청교육대의 교육을 받았고, JP·HR(이후락) 등 많은 정치인들이 비리 혐의로 구속 수사를 받았으며, YS는 가택연금 되었다. DJ는 80년 8월 14일 육군 계엄 보통 군법회의에서 내란음모·국가보안법위반 등으로 사형선고를 받았고, 81년 1월 23일 대법원에서 사형 선고 판결이 확정되었는바, 그 당시 DJ를 석방하라는 국제적 여론이 비등한 가운데 정부의 2차에 걸친 특별사면으로 사형에서 징역 20년으로 감형되었다가 82년 12월 23일 신병치료가 필요하다는 사유로 형 집행정지 및 석방되어 미국으로 출국하였다. 그야말로 격변의 시대였다.

『포천군지』를 만들다

1983년 봄, 나는 유덕준 포천군수에게 군에서 보관하고 있는 포천군의 역사·문화·지리·인물 등에 관한 자료와 민간의 각 종중(宗中) 등에서 보관하고 있는 역사자료들을 보태어 『포천군지』를 출간했으면 좋겠다는 의견을 제시했다. 유덕준 군수는 이에 흔쾌히 동의했고 즉시 전문가들로

'포천군지편찬위원회'를 구성·발족시켰다. 그리고 1년여 만인 1984년 12월 『포천군지』가 드디어 출간되었다. 나는 어느 날, 무심코 『포천군지』를 보다가 『토정비결』을 남긴 토정 이지함 선생이 조선 선조 때 포천현감으로 있으면서 왕에게 올린 상소문을 찾았다. 그 내용은 너무도 감동적이었다.

지금으로부터 420여 년 전에 포천현에 살았던 서민들의 처참한 생활상, 너무도 궁핍한 지역경제의 모습, 이에 대한 토정의 기발한 구휼 대책 건의 내용을 상소문은 담고 있었다. 그 밖의 내용 중 잊히지 않는 인재등용에 관한 왕에게의 진언 내용은 명언이라고 하지 않을 수가 없다. 그는 이렇게 주장했다.

– 나라가 있으면, 반드시 인재가 있을 것입니다. 조정은 뭇 어진이가 모이는 곳입니다. 다만, 해동청(海東靑) 보라매는 천하제일의 매이지만 그에게 새벽을 맡긴다면 늙은 닭만 못할 것이며, 한혈구(汗血駒)는 천하의 좋은 말이지만 그로 하여금 쥐를 잡게 한다면 늙은 고양이만 못할 것입니다. 하물며 닭이 사냥을 할 수 있겠으며 고양이가 수레를 끌 수 있겠습니까? 그와 같이 한다면, 이 네 가지 동물은 다 천하의 버린 물건이 되고 말 것입니다.

토정 선생이 인재등용에 있어서 적재적소(適材適所) 원칙의 중요성을 강조한 이 부분이 아직도 가슴에 남아있다.

이와 더불어 나는 인재등용에 있어 또 다른 철학을 금과옥조(金科玉條)로 삼고 있다. 그것은 바로 '임인유현'(任人唯賢, 인품과 능력만을 믿고 사람을 등용)의

능력위주(能力爲主) 인사 원칙이다. '인사가 만사(萬事)'이기 때문에 우리 역사상 모든 군주나 대통령은 인사를 할 때 능력 우선이냐, 아니면 개인적인 충성 우선이냐에 대해서 많은 갈등을 겪었을 것이다.

치세(治世)에는 '임인유친'(任人唯親, 능력과는 관계없이 자신에게 가까운 사람만 임용)의 인사가 어느 정도 있을 수 있지만, 난세(亂世)에는 무엇보다 '임인유현'의 인사를 해야 한다. 국가가 항시 안보와 경제 위기 상황에서 자유롭지 못한 우리나라의 경우에는 더욱 그러하다 하겠다.

'임인유친'의 코드인사, 편중인사, 보은인사, 정실인사가 심화된 경우 국가는 쇠망하고, 그 지도자도 불행하게 끝난 일이 다반사인 것은 역사가 이를 증명하고 있다. 정치의 세계는 일면관(一面觀)에 치우치면 안 된다. 활인(活人)의 도(道)와 포덕(布德)의 정치를 펴야 갈라진 국민을 하나로 통합하고 미래로 나아 갈 수 있다.

나는 24년을 정치에 몸담고 국회·당·정부의 책임 있는 자리에서 무수한 인사안을 결재하면서 토정 선생의 위 상소문의 내용과 '임인유현'의 인사원칙을 지켜보려고 나름대로 노력해보았으나 그 결과는 미지수다.

미얀마 아웅산 폭파사건

1983년 10월 9일, 국가적인 불행한 사건이 발생했다. 그 당시 전두환 대통령 일행이 공식방문 중인 미얀마(당시 버마)의 수도 랑군(양곤)의 국립묘지 아웅산 묘소에서 입구건물 천장에 설치되어있던 폭탄이 폭발한 것이다. 그곳에서 전 대통령을 기다리고 있던 서석준 경제부총리, 이범석 외무, 김재익 경제수석 등 공식수행원 17명과 버마 측 인사 4명이 사망하고 수십

명이 중경상을 입었다. 늦게 도착한 전 대통령은 무사했다.

버마 정부는 11월 4일 사건의 최종 수사보고를 발표하면서 북한의 테러리스트에 의한 범행이라고 단정하고, 북한인 2명을 체포하고 1명을 사살하였는바, 이들 3명이 테러를 감행하였고 그들은 모두 군인이었으며 북한대사관이 사건에 전면적으로 관여하였다고 발표하였다. 이후 버마는 북한과는 단교하고 정부승인까지 취소해버렸다. 이어 코스타리카 등 수개국이 북한과 단교하였고, 중국마저도 북한에 대한 지지 입장을 취하지 않았다. 북한은 사건과 무관하다고 부정했으나 테러국가라는 확신은 더욱 강해졌다.

선거법 개정 협상

해가 바뀌어 84년에 들어서면서 정부와 여당은 이듬해에 있을 12대 국회의원선거에 대비하는 일에 착수했다. 84년 1월 17일 전두환 대통령은 국회의 국정연설에서 폭력정치 배제와 정권의 평화적 교체를 강조했다. 동년 2월 25일에는 지난 해 정치활동 규제자 250명을 1차로 해제한데 이어 202명을 추가 해제하고, 2월 28일 임시국회를 개회했다. 이어서 국회에서 여야당 사무총장을 협상대표로 하는 국회의원 선거법협상을 진행하기로 하고, 이에 선행하여 여야3당의 중진 의원급에서 선거법협상 실무대표를 선정하여 실무협상을 하기로 하였는바 민정당에서는 이한동 의원, 민한당에서는 김진배 의원, 국민당에서는 조병봉 의원이 실무협상에 들어갔다.

나는 각 당의 선거법 개정안을 살펴 쟁점사항을 비교해볼 수 있도록 비교 일람표를 만들어 협상을 통해 쟁점을 하나하나 타결해나갔다. 2개월 가까이 선거구 조정과 선거운동 방법의 개선 등 쟁점사항을 협의했으나 끝내 미해결로 몇 가지를 남겨둔 채 실무협상을 끝내고 보고서를 작성하여 본 협상 대표들에게 인계하였다. 나는 의원이 된 후 처음으로 경험하는 법률개정을 위한 정치협상을 통해 그 후의 무수히 겪게 되는 여야협상에서의 지혜와 식견에 대한 실마리를 잡을 수 있었던 것이 아닌가 생각된다.

24
이농심행(以農心行) 무불성사(無不成事)

84년 6월 들어서 당시 민정당 대표위원으로 계셨던 정래혁 의원의 재산이 정치문제화 된 상황에서, 6월 26일 나는 뜻밖에도 권익현 사무총장의 후임으로 당사무총장에 임명되었다. 정래혁 대표위원이 사직하고 권익현 사무총장이 후임 대표위원으로 임명되는 데에 따른 인사에서 내가 발탁된 것이다. 나는 너무도 돌발적인 의외의 일이라 기쁨보다는 무거운 책임만을 가슴으로 느끼며 총장으로 취임하였다.

취임 후 첫 사무처 주례회의에서 나는 '앞으로 직무를 수행함에 있어 이농심행(以農心行) 무불성사(無不成事)라는 말이 있듯이 농사짓는 농민의 겸허한 마음으로 열심히 노력하면 못 이룰 것이 없다는 정신 자세로 일을 하겠다. 당이 하루빨리 국민이라는 토양 속에 뿌리내리도록 해야 할 것이다. 정의와 자유·상식과 조화에 바탕을 둔 정치를 해나가겠다. 사무처 우리 모두는 공동운명체다. 아무리 어려운 일이라도 대화로 하나하나 풀어나가도록 할 것이다.'라는 요지의 말을 했던 기억이 난다.

초선의원이 집권당 사무총장이 되다

그 당시 여당의 사무총장은 정치권의 핵심적인 자리로 정형화되어 있었다. 당내 서열 4위라고 하지만 당의 인사·조직·재정·교육·선전 등과 국회와 당정 사이의 주요한 정치 사안을 총괄하면서 당과 총재 사이의 통로이자 창구로써 총재의 지시나 의지를 당 차원에서 실현시키고 정국 운영에 반영하도록 하는 책임을 맡은 자리였다. 그런 자리에 정치 경험이 3년 밖에 안 된 초선의원인 내가 임명된 것이다. 정치권도 언론계도 놀라운 반응을 보였다. 나는 나를 사무총장에 임명한 전두환 총재님의 깊은 뜻을 나름대로 헤아려보고, 민간인 출신의 정치인으로서 당내 화합과 정치 개혁에 헌신하겠다고 마음을 굳게 먹었다.

먼저 나는 전임 권익현 사무총장 손에 넘겼던 국회의원 선거법 실무협상 보고서를 찾아왔다. 그리고 민한당 유한열, 국민당 신철균 사무총장과 본 협상 테이블에 앉아 쟁점사항들을 하나하나 협의해 나가면서 그해 7월 초 협상을 타결하고 마무리하였다. 정당추천 선거관리위원제 등 공명선거를 보장하기 위한 여러 가지 제도개선에 대해서 여야의 합의를 이끌어낸 것이다. 동 개정안은 국회내무위에서 약간의 손질을 거쳐 통과되었고, 다음 날인 7월 11일, 국회본회의에서 통과되었다.

대홍수와 북한의 구호품, 이산가족 찾기

그때 천재지변이 일어났다. 84년 8월 말부터 9월초에 걸쳐 우리나라에 집중호우가 쏟아져 사망·실종 190명, 가옥전파·반파·침수 등 약 5만6천 호에 이르는 큰 피해를 안겼다. 그런데 북한이 돌연 조선적십자회 명의로 구호물자를 보내겠다는 제의를 해온 것이다. 이에 정부가 당정협의를 거쳐 그 제의를 받아들이겠다고 북에 통보함으로써 북으로부터 쌀·시멘트·의약품·섬유제품 등 구호물자가 육로와 해상을 통해 수송되어 왔다.

추측해보건대 북한의 김일성은 남한이 구호물자 제공 제의를 받아들이지 않을 것으로 예측하고 허장성세로 나왔던 것 같은데, 남한이 전격적으로 그 제의를 수락하자 경제 사정에 비추어 엄청나게 큰 부담을 감내하면서 상당한 양의 구호물자를 보내느라고 큰 경제적 타격을 입었던 것이다. 어떻든 이 사건을 계기로 하여 적십자·경제·체육·국회 등 4개의 채널에서 남북대화가 수차 이루어졌다. 85년 9월 20일부터 23일까지의 적십자 회담에서 남북 상호 고향방문단, 예술 공연단 각 151명이 서울과 평양을 처음으로 상호 방문할 것을 합의하였다. 그때 남북의 고향방문단의 상호방문, 상호 이산가족상봉 장면은 그대로 생생하게 방송 보도됨으로써 남북의 동포들의 가슴을 뜨겁게 하였다.

국회의원 후보공천 지침 확정

국회의원선거법 개정안이 국회에서 처리되고 난 후, 나는 사무총장으로서 권익현 대표위원과 12대 국회의원 총선 관련 업무에 대해서 협의하였다. 먼저 당 후보 공천 업무에 대해서 다음과 같은 지침을 실천하기로 결정하였다.

> **후보 공천지침**
> 1. 당 공천자를 선거 임박하여 일괄 발표하는 데서 오는 후유증과 부작용을 방지하기 위하여 전지구당에 대한 당무감사를 선행하고,
> 2. 현위원장의 득표 역량과 당선 가능성, 지구당 관리 상태 등을 종합하여 문제 지구당을 가려내고, 위원장 교체가 필요하다고 판단되는 문제 지구당은 사표를 받고 후임 조직책을 임명하여 지구당을 모두 개편하도록 한다.
> 3. 공천 탈락되는 위원장은 응분의 예우 등을 통해 부작용을 사전에 배제한다.

그러나 실제로 이 방침을 집행하는 과정은 순탄하지만은 않았다. 몇몇 위원장은 총선 후 개각을 할 때 입각을 약속해 준 경우도 있고, 선거 전에 정부 차관으로 임용을 해준 일도 있으며, 일부 의원 등은 전국구 후보로 내정해주기도 했다. 어렵사리 24개지구당의 위원장을 교체하고 공천 작업을 마무리한 후 선거 전 당 공천자 발표를 하면서 당의 대변인은 "우리 당은 오늘 92개 지구당의 현 위원장 전원을 당의 후보로 공천했습니다."라고 할 수 있었다. 아마 이런 공천 사례는 유례가 없지 않을까 하는 생각이 든다.

한편, 그때 전국구(비례대표) 후보 공천 작업도 직능대표성과 전문성에 충실한 합리적인 방법으로 추진하였다. 우선 나는 이상재 사무차장 책임 하에 사회 각 분야의 인물 자료들을 기초로 하여 각 직능 분야별로 3배수 수준까지 압축하는 작업을 했다. 비례대표 후보 1번부터 60번까지를 당선권으로 판단하고 국가사회의 주요 직능대표들을 우선 고려하고, 다음으로 당 사무처 및 중앙위 간부들을 배려하였으며, 공직자에 대해서는 해당 부서장의 추천을 받기도 하였다. 예비 후보 3배수 추천서를 총재에게 재가를 받아 당선권 60명의 후보 명단을 확정하고, 60번 이후 이어지는 예비

명단은 당에서 결정한다는 위임을 총재로부터 받았다. 나는 물론 권익현 대표나 이상재 차장도 추호의 사심 없이 공천 작업을 마무리했기에 그 뒤에 아무런 잡음도 없었고, 기자들도 98점을 줄만큼 12대 국회 민정당 후보 공천은 아주 훌륭했다고 자부한다.

43번국도 확포장 사업 착공

그때 당 공천 작업 과정에서 나는 지역의 가장 큰 숙원사업을 해결하는 기쁜 일이 있었다. 고향 포천을 남북으로 관통하는 43번국도 확장포장 사업이 바로 그것이다. 이 사업은 약 4년 전 11대 국회의원 선거 기간 중 전두환 대통령께서 양평에 오셨을 때 면담자리에서 내가 포천군민의 숙원사업이니 꼭 해결해 주십사하고 간청한 일인데, 4년이 지난 그때까지 건설부에서는 공사 계획조차 세워져있지 않았던 것이다. 나는 1월 초 어느 날 대통령과의 독대에서 그날 총선공천 일을 마무리하고 나서 좋아진 분위기를 기회 삼아 43번국도 확포장에 관해 설명을 드리고 가능한 한 총선일(85년 2월 12일) 전에 공사를 착수할 수 있도록 조치해 주실 것을 간곡하게 요청했다.

전 대통령께서는 4년여 전의 일은 잊고 계신 것 같았고, 묵묵히 내 말을 듣기만 하셨다. 나는 즉시 구차한 말씀을 드린 것을 후회했다. 대통령께서 내심 '12대 총선을 지휘하고 우리 당 후보가 모두 승리하도록 하는 일에 최선을 다해야 할 사무총장이 자기 지역구 일에만 관심을 갖는 대인답지 못한 처신을 하는구나.'라고 생각하셨을 수도 있겠다싶어, 내가 큰 실수를 했다는 자책감이 들었다. 그러나 이미 엎질러진 물이다. 그 자리에서 나는 전 대통령으로부터 아무런 말씀도 듣지 못한 채 그저 죄송하다는 인사만 드리고 자리를 물러났다.

그 후 며칠 동안을 초조와 불안 속에 보내고 있었는데, 어느 날 청와대 사공일 경제수석으로부터 전화가 왔다. 첫마디에 "총장님 축하합니다."라고 하더니, "각하께서 오늘 의정부-포천 간 국도의 확포장 공사를 2월 12일 총선 전에 착공하도록 하라는 지시가 있으셨습니다. 관계부처에 그대로 시행토록 지시하겠습니다."라고 말하는 것이 아닌가. 나는 정말 날아갈 듯이 기뻤다. 낙후된 포천 발전을 위해서는 꼭 이루어져야할 숙원사업이었기에 기쁨은 배가되었다.

드디어 1985년 2월 9일 포천실업고등학교 운동장에서 군민이 참여하고 건설부장관(김성배), 6군단장이 임석한 가운데 43번국도 확포장공사 기공식이 성대하게 거행되었고, 포천 축석검문소에서 북쪽으로 2km 구간 공사가 먼저 시작되었다. 11만 군민이 그토록 소망하였던 43번국도 4차선 확포장공사는 이렇게 추진된 것이다.

그 뒤 1985년 2월 12일 시행된 12대 국회의원 총선거에서 포천에서의 선거는 큰 축제 같은 분위기 속에서 진행되었고, 결과적으로 나는 전국에서 득표율 3위로 재선 의원이 되었다.

2월 12일 12대 총선거가 전국에서 무사히 끝나고 밤 8시부터 개표가 시작되었다. 서울 지역의 우리당 후보들이 선거 운동 기간에 나타난 소위 신민당 돌풍에 대부분 고전했고, 일부 의외의 지역에서도 패배하는 등 전국 92개 지역구 중 5개 선거구에서 우리당 후보가 낙선하였다. 개표 결과 민정당은 지역구에서 87석, 전국구에서 60석이 당선되어 총 147석을 확보하여 과반수를 넘는 제1당이 되었다.

아들을 도미(渡美)유학 보내다

선거 다음 날인 2월 13일 오전, 나는 미국유학을 떠나는 아들 용모를 김포공항에서 배웅하였다. 나는 공항에서 용모에게 자세한 당부의 이야기도 못하고 미리 준비한 격려의 편지를 봉투에 넣어 출입구에서 건네주었다. "살면서 최선을 다하지 않는 자는 자기의 참된 운명과 만나지 못한다. 그러니 반드시 최선을 다하라."는 내용으로 기억된다. 내 아들 용모는 나의 이런 충고를 성실히 지킨 것 같다. 도미하여 조지워싱턴 대학에서 통계학을 공부하고 MIT 슬로운 스쿨에서 경영학 석사를 하고, 일단 귀국하여 군복무를 마쳤다. 이후 다시 도미하여 하버드 케네디 스쿨에서 정책학 석사를 받고, 2003년 뉴욕대 행정대학원에서 행정학박사를 취득한 후 현재 건국대학 행정학과 교수로 재직 중이다.

아들은 95년 8월 20일 결혼식을 올렸다. 신부는 고려대학교 재료공학과 문탁진(文卓珍)교수의 외동딸 지순(志淳)이다. 결혼 당시 아들은 하버드대에서 공부를 하고 있었으며 신부도 미국 스탠포드대학교에서 슬라브 언어와 문학전공으로 학부를 마치고 하버드 대학교에서 언어학 박사 과정에서 공부하고 있을 때였다. 지순이는 2003년부터 동덕여대 영어영문학과 교수로 재직 중이다. 주례는 고대 홍일식 총장이 수고해주셨으며, 양가는 합의 하에 결혼식을 간소하게 치렀다. 청첩은 물론

안했으며 축의금도 일절 받지 않았다. 단란하게 잘 사는 아들 내외를 보면서 감사하게 생각한다.

노태우 체제 출범과 야권 통합

민정당은 선거후 85년 2월 23일 당직 개편을 통해 권익현 대표를 상임고문으로 옮기고 대표위원 노태우, 사무총장 이한동, 정책위의장 장성만, 원내총무 이종찬, 대변인 심명보로 된 노태우 체제를 출범시켰다. 한편 신민당 돌풍을 몰고 온 12대 국회의원 총선거 결과 신민당은 제1야당이 되었고, 민한당·국민당은 소수 야당으로 밀려났다. 그러자 85년 3월 4일 이민우 신민당 총재는 어떤 일본 언론과의 회견에서 "전두환 대통령은 민주화 일정의 청사진을 86년 8월 15일까지 제시하고 대통령직에서 퇴진해야 한다."고 포문을 열었다. 뒤이어 3월 6일 YS, DJ, JP를 포함한 남아있던 정치활동 규제자 14명에 대한 전면 해금조치가 내려진 가운데 15일에는 YS, DJ 양김이 회동하여 신민당을 중심으로 야권을 통합하기로 합의하였다.

85년 5월13일, 12대 국회가 개회되어 첫 본회의에서 의장에 이재형 의원, 부의장에 최영철 의원(민정당)이 선출되었다. 이를 전후하여 대학가의 시위는 전국으로 확산되었고, 드디어 23개 대학 1200여명이 고려대에 모여 '전학련'을 결성하고, 5월 17일에는 전국 80개 대학 4만여 명이 모여 광주사태 진상규명을 요구하는 시위를 벌였다. 이에 고무된 신민당 이민우 총재는 5월 20일 국회연설에서 대통령직선제 개헌 특위 구성을 제안하고, 30일에는 광주사태 진상조사를 위한 국정조사 결의안을 제출하였다. 이러한 일련의 정치적 소용돌이 속에서 나는 여당의 사무총장으로 수시로 열리는 당정회의, 당직자회의에 참여하면서 엄청난 갈등 속에서 고뇌에 찬 나날을 보냈다. 이 나라 민주주의가 발전해 나가야할 길은 내 양식과 양심에 비추어 훤히 보이는데, 정치적 현실이 그 길을 용납하지 않는 것이다.

양가 가족만 모인 딸 결혼식

심한 무력감에 빠져 하루하루 보내는 가운데 85년 6월 4일 장녀 지원이를 시집보내는 결혼식 날을 맞이하였다. 나는 그날 오전 11시 쯤 잠깐 외부에 볼 일이 있다고 하면서 당사 사무실을 나섰다. 보좌진들은 그저 그런 줄만 알고 있었을 것이다. 결혼식장까지 가는 동안 나는 차 안에서 지난 날들을 회상했다. 지원이는 태어날 때부터 주위 사람들의 귀여움을 받으면서 성장하였다. 초등학교 들어간 이후에는 공부도 잘해 학년 1등을 계속했다. 고등학교를 졸업하고 연세대 영문학과에 입학하여 4년간의 학사 과정을 졸업하고, 오늘 결혼을 하는 것이다. 정말 애틋한 마음으로 키운 자식이기에 허전한 마음을 달랠 길이 없었다.

나는 그 때 사돈이 되는 LG그룹 허준구 회장님과 결혼식을 간소하게 치르기로 언약하였다. 청첩장에 의한 하객 초청을 생략하고 양가의 측근 가족만 참석하도록 하되, LG그룹의 사장단만은 구두로 결혼사실을 통보하는 것을 내가 양해한 상황이었다. 물론 신랑신부도 이해를 하였지만 왜 아쉬움과 서운함이 없었겠는가. 내가 생각했던 대로 결혼식장의 모습은 조촐하다 못해 너무도 초라했다. 방명록도 없었고 접수하는 테이블도 마련되어 있지 않았다. 식장에 모인 하객들도 거의 사돈댁 손님들이었고, 우리 쪽은 집안 어른이신 숙부님과 나의 친형제 세 명이 자리했으며, 지원이의 가까운 친구 서너 명이 모두였다. 신랑 허태수, 신부 이지원의 결혼식은 너무도 검소하게 끝났다. 나는 식후 즉시 당사로 돌아와서 그제야 보좌진에게 사실을 말했다. 그 후 며칠 간 "섭섭하다"는 고마운 항의성 전화를 많이 받았다.

　1985년 그해 봄에는 셋째 정원이가 이화여대 사범대학 교육공학과에 입학하여 부모의 마음을 편안하게 해주었다. 돌이켜보면 자식 셋이 모두 가장 중요하고 예민한 돌봄이 필요한 기간에 나는 정신없이 정치에 몰두하였으며, 어머니도 지역구 관리에 매달려있어 교육을 제대로 챙기지 못한 것이 사실이다. 그런데도 바르고 훌륭하게 자라 준 삼남매가 대견하다. 그저 하늘에 감사할 뿐이다.

25

유럽·북아프리카지역 순방

　1985년 7월 하순 어느 날, 나는 노태우 대표위원의 부름을 받고 잠시 독대를 한 일이 있다. 노 대표는 앉자마자 지나가는 말처럼 물었다. "이 총장은 총장이 맞아, 총무가 맞아?" 라고 말을 꺼내시더니, 나에게 총장에서 원내총무로 자리를 옮겨주었으면 좋겠다고 말씀하시는 것이다. 이에 나는 단호한 어조로 "저를 생각해주시는 것은 고맙습니다. 그러나 총선 후 당의 분위기 일신을 위해 주요 당직의 개편이 필요한 시점임이 분명합니다. 그러니 총무 하나만 바꾸면 미흡해 보일 뿐 아니라 제가 총무로 옮겨 앉고, 이종찬 총무가 그만두는 것도 모양새가 어색합니다. 그렇다면 저도 이종찬 총무와 같이 총장을 그만두는 것이 좋겠습니다."라고 진언을 했다.

　그 날 오후, 나는 노 대표위원의 요청에 따라 총장, 총무 후보로 2~3명씩의 의원명단을 정리해서 드렸으며, 노 대표는 이 명단을 가지고 마침 청남대에 휴가 차 가 계신 전두환 총재에게 내려가서, 협의 끝에 1985년 8월

1일자로 새 사무총장 정순덕, 새 원내총무에 이세기 의원을 임명하였다. 나와 이종찬 총무는 같은 날짜로 그 직에서 물러났다. 정치가 발전하려면 사익을 버리고 대의를 앞세워야 한다. 어리석어 보일 수도 있는 그 때의 처신에 대해서 나는 지금까지 잘한 일이라고 확신하고 있다.

사무총장을 그만 두고 나서 나는 8월 하순에서 9월 초순에 걸쳐 유럽의 수개국과 북아프리카 지역을 순방하는 의원 친선·외교활동에 들어갔다. 한-모로코·리비아 의원 친선사절단 단장이 되어 민정당 이용호·심정구 의원, 신민당 유성환·유갑종 의원과 함께 유럽으로 떠났다. 우리 일행은 경유지인 프랑스 파리에서 세느강과 에펠탑, 루브르 박물관, 베르사유궁, 노트르담 사원, 바스티유 감옥 터, 콩코드 광장 등 프랑스의 역사와 문물의 진수를 현장에서 접하면서 감탄을 하지 않을 수 없었고, 이태리 로마에서 고대 로마 제국의 웅혼하고 찬란한 문화와 역사의 현장을 둘러보며 제행무상(諸行無常)함도 절감했다. 바티칸 베드로 성당의 웅대, 장엄함에 감동하여 한참동안 말을 잃기도 했다.

서독의 프랑크푸르트에 들렀을 때는 공항에서 쓰고 있는 카트 전체에 삼성브랜드가 부착된 것과 기차역 인근 건물에 삼성과 엘지의 휘황찬란한 광고네온사인을 보니 놀랍고 반가웠다. 그 촉박한 일정을 쪼개서 스위스 제네바까지 열차로 가서 케이블카로 몽블랑 정상에 올랐고, 알프스에서 가장 큰 레만 호숫가 호텔에 투숙하여 아름다운 경관을 감상하기도 했다. 전설의 땅 로렐라이 언덕까지 자동차로 달려가는 동안 전후 서독 부흥의 상징인 기적을 일으킨 라인강의 힘차고 장대한 흐름을 보았고, 이색적인 전설이 살아 숨쉬는 로렐라이 언덕에서 'Ich weiss nicht, was soll es bedeuten…'으로 시작하는 하이네의 시를 읊조리기도 했고, 기념사진도 찍었다. 귀로에는 라인강가에서 교포가 운영하는 만리장성이라는 식당에 들러 만찬을 했고, 비망록에 글씨도 남겼다.

유럽에서 주마간산 식 여행을 마치고 우리 일행은 지중해를 건너 리비아의 수도 트리폴리로 갔다. 사회주의 국가이면서 이슬람이고 당시에는 지도자 카다피의 1인 독재가 지배하고 있던 시기라 나라의 분위기는 한마디로 썰렁했다. 어디를 가나 녹색혁명(Green Evolution)을 상징한다는 녹색깃발만 펄럭이고 있었다. 리비아에는 국회도 없고, 따라서 의원친선협회도 구성이 되어 있지 않아 공식회합의 일정이 없기 때문에 도착하는 날 주 리비아 한국대사관저에서 공식 리셉션을 한 다음, 우리 일행은 트리폴리 시내 어느 호텔에서 1박을 하고 그 다음날부터 우리나라 건설역군들이 땀 흘리고 있는 현장방문에 나섰다.

아프리카 대수로 공사현장

첫 번째로 삼성이 시공하고 관리까지 해주고 있다는, 트리폴리 동물원(공사비 약 1억 달러)을 시찰했다. 이어서 2차 세계대전 때 독일의 명장으로 사막의 여우로 불린 롬멜이 지휘하는 독일전차대와 몽고메리 장군이 지휘하는 연합군의 전차대가 전사상(戰史上) 가장 치열한 탱크 전을 펼쳤던 사하라 사막을 남쪽으로 400km 달려 동아건설이 공사 중인 리비아 대수로 공사용 송수관 제조 공장 건설현장을 방문했다. 그곳에는 한국에서 온 수백 명의 근로자들이 사막 한 복판의 무더운 모래바람과 싸우며 공장을 건설하고 있었다. 나의 선거구인 포천·연천·가평에서 온 근로자들이 있어 정말 반갑게 인사하고 이야기를 나누었다. 동아건설측은 우리 의원단에게 대수로 1차공사의 개요와 연혁을 보고해주었다.

20세기 최대의 토목공사라고 하는 이 대수로 공사는, 원래 오래전에 사하라 사막에서 유전개발을 하던 미국 어느 회사의 기술진이 사하라 사막 중남부 깊은 지하에서 빙하시대 이후 오랜 세월에 거쳐 조성된 엄청난 양의 지하수를 발견하고, 이것을 양수해서 사막 북쪽 해안 넓은 지역으로 송수하여 그 물로 농지를 개발하면 막대한 양의 밀 생산이 가능하다는 내용의 프로젝트를 성안하여 카다피에게 채택시행을 건의했던 것이라고 한다. 독재자 카다피는 이 사업을 통해 전 아랍민족을 먹여 살리겠다고 하는 정치적 야심으로 리비아의 유전에서 나오는 막대한 외화를 대수로 공사에 투입하기로 결정하였고, 시공사 선정을 위한 국제 입찰을 시행한 결과 동아건설이 각고의 노력 끝에 낙찰을 받은 것이라고 한다.

그런데 보고서에 따르면, 송수관은 직경이 4800mm인 콘크리트 철관으로서 세계에서 처음 만드는 것인 바, 지금 현지에서 그 철관 제조 공장을 건설하고 있다는 것이다. 앞으로 이 송수관을 1200km 길이로 매설하여 지하수를 송수하게 된다고 한다. 마침 그날 이 공장에 대형크레인설비(레일 길이가 2km, 그 위에 두 대의 450톤 크레인을 설치)가 준공되어, 시운전에 앞서 우리 의원단에게 테이프 커팅을 해달라고 하여 기쁜 마음으로 테이프 커팅을 했고, 시운전 행사를 마쳤다.

다음 날 우리 일행은 트리폴리 외곽에 있는 대우건설의 조립식주택 건설용 자재(PC) 제조공장을 방문 격려했다. 당시 대우는 김우중 회장의 피나는 노력으로 리비아에서 약 33억불 상당의 건설공사를 수주하여 리비아 전국에 걸쳐 조립식 아파트, 초중고 교사 250동, 벵가지 국립의대병원과 호텔 등을 시공하고 있었는데, 공사비를 원유로 받아 이를 정리하는 어려움을 겪고 있다고 했다. 이번 북아프리카 현지시찰을 통해 나와 우리 일행은 리비아의 건설 현장을 돌아보며 우리 민족의 엄청난 저력을 확인했다. 그리고 무한한 가능성을 보았으며 우리도 틀림없이 선진국 대열에 들 수 있다는 확신을 갖게 되었다.

이어서 우리 일행은 모로코를 방문했다. 아프리카 서북단에 위치한 모로코는 당시 핫산 2세(HassanⅡ)가 지배하고 있는 입헌군주제 양원제의 나라로서 한-모로코 의원친선협회도 구성되어 있고, 따라서 양측의 공식회합이 몇 차례 있었다. 대서양이 멀리까지 보이는 명승지 호텔에서 모로코 의원들과 오찬을 했다. 핫산 왕은 몇 차례의 쿠데타 위기를 극복해내고 지금 권좌에 있지만, 정정(政情)이 너무 불안하여 매일 잠자는 곳을 비밀로 하고 옮겨 다니고 있고, 전국에 왕궁이 10여개나 된다고 한다. 영화의 제목으로 널리 알려진 명승지 카사블랑카는 여기가 유럽이 아닌가 착각할 만큼 경관이 아름다웠다. 우리 일행은 주 모로코 박수길 대사의 초청을 받고 대사관저에서 만찬을 했다. 우리 대사관저의 부지가 2만평 정도나 되고 건물도 아주 훌륭했다. 우리 일행은 모든 일정을 마치고 모로코 항공편으로 트리폴리 공항으로 가서 대한항공편으로 9월 9일 귀국했다.

26
정치혼란기에 원내총무를 맡다

　1985년 9월 10일부터 시작한 정기국회는 연말 폐회 때까지 파행과 폭력으로 얼룩졌다. 봄부터 청와대 허문도 정무수석에 의해 제기된 소위 〈학원안정법〉 제정문제는 당·정·청간에 많은 논의 끝에 당정의 반대 의견을 전두환 대통령께서 받아들여 8월 17일 당정회의에서 보류 지시가 있음으로 해서 일단락되었으나, 10월 28일 국회 부의장 선출파동이 뜻밖에 일어났다. 제1야당 신민당이 내세운 공식 부의장 후보 이용희 의원이 선거에서 탈락하고 같은 당의 조연하 의원이 다득표로 당선되는, 정치 관행이 묵살된 이변이 일어난 것이다.

　또 예산안 처리에 앞서 국회재무위에서 김용태 위원장이 조세감면법 등 세법개정안을 여당 단독으로 처리하자, 11월 29일 신민당과 국민당 의원들이 이에 항의하여 농성에 들어갔다. 뒤이어 민정당이 의원총회장에서 의원총회를 하다가 예결위원회와 국회본회의를 잇따라 열어 새해 예산안을 변칙처리하자, 야당의원들이 의원총회장으로 몰려들어 문을 부수고

난입하여 민정당 원내총무 이세기 의원, 예결위원장 김종호 의원의 멱살을 잡는 등 폭력과 난동이 벌어졌다. 민정당 의원들의 자제로 집단 충돌은 없었으나 우리 정치의 수준을 잘 징표하는 한 단면이라고 생각할 때, 참담한 심정을 금할 길이 없었다.

개헌을 둘러싼 격돌

새해가 밝아 1986년이 되었다. 지난해 정기국회의 파행 운영에서 오는 여파로 정초부터 정국은 이상기류를 예고하고 있었다. 1월 초, 서울지검은 의사당폭력사건과 관련해서 신민당 소속 장기욱 의원 등 7명의 의원에게 구인장을 발부하였으며, 신민당 의원들은 이에 항의하여 국회의사당에서 무기한 농성에 들어갔다. 그런 상황에서 2월초에는 경인지역 15개 대학 1천여 명이 서울대에 모여 '개헌서명운동본부 결성대회'를 가진 다음 시위를 벌였다. 이어서 신민당과 민추협이 개헌서명운동에 들어갔고, 경찰은 서명운동을 원천봉쇄하기에 이르렀다. 개헌이 정치권과 재야, 학생운동권에 중대한 과제가 된 것이다. 개헌방식 일정을 놓고 여야 간에 옥신각신하던 끝에 4월 말경, 전두환 대통령은 3당 대표와 회담을 마치고 나서 국회에서 여야가 합의개헌을 건의하면 임기 중에도 개헌할 용의가 있다고 천명했다. 이에 따라 6월초에 개최된 제130회 임시회의는 아연 활기를 되찾았다.

드디어 6월 24일, 국회본회의에서 개헌특별위원회의 위원정수는 45인으로 하고 활동시한은 9월 30일까지로 하되 정기국회말까지 연장할 수 있다는 내용의 개헌특위구성결의안이 통과되었고, 동년 7월 30일 국민들의 관심이 집중된 가운데 '헌법개정특별위원회'가 가동에 들어갔다. 나도 23명의 민정당 소속 개헌특위 위원 중에 포함되었다. 그러나 개헌특위의 앞날은 암울하게 보였다.

86년 8월에 들어서 여야는 예상대로 각각의 독자적인 개헌안을 내놓기에 이르렀다. 신민당과 국민당은 대통령 중심제·대통령 직선제를 골자로 하는 개헌안을 제출했으며, 민정당은 순수 내각책임제로의 개헌안 요강을 발표했다. 그리고 개헌특위 제4차 회의에서 여야 3당이 제출한 개헌안에 대한 제안설명이 있었다. 나는 바로 8월 25일 원내총무에 임명되었다. 사무총장직에서 물러난 지 1여 년만의 일이다. 사무총장에는 이춘구 의원이 임명되었다.

그때 조선일보 정치부 이상철 기자는 역사적으로 막중한 책무를 떠맡은 이한동 원내총무에 대한 기대치를 다음과 같이 적고 있다.

> 이한동 원내총무 취임으로 당의 진군속도는 어느 때보다 빨라질 것으로 보인다. 그러나 일각에서는 그의 장점이 혹시 단점으로 나타날 가능성은 없겠느냐하는 우려를 표하는 시각도 없지는 않은 것 같다. 개헌과 총선정국을 탁류라고 한다면 당의 원내총무는 그 탁류 깊숙한 곳을 헤쳐 나가는 잠수함 선단의 모선(母船)이 되어야 하나 맑은 물을 지향해온 그의 체질은 앞으로 전개될 정국상황과 크게 대조된다는 것이다.
> 또한 대쪽같이 쪼개지는 그의 강직한 비우호적 성품도 극한적 사항에서는 야당과의 정면승부를 걸게 되는 방향으로 흘러가지 않을까 우려하는 시각도 일부 존재하는 것 같다. 그러나 그와 오랜 지면이 있는 당내외의 인사들은 이 같은 시각에 대해 지나친 기우라고 말하고 있다.
> 그는 임무의 완벽한 수행과 책임감에 투철한 인물이어서 합의개헌과 총선승리라는 업무가 주어진 이상, 자기를 버리고 그 목표를 달성하는 데에 전력투구할 지장(智將)으로서 손색이 없을 것이라고 분석하고 있다.

> 험난한 개헌정국을 뚫고 나아가야 하는 당의 기관차로서 통치권자와 당과의 호흡 조정, 소속의원들의 활동에 대한 뒷받침, 당의 정부 주도기능 등 막중한 책무를 어떠한 방향으로 어떻게 수행해내느냐에 따라 당의 전력은 큰 영향을 받게 될 것이다.
> - 조선일보 이상철 기자

이상과 같은 여론의 우려와 기대가 섞인 시각과 집중적인 조명과는 달리, 그 때 나는 한치 앞도 안 보이는 칠흑 같은 어둠과 크나큰 풍랑을 마주한 여객선의 선장과 같은 고독과 걱정을 느꼈다. 설상가상으로 개헌특위가 제대로 가동될 것이냐 하는 우려는 곧 현실로 나타났다. 개헌특위는 위원장에 민정당 채문식 의원, 동당 간사에 윤길중, 이치호 의원, 신민당 간사에 이중재, 김수한 의원, 국민당 간사에 신철균 의원 등을 선출함으로써 단연 활기를 찾는 듯 했으나 한 번도 제대로 작동해보지 못하다가 활동시한을 이틀 앞두고 이민우 총재, YS, DJ의 3자회담에서 실세대화가 이뤄질 때까지 개헌특위 활동을 중단하기로 결정함으로써 무위로 끝났다. 그동안 나는 야권의 총무단과 주요당직자들을 만나 개헌특위 정상화를 위해 할 수 있는 지혜와 노력을 다 바쳐 힘썼으나 아무 소용이 없었다. 나는 여당 원내총무로서 깊은 회의와 무력감에 빠졌다.

국시(國是) 파동

그러던 중 86년 10월 10일, 정기국회 대정부질문 과정에서 신민당 유성환 의원의 소위 국시 발언사건이 발생했다. 그날 유성환 의원은 정치분야 대정부질문에서 "이 나라의 국시는 반공이 아니라 통일이어야 한다."는 발언을 하였는바, 이에 민정당 의원들이 반발 퇴장함으로써 산회되었다. 나는 그때 언론에 사전 배포된 유성환 의원발언 원고를 보고 "국시에 관한 부분이 실정법에 위반되는 것으로 해석될 수 있으니, 그 부분을 손질하는 것이 좋겠다."고 신민당 김동영 총무와 유성환 의원 본인에게 충고했다. 그러나 유 의원은 "알겠다."고 말하고는 발언대에 나가서는 원고대로 발언한 것이다. 이에 정부는 반공이 국시가 아니면 용공통일도 인정한다는 것이냐, 이는 분명 국가보안법에 위반되는 것이라고 하면서, 국회 내에서의 발언은 의원의 면책특권에 의해 책임을 물을 수 없지만 원고를 사전에 배포한 행위는 면책특권 대상이 아니라고 보아 국회에 체포동의안을 제출하였다.

그때 국회 본회의장은 야당의원들이 점거 농성 중이었으므로 나는 여당의 총무로서 경호권을 발동, 야당의원들의 폭력에 의한 의사방해를 저지하고 예결위회의장으로 민정당 의원들을 모이게 하여 민정당 단독으로 유성환 의원 체포동의안을 강행처리했다. 물론 변칙이었다. 나는 책무를 다하기 위해 위와 같은 일련의 과정을 지휘하면서 가슴 한편으로는 참담하고 비통한 심정을 금할 길이 없었다. 그날 밤 안병규 수석부총무의 지혜로운 일처리와 노고가 나에게는 큰 힘이 되었다. 결과적으로는 유성환 의원에게 인간적으로 못할 짓을 한 것이 되었다. 그런데 유성환 의원은 1심에서 유죄를 받았으나 다행히 항소심에서 원고사전배포 행위는 의원에 대한 면책특권의 범위에 들어간다고 봐야한다는 법률해석에 의해 무죄 판결되었고, 그 후 대법원에서 무죄로 확정되어 명예 회복이 되었다. 참으로 다행스러운 일이다.

국회의 파행 운영

1986년 11월 신민당 이민우 총재는 직선제 개헌추진 서울대회를 추진하고 민주단체 탄압 중단을 촉구하는 시국선언을 하였으나, 서울대회는 경찰의 원천봉쇄로 무산되었다. 그러자 12월 2일(예산안처리 법정시한) 신민당은 국회에서 서울대회 무산에 대한 총리의 사과와 향후 집회 보장을 요구하며 본회의장 단상을 점거하고 새해 예산안 법정시한 내 처리를 방해하고 나섰다. 나는 책임 있는 여당의 원내총무로서 나라 살림이 정상적으로 운영되도록 하기 위해 또 한 번의 악역을 감내할 수밖에 없었다. 당 소속 의원들을 의원실로 소집하여 의원총회를 하다가 최영철 부의장이 사회봉을 잡고 그 자리에서 87년 예산안과 부수법안을 모두 변칙처리 하였던 것이다. 결국 나는 86년 정기국회에서만 두 번에 걸쳐 변칙 운영을 지휘함으로써 의회주의의 원칙을 지키지 않은 것이다. 더구나 그때 선진 시민의식을 한껏 고양시켰던 86아시안게임을 성공적으로 치러낸 우리 국민 모두에게 참 부끄럽고 죄송한 마음을 금할 길이 없었다.

1986년은 이상에서 말한 정치적인 여러 가지 불행한 일들 외에도 86년 5월 3일 소위 5.3 인천사태, 86년 6월 6일 부천경찰서 권인숙 양 성고문사건과 같은 불행한 일들이 우리 국민들의 마음을 우울하게 한 한해였다.

박종철 고문치사 사건

암울했던 86년이 가고 새로운 희망 속에 87년을 맞이했으나 1월 벽두 불행하게도 서울대생 박종철 군 고문치사사건이 발생하였다. 87년 1월 14일 서울대생 박종철 군이 치안본부 남영동 대공분실에서 서울대

민주화추진위원회 사건으로 조사를 받던 중 수사관 조한경 경위와 강진규 경사의 고문으로 사망한 것이다. 경찰이 사망 사실을 발표하고 1월 15일 고문경찰관 2명을 구속하는 선에서 사건을 마무리하려고하자, 여론은 악화되었고 '탁'하고 치자 '억'하고 엎어졌다는 것이 조작된 것이라는 사실을 끈질기게 잡고 늘어졌다.

나는 야당의 김현규 총무와 총무회담을 갖고 이 사건을 다룰 임시국회를 7일간 열어 국회 차원에서 사건의 진실 규명에 힘썼다. 1월 24일 경찰은 박종철 군이 물고문 도중 사망했다는 최종 수사결과를 발표, 국내외에 엄청난 파문을 일으켰다. 때맞춰 정치인, 종교인 및 재야세력이 박종철 추도 준비 위원회를 발족시켰고, 천주교 신도들은 추모미사를 열고 침묵시위를 벌인 뒤 명동성당에서 추도회를 열었고, 야당의원들도 국회에서 농성에 들어갔다.

이때를 전후하여 국회 내의 폭력난동, 의장석 불법점거농성 등 법질서 위반 행위자를 엄단할 수 있는 제도적 장치를 도입하는 내용의 국회법 개정을 하려는 움직임이 있었는데, 이것이 전 대통령의 뜻이라는 것이 수차에 걸친 당정회의를 통해 당과 국회에 전달되자 여권의 핵심부는 깊은 우려에 빠져들었다. 그런 내용으로 국회법을 개정하면 당장 야당과 재야세력은 군사독재정권이 사법의 칼로 야당과 국회를 제압하려 한다고 하며 엄청난 정치투쟁의 빌미로 이용할 것이고, 이로 인해 정국은 더 파탄되고 금년에 있을 선거에도 크나큰 악영향을 줄 것이 분명한데, 노태우 대표나 이춘구 총장 등 당직자나 국회의장, 안기부장까지도 대통령에게 직언을 못하는 분위기 속에 시간만 흘렀다.

국회법 개정 반대 관철

그러던 어느 날 청와대로부터 총무 혼자만 들어오라는 전갈을 받았다. 나는 그때 대통령께서 국회법 개정과 관련된 여권 내부의 반대 분위기를 파악하시고 최종결심을 하기 전에 국회운영의 책임자인 총무의 견해를 들어보기 위한 것이라고 짐작하고 무거운 마음으로 청와대로 들어갔다.

나는 대통령과의 독대의 자리에서 비장한 각오로 "국회 내의 질서유지를 위해 사법의 힘을 빌리는 것은 의회민주주의의 정도인 대화와 타협의 정신에 어긋나며, 대통령과 여당이 공권력으로 야당을 탄압하고 국회를 장악하려 한다는 엄청난 오해와 정치적 부작용을 일으킬 우려가 있으니 이는 득보다 실이 너무 큽니다."라고 말씀드리고 "총재 각하의 지시나 명령에 따르는 것이 당직자의 도리인줄은 잘 압니다만 이번 국회법 개정은 절대 해서는 안 된다는 게 저의 확고한 소신입니다."라고 말을 마쳤다.

대통령께서는 나의 소신을 확인하시고 직언을 그대로 받아들이셨다. 나의 청와대 보고결과를 초조하게 기다리고 있던 노태우 대표 등 당직자들은 물론 국회의장, 안기부장 등 여권 내부가 한시름 놓았다.

내가 민정당의 사무총장과 원내총무 등 요직을 맡고 정치를 하는 동안 언론에 비친 내 모습을 잠시 들여다보자. 87년 초 조선일보 정치부 김창기 기자는 기명기사로 나에 대한 평을 썼는바, 그 내용은 다음과 같다.

> 당의 원내 사령탑이자 "야당과의 주된 대화창구"인 이한동 총무. 그는 이른바 '육법당'이라고도 불리는 민정당 내에서 서울법대 출신의 선두주자일 뿐만 아니라 민간인출신으로 당총재비서실장, 사무총장 등의 요직을 두루 거친 역량 있는 정치인이다.
> 그의 화려한 경력은 민간인 출신이라는 점이 그때마다 돋보였던 때문도 있겠으나, 근본적으로는 그의 실력과 역량을 인정할 수밖에 없을 것이다. 호쾌하고 호방한 성격, 가부를 명쾌하게 자르는 화술, 매섭고 박력 있는 추진력 등을 두루 갖춘 텁텁한 사나이, 이 총무는 '국리민복을 위한 올바른 정치'에 대해서는 순수할 정도로 모범적인 정열을 갖고 있기도 하다.
> 평소 과묵하지만 자리에 따라서는 국가발전에 열변을 토할 정도로 국가주의자 같은 일면을 보이기도 한다. 또한 일견 단호하고 불같은 성격인 것 같으면서도 기본적으로는 온건하고, 특히 대야협상에 성공을 위해서는 신중한 자세로 남달리 노심초사하는 숨은 면모도 있다.
> – 조선일보 김창기 기자

이런 기사가 있었는가 하면, 동아일보는 박스 기사로 나를 다음과 같이 조명하고 있다.

> 집권당의 사무총장과 원내총무직. 정치인이라면 누구나 꿈꾸어 보는 선망의 자리이다. 사무총장이 '권력의 핵'으로 비유된다면, 원내총무직은 '정치의 꽃'으로 비유된다. 당과 국회의 병마권(兵馬權)을 쥐고 있는 이 두 자리는 집권세력의 본진 중에서도 중추 지휘부에 해당하는 핵심 요직이다. 따라서 여권 내의 수많은 '자리' 가운데서도, 이 두 자리는 감히 아무나 넘보기 어려운 '높은 나무'에 해당된다고 할 수 있는 것이다.
> 이한동 민정당 원내총무. 그는 제5공화국에 포진한 수많은 기라성 같은 정치인 중 이 두 그루의 높은 나무 위에 올라본 유일한 정치인이다. 제5공화국뿐만 아니라 우리 정치사를 통틀어서도, 한 인물이 집권당의 막강한 두 당직 모두를 섭렵한 사례는 일찍이 없었던 것으로 알려져 있다.
> 제5공화국 정권 창출에 기여한 이른바 개혁 주도 핵심 세력의 일원이었다면, 그의 이 같은 중용은 당연시 되었을지도 모른다. 그러나 그는 정권 창출과는 전혀 무관한 위치에 서있던 인물이었다.   5공화국 출범과정에서 개혁 주도세력에 의해 발탁, 영입된 민간 출신 인사의 한 사람이었을 뿐이다.
> – 동아일보

27
87년 민주화운동과 6.29선언

　1987년 4월 13일 전두환 대통령은 현행 헌법으로 88년 2월 정부를 이양하고 이를 위한 대통령 선거를 연내에 실시한다는 내용의 특별담화로 '호헌조치'를 발표했다. 그러자 야권과 재야 운동권은 이에 즉각 반발하여 대통령의 호헌조치는 결국 장기 집권 음모라고 규탄했으며, 대한변협과 김수환 추기경도 반박성명을 내놓았다. 이후 개헌을 열망하는 각계각층의 목소리는 열화와 같이 퍼져나갔다. 호헌철폐 직선제개헌요구가 바로 그것이다.

　그런 가운데 동년 5월 1일 통일민주당이 창당되었으며, 김영삼 의원이 총재에 취임하였다. 민주당은 재야단체와 함께 대통령 직선제 관철을 위한 '민주헌법쟁취 국민운동본부'를 결성하였다. 한편 여당인 민정당은 6월 3일 중앙집행위원회를 열어 노태우 대표를 당의 대통령 후보로 총재에게 제청하고, 6월 10일 잠실 실내체육관에서 전당대회를 개최하여 단독 입후보한 노태우 후보를 당의 대통령 후보로 선출하였다.

노태우 대표가 대통령 후보가 된 축복되어야 할 6월 10일은 실제로는 길고도 암울한 하루였다. 전당대회장 밖 서울시내 곳곳에서는 최루탄과 화염병이 난무했으며, 오후에는 민정당 대통령 후보 선출 축하연이 열리고 있는 힐튼호텔 컨벤션센터 연회장 안으로 최루가스가 날아 들어와 많은 손님들이 기침을 하고 눈물을 흘리는 상황이 벌어졌다. 나는 그때 정말 참담한 심정이었다. 리셉션 라인에서 이춘구 총장과 둘이 손님들을 맞이하면서 계속 눈물을 흘렸다. 전당대회 이후에도 시국은 진정되지 않았고, 범야권의 반대 투쟁은 확산되어 가기만 했다.

6월 15일이 지나면서 민정당 내에서도 아예 직선제 개헌을 받아들이고 정면 승부하는 것이 승리하는 길이 아니냐하는 의견이 조심스럽게 개진되기 시작했다. 나도 각급 당정회의에서 같은 의견을 몇 차례 제시하기도 했다. 드디어 1987년 6월 29일 노태우 민정당 대표가 대통령 직선제 개헌을 앞세운 이른바 '시국수습을 위한 8개항 선언'을 발표하였다. 그리고 7월 1일 전두환 대통령이 노태우 대표의 6·29 선언을 전폭적으로 수용하여 민주발전과 국민화합을 이룩해나가겠다고 발표하였다.

노태우 대표의 6·29선언의 내용이 어떤 과정을 거쳐 결정되었는지 자세한 내막은 나도 잘 모르겠으나 6월 29일 긴급 소집된 민정당 중앙집행위원회에 참석했던 당 간부들은 모두가 놀라우면서도 걱정스러운 표정이었고, 나는 직선제를 수용하기로 했다는 사실을 사전에 전달받은 입장이었음에도 노태우 대표가 담담하게 읽어 내려가는 8개항의 선언내용을 들으면서 저렇게 어려운 정책과제들을 한꺼번에 약속해놓고 앞으로 어떻게 모두 실천하나 하는 걱정이 앞섰다.

6·29선언은 전두환 대통령의 작품이다. 아니다, 노태우 대표가 결심한 것이라는 논란이 있었으나, 그 당시 여권 내 권력 관계로 보아 노 대표가 일방적으로 그러한 조치를 할 수는 없었을 것이기 때문에 전 대통령이 직선제 및 사면복권 등 중요한 부분을 받아들이기로 결심하고 그 외에 세세한 사항들은 노 대표가 보완·조정하여 8개항을 선언하도록 하였던 것으로 이해하는 것이 사실에 근접할 것이라고 생각한다. 어떻든 6·29선언은 엄청난 위력을 발휘했다. 정치적으로도 특별한 형태의 혁명이었다고 볼 수도 있을 것이다. 이는 뒤에 '6.29민주화선언'으로 평가받기에 이르렀다.

6·29선언 8개 사항

1. 대통령 직접 선거 제도에의 헌법 개정
2. 공정한 선거의 보장을 위한 대통령 선거법 개정
3. 김대중씨의 사면 복권과 정치범 석방
4. 기본적 인권의 보장
5. 언론기본법을 개정하여 언론의 자립성을 최대한 보장
6. 지방자치제와 대학의 자립화 등을 실현
7. 정당 활동의 보장
8. 과감한 사회 정화조치

노태우 대표는 8개항의 민주화선언을 하고나서 "88서울올림픽까지 얼마 남지 않은 이 시점에 국론이 분열하여 국제사회의 웃음거리가 되는 수치스러운 입장이 되는 것을 방지할 책임은 우리들 모두에게 있다."고 하였고, 이에 이어서 전두환 대통령의 6·29선언 지지의사 표명이 있자,

연일 데모로 얼룩졌던 거리에 화염병도 최루탄도 벽돌도 일시에 사라지고 평온과 평화가 돌아왔다. 그날 서울 시내 어느 다방에서는 '오늘은 기쁜 날'이라고 하며 손님들에게 무료로 차를 제공하기도 했다. 또한 그해 말에 실시된 민주정의당 사무처 공채(7기) 시험은 집권당 사상 가장 높은 300대 1의 경쟁률을 기록했으니, '6.29선언'이 국민의 전폭적이고 광범위한 지지를 받았다는 것이 입증된다. 재야 범민주화세력의 직선제 개헌 투쟁, 즉 6월 항쟁은 이렇게 6·29 민주화 선언을 이끌어 낸 것이다.

6.29선언은 민주화의 마그나 카르타

그러나 나는 6·29선언이 범시민 세력이 벌인 항쟁의 일방적인 전리품은 아니라고 생각한다. 거기에는 민주화를 열망하는 국민의 참뜻을 깊이 이해하고 자기희생을 무릅쓴 여당 지도부의 용감한 역사적 결단이 함께 했음을 간과하여서는 안 된다고 믿는다. 6·29선언은 한국의 민주화의 역사 속에서 영국의 〈마그나 카르타(대헌장)〉와 같은 것이라고 할 수 있을 것이다. 6.29선언 이후 지금까지 우리가 성취한 민주화의 내용은 대부분 6·29선언의 범주에 들어가는 것들을 그동안 착실히 정치권과 국민이 실천해 온 것이 아닌가 싶다. 어떻게 보면 6·29선언의 실천을 위한 우리의 정치적 노력은 아직도 진행형이라고 생각한다.

87년 헌법개정 주도 - 참고안은 3공헌법

1987년 7월 중순, 나는 원내총무직에서 물러나고 후임에 이대순 의원(체신부장관 역임)이 임명되었고, 이춘구 총장도 그만두고 심명보 의원이

후임총장이 되었다. 여야는 곧 6·29선언을 바탕으로 한 합의 개헌을 위하여 회담을 열기로 합의를 하여 민정당에서는 권익현, 윤길중, 최영철, 이한동 등 4인이, 통일민주당에서는 이중재, 박용만, 김동영, 이용희 의원 등 4인이 협상대표로 선임되었다. 1987년 8월 1일부터는 합의개헌을 위한 협상이 시작되었다. 소위 8인 정치회담이 시작된 것이다.

민정당의 현경대 의원을 팀장으로 하는 실무지원팀을 가동하여 개헌협상 자료 정리 배부, 합의 항목에 대한 법조문 정리, 기타 각종 자료의 수집 등 실무지원을 하도록 함으로써 개헌협상은 빠른 속도로 진행될 수 있었다. 현행 5공헌법과 민정당개헌안, 민주당개헌안 그리고 3공헌법을 각 조항별로 비교·대비할 수 있는 일람표를 만들어 대표들에게 배부하였고, 쟁점이 되지 않는 사항은 하나하나 먼저 합의하여 조문정리를 하였으며, 쟁점사항에 관해서만 집중적인 협의를 함으로써 회담에 능률을 기하였다.

그 당시 여야대표가 회담을 하면서 서로 인정한 일이지만 박정희 대통령이 5·16 이후 소위 민정이양을 하면서 새로 제정하다시피 한 제3공화국 헌법이 대통령 중심제·직선제 헌법으로서 여러 면에서 체제와 내용이 잘 정리되어 있다는 것이었다. 그래서 협상 과정에서 문제가 있을 때나 특정 조항이 쟁점이 되었을 때 3공헌법이 모범답안 같은 기능을 제공해주었다는 것을 여담으로나마 말하고 싶다. 8인회담은 헌법 전문도 개정하였다.

8인회담 헌법 개정 주요 내용

1. 상해임시정부의 법통을 인정
2. 평통을 존치, 민주평화통일자문회의로 명칭 변경

> 3. 헌법재판소 제도 신설(서독헌법의 헌법재판소 제도를 참고) 헌법소원심판청구제를 채택(그럼으로써 업무 범위를 넓혀 후일 헌법재판관 전원 상설화에 바탕이 됨)
> 4. 대통령 임기로 5년을 채택. 당초 민정당은 6년, 통일민주당은 4년을 주장하였는데 절충하여 5년으로 확정
> 5. 국정감사제도를 부활
> 6. 국회해산제도를 폐지

국정감사제도 부활과 국회해산제도 폐지는 야당이 처음부터 강력하게 주장하던 것을 여당이 반대하다가 8월 31일 대표회담을 통해 이를 수용함으로써 대타협을 이끌어 낸 것이다. 8인회담은 완전 합의된 개헌안의 조문정리와 검토를 끝내고 10월 헌법개정특위를 열어 합의개헌안을 의결하고 국민투표를 거쳐 헌법개정안을 확정했다. 그때 8인회담은 개헌협상이 끝나고 나서 당초 수임도 되지 않았던 대통령선거법개정안까지 협의하여 확정하였는바, 대통령선거법개정안도 쉽게 국회를 통과하여 여야는 바로 대통령선거 준비에 들어갈 수 있었다. 이는 정치민주화를 위한 국민적 열망에 부응하기 위한 정치권의 대타협의 결과였다고 생각한다.

헌법재판소 신설의 진실

87년 헌법에서 대통령 직선제와 함께 가장 중요한 제도의 변화가 헌법재판소 신설이다. 그런데 그동안 헌재가 당시 야당의 요구로 신설됐다고 언론에 알려져 있었는데, 이는 사실이 아니다. 당시 여당이었던 민주정의당과 전두환 대통령의 작품이었다. 당시 민주세력은 30년 동안

잘못된 사실을 믿으며 스스로를 속여 왔던 것이다. 이는 현경대 전 의원의 각고의 노력으로 지금까지의 통설을 뒤집어 역사적인 진실이 바로 잡혀 다행으로 생각한다. 당시 여당인 민정당 개헌특위 소위원장이던 현경대 전 의원은 2016년 12월에 〈한겨레〉 기자와 만나 "헌재는 여야가 합의해 도입했지만 제안자는 여당이었다."며 "특히 전두환 대통령이 헌재 탄생에 큰 역할을 했는데 제대로 알려지지 않았다"고 증언했다. 현 전 의원이 공개한 87년 7월 여당의 보고서(헌법개정요강안 주요쟁점 검토보고)와 자필 메모가 이를 뒷받침해준다. 이 보고서는 '위헌법률심사권은 대법원에 부여, 헌법위원회 폐지'라는 소제목 아래 민정당과 통일민주당의 공동안이라는 사실을 적시하고 있다. 애초에 여당과 야당은 위헌법률심사권을 헌재가 아닌 대법원에 주는 쪽으로 의견을 모은 것이다.

현경대 의원을 포함한 여당 개헌특위 소속 김숙현·남재희 의원은 87년 7월24일 이 보고서를 들고 청주 청남대에서 휴가를 보내던 민정당 총재인 전두환 대통령을 찾아갔다. 개헌안을 보고받은 전두환 대통령은 반대했다. "대법원이 정당해산을 심판하면 운동권이 맨날 그 앞에서 데모할 텐데, 대법원을 그렇게 만들면 안 되지." 현경대 의원은 보고서에 "헌법재판소 신설 검토"라고 메모했다. 그 옆에 괄호 안에 들어 있는 "대법원"은 위헌심판권을 헌재에 주면 대법원이 반발할 가능성이 있으니 그 의견을 먼저 표명하도록 하라는 전 대통령의 지시를 적은 것을 이 기회에 밝혀둔다.

헌법재판소 신설과 관련 남기고 싶은 소회가 하나 있다. 헌법재판소

관장(管掌)에 관한 조문정리를 하면서 처음에는 헌법소원에 관한 심판을 '넣느냐, 마느냐' 가지고 많은 논란이 있었다. 내가 생각을 해보니 새로운 헌법재판소 제도를 한번도 운영해 보지 않았지만 △법률의 위헌여부 심판 △탄핵의 심판 △정당의 해산 심판 △국가기관 상호간, 국가기관과 지방자치단체간 및 지방자치단체 상호간의 권한쟁의에 관한 심판만 헌법재판소의 권한으로 확정하면 헌재라는 국가기관이 거의 하는 일이 없이 재판관을 비롯해서 모든 직원들이 허송세월을 보낼 우려가 들었다. 그래서 나는 헌재가 헌법소원에 관한 심판권을 갖도록 추가하되 '법률이 정하는' 헌법소원만 받아들이면 남용에 의한 폐해를 막을 수 있지 않을까 생각하고 관철시켰다. 지금 실제 헌재가 하는 업무의 대부분이 헌법소원 사건이다.

1盧3金의 제13대 대선

당시 여권 내부에서 노태우 대표는 5공 헌법에 의한 대통령 선거를 전제로 선출한 대통령후보이므로 새로 개정된 직선제 헌법 하 대선에서의 대통령 후보로는 부적절한 측면이 있다, 그러므로 새 헌법 정신에 맞는 새 후보를 선출할 필요가 있다는 의견이 일부 있었다. 그러나 민정당은 신군부 원로들의 강력한 주장에 따라 노태우 후보를 새 헌법에 의한 대선 후보로 확정하고, 선거 준비에 들어갔다.

한편 통일민주당은 8인회담 과정에서 상도동계 실세 김동영 부총재와 동교동계 실세 이용희 부총재 사이에 YS, DJ를 단일화하는 협의가 진지하게 이루어졌으나, 8월 하순 경 양측은 협상 결렬을 선언하고 각각 출마하는 방향으로 가닥이 잡혔다. DJ는 평화민주당을 창당하여 대통령 후보가 되고, 통일민주당은 YS를 대통령 후보로 선출했으며, JP는 신민주공화당을 창당하여 대통령 후보가 됨으로써 13대 대선에서 1노3김 대결의 구도가 짜였다. 그에 따라 우리 여권은 내심 승리할 수 있겠다는 자신감을 갖게 되었다.

87년 11월 들어서 민정당은 당 조직을 선거대책기구로 전환해나갔다. 그때 '육림의 날'을 맞이하여 전두환 대통령을 모시고 내 지역구 내에 있는 광릉수목원에서 육림행사를 하고 있는데, 김윤환 청와대 비서실장이 오후에 자신의 사무실에서 만나자고 하는 전화를 걸어왔다. 청와대에 들어가 김 실장을 만났더니, 나를 중앙당 선거대책본부장으로 임명하라는 전 대통령 말씀이 있어서 상의하고자 하는 것인데 어떻게 생각하느냐는 것이다. 내가 즉석에서 "현직 사무총장(정석모)을 그대로 자리에 놔두고 중앙당 선거대책본부장을 따로 임명하여 선거를 지휘하도록 하면 당의 조직 활동에 갈등과 혼선이 와서 선거 운동이 제대로 되지 않고 큰 문제가 생길 수 있으므로, 정 사무총장을 선대본부장으로 임명하고 그 위에 당의 중진들로 구성된 중앙선대위를 두어 동 위원회의 결정사항을 본부장이 확실히 집행하도록 하는 것이 옳을 것 같다"는 의견을 제시했더니, 김 실장도 그게 좋겠다고 한 일이 있다. 그런데 며칠 지난 후 이춘구 의원이 선대본부장으로 임명되었다.

나는 경기·인천 선거대책위원회 의장으로 임명되어 경인지역 선거운동에 진력했다. 선거유세장에서 노태우 후보가 등단하기 직전에 찬조연설을 많이 했으며, 여의도에서 있었던 100만 명 유세 때도 경기인천 지역 당원들을 대거 동원하여 기세를 올렸다. 12만 포천 국민의 숙원이요 꿈인 의정부-포천 간 43번 도로 확포장공사가 13대 대선 기간인 1987년 12월 10일 준공되어, 축석령 광장에서 성대한 준공식을 개최했다. 전두환 대통령의 친필로 '호국로'라는 도로비도 제막했다. 인구 16만이 넘는 당당한 오늘의 포천을 있게 한 힘은 이때의 호국로 개통에서 나왔다고 나는 확신한다. 그때 그 어려운 공사를 결심해주신 전두환 대통령님께 포천시민과 함께 감사드린다.

28
6공시대의 개막

 1987년 12월 18일 대통령 선거 결과 민정당 노태우 후보는 수도권에서 승리하면서 약 200만 표차로 2위 김영삼 후보를 누르고 당당히 직선제 대통령에 당선되었다. 서울에서는 노 후보가 YS에게 근소하게 졌지만 경인지역에서 승리하여 전체적으로 수도권에서 승리가 가능했던 것이다. 곧이어 헌정 사상 최초의 대통령 취임준비위원회가 발족되어 선거대책본부장을 한 이춘구 의원이 위원장이 되고 최병렬, 현홍주, 김종인, 강용식, 박철언, 이진 등이 위원이 되어 정부 조각을 비롯한 취임준비 업무를 수행했다. 삼청동 금융연수원을 위원회의 사무실로 썼는데, 그때만 해도 처음 있는 일이라 위원회 사무실은 비교적 한산했던 것 같다.

 나는 88년 2월 초 어느 날, 노태우 당선자의 부름을 받고 독대할 기회가 있었다. 그 자리에서 다음과 같은 몇 가지 정책 건의를 하였다.

> **노태우 당선자에게 건의한 내용**
> 1. 대통령께서는 대한민국을 새로 건국한 대통령이라는 안목에서 총리 등 각료와 중요한 자리의 인사를 하시기 바랍니다.
> 2. 총리에게 일반 행정 권한을 이양하시고 대통령께서는 통일, 외교, 안보, 국방에 주력하십시오.
> 3. 의원 입각을 활용하여 당과 정부가 일체감을 갖도록 하는 것이 좋겠습니다.

1988년 2월 25일 여의도 국회의사당 앞에서 제13대 노태우 대통령의 취임식이 있었다. 노태우 대통령은 헌법이 정한 절차에 따라 대통령 취임선서를 하고 6공화국의 출범을 선포하였으며, '보통사람들의 시대'가 열렸음을 선언했다. 이현재 서울대 총장을 국무총리로, 이춘구 의원을 내무부장관으로, 홍성철 전(前)장관을 청와대 비서실장으로 임명하는 등 조각을 마무리 지었다.

한편 1988년 초부터 국회의원 선거제도를 어떻게 할 것인가를 놓고 여야 사이에 논의가 분분했다. 그 때 전두환 대통령은 새 대통령 취임 전에 국회의원 선거를 하는 것이 여당에 훨씬 유리할 것이라는 의견(야3당이 대선 패배의 충격에서 아직 벗어나지 못하고 전열 정비가 안 되어 있는 상태를 여당이 이용하면 유리할 것이라는 점)을 제의하였으나 노태우 당선자 측이 반대하여 수용되지 않았다. 여야는 선거법 협상을 통해 일단 선거구별 의원정수에 관해 소위 1·2·3안(농촌은 하나, 중소도시는 둘, 대도시는 셋)에 합의하였으나 이 안은 김영삼 통일민주당총재의 수용거부로 인해 파기되었다. 민정당 안에서의 갑론을박 끝에 전국 소선거구제가 국민여론이라는 명분과 청와대의 같은 의지에 따라 선택되어 민정당 단독으로 전국 소선거구제를 내용으로 하는 국회의원 선거법을 국회에서 통과시키고 선거준비에 들어갔다.

1988년 3월초 민정당에 공천심사위원회가 구성될 때 나는 경기·인천 지역을 주로 담당하는 심사위원에 임명되어 심사위원 8명이 강남의 어느 안가에서 공천심사 작업을 시작했다. 우여곡절 끝에 3월 18일 전국 224개 지역구의 민정당 국회의원 후보 공천자 명단이 확정 발표되었다. 당내 중진인 권익현 전 대표, 권정달 전 총장 등이 공천에서 탈락되는 이변이 있었지만 누구의 의지에 의한 것인지는 알 수가 없었으나 청와대 정무수석실의 의사가 심명보 사무총장을 통해 공천심사위원회에 전달되었던 것은 사실인 것 같다. 어떻든 외형상으로 보면 공천심사위원회의 결정이었기에 나는 공천후보자가 발표되는 그날, 권익현 전 대표를 찾아가 그간의 경위와 위로의 말씀을 드렸다. 그때 권 대표는 "모두 내가 전후사정을 안다"라고 하시며 마음을 내려놓는 것을 보고 권 대표에게서 대인(大人)의 풍모를 보았다.

3선의원 정책위의장, 그러나 여소야대 국회

1988년 4월 26일 13대 국회의원선거에서 나는 경기도 연천·포천 선거구에서 3선의원으로 당선되었다. 그때 선거용 홍보물에 표시한바 "민주주의의 초석을 다진 의정활동, 화끈한 보스형, 새 시대의 큰 일꾼, 민간출신의 선두주자"라고 하는 구호가 지역 유권자들에게 크게 어필한 결과가 아닌가 생각한다.

그러나 당의 입장에서 볼 때 13대 국회의원선거는 돌이킬 수 없는 큰 패배로 끝났다. 전국 지역구 224개 중 겨우 87석을 얻었는데, 평민당 54석, 민주당 46석, 공화당은 27석을 각각 얻어 이른바 '여소야대'의 구도가 탄생한 것이다. '대통령 취임 전 총선'을 주장한 전두환 전 대통령 측 의견이 옳았다는 것이 입증된 셈이다. 이에 정국은 즉각 태풍 전야의 정적이 찾아왔다.

88년 5월 초 민정당의 당직개편에서 나는 정책위의장 겸 경기도지부위원장에 내정되었다. 대표위원 윤길중, 사무총장 박준병, 원내총무 김윤환, 정무1장관 이종찬과 함께 노태우 총재로부터 임명장을 받았다. 이렇게 해서 나는 3선 의원으로서 여당의 당3역을 모두 섭렵하는 큰 기록을 남기게 되었다. 정치권력의 핵인 '사무총장', 정치의 꽃인 '원내총무', 당정 간 정책창구인 '정책위의장'을 한 사람의 의원이 맡아본 최초의 예가 아닌가 한다. 그 시절 전후해서 나에게는 정계와 언론계에서 '새 시대의 큰 일꾼, 민간출신의 선두주자'라는 수사가 따라다녔다. 당시 조선일보 정치부 이진광 기자가 쓴 '6명의 대권주자' 도입부는 다음과 같다.

6인의 대권주자

이한동 정책위의장이 당내 문민출신 의원 중 단연 선두주자임을 부인할 사람은 아무도 없다. 사무총장 원내총무 정책위의장 등 당3역을 고루 거친 화려한 경력과 호방한 성격을 바탕으로 한 보스기질이 그를 정치적 리더십을 모두 갖춘 인물로 평가받도록 만들고 있다. 경복고, 서울법대를 나와 판사, 변호사, 검사를 두루 거친 드문 경험의 소유자로서 그는 법조계에도 많은 우군을 두고 있다. 또한 사무총장, 원내총무 시절에 쌓아놓은 당내 인사들과의 친분관계는 그의 소중한 정치적 자산 가운데 하나다.

특히 그가 구축해놓고 있는 친분관계는 인간적인 돈독한 유대형성과 함께 정치적인 도움을 제공하는 과정에서 구축된 것으로 단단하기 그지없다는 평을 받고 있을 정도이다.

그러나 아무래도 이 의장의 큰 정치적 장점은 그의 출신지역이 영호남의 지역감정대립과 무관한 경기 지역이라는 점이다. 야당과의 대권경쟁에서 영호남 양쪽으로부터 무난하다는 평을 들을 수 있는 경기 출신이라는 점은 수재형 문민 출신이라는 점과 함께 상당한 정치적 이점으로 작용할 것이라는 것이 정가의 의견이기도 하다. 또한 지역구 사정상 그동안 국방위원회에 소속되어 군부와도 상당히 두터운 교분을 유지했다는 점, 호탕한 성격이 군 출신과 문민출신 모두로부터 환영받고 있다는 점도 큰 장점이다. 그리고 보수와 진보, 강경과 온건, 원칙과 타협 사이에서 그때마다 적절하게 양자를 배합한 합리적 보수주의자, 또는 원칙적 온건론자로서 그는 일관된 노선을 견지해왔다.

이러한 모든 장점들은 이한동 정책위의장으로서 부총재와 그 이후를 노려볼 수 있는 요소로 충분하다는 시각이다. 실제로도 그는 노대통령 뿐만 아니라 TK사단과도 대립적인 입장은 아니며, 여러 가지 측면에서 유리한 고지를 점하고 있는 것도 사실이다. 다만, 결정적인 순간에 여러 세력으로부터 집중견제를 당할 가능성이 높다는 점이 현시점에서 그가 극복해야할 정치적 어려움이다.

- 조선일보 이진광 기자

1988년 7월 전후해서 민정당과 청와대 등 여권 내부의 분위기는 위의 기사와 같지 않았나 생각이 된다. 13대 국회 개원을 앞두고 여소야대의 구도 속에서 소여(小與)는 대야(大野)에게 정치적으로 밀릴 수밖에 없었다. 동년 5월 18일 야3당 총재들은 13대 국회 안에 5공비리, 광주사태 규명, 비민주악법개폐, 양대 선거 부정조사, 지역감정해소, 국회법개정 등 6개 조사특위를 구성하고 모든 정치현안을 국회 안에서 다룬다는 등 5개항에 대해서 합의를 했다. 그로부터 약 10일 뒤 노태우 대통령이 야3당 총재들과 영수회담을 갖고 야권이 제의한 국정조사 특위 등 구성을 수용함으로써 여야대치 상황은 일단 완화되었고, 그로부터 2일 후 13대 국회가 개원되었다.

100여 건의 비민주법률 개선

그에 앞서 나는 당 정책위 산하에 '민주발전을 위한 법률개선특별위원회'를 설치하고 위원장을 겸임했다. 야권의 '비민주악법개폐'라는 표현을 민주발전을 위한 법률개선이라고 온건하게 표현한 것이다. 사실 그때까지 우리나라의 법령 속에는 과거 5·16 이후 국가재건최고회의에서 제정한 많은 법률, 유신 이전 비상 국무회의가 만든 법률, 그 외 각종 법률 내용의 일부가 비민주적인 것임에도 불구하고 방치되어 왔다. 그런 법률들을 찾아내서 심사·검토하여 민주적으로 개선하고자 한 것이다.

당시 민정당 정책위에는 의장 아래에 부의장 10여 명이 있고, 산하의 정책조정실에는 실장으로 이승윤 의원, 부실장으로 서상목 의원이 자리하고 있었으며, 전문위원은 각 부처의 엘리트 국장 중에서 선발되어 각 전문분야의 실무를 담당하고 있었다. 나는 정책위의 모든 역량을 기울여 위원회를 가동시켰으며, 그 결과 1988년 정기국회가 끝날 때까지 100여 건의 비민주적인 법률을 개선하였다.

29
아쉬운 남북국회회담 무산

1988년 7월 7일, 노태우 대통령은 '민족자존과 통일번영을 위한 특별선언', 소위 7·7 선언을 발표했다. 그 주요내용은 다음과 같다.

> **7.7선언의 주요내용**
> - 남북동포 간에 상호교류 및 해외동포들의 자유로운 남북왕래
> - 남북 이산가족들의 생사확인 및 상호방문
> - 남북 간 교역 문호개방
> - 비군사적 물자에 대한 우방의 북한 교역 용인
> - 남북 간 대결외교 종결
> - 북한의 미·일관계 개선 협조

그런데 북한은 7월 11일 조국평화통일위원회의 성명을 통해 노 대통령의 7·7선언은 두 개의 한국을 조작하려는 분열주의 안건이라며 거부의사를 명확히 했다. 뒤이어 김상협 대한적십자사 총재가 이산가족의 생사확인, 서신교환, 상봉 실현과 제2의 고향방문단 교환을 위한 실무회담을 북측에

제의했다. 거듭하여 김영식 문교부장관은 남북대학생 조국순례대행진과 친선 체육경기를 가질 것을 제의했다. 그때마다 북한의 반응은 거부 아니면 냉담이었다.

그러던 중 7월 23일 일본의 교토통신은 노태우 대통령 특사가 소련과 중국을 방문, 서울올림픽 안전 문제와 무역 확대 방안 등에 관해 협의했다고 보도했다. 7월 26일에 북한은 최고인민회의상설회의 의장 양형섭 명의로 된 서한을 김재순 국회의장 앞으로 보내왔다. 양형섭은 서한에서 서울올림픽 참가와 공동 개최를 남북 국회회담에서 다룰 용의가 있다고 했다. 이에 대해 7월 29일 4당 대표와 국회의장단은 남북국회회담을 위한 준비 접촉 대표를 판문점에 보내기로 합의하고 북한의 동수 준비 접촉 대표의 참석을 촉구하기에 이르렀다. 그렇게 해서 역사적인 남북국회회담 준비 접촉을 위해 동년 8월 19일 및 20일 1~2차로 2일간 판문점에서 회담을 갖게 되었다. 서울올림픽을 불과 한 달 앞둔 시점이다.

우리 국회는 박준규 의원을 수석대표로 민정당 이한동, 평민당 김봉호, 공화당 김용환(이상 각 정책위의장), 민주당 박관용 의원을 대표로 선발하여 판문점 회담장에 나갔고, 북한은 전금철을 단장으로 안병수, 이동철, 이주웅, 박문찬 등 5명이 대표로 회담에 참석했다.

당시 북한의 국회회담 제안은 우리로서는 의외의 일이었다. 그래서 나는 야3당의 정책위의장들과 이에 대한 대응방안을 협의하던 중에 남북국회회담이 각 당의 통일정책에 관련된 사안인 만큼 각 당의 정책위의장이 국회회담준비대표로 나가는 것이 좋겠다는 결론을 내렸다. 그리고 국회회담을 통해 북한을 88서울올림픽의 무대로 끌어들이고 개혁개방으로 나아가도록 유도하는 것을 우리의 전략목표로 세우고, 우리 대표들은 의제별로 한 가지씩 맡아서 토론에 대비하기로 하였으며, 나는 그 중에서 북한의 올림픽 참가 문제를 맡아 회담에 임했던 것이다. 북한측 전금철 단장과 안병수 대표 등 북한의 대표들을 만나보니 하나같이 노련하고 노회한 회담 기술자로 보였고, 평상시에는 미소를 잃지 않으며 세련된 옷차림, 거기에 말수도 적고 모두가 인상적이었다.

회담은 군사분계선을 사이에 두고 북측이 새로 신축한 통일각과 남측의 자유의 집을 오가며 개최되었다. 1차 회담은 북측의 요청에 따라 통일각에서 개최하였다. 그러던 어느 날, 회담 시작 벽두에 전금철 단장이 느닷없이 "내래 어저께는 묘향산에 가서 쉬고 왔시다."라고 말하자, 그 옆에 북측 대표가 "묘향산 조티요. 의원 선생님들도 한번 가보기요."라고 분위기를 잡는데 다른 북측 대표들은 그냥 앉아 있으면서 더 이상 말을 거들지 않았다. 나는 그때 슬그머니 우리의 88담배 한 곽을 꺼내 그들 앞에 내놓았다. 하지만 그들은 철저하게 우리 담배를 거들떠보지도 않고, 그들이 가져온 담배만을 피는 것이었다.

나는 회담 첫날부터 시종일관 북측의 서울올림픽 참가를 강력히 권고, 요청했으나 전금철 단장이 올림픽을 공동으로 개최하자는 제안을 들고 나오면서 이 문제부터 먼저 호상 간에 협의하자고 주장했다. 그런데 갑론을박 말이 오가고 나면 북측이 앉아있는 쪽 뒷문이 가끔 열리고 쪽지가 전금철 단장에게 전해지고 북측은 돌연 엉뚱한 주장을 하거나 사리에 맞지 않는 새로운 제의를 하여 회담의 전술이 바뀌는 것이 아닌가. 그래서 나는 어느 날 전금철 단장에게 "아니, 그 무슨 밤낮 쪽지만 받아가며 회담을 합니까?"하고 농담조로 말했더니, 그로부터는 더 이상 쪽지가 회담장 안으로 들어오지 않았다.

북측의 서울올림픽 참가가 시간적으로나 물리적으로 불가능한 것으로 결론이 나고 나서도 회담은 계속 진행되었는바, 남북국회회담은 거의 성사되는 방향으로 가닥이 잡혀갔다. 우리 측이 남북국회회담을 어떻게 하든 성사시켜 보고자 하는 강한 의지가 있어서 북측의 제안을 대부분 수용했기 때문일 것이다. 3차 회담에선가 역사적인 첫 번째 회담 장소가 평양으로 합의되었다. 회담 대표도 남북 각 100명씩 국회의원으로 구성하기로 합의했으나 곧이어 북측은 남북 국회의원 전원을 참가시키자고 수정 제안 하였는데, 이것 역시 우리 측이 수용하여 합의를 본 바가 있다. 그 밖에 사소한 회담 절차 문제도 대부분 합의점을 찾아냈었다. 그럴 즈음 나는 '이제 정말 평양에 한번 가보는구나'하는 생각까지 들었다.

북한의 정치술수로 무산된 국회회담

그러나 우리가 당초에 예상했던 대로 북측은 처음부터 남북 국회회담을 할 의지가 전혀 없었다는 것이 확인되기 시작했다. 북측이 처음부터 제안한 제 정당 사회단체연석회의 형태의 부당성과 부적절성을 우리가 강하게 제의하였는데도, 그 주장을 끝까지 철회하지 않았다. 제 정당 사회단체연석회의가 무엇인가. 1948년 김구 선생을 평양으로 모셔가 김일성이 정치적 함정에 빠뜨린 일이 있는 바, 바로 그 함정이 지금 북측 대표가 주장하는 제 정당 사회단체연석회의가 아니겠는가.

어느 날, 또 이 문제에 관해서 남북이 논쟁 중에 평민당 김봉호 대표가 북측의 연석회의 주장을 강하게 질타하자, 북측 대표 중 실세인 것이 분명한 안병수 대표가 김봉호 의장을 향하여

"봉호 선생, 지금 그 말이 당신 당의 당론이오?"하고 긴장된 얼굴로 말했다.

이에 김봉호 의장은

"우리당은 야당이지만 외교안보통일 문제에 대해서는 초당적으로 대처한다는 것이 당의 기본방침입니다."라고 맞받았다.

바로 그날 아침 서울 일부 조간에 평민당이 북측의 제 정당 사회단체연석회의 주장을 수용하기로 했다는 듯한 기사가 났었는데, 북측 대표들은 이미 그 기사를 접한 뒤인 것 같이 보였다. 그러자 돌연 안병수 대표가 김봉호 의장을 향하여

"그런 쓸데없는 소리 하지 마시오. 당신 돌아가면 김대중 선생한테 야단맞을 거요."라고 하는 것이 아닌가.

그날 우리 회담대표들은 실망스럽고 무거운 마음으로 자유의 다리를 건너왔다. 나는 그때 김봉호 대표와 같은 차로 서울로 돌아왔는데, '북측이 평민당 김대중 총재에 대해서 무언가 잘못 이해하고 있는 것 같다, 오늘

일어난 일을 내일 김대중 총재에게 그대로 말씀드려야겠다.'는 말을 김봉호 대표로부터 들었다.

89년에 들어서서도 남북회담 준비접촉은 몇 차례 계속되었으나 결국은 결렬로 끝났다. 국회는 89년 6월 30일 남북회담 준비접촉을 무기한 연기하기로 결정했다. 나는 88년 11월 제6차 준비접촉회담을 끝으로 회담대표를 사임했다.

30
88서울올림픽은 선진국 도약의 발판

 1988년 국내외의 상황을 돌이켜볼 때, 9월 17일부터 10월 2일까지 16일간 서울에서 개최된 24회 서울올림픽에 관한 이야기를 하지 않을 수 없다. 올림픽 서울유치가 결정되던 바덴바덴의 쾌거는 잊을 수 없는 감격이었고, 강한 집념으로 올림픽 유치를 성공시킨 전두환 전 대통령, 정주영 현대회장의 노고는 우리 국민이 영원히 잊을 수 없을 것이다. 아울러 박세직 조직위원장의 물샐 틈 없는 행사준비는 전 세계가 칭송하는 서울올림픽의 역사를 일구어냈다. 또 우리나라 참가선수들은 피땀을 흘려 한국을 세계 4위의 체육선진강국으로 끌어올렸다. 영광스러운 올림픽을 치러낸 우리 국민들의 가슴에는 뿌듯한 선진 시민의식이 싹텄고, 올림픽을 기화로 우리나라는 선진국 도약의 바탕을 마련하였다고 볼 수 있을 것이다.

 한 가지 일화를 소개하면, 당시 잠실 종합운동장 관리소장으로서 86아시안게임, 88서울올림픽을 치러낸 분으로부터 들은 얘기이다. 아시안게임 때만 해도 개회식이나 폐회식을 치르고 났을 때 스탠드나 주변 녹지대에서 쓰레기를 몇 트럭씩 치웠다고 한다. 그런데 서울올림픽 때는 경기장 밖은 고사하고 경기장 안에서도 거의 청소할 필요가 없을 만큼 깨끗했고, 스탠드에도 종이 한 장 떨어져있지 않아 자신도 놀랐다는 것이다. 우리 국민의 선진시민의식이 거기까지 올라갔다는 것이다. 세계가 바라보는 행사이기에 시민의식이 성숙하기 시작한 반증이었다.

생각해보건대 이전 LA올림픽은 동구 공산권과 중국 등이 불참하는 반쪽 올림픽이었는데, 서울올림픽은 평화의 상징인 오륜기 아래 러시아를 비롯하여 동서가 이념을 초월하여 참가한 평화의 제전이었다. 중국과 동구 공산권 선수, 지도자 그리고 많은 관광객의 눈에 비친 우리 한국의 선진화된 모습은 그들에게는 엄청난 큰 충격이요, 감동이었을 것이다. 서울의 멋진 시가지, 건물, 백화점의 황홀한 진열대는 그들을 매혹시켰을 것이고, 포항·울산·거제·창원·구미·기흥공단의 생산 시설 규모와 생산품 내용 등은 그들을 경악시켰을 것이다.

그래서 나는 확신한다. 88서울올림픽의 성공적 개최는 중국의 개혁개방 속도를 가속화시켰을 것이고, 동구 공산권의 정치적 붕괴 나아가 민주화와 개혁개방의 결정적 계기를 제공하였다고 생각한다. 결론적으로 88서울올림픽은 세계사의 큰 조류를 바꿔놓은 매우 큰 의미를 지닌 사건이었다고 봐야 할 것이다. 또한 북한에도 심대한 타격을 주었다고 생각한다.

북한의 김일성, 김정일은 1983년 미얀마 아웅산 테러, 1987년 대한항공기 폭파사건을 일으킨 김현희 사건 등 만행을 저질러 가면서 서울올림픽을 방해하는 것도 모자랐던지 엄청난 돈을 들여 평양 세계청소년체육대회를 올림픽기간 중에 개최하였으나, 성과는 전혀 없이 경제적 파탄만 가져왔던 것이다.

그러나 유감스럽게도 우리는 성공적인 서울올림픽의 성과와 그 사이에 조성된 국민화합, 민족자존, 그리고 선진시민의식을 선진국 도약의 동력으로 만드는 데는 실패했다. 그것은 물론 6·29선언 이후 민주화, 자유화에 함몰되어 국익을 외면하고 파탄으로 치달은 정치의 책임이 제일 클 것이고, 사회를 화염병과 벽돌로 얼룩지게 한 일부 세력들의 시대착오적인 극렬투쟁에도 그 원인을 찾을 수 있을 것이다. 매우 아쉽고 안타깝다고 하지 않을 수 없다.

제5부

5공청산과 문민정부

31. 내무부장관으로 국법질서 확립에 진력

32. 경찰개혁과 부산 동의대 사건

33. 5공청산의 큰 고비를 넘다

34. 3당 합당, 「민주자유당」 출범

35. 러시아 · 중국 · 일본을 돌아보다

36. YS시대의 개막

31
내무부장관으로 국법질서 확립에 진력

1988년 2월 25일 출범한 노태우 대통령의 6공 정부는 시간이 갈수록 어려움에 봉착하기 시작했다. 6·29선언 이후에 민주화·자유화의 거센 시대적 변혁의 흐름을 제대로 주도하지 못하고, 여소야대의 정치구도와 대통령 중간평가 공약에서 오는 부담감으로 권력의 한계성을 절감하면서 지쳐간 것이다.

1988년 12월 5일, 나는 54회 생일을 맞았는데, 뜻밖에도 대한민국 제51대 내무부 장관으로 입각하게 되었다. 장관 입각 며칠 후, 노 대통령으로부터 처음에는 나를 법무부 장관으로 내정했었는데, 관계 비서관이 건국 이후 내각책임제 시절을 제외하고는 현역 의원을 법무부장관으로 임명한 전례가 없다고 하여 내무로 바꿨다는 경위를 들을 수 있었다.

나는 3선의 중진의원으로서 내무부장관으로 입각하여 선거구민과 주위로부터 진심어린 축하를 받았으나, 시국과 정치 상황을 생각할 때 무거운 책임감을 느꼈다. 당시 한국 사회는 40년 가까운 긴 권위주의 정치체제에서 벗어나 민주화로 이행되는 전환기로써 이런 사회가 필연적으로 겪게 되는 정치·사회적 병리현상이 극심하게 나타나기 시작했다.

민주화운동의 폐해가 누적되다

노태우 대통령은 6·29선언과 1노3김의 선거구도에 힘입어 승리는 하였으나 전 유권자의 60% 이상이 반대표를 던졌을 뿐 아니라, 선거 때 제의한 대통령 중간평가 공약의 부담감 때문에 정국은 불안하기만 했다. 그리고 소위 6·10민주항쟁세력은 6·29선언이라는 정치적 전리품을 얻어내는 데에는 성공했으나 YS·DJ의 후보 단일화가 실패로 돌아가 대선에서 대패함으로써 허탈에 빠져 있다가, 13대 총선에서 민정당 측의 자만심을 틈타 여소야대의 정국구도를 만드는 데 성공하여 장내외 정치투쟁의 기반을 확고히 할 수 있었던 것이다.

6·10항쟁에 참여하였던 학생운동권도 NL계, PD계 등 이념적 차이를 보이면서도 소위 전대협 체제를 통하여 친북좌파적인 반체제·반정부 투쟁을 확대시켜 나가고 있었다. 불법노동단체인 민노총과 전교조 등도 노사현장의 불법시위와 불법파업을 부추기거나 주도했다. 서울의 동숭동 대학로는 상습적인 불법시위 장소로 변했고 연세대 캠퍼스는 대규모 불법시위 준비 및 지휘소로 활용되었다. 광주 조선대 캠퍼스는 반정부 투쟁의 성역으로서 5·18 이후 경찰은 교문 근처에도 접근하지 못했다.

전국의 각 산업 공단은 대규모 파업으로 가동률이 35%대로 감소하여 국가산업과 경제가 마비되어 가고 있었으나, 정부 공권력은 속수무책으로 무대응하고 있었다. 울산 현대중공업조선소, 거제 대우조선소가 3,4개월째 전체 파업으로 생산이 중단되었고, 창원 금성사 1,2공장 등 전국의 수많은 산업현장이 고사되어 가고 있었다. 심지어 방위산업체인 풍산금속 안강공장이 4개월째 근로자들의 집단 농성 파업으로 군이 필요로 하는 탄약 생산이 중단되어 안보에 심대한 악영향을 끼치고 있는데도 정부와 공권력은 아무런 조치도 못하고 바라만 보고 있었던 것이다.

1988년이 저물어가면서 과연 이 나라에 정부가 있느냐, 공권력은 어디 갔느냐는 등 국민의 강력한 비판여론이 일어나기 시작했다. 이러한 최악의 무질서 상황 속에서 나는 이 나라 내무 치안 행정의 총수가 된 것이다. 나는 취임식을 마치고 김영진 내무차관과 조종석 치안본부장을 그대로 유임시켰다. 그리고 먼저 조종석 치안본부장으로부터 국내 치안 상황을 종합적으로 보고받았고, 이종국 4차장에게 매일 8시에 장관실에서 일일 정보보고를 하도록 결정하고 나서, 일반 실·국의 업무보고를 받았다.

나는 평소 마키아벨리가 『군주론』에서 제시한 바 있는 '군주는 정의가 있되 질서가 없는 나라와 정의가 다소 미흡하더라도 질서가 있는 나라 가운데 하나를 선택하라면, 후자를 선택해야 한다'는 말이 참으로 의미가 깊다고 생각해왔다. 군주제 국가만이 아니라, 민주국가에 있어서도 국가 사회의 질서는 모든 국가적 가치의 기초가 된다고 볼 때, 질서가 무너지면 민주고, 인권이고, 경제적 성취고, 복지고, 문화고, 심지어 정의까지도 모두 함몰될 것이 자명하기 때문이다. 그리하여 우선 나는 경찰이 5공초부터 전 경찰관서 정문에 내건 '정의사회구현'이라는 현판을 '국법질서확립'으로 바꾸고, 지서·파출소에도 '질서 봉사'로 바꾸도록 지시했다.

'국법질서확립'에 최선을 다하다

노태우 대통령의 6공 정권은 정치사 측면에서 볼 때 과거 오랜 권위주의 시대를 정리하고 민주화로 넘어가는 과도적 이행기를 담당하였다고 생각한다. 그러한 이행기에는 권위주의 시대에 억눌렸던 국민들의 정치사회적 욕구가 일시에 분출하게 됨으로써 정치사회적 불안이 커지기 마련인데, 우리나라의 경우는 이러한 상황을 악의적으로 이용하고 있는 민주로 위장한 친북좌파 세력의 움직임이 불안을 더욱 가중시키고 있었던 것이다. 그렇다고 공권력(경찰)을 함부로 투입하거나 군의 힘에 의존할 수도 없는 것이니, 경찰의 사기와 의지를 고양시켜 그 힘으로 사회질서와 안정을 회복시키는 것만이 민주화의 정착과 국가발전에 부응하는 길이므로 그 길에 나는 신명을 바쳐 헌신하겠다고 다짐했다.

1988년 12월 중순 어느 날, 청와대 안가에서 공안관계 장관회의가 열렸다. 방위산업체이므로 불법성이 분명한 풍산금속 안강공장의 농성파업 사태를 어떻게 볼 것인가를 논의하는 자리였다. 근로자들이 파업현장에 경찰이 투입되면 공장부지 안에 무수한 화약 야적더미에 화염병 하나 던지면 모두가 끝나니 잘해보라고 협박하고 있다고 한다. 갑론을박 논의 끝에 결국 내무장관이 노동부 장관과 협의하여 대처방안을 결정하기로 하고 회의는 끝났다. 나는 즉시 노동부 장관과 협의하여 농성 파업 현장에 6공 들어서서 처음으로 경찰을 투입하여 진압하기로 결정하고, 경찰에 진압계획을 세우도록 지시하였다.

> **풍산금속 안강공장 파업진압계획**
> D-day : 1989년 1월 2일 (연휴 1,2,3일 중간일) 05시
> 투입병력 : 경북도경 국장 지휘 아래 관내경찰력 35개 중대

　야적된 화약 더미는 모두 작전 개시 전에 경찰 일부를 잠입시켜 장악하도록 했다. 그리고 나는 89년 1월 2일 05시 치안본부 안에 있는 장관실에서 현지의 작전 진행사항을 초조한 마음으로 점검하고 있었다. 05시 20분경 제1보가 들어왔다. 경찰은 계획대로 먼저 야음을 틈타 철조망을 뚫고 들어가 모든 화약 야적장을 장악하고 난 뒤, 주력을 정문으로 투입하여 진압 작전을 하고 있다는 것이다. 얼마 후 아무런 사고 없이 농성파업은 해제되었으며 주동자들을 검거 중에 있다는 최종보고가 들어왔다. 그 직후 나는 노 대통령으로부터 격려전화를 받았다. 이로써 6공 출범 후 처음으로 불법 파업 분규 현장에 공권력을 투입, 사태 해결에 성공한 것이다. 경찰은 이를 계기로 공권력의 상징적 존재로서의 체면과 자신감을 회복할 수 있었으며, 장관인 나도 확고한 소신을 가지고 사회 불안 요인을 제거, 국가 사회에 안정을 기할 수 있겠다는 자신감이 생겼다.

　그 후 풍산금속 안강공장 불법 파업 현장에 공권력을 투입한 것이 부당하다는 야당의 주장으로 국회 내무위원회가 소집되었고, 야당의 부당한 정치공세가 있었으나 나는 내무위에 출석하여 당당한 논리로 공권력 투입의 정당성과 적법성을 강력하게 역설하였다. 이상과 같은 사실이 언론에 보도되자 현대의 정주영 회장, 대우의 김우중 회장으로부터 울산과 거제

조선소의 장기 파업 사태를 해결해달라는 청원이 잇따랐다.

풍산금속사태를 해결하고 난 얼마 후, 나는 경감 이상의 경찰간부 전원을 치안본부강당에 모아 특강을 했다.

"6공화국 정권은 이 나라가 지난 날 오랜 권위주의 체제에서 벗어나 민주화로 이행하는 정치적 전환기를 담당하는 정권이므로 사회 안녕 질서, 즉 안정이 무너지면 민주화도 자유화도 끝나는 것이기에 내무치안행정이 참으로 중요한 것이다. 공권력의 상징인 경찰이 방패와 경찰봉 하나로 불법 시위대와 대치하고 있는 시위 저지선은 생각해보면 자유민주주의 체제를 지키는 방어선임을 알아야 한다. 경찰의 시위 저지선이 무너지면 그 다음은 위수령, 계엄령에 이어 군의 탱크가 나올 수밖에 없을 것이니, 민주화는 간데없고 권위주의 시대로의 회귀를 맞이할 수도 있기 때문이다. 그러니 여러분은 자유민주주의 체제의 수호자로서의 자부와 긍지를 지니고, 역사에 길이 남을 한 시대적 소명을 다해주기 바란다."라고 격려하였다.

이런 상황 속에서 나는 1989년 1월과 2월에 거쳐 전국 시도 초도순시를 마쳤다. 가는 시·도마다 시·도 단위 각 기관장, 시장·군수·구청장, 경찰·소방서장, 사회단체장, 지역 유지 등 많은 지역 지도자들에게 인사말을 통해 6공 정부의 민주적 정통성, 권위주의 시대에서 민주화로 이행하는 전환기의 정치적 의미와 6공 정권의 시대적 사명, 그런 가운데 공직자와 사회 지도층의 역사적 소명을 설명하고, 국가에 대한 헌신과 정치 민주화를 위해 노력해줄 것을 당부했다. 순시 중 각 지방의 법원장, 검사장들이 옛 동료인 나에게 진심어린 환영과 축하의 뜻을 보내준 것을 잊지 못한다.

서울지하철, 울산, 거제의 파업을 해결하다

1989년 3월 16일 서울 지하철 노조가 전면 파업에 들어갔다. 서울시민의 발이 묶인 것이다. 전 노조원이 군자동 차량 기지건물에서 농성에 들어가고 기지 주변에 철문을 용접하여 폐쇄시키고 투쟁에 들어간 것이다. 3월 21일 총리주재 대책회의에 참석하고 나서 나는 경찰 현장 투입을 결심했다. 이에 따라 경찰은 3월 23일 불도저를 이용, 용접 폐쇄된 정문을 부수고 진입하여 농성 근로자들을 해산시키고 주동자 검거에 주력했다. 그 과정에서 노조원 한 명이 5층 옥상에서 투신하는 사고가 발생했다. 그 보고를 받는 순간 나는 '오늘이 이 질곡에서 벗어나는 날이 되겠구나.'하는 생각이 들었다. 그런데 뒤이은 보고는 뜻밖에도 투신한 노조원이 생명에는 지장이 없다는 것이 아닌가. 그 자리에 있던 조종석 치안본부장이 "장관님은 운이 좋으신 분입니다."라고 한 말이 지금도 기억난다.

그로부터 약 일주일 뒤인 3월 29일 삼청동 안가에서 현대 울산조선소 파업 문제를 논의하는 대책회의가 있었다. 그날 회의에서 파업 현장에 경찰을 투입하기로 결론내리고 집무실에 돌아와 일기장에 다음과 같은 메모를 남겼다.

> **일기 : 1989년 3월 29일**
> 오늘 삼청동에서 현대 중공업 공권력 투입문제 논의. 나는 문익환 귀국이 금명 간 있을 가능성이 있다면 현대에 공권력 투입을 2-3일 관망하자는 의견을 제시. 투입해서 해결해야 한다는 원칙에는 소신불변.

> 정부청사에서 문익환 문제 당정협의. 문의 행위는 국보법 상 잠입탈출죄 성립. 정 회장의 행위는 구성요건에는 해당하나, 통치차원의 정부 허가를 받았기 때문에 정당한 행위로서 위법성이 없다고 하는 논리 세워야 한다는 점 강조.
> 현대중공업에는 3월 30일 05시 경찰력 투입키로 결정. 1989년 3월 30일은 국운이 걸린 날이다. 그 동안 대비책 수립에도 최선을 다했고, 평화적 해결을 위해 최선도 다했고 정말 길게 참았다. 그러나 결과에 대해 예측이 안 선다. 신이여 조국을 건져주소서.

그 후 경찰의 울산현대조선소 파업 진압작전 계획은 긴 시간의 검토 수정을 거쳐 확정되었고, 나도 중간에 작전 개시 직후의 노조원들이 바다 쪽으로 도주하다 바다에 빠지지 않도록 경찰을 사전에 상륙시켜 인적 차단막을 칠 것을 제의하여, 서울에서 81, 82 정예중대를 급파하기로 하였다. 3월 29일 밤 집무실에서 1만2000명의 경찰을 지휘할 김효은 치안본부 제2차장(김효은 차장은 해병 장교 출신, 김성은 전 국방장관의 친동생, 문민정부 경찰청장 역임)의 신고를 받고 난 끝머리에 "자신 있는가." 하고 물었다. 그의 대답은 실망스럽게도 "솔직히 말씀드리면 자신 없습니다."였다. 그것이 당시 상황에서 경찰이 할 수 있는 진솔한 대답이었다고 본다.

드디어 1989년 3월 30일 05시 작전개시 전에 부산항에서 수송선 편으로 기동경찰의 정예인 81, 82중대를 울산 현대조선소 부두로 상륙시켜 인적 차단막을 치고, 조선소 내에 산재한 위험 요소인 LPG충전소의 가스와 산소제조설비에 저장된 산소를 사전 전량 배출시키고, 전 병력이 정문으로 진입하였다. 파업 근로자 2000여 명은 이른바 '민주 미사일'이라는 공격용

발사체까지 만들어 경찰진입에 대비하였으나, 돌연 저항을 포기하고 측면 통로를 통해 거의 전원이 철수하여 인근 오좌불 독신자숙소(대규모 아파트)로 피신함으로써 경찰은 불과 20여 명을 검거하고 일단 조선소는 장악되었다. 한편, 파업 주도자를 한명도 검거하지 못한 경찰은 급한 마음에 오좌불숙소를 향해 최루탄을 발사하면서 진입하였다. 이것이 큰 화근이 되었다. 엄청난 양의 최루가스가 오좌불 인근의 일반아파트 지역으로 바람을 타고 스며들어감으로써 그 동안 조선소의 파업 사태의 영향으로 장사가 안 되어 짜증이 쌓일 대로 쌓인 울산 시민들을 고통스럽게 만들자, 울산 시민들이 파업 근로자들과 한 편이 되어 울산 시내 거리에서 경찰과 충돌하여 시내 주요 도로에는 돌과 벽돌조각 최루탄 파편이 쌓여갔고, 시내는 온통 아수라장이 되었다.

경찰의 작전 개시 3일째 되는 날, 현지 지휘관 김효은 2차장으로부터 보고전화가 왔다. "장관님, 저희들은 이제 도저히 어떻게 할 수 없는 상황입니다. 경찰은 철수할 수밖에 없습니다. 허락해주십시오."라고 보고하는 것이다. 그 순간 내 머릿속에는 한강 다리를 건너는 탱크의 영상이 스쳐지나갔다. "김 차장! 지휘관의 신념은 기적을 낳을 수 있다는 말이 있다. 어떠한 일이 있어도 경찰의 철수는 안 된다. 울산을 그대로 놔두고 살아 돌아올 생각은 버려라."라고 단호히 지시하고 전화를 끊어버렸다.

그 다음날 아침, 집무실에서 이종국 4차장으로부터 일일 종합 정보보고를 듣고 있는데 강영훈 총리님으로부터 전화가 왔다. 강총리께서 울산사태에 관해 보고를 들으시고 난 후인 것 같다. "경찰이 어떻게 하였기에 만여 명이 내려가서 2천명의 불법 파업근로자를 못 잡았다는 것이오? 장관은 그런 무능한 치안본부장을 왜 데리고 있는 것이오?"라며, 당장 문책 해임해야 하지 않느냐고 격앙된 음성으로 질책하시는 것이었다. 나는 일단 말씀을 다 듣고 나서 "시국사태에 대처하는 경찰의 작전과 적과 생사를 걸고 싸우는 군의 작전에는 개념의 본질적인 차이가 있음"을 말씀드리고 "지금의 울산사태가 군의 작전 개념에 비추어보면 말도 안 되는 실패라고 하겠으나 지금까지 단 한명의 사상자도 나오지 않은 것은 그나마 다행한 일이며, 앞으로 경찰의 온 역량을 기울여 파업 주동자들을 검거하고 혼란 사태를 책임지고 수습하겠다."는 말씀을 드렸다. 강 총리께서는 "그렇다면 장관이 책임지고 해결하라."고 엄명을 주시고 전화를 끊으셨다.

나는 우선 울산에 투입된 경찰의 사기 진작을 위해 최일홍 경남지사, 안상영 부산시장, 김상조 경북지사 등에게 각 시·도 내의 인적 물적 역량을 기울여 경찰에 대한 실효적인 위문격려활동을 펼치도록 지시하고, 경찰은 그 위문품들의 일부를 가지고 울산시민 위문활동에 활용하도록 했다. 아파트 단지에 들어가 음료수 한 병이라도 주민과 나누어 마시고 시내 각 노인정을 방문하여 노인들을 대접했다. 그리고 전 경찰력을 울산 시내 간선도로 정화 사업에 투입했다. 쌓였던 돌 벽돌 조각, 최루탄 파편을 거두어 내고 시가지 도로를 물청소까지 했다. 그렇게 하니 시민들의 정서가 안정되고, 지역사회 분위기가 정상화되었다.

한편, 치안본부는 형사부장을 단장으로 하고 서울에서 민완형사 300명으로 수사단을 편성, 울산에 급파하여 파업주동자 검거에 나섰다.

성과는 즉시 가시화되었다. 파업주모주동자 약 30명 중 1-2명이 검거되기 시작하자 파업근로자들의 저항이 약화되기 시작했고, 사태는 서서히 수습되어 갔다. 시민들이 경찰의 일시적 실수를 이해했고, 조선소가 정상 가동되어야 경기도 좋아진다는 희망이 사태 수습에 큰 도움이 되었다. 우여곡절 끝에 울산 현대조선소의 최악의 파업사태가 정부 공권력에 의해 해결됨으로써 현대중공업은 정상 가동되기 시작했고, 오늘날 세계 조선 산업을 선도하는 글로벌 기업으로 성장할 수 있는 터전을 다진 것이다. 한편 경찰은 정부 공권력의 상징으로써 국민의 신뢰를 얻게 되고, 내부적으로 자신과 긍지를 가지고 시국치안, 민생치안에 진력할 수 있게 되었다.

그 후 거제 대우조선소도 장기간 농성 파업 중이라서 불가피하게 경찰을 투입하여 사태 수습에 나섰는데, 그 과정에서 노조가 자체적으로 파업을 풀고 사측과 협의하여 공장을 정상가동함으로써 경찰은 도중에 철수하였고, 금성사 창원 1,2공장 파업사태도 한때 격렬한 저항이 있었으나 노사 간에 타협이 되어 쉽게 해결되었다. 또한 수도권에 산재한 중소기업 공장들도 무수한 파업 사태가 진행 중이었으나 각 관할 경찰서장의 책임 아래 적극적인 경찰력 투입으로 대부분 해소되어 정상 가동에 들어가고 있었다. 그간의 시국 치안 활동으로 인해 경찰관들의 희생이 매우 컸다. 시위대가 던지는 화염병에 전신화상을 입는 일이 있었고, 쇠파이프 벽돌에 맞아 중상을 입는 일도 속출하였다. 나는 몇 차례 경찰병원에 입원 중인 중상 환자들을 위문 격려 하면서 가슴이 미어져서 눈물을 참을 길이 없었다.

32
경찰개혁과 부산 동의대 사건

한편 1989년 봄, 경찰의 정기인사를 앞두고 나는 경찰에 대한 두 가지의 중요한 일을 추진하였다. 첫째, 공정 무사한 경찰의 인사 행정을 위해 치안본부장 책임 하에 인사위원회를 구성 운영토록 지시했다. 인사위원회의 심의를 거쳐 장관에게 올라오는 인사안에 대해서 본부장에게 "이 내용이 공정하게 했다고 자신할 수 있느냐"라고 질문했고, 본부장이 "공정하게 했습니다."라고 답변하면, 나는 구체적인 내용을 보지도 않고 인사안에 결재를 했다. 그 같은 인사조치는 언론으로부터 사후에 최고의 찬사를 받았다.

둘째, 새해 들어서서 경찰이 대규모 노사분규 현장 수습 등 시국치안에 주력하는 동안 전국 대도시의 주택가에서 백주에 떼강도가 횡행하는가 하면, 인신 매매, 부녀자 폭행·납치, 가정 파괴범 등 민생 범죄가 빈발할 뿐만 아니라 서울만 해도 명동·강남 중심가 일대·석촌호수 주변·한강 고수부지 등에 노점상 등이 무질서하게 구름처럼 몰려들어 아수라장을 이루고 있었다. 한 마디로 범죄와 무질서가 극치를 보여주고 있었다. 마침 대규모 노사분규 등이 진정 국면에 접어들어 나는 시국치안에 투입했던 전경의 역량을 민생치안에 전환 투입할 것을 지시했다. 이에 따라 치안본부장은 민생치안 강화를 위해 전경 4만 명을 주택가에 집중 배치하여 방범취약 시간대에 방범 활동에 주력토록 하였다.

그러나 '나는 범죄에 기는 경찰'이라는 말이 있듯이 그 경찰력만으로는 역부족이었다. 무엇보다 경찰 장비의 현대화가 급선무라고 판단되었다. 이에 나는 노 대통령의 결심을 받아 경제기획원과 협조하여 민생치안을 위한 경찰의 대응 능력 개선을 위해 경찰 장비, 인력, 시설 보강 3개년 계획을 수립하여 89년도에만 총 631억 원의 예산을 투입하기로 하였으며, 우선 89년도 일반 예비비로 서울시경 C3시스템을 개선하고 개인용 무전기, 순찰차량 2900대를 각 파출소에 지원키로 했다. 그로 인해 경찰의 사기가 많이 진작되었다. 그러는 사이 경찰은 서울시와 협조하여 아수라장 같았던 서울 명동, 석촌호수 등지의 노점상 문제를 깨끗이 정화해나갔다.

부산동의대 시위로 경찰관 7명 순직

그러던 중 1989년 5월 3일, 부산 동의대 캠퍼스 내에서 큰 불행한 사태가 발생했다. 교내로 도주하는 불법 시위 학생들을 추격하던 경찰들이 학생의 뒤를 따라 동의대 강당 바닥을 통과하던 중, 시위대가 미리 강당 바닥에 흘려놓은 시너 위로 화염병을 던져 그 불길에 7명의 경찰이 사망하는 크나큰 불상사가 일어난 것이다. 나는 즉시 현지에 내려가 피해 경찰관에 대해 조문하고, 유가족들을 위로하였다. 그때 유족들이 내 양팔을 잡아끌며 "말 좀 해보자"고 할 때, 또 아들의 영정 앞에서 통곡하는 한 피해 경찰의 노모에게 위로의 말을 건넸을 때는 내 마음까지 갈가리 찢기는 듯 한 참담한 심정이었다. 조문을 마치고 돌아와 나와 조종석 치안본부장은 사의를 표했다. 그런데 조 본부장의 사의는 받아들여지고, 나는 사태수습을 먼저 하라는 대통령의 지시가 내려왔다. 그 직후 강영훈 총리님을 모시고 부산에 내려가 순직 경찰관들에 대한 장례식을 치르고 나서 후속 인사를 했다. 치안본부장에는 김우현 서울시경국장을, 시경국장에는 이종국 치안본부 4차장을 보임했다.

그러는 동안 일부 학생들의 불법 폭력 시위에 대한 비난 분위기가 확산되어 갔고, 불법 파업과 시위가 국가 경제와 민생에 미치는 부정적 영향의 심각성도 국민들에게 넓게 인식되어 나갔다. 나는 그때 동의대 강당에서 일어난 이 크나큰 불행이 고질적이고도 만성적인 운동권 학생들의 불법 폭력 시위를 이 땅에서 근원적으로 발본하는 결정적 계기가 되도록 해야겠다고 생각했다. 1960년대 일본의 소위 스튜던트 파워에 의한 만성적이고도 극렬했던 폭력시위가 1969년 발생한 동경대학 야스다(安田) 강당 화재 사건으로 인해 전 국민적인 비판을 받게 되고 학생들의 각성의 계기가 되어 불법 시위가 영구히 종식되었던 것을 떠올리면서 이번 동의대 강당 사태가 야스다 강당 사태가 될 수 있는 길은 없을까 고민했었다.

다행히 그때 국내 언론과 정계, 학계 등 사회지도층의 분위기는 내가 생각했던 방향으로 돌아갔고, 기대했던 대로 전화위복의 계기가 되는 듯이 보였다. 그래서 나는 그 동안 입법을 보류해놓았던 화염병 제조사용 등에 대한 법률 제정안을 국회에 제출하여 내무위 내의 여야 의원들의 협조를 받아 국회에서 통과시켰다.

친북좌파 운동권도 민노총, 전교조도 야당의 극렬 세력도 동의대 사태에서의 경찰의 죽음으로 인해 숨을 죽이고 있는 적막 같은 분위기가 한참 지속되어가던 5월 말경, 광주 근교에 있는 작은 저수지에서 조선대 학생 이철규 군의 시체가 발견되었다. 운동권은 경찰의 수사도 기다리지 않고 즉시 이철규는 경찰의 조사 과정에서 고문치사 당한 것이라고 덮어씌워 가면서 빨리 진상을 밝히고 고문경찰을 처벌하라면서 대대적인 정치공세를 펴나갔다. 동의대 사태 이후 매우 긍정적이던 사회 분위기는 일순에 온데간데없이 사라지고, 야권과 재야 세력은 이 사건을 새로운 정치이슈화 하는 데 일단 성공하였던 것이다. 국회 내무위가 소집되어 국정조사에 착수하여 현장 검증 등 조사에 최선을 다했으나 진상을 규명하지 못했고, 경찰도 철저히 수사하였으나 진상 규명에 실패했다. 사건은 미궁에 빠지고 세상은 시끄러워졌다. 그때 여러 가지 조사 결과 자살이거나 실족사가 아님이 분명한데, 그렇다면 범인은 누구라고 보아야 하는지 여러 가지 억측만 무성했다.

대학의 면학분위기 조성

그해 6월 들어서, 나는 김우현 치안본부장에게 불법 폭력시위 지휘소가 되어 버린 각 대학의 분위기 정화와 학생 운동권의 총지휘부인 전대협(全大協)에 대한 철저한 수사와 임종석 의장에 대한 검거를 지시했다.

그때 전대협 임종석 의장은 외국어대 여학생 임수경을 평양에서 개최 예정이던 세계청소년학생제전에 남한 학생 대표로 참석하도록 주선하는 등 친북 활동을 주도하고 있었다.

경찰은 학원 정화 차원에서 제일 먼저 캠퍼스 내 대형 건물에 붉은 글씨로 그곳이 마치 평양 시내인 양 '인민대회당' '주석궁' '만수대'라고 현수막에 써 붙임으로써 친북적인 학원 분위기를 만들어 놓은 서강대학교에 경찰을 투입, 불온 현수막 등과 시위 용품을 모두 철거하였고, 그 다음 연세대·한양대 학생회관에 들어가 시너 등 시위 용품들을 압수 폐기처분했다.

7월 초에는 5·18 이후 처음으로 광주 조선대학 학생회관에 경찰이 들어가 시너 20드럼을 압수 폐기하는 등 전국 각 대학의 안정된 학원 분위기 형성이라는 큰 성과를 거두었다. 노태우 대통령께서 특별히 관심을 보인 민생치안 문제도 경찰의 피나는 노력으로 많은 성과를 거두었다.

7월 초 어느 날, 서울 일간지에 서울 강남 주택가에 강도 등 민생 침해 사범이 줄어들었다는 기사가 났다. 그 당시 나는 권위주의에서 민주화로 이행되는 전환기를 담당한 6공 정부의 내무부장관으로서 국법 질서 확립과 사회 안정을 위해 일단 내 소임을 어느 정도 충실히 이행했구나 하는 뿌듯함을 가슴으로 느꼈었다. 이렇게 어느 정도 마음의 안정을 찾았을 때 내무부장관이라는 정말 무거운 짐을 내려놓게 되었다.

나는 장관 재임 7개월여 동안 지역 선거구 관리를 아내에게 거의 맡겼다.

중요한 지역 행사에 2-3차례 다녀왔을 뿐이다. 연천군 원당출장소를 장남면으로 승격시키는 결재를 하고 승격 기념식에 참석, 주무장관으로서 축하를 하였다. 장남면민들은 지금까지도 나에게 고마워한다. 고향 포천군에는 영중면과 내촌면의 신축 청사 준공식에 각각 참석했다. 또 내 고향 마을 군내면 명산리의 마을 회관을 정부 지원으로 신축하였는데, 준공 기념행사에 내려가서 고향 마을 아저씨, 아주머니들과 함께 어울려 축하의 자리를 가졌던 것은 참으로 기억에 새롭다. 또 지서 청사 준공식에도 내려갔었다. 포천에서 2·3·4대 국회의원과 교통부장관을 역임하신 윤성순(尹珹淳) 박사의 묘에 추모비를 세워 봉헌하여 정치 후배로서 작은 의리를 지켰다.

그리고 나는 1989년 7월 후임 김태호 장관에게 업무를 인계하고 정부종합청사를 떠났다. 견리사의(見利思義) 견위수명(見危授命). '이로움을 보면 의로움을 생각하고 위태로움을 보면 목숨을 바친다.' 논어에서 자장(子張)이 이른 말이다. 나는 7개월 반 동안 위급해진 나라를 위해 몸을 던져 후회 없이 일했다.

알래스카의 빙설에 지친 몸을 식히다

1989년 8월 초가을 무렵, 나는 지친 심신을 쉬고자 알래스카를 여행했다.

한일개발 조중식 사장(경복고 29회 동기)의 주선으로 아내와 나, 그리고 미국에서 마침 학부수업을 마치고 MIT Sloan-School(경영대학원)에 입학허가를 받아놓고 있는 아들 용모와 셋이서 알래스카 관광 여행을 떠난 것이다. 우리 일행은 알래스카 앵커리지 윈스턴 호텔에 체크인하고 다음 날,

키나위(Kinawee)강 중류에서 연어 낚시를 즐겼다.

강물 전체를 붉게 물들이면서 상류를 향해 올라오는 연어 떼를 향해 릴낚시를 던지기만 하면 팔뚝보다 큰 연어가 걸리는데 물살이 너무 세고 물고기의 저항이 거세서 십중팔구는 낚시 줄이 끊어져나갔다. 참 대단한 힘이었다. 그런데 알래스카 주의 법령에 3마리 이상은 못 잡게 되어있어서 우리는 목표량을 충분히 채울 수 있었다.

그 다음 날은 유명한 맥킨리 대협곡 와일드 투어에 나섰다. 앵커리지에서 기차로 한참을 달려간 어느 시골 마을에 내려, 거기서부터는 관광버스를 탔다. 보기만 해도 어찔한 가파른 산허리로 버스가 달려갔다. 길은 모두 비포장도로였다. 버스를 타고 위험한 비포장도로를 달리면서 차창 밖으로 대자연을 관광하는 것이었다. 각종 동물들을 자연 그대로의 모습으로 볼 수 있었다. 곰이 몇 마리씩 나타나기도 하고, 뿔 달린 산양이 나타나 풀을 뜯고 있는 모습을 보기도 했다. 긴 시간을 달려 오후 늦게 어둑어둑할 즈음, 맥켄리봉이 멀리 내다보이는 종착지 방갈로 마을에 도착해서 짐을 풀었다.

다음 날 다시 앵커리지로 돌아와 하루 골프를 치고 휴양을 즐겼다. 처음 경험하는 백야(白夜)는 참으로 신기한 광경이었다. 다음 날 경비행기를 타고 키나위강 하류로 내려갔다. 하구의 좋은 연어 낚시터를 소개받아 싱싱한 연어 낚시를 즐겼다. 연어는 강 하류에서는 상당히 싱싱한 생명력을 유지하다가 알을 낳기 위해 강 상류로 올라가며 노쇠해지고 산란한 다음에는 상류에서 최후를 맞이하기 때문에 하류의 연어는 매우 신선했다.

다음날은 앵커리지 항구에서 관광선을 타고 그 앞의 만(灣) 해상 관광을 떠났다. 산더미 같은 빙석이 굉음을 내며 떨어져나가는 모습을 보았다. 바다와 맞닿은 빙하의 끝부분이 상류 쪽에서의 압력으로 큰 굉음을 내며 갈라져 바다 위의 빙산이 되어가는 장면은 매우 장관이었다. 이렇게 해서 생긴 크고 작은 빙산이 만 안에 솜을 펼쳐놓은 듯이 외해 쪽을 향해 떠내려가는데 그 위에 해구들이 올라타고 놀고 있는 장면이 참 신기했다. 선장이 샴페인을 따고 관광객 전원에게 바다에서 건진 만년빙을 깨서 샴페인 잔에 나누어 줬다. 우리 일행도 한잔씩 받아서 건배를 나누었다.

알래스카는 지리적 특성으로 인해 경비행기 문화가 굉장히 발달한 곳이었다. 우리들이 보통 자가용차를 이용하듯 경비행기가 유용하게 주민들의 생활에 쓰이고 있다는 것을 알았다. 당시 알래스카의 한국교포가 5000명 정도였다고 했는데, 한국인이 하는 식당에서 먹었던 킹크랩의 맛은 지금도 잊지 못한다. LA에서 고등학교 친구인 이진구가 와서 여행일정을 함께 해주었는데 지금도 고맙게 생각한다.

33

5공청산의 큰 고비를 넘다

알래스카 여행에서 돌아와서 집에서 쉬고 있던 8월 29일 오후 나는 뉴코리아CC에서 동료 의원들과 오래간만에 골프를 치고 있었는데, 노태우 대통령으로부터 전화가 걸려왔다. 대통령께서는 정말 말하기 미안하다고 운을 떼시면서 "지금 이종찬 총장이나 김윤환 원내총무가 5공청산 문제는 자기들은 도저히 해결할 수 없으니 당직을 그만두겠다고 한다. 그러니 그 일을 이춘구 의원과 같이 맡아 해결해주어야겠다."는 말씀이었다. 그 순간에 생각해보니 5공청산 문제, 특히 전두환 전 대통령의 국회증언과 같은 문제는 정치권 모두가 실현 불가능한 일로서 결론을 내려놓고 있는 문제가 아닌가. 그것을 우리에게 해결하라고 하니 기가 찰 노릇이었다.

노 대통령은 나에게 그동안 내무부장관으로서 정말 고생을 많이 했는데, 또 힘든 일을 맡기게 되어 미안하다고 말씀하면서 비켜설 곳이 없을 만큼 간곡하게 말씀하시는 것이다. 나는 대화 끝에 "명령이시라면 따르는 것이 도리가 아니겠습니까."라고 말을 끊었다.

나는 통화를 끝내고 착잡한 심경에 빠졌다. 5공청산은 정치권이 이미 불가능하다는 결론을 내놓고 있는 문제인데, 그것을 가능하도록 해야 하는 소임을 맡게 되었으니 '아 이제 나는 정치를 끝낼 때가 되었구나.'하는 생각이 들었다. 김윤환-이종찬 팀이 백기를 들고 피해 가는데, 우리가 무슨 수로 뒤집을 수 있겠는가! 참담한 심경이었다. 그러나 나는 명에 따라 1989년 8월 30일 두 번째로 민정당 원내총무가 되었다. 그때 한 시사 월간지가 올린 나에 대한 인물평 보도 기사를 보자.

모 시사월간지의 인물평

민정당의 전격적인 8.30 당직개편에서 원내총무에 이한동이 임명되었다. 이번 당직개편은 이종찬 전 사무총장의 내각제·정계개편 반대 파문이 계기가 되었으며, 이 총장에 대한 인책성 조치로 풀이되고 있다. 그러나 한편으로는 집권 중반기에 안정적 통치를 위해서는 이번 정기국회 안에 5공청산 문제 등 여권의 발목을 잡고 있는 정치적 난제들을 풀어야한다는 판단 아래 보다 강력한 팀워크가 필요하다는 점도 크게 작용한 것으로 보인다.

 이 총무가 원내 사령탑에 오른 것은 이번이 두 번째, 지난 86년 개헌 정국을 타개하라는 사명을 띠고 처음 원내총무라는 중책을 맡았었다. 그때의 사무총장 역시 이춘구 의원. 공교롭게도 두 이 의원은 민정당이 위기 상황에 놓였을 때 두 차례나 같은 역할의 해결사로 선발된 셈이다. 두 의원 중에서도 이 총무는 특히 당내에서 유일하게 총장, 총무, 정책위 의장 등 핵심 3역을 모두 역임한 자타가 공인하는 민정당의 중간 보스이다. 당직개편설이 있을 때마다 핵심 포스트의 하마평에서 빠지지 않았고, 내무부장관에서 물러난 지 2개월도 안되어 이루어진 이번 발탁도 주위에서는 이견 없이 받아들여지고 있다."고 평가하고 있다.

나는 원내총무로 취임하고 나서 두 가지를 밝혔다. 그것은 첫째, 5공 비리와 광주사태 문제 등 현안에 대해 국민이 납득할 수 있는 선에서 해결해나가겠다. 둘째, 지난날의 잘못된 유산은 정리해야한다는 것이 국민적 합의이자 내 소신이기도 하다.

청와대와 백담사의 냉전

1989년 9월 10일 정기국회가 시작되고 나서 곧바로 320개의 피감기관에 대한 20일 간의 국정감사에 들어갔다. 그 사이 5공청산을 위한 당정 대책회의가 수없이 개최되었으나 갈수록 안개 속이기는 마찬가지였다. 전두환 대통령의 국회 증언과 광주사태 책임자 처벌 원칙은 움직일 수 없는 대세였지만, 그것을 풀 수 있는 묘수는 어디에서도 쉽게 나오지 않았다. 나는 전 대통령의 법정대리인 이양우 변호사를 수없이 만나 협의했고, 전 대통령의 장남 전재국씨도 몇 차례 만나 상의했다. 여야 중진 의원들과도 무수히 만나 묘방을 찾고자 몸부림쳤으나 모두 허사였다.

그 무렵 노 대통령은 10월 중순 미국 방문에 이어 11월 18일부터 서독을 비롯한 유럽 5개국 순방길에 올랐다. 노 대통령은 길을 떠나기 하루 전, 나와 이춘구 총장을 청와대로 불렀다. "내가 돌아오기 전까지 5공 청산을 마무리하라"는 당부와 함께 "이 총무는 전 대통령 국회증언, 이 총장은 정호용 의원 사퇴 문제를 전담하라"는 것이었다. 당시 동아일보 등 주요 일간지들도 5공청산 시나리오를 각 사설에서 분명하게 밝히고 있었다. 전 대통령의 국회 증언과 정호용 의원의 사퇴가 5공 청산의 압축된 시나리오라는 것이고, 그것은 국민적 합의이며, 시기는 빠를수록 좋다는 것이었다.

나는 총무 취임 초, 홍성철 청와대 비서실장과 함께 백담사로 전두환 전 대통령을 예방한 바가 있다. 좁은 방에서 전 대통령과 우리가 마주 앉았는데 잘못하면 이마가 닿을 것 같았다. 분위기는 썰렁했다. 나는 조용히 인사하고 앉아 있었으며, 홍실장이 "정말 죄송하다"는 의례적인 인사를 하고 "노 대통령도 각하를 보살피기 위해 여러 가지로 애쓰고 있다"고 설명하자, 전 대통령은 말은 부드럽게 하시면서도 매우 불쾌한 심기를 감추지 않으셨고, 말씀 속에서 강한 분노의 심경을 읽을 수 있었다. 노 대통령이 유럽 순방에서 돌아온 후에도 5공청산 여건은 전혀 달라진 게 없었다. 청와대와 백담사의 냉랭한 분위기 그대로, 나와 이양우 변호사의 끈질긴 대화에도 불구하고 이렇다 할 진전을 보지 못하고 있었다.

거기에 국회는 국회대로 정기국회가 처리해야할 본연의 일이 산적해 있었다. 90년도 새해 예산안 및 관련 부수 법안 처리 등이 그것이다. 나는 동분서주했다. 그러던 중 12월 15일, 노 대통령은 야3당 총재들과 영수회담을 가졌다. 그 자리에서 4영수는 5공 비리 청산, 그리고 정국 안정과 경제 발전을 위해 공동 노력하기로 하는 등 11개항에 걸친 합의를 이끌어냈다. 물론 전 대통령의 국회증언도 그 중 하나였고, 1회 서면질의 일괄 답변 후 보충 질의를 하기로 된 것이다.

그러나 영수회담의 합의는 원칙적인 것일 뿐, 절차와 방식 등 세부 문제에 있어서는 여야가 이견을 좁히지 못하고 있었으며, 더구나 백담사 참모진은 전직 국가원수에 대한 예우를 고집하고 있었다. 12월 18일, 청와대 안가에서 5공청산 문제에 대한 최종 당·정·청 회의가 소집되었다. 최창윤 정무수석이 주재한 이날 회의가 내린 결론은 전 대통령의 연내 국회증언 불가능이었고,

이 문제의 처리는 내년으로 넘길 수밖에 없다는 데에 아무도 이론이 없었다.

12월 31일 전 대통령 국회 증언 이끌어내다

이튿날 12월 19일은 정기국회 마지막 날이다. 각종 국정조사특위에서 청문회 스타가 탄생하는 등 활발한 특위활동에 모든 국민의 촉각이 곤두서 있던 분위기 속에 90년 새해 예산안과 30여 개의 부수법안들이 국회에서 일괄 처리되었다. 다시 며칠이 무심히 흘러갔다. 이제 온갖 영욕으로 얼룩진 80년대도 10일 밖에 안 남았다 싶으니 나는 심한 허탈감을 느꼈다. 그때 텅 빈 마음속에서 조용히 차오르는 생각이 있었다. 집 뒷산을 오르내리며 곰곰이 생각해보니 5공청산 문제를 연내에 끝낸다고 하는 여야 영수회담의 합의가 살아있는데, 당·정·청 회의에서 그 처리를 내년으로 미루겠다고 합의한 것은 잘못된 것이라는 생각이 들었다.

5공청산 문제를 내년으로 넘긴다면 90년 벽두부터 1년 내내 5공청산 문제로 한해를 지새우게 될지도 모를 뿐 아니라, 국회 운영의 책임을 지고 있는 여당 총무의 역사적 책임 문제가 분명히 나올 것이라고 예상되었다. 아무리 청와대 당정 합의가 있었다 하더라도 국회 운영의 책임을 지고 있는 나는 혼자 힘으로라도 연말 안에 5공청산 문제, 특히 전두환 대통령의 국회증언 문제는 어떠한 어려움을 겪더라도 한번 해결해봐야겠다, 즉 사즉생(死卽生)의 각오로 증언을 성사시켜봐야겠다는 결심이 섰다.

그런 생각 끝에 89년 12월 22일 나는 시내 모처에서 이춘구 총장을 만나서 위와 같은 나의 결심 사항을 전달하고 나서, 12월 23일 국회에서 5공특위 이민섭 간사, 광주특위 장경우 간사를 불러 야3당이 제출한 서면질의서를 취합하여 이것을 첨부한 증인 전두환에 대한 소환장을 각 특위 위원장 명의로 발부하여 증인의 법정대리인 이양우 변호사에게 직접 찾아가 전달하도록 지시했다. 증인 출두일시는 89년 12월 30일로 기재토록 했다.

그러자 이양우 변호사로부터 전화가 왔다. "상호 간에 아무런 협의도 없었는데 증인소환장을 일방적으로 발송할 수 있느냐"고 항의하는 것이다. 나는 "얼마 전 청와대 4당 영수회담에서 연내에 전 대통령 국회증언을 하기로 합의했기 때문에 증인 소환장을 일단 보내야 하는 것이 나의 책무가 아닌가, 그 다음 소환에 응하여 증언을 하고 안하고는 그 쪽에서 결정할 문제라고 생각한다." 라고 답변했다. 몇 시간 후에 다시 이양우 변호사로부터 전화가 왔다. 증인 소환장에 명기된 증인 출두 일자가 12월 30일이면 법정 일수에 하루가 모자라는 6일 밖에 안 되니 시정해달라고 요구하여, 증인 출두일자를 하루 늘려 12월 31일로 정정해주었다.

소환장과 첨부된 서면질의서는 12월 23일 그날 밤으로 백담사에 전달되었고, 나는 백담사 측의 반응에 촉각을 세우고 초조하게 며칠을 보냈다. 증인소환장을 보내고 나서 3일 후 쯤, 이양우 변호사로부터 전 대통령이 12월 31일 국회 청문회에 증인으로 출두할 것이라는 통보가 왔다. 그 누구도 예상치 못한 일이 성사가 된 것이다. 나는 일단 평상심으로 돌아왔다.

12월 29일 정호용 의원이 "국회의원직을 포함한 모든 공직에서 사임한다."는 성명을 발표했다. 그로써 5공청산의 한 매듭은 풀린 것이다.

같은 날 최규하 전 대통령은 "12월 30일 국회 광주특위 청문회에 증인으로 출석할 수 없다."는 입장을 명백히 했다. 이제 온 국민의 시선과 언론의 촉각은 31일 전두환 전 대통령이 국회 5공특위, 광주특위 합동 회의에서 과연 증언을 할 것인가에 모아질 수밖에 없었다. 그러나 증언을 하루 앞둔 30일 오전까지도 역사의 수레바퀴는 증인 선서 방식이라는 장애물에 걸려 꼼짝도 못하고 있었다.

야3당 간사들은 일반 법정에서의 통상적인 증인 선서 방식, 즉 증인이 위원장을 향해 바로 서서 오른손을 들고 선서문을 낭독하는 것을 고집하고 있었으나 백담사 측은 그런 방식은 수용할 수 없다는 입장이었다. 여당 측은 증인 선서문에 증인이 서명하여 위원장에게 제출하고 증언하는 방식(일반법원의 약식 선서방식)을 주장하고 있었다. 나는 12월 30일 오후 백담사를 방문하기 전 야3당 총무인 김원기, 이기택, 김용채 의원들과 선서 방식에 대한 협의를 하였으나 결론을 내지 못하고, 끝으로 비장한 마음으로 세 총무에게 간곡하게 다음과 같이 부탁을 했다.

"전직 대통령에 대한 예우 차원에서 위원장을 쳐다보고 오른손을 들고 선서하는 것은 백담사 측에서 극구 못하겠다고 하니, 선서문에 증인이 서명하여 위원장에게 제출하는 것으로 선서 절차를 끝내 주었으면 고맙겠다. 5공청산이라는 역사적 과제가 지엽적인 절차에 대한 여야의 이견으로 다시 내년으로 넘어가게 된다는 것은 너무 안타까운 일이 아니냐. 이 문제 하나만 야3당에서 양보해 달라. 내가 민정당 원내총무라는 공적인 신분으로 이렇게 넷이 모여 협의하는 것도 오늘 이 자리가 마지막이 될 것이 분명하다. 증언이 성사되든 안 되든, 나는 총무를 그만두어야 하는 상황에 몰려있지 않느냐.

나는 이제 곧 백담사로 떠나야 한다. 모든 뒷일을 잘 부탁한다."라고 말하고, 나는 백담사로 떠났다. 출발 전에 이춘구 총장에게 서울에서 야3당 총무와 연락하여 일이 되도록 챙겨달라는 부탁을 남기고 헬기를 탔다.

해가 질 무렵 백담사 인근 12사단 비행장에 내렸다. 사위가 온통 눈으로 가득했다. 사단장 숙소에 잠시 들러 대통령 경호실에서 나온 경호관이 준비한 방한복에 방한모를 눌러쓰고 선글라스를 끼는 등 철저히 신분을 위장했다. 그때 현지에는 많은 기자, 사진기자들이 검문소 인근 길가에 포진하고 있었으나 나의 잠행을 눈치 채지는 못했다. 오른쪽으로 이어지는 산허리와 왼쪽 계곡 가로 난 산길을 돌고 돌아 황혼이 내려앉은 백담사에 도착했다. 나는 도착 즉시 전 대통령에게 인사드리고, 국회 광주 및 5공 특위 합동회의에서의 증언하는 절차를 상세히 설명 드렸다. 다만 여야 간의 쟁점이 되고 있는 선서 방식에 대해서는 상세한 설명을 드리지 못하고, 증언하시기 전에 선서라는 절차가 있다는 것만 말씀드렸다. 끝으로 전 대통령에게 "오전 10시에 나오시면 모든 것을 다 끝마치도록 하겠습니다."라는 말을 남기고 방을 나와 옆방으로 들어갔다.

그 방에서는 장세동, 허문도, 안현태, 민정기 비서관 등이 머리를 맞대고 답변서 내용을 최종 정리하고 있었다. 한쪽 옆에서는 김병훈 전 의전수석이 워드프로세서로 답변서 원고 정리에 바삐 움직이고 있었다. 나는 그들에게 선서문제가 아직도 여야 간에 합의가 안 되었다는 사실만 전달해주었다. 초조한 마음으로 앉아 있다가 서울의 이춘구 총장에게 전화를 걸어보았다. 그러나 "야3당 총무들과는 전화 연결도 안 될 뿐 아니라, 선서문제는 조금도 진전이 없다"는 실망스런 답변만 받았다. 어느 새 저녁 8시가 넘었다.

나는 어둠이 내려앉은 백담사 경내로 내려섰다. 어둠은 가득한 흰 눈빛에 묻혀 더는 짙어지지 않았고 그 옛날 이곳에서 수도했다는 한용운의 〈님의 침묵〉만이 나의 가슴을 짓누르는 듯했다.

〈님의 침묵〉으로 가득한 백담사

나는 그때 무어라 말할 수 없는 착잡한 심정에 빠져들었다. 한 겨울 눈덮힌 계곡의 백담사 분위기가 주는 적막감, 권력의 무상함, 지금 내게 닥친 엄청난 정치적 장벽, 이 고비를 넘지 못하면 이 나라의 역사가 한 발짝도 전진할 수 없게 된다는 절박감. 어떻게든 뚫고 나가야 하는데 결국 안되는 게 아닌가 하는 좌절감, 지금까지의 내 노력이 결국 수포로 돌아갈지도 모른다는 불안감 등 여러 상념에 빠져 헤어나오지 못했다.

그러나 나는 다시 정신을 차리고 조용히 백담사를 뒤로 하고 서울을 향해 달렸다. 멀리 춘천 시내의 불빛이 보이기 시작하는 즈음에 어느 파출소 앞을 지날 무렵 한 경찰관이 내 차를 세우고 나를 확인하더니 "서울에 도착하면 다른 곳으로 가지 말고 청와대 안가로 오라."는 청와대의 전화를 그대로 전하는 것이 아닌가. 나는 차를 더 빨리 달려 밤 11시 경 청와대 안가에 도착했다. 그 자리에는 비서실장, 안기부장, 최창윤 정무수석, 이춘구 총장, 국회 양 특위의 우리 당 간사 등이 초췌한 모습으로 나를 기다리고 있었다. 그때 최창윤 정무수석이 나에게 다가와 메모를 전하면서 "다른 방법이 없습니다. 오늘 밤 안으로 이 총무께서 야3당 총무들을 집으로 찾아가 직접 만나 최종적인 협의를 해주십시오."라고 말하는 것이다.

정무수석이 건넨 메모에는 야3당 총무들의 집주소와 전화번호가

적혀있었다. "지금 이게 되겠느냐"고 반문했지만 "최 수석의 성의를 생각해서 지금부터 나가서 만날 수 있는 사람은 한 사람이라도 만나보겠다"고 말하고 장경우, 이민섭 두 간사를 대동하고 안가를 떠났다. 시계바늘은 자정을 향하고 있었다.

나는 먼저 김원기 평민당 총무 집을 찾아 문을 밀고 집안으로 들어섰다. 나는 김 총무에게 "내일 새벽 김대중 총재에게 건의하여 선서를 약식으로 하도록 해달라"고 통사정조로 부탁했지만 김 총무는 "총재에게 가 봐도 소용이 없다."고 하며 "이 일은 내 권한 밖의 일"이라고 거절하는 것이다.

민주당 이기택 총무, 공화당 김용채 총무도 둘이 약속이라도 한 듯 전화를 아예 받지도 않았다. 나는 총무들과의 접촉을 포기하고, 황명수 5공 특위 위원장을 찾아 퇴계로 퍼시픽 호텔로 향했다. 그러나 황명수 위원장도 출타 중이었다. 메모지에 몇 자 적어 보좌관에게 주고 집으로 돌아왔다. 그리고 거의 뜬눈으로 밤을 지새워 마지막으로 상도동 김영삼 민주당 총재 집을 찾았다. 12월 31일 오전 7시 경이었다. 장학노 비서가 나와 총재께서는 오늘이 생일이라서 교회에 새벽 예배를 보시러 가셨고 지금 부재중이라는 것이다. 나는 장 비서로부터 종이를 얻어서 김 총재님 앞으로 글을 썼다.

"총재님, 선서라고 하는 작은 문제에 대한 여야의 이견으로 5공청산으로 가는 큰 역사적인 과제가 잘못 매듭 지워져서는 안 되지 않습니까? 다가오는 90년대, 그 첫해인 새해가 또 다시 5공청산으로 해가 뜨고 지는 한 해가 되게 해서는 안 된다는 생각입니다. 오늘로 5공청산을 마무리 하고, 국민 모두가 희망찬 새해를 맞이하도록 해야 하지 않겠습니까? 이제 마지막 남은 매듭인 증인 선서 문제를 풀 수 있도록 저희 4당 총무들에게 재량권을 주십시오. 결단 내려주실 것을 간청 드립니다."라고 하는 요지의 가슴으로 쓴 글월을 남기고, 국회로 달려갔다.

  나는 사무실에서 멍하니 앉아 있다가 양 특위의 장경우, 이민섭 간사를 불러 선서 문제를 최종 상의했다. 그 과정에서 내 생각이 정리되었다. 형사소송법을 보면 증인은 증언하기 전에 선서서에 서명 또는 기명날인하여 낭독만 하도록 규정이 되어 있을 뿐 재판장을 향해서 오른손을 들고 선서문을 낭독하라는 규정은 없으며, 실제 민·형사 법정에서의 증인 선서 시 증인이 선서서에 서명하고 선서서를 기록에 첨부하는 것이 관례화 되어 있는 바, 따라서 국회에서의 증언절차도 증언감정법에 의해 일단 형사법정에서 하는 대로 하면 되는 것이 아닌가 하는 것이다. 나는 양 간사에게 특위에 들어가 야당 간사들과 협의하여 합의를 이끌어 내도록 했다. 즉 증인으로 출두하는 전 대통령은 위원장을 향하지 않고 의석을 향하여 바로 서서 손들지 않고 법이 규정하고 있는 선서문을 낭독하는 것으로 합의를 본 것이다.

전두환 대통령, 증인석에 서다

  이어서 나는 국무위원 대기실로 전 대통령님을 찾아갔다. 초조한 마음으로 증인 선서 문제를 최종적으로 설명하였다.

  "전 대통령께서는 증인석에 서서 증언하시기 전에 위원장이 아니라 의석을 바라보고 서서 국회의원들을 향해 선서서를 낭독하십시오. 텔레비전 화면에는 모든 국민들을 향해 선서를 하시는 것으로 보일 것이니 좋지 않은가 생각됩니다."

　내 말을 들은 전 대통령께서는 잠시 생각하시더니 "좋아, 이 총무가 시키는 대로 하지!"하시면서 흔쾌히 승낙하셨다. 그리하여 1989년 12월 31일 오전 10시 전 두환 전 대통령은 국회 5공·광주특위 합동 회의장 증언대에 서서 의석을 향해 준비된 선서서를 읽어 내려갔다.

　"양심에 따라 숨김과 보탬 없이 사실 그대로 말하고, 만일 거짓말이 있으면 위증의 벌을 받기로 맹세합니다."

　이로써 헌정사상 최초의 전직 대통령의 국회 청문회에서의 증인 선서를 마치고 서면질의에 대한 일괄답변에 들어갔다.

　답변은 순조롭게 진행되었다. 오후 들어서도 약간의 소란은 있었지만 답변은 잘 이루어졌으나 오후 10시 30분 경, 야당의 이철용, 정상용 의원 등이 "전 대통령이 지금 위증하고 있다"고 소리치면서 단상에 올라와 증인을 끌어내리려 하였고, 여당 의원 몇 명이 뛰어나가 이를 저지하는 소동이 벌어졌다. 의장이 장내 혼란을 이유로 정회를 선포하고 전 대통령이 증인석에서 내려와 퇴장하려 걸어 나가는데 노무현 의원이 자기 명패를 증인을 향해 집어 던졌다. 청문회는 중단되었고 전 대통령은 대기실에서 한참 쉬다가 답변을 채 못한 나머지 원고를 기자들 앞에서 낭독하고 소란한 가운데 국회를 떠나 다시 백담사로 향했다.

　나는 한 시대가 정치적으로 정리되는 마지막 순간까지 사명감을 가지고 혼신의 힘을 다 바쳤다. 전직 대통령의 국회 청문회 증언이라는 역사의 현장을 지켜본 모든 국민들과 함께 내일부터 시작되는 새해가 희망 속에 밝아지기를 바라는 간절한 소망을 가지고.

34
3당 합당, 「민주자유당」 출범

1990년 1월 2일, 5공청산이 끝난 직후 나와 이춘구 총장은 노태우 대통령의 부름을 받고 청와대에서 조찬을 하였다. 그 자리에서 노 대통령은 우리들에게 "그 동안 5공청산 문제 해결을 위해 수고가 많았다."는 치하의 말씀을 하셨다. 그 말 속에 우리 둘이 맡은 바 임무를 끝내고 당직도 아울러 그만두게 되었다는 언질이 포함되어 있는 것으로 우리들은 이해했다.

그런데 우리가 5공청산에 매달려서 애쓰는 동안 한편에서는 정계개편 차원에서 합당 작업이 상당히 진척된 것으로 짐작하고 있었는데, 노 대통령은 합당 문제에 대해서는 한마디의 언급이 없었다. 그래서 참다못해 내가 먼저 단도직입적으로 말을 꺼냈다.

"각하, 합당 작업은 어떻게 되어갑니까?"
"어, 잘 되어가고 있어."라고 간단히 답변하시기에 나는 이어서
"공화당하고만 합당하시지요. 상도동 민주계와는 합당하지 않는 것이

좋겠습니다. 국회에서 그 분들과 다 겪어봐서 말씀인데, 상도동 민주계 사람들과는 합당 후에 융화가 잘 안될 것입니다."라고 말씀드렸다.

이어서 이춘구 총장은 "3당이 합당하면, 결국 세 계파 정치로 갈 것인데 민주계는 YS, 공화계는 JP라는 스타가 있어서 각각 결속이 잘되겠지만, 민정계는 스타가 없으니 결속력이 떨어질 것"이라고 말했다. 그러나 노 대통령은 이에 대해서 가타부타 언급이 없으신 채로 자리에서 일어섰다.

그 후, 1월 5일 민정당은 박태준 의원을 대표위원으로 임명하고, 곧 이어서 1월 6일 사무총장 박준병 의원, 정책위의장 이승윤 의원, 원내총무에 정동성 의원을 보임하고, 새 지도체제를 출범시켰다. 나는 원내총무직을 정동성 의원에게 인계하고 총무 이·취임식에서 다음과 같은 소회의 일단을 밝혔다.

"지난 수개월 동안 계속 뒷걸음질 치려고 하는 역사의 수레바퀴를 전진시키기 위해 그 바퀴에 깔려죽어도 좋다는 각오로 신명을 바쳐 일을 했습니다. 이제 90년대가 밝아오는 이 순간부터 더 이상 당이 표류해서는 안 되며, 당의 진운에 먹구름을 드리우게 하는 그 어떤 행동도 있어서는 안 됩니다."

그 후 1월 21일(일요일), 나는 서동권 안기부장으로부터 궁정동 안기부 안가에서 만나자는 연락을 받고 안가로 갔다. 대문을 거쳐 현관에 들어서려 하는데 박준병 의원, 박철언 의원, 최창윤 정무수석, 노재봉 비서실장, 서동권 부장 등 여러 사람이 현관을 나오려다가 나와 마주쳤다. 나는 직감으로 합당추진파가 최종적인 회합을 한 것을 알 수 있었다. 나는 서동권

부장과 안가 거실에서 마주했다. 서 부장이 말을 꺼냈다.

"합당 문제가 결론이 나서 내가 이 총무에게 통보하는 것입니다. 민정·민주·공화 3당이 민주자유당으로 통합하기로 했습니다. 내일 3당 총재가 청와대에서 회동하고 합당을 선언하기로 합의했습니다."라고 말하는 것이었다.

나는 그 말을 듣고 며칠 전 노태우 대통령에게 설명한 이유를 그대로 말하고, 즉석에서 "통일민주당과의 합당은 해서는 안 됩니다. 아직 시간이 좀 있는 것 같으니 서 부장께서 지금 즉시 노태우 총재를 찾아가 통일민주당과의 합당을 재고하도록 강력히 건의하십시오."라고 말하고 헤어졌다.

그러나 그 다음날인 1월 22일 저녁, 청와대에서 노태우, 김영삼, 김종필 3당 총재가 회합을 통해 3당이 민주자유당 깃발 아래 합당할 것을 선언했다.

민자당 안의 3계파

돌이켜보면, 정치적으로 5공청산 작업이 마무리 되지 않았으면 3당 통합이 가능했을까? 그 누구도 그럴 수 있다고 대답하지 못할 것이다. 나와 이춘구 총장이 피가 마르는 5공청산 작업에 매달리는 동안 합당추진파인 박철언 의원, 박준병 의원은 우리 청산팀에게는 단 한 번의 언질도 없이 합당을 추진하였고, 5공청산이 잘 되어 그 분위기에 힘입어 합당 문제가 급진전되자 1월 21일 합당추진파들이 모여 최종결론을 내고 통합선언 하루 전에 나에게는 서동권 부장이, 이춘구 총장에게는 최창윤 정무수석이 결과만을 통보해준 것이다. 그 후 합당과 창당의 요식절차는 법에 정한대로 일사천리로 진행되었다.

그해 2월 9일 민주자유당 창당대회에서 총재 노태우, 대표최고위원 김영삼, 최고위원 김종필, 동 박태준이 선출되어 지도체제가 정비되었다. 나와 이춘구 의원은 42인의 당무의원에 이름을 올렸다. 우리는 정치에 있어 겨울을 맞이한 것이다. 한 시대를 청산한 사람이 새로운 시대의 주역을 맡는다는 것은 사리에 맞지 않는다고 생각했다.

민주자유당은 합당 창당 절차를 마무리하고 나서, 세 계파가 자연스럽게 생겨났고 각각 자파의 세 불리기와 세 공고화를 위한 경쟁이 벌어졌다. 민정계는 박태준 최고위원을 중심으로 해서 계파의 중진들의 결속을 다지고 당내 최대계파를 형성해 나갔으며, YS의 민주계는 YS와의 인간적인 친분, 지역연고, 학연 등을 찾아 신YS계 몸집 부풀리기에 자파의 역량을 기울이고 있었다. JP의 공화계는 세는 약하지만 큰 계파 사이에서 캐스팅보트 역할을 할 수 있는 길을 모색해나갔다.

나는 YS의 민주계로부터 집요한 러브콜이 있었지만 민정계 중진으로서의 지조를 지켰다. 하지만 유감스럽게도 나는 정치적으로 당내의 일부 세력에 의해 철저하게 견제당하고 소외당했다.

35
러시아·중국·일본을 돌아보다

나는 나에게 닥친 '정치의 겨울'을 내공을 충실히 다지는 준비 기간으로 만들어야겠다고 결심하고, 다양하고도 체계적인 독서를 해나갔다. 통일·정치·경제·과학·역사·철학 분야는 물론 문학 작품에 이르기까지 넓은 범위에 걸쳐 열심히 읽었다. 몇 차례 일본을 다녀오는 길에 일본의 정치·경제와 미래에의 구상, 21세기 정보화 사회의 대비책, '로마제국 쇠망사' 등을 구해다가 열심히 읽었다.

한편으로 나는 국제 문제에 대한 견문을 넓히는 데에도 힘을 썼다. 1990년 가을 김한규 의원의 주선으로 한양대 방찬영 박사를 소개받아 유학성 의원(전 안기부장), 심명보 의원, 그리고 나 5명이 모스크바와 카자흐스탄을 여행했다. 그 당시는 소비에트 연방이 무너지기 직전으로 고르바초프 대통령의 이른바 '페레스트로이카'와 '글라스노스트' 정책이 시행되던 시기였다. 그때 모스크바 시내의 식료품 상점의 진열대가 텅텅 비어있고, 감자 몇 개만 뒹굴고 있는 것을 보았다. 우리 일행이 소련 공산당

직영 호텔에 숙식을 하는 동안, 모스크바에서 배급받은 빵이 품절이 되어 빵 소동이 일어났었다. 이것은 볼셰비키 혁명 이후 70년 만에 처음 있는 일이라고 들었다.

우리 일행은 소련 공산당 야나예프 정치국원과 경제정책 책임자 등 몇몇 지도자들과 만나서 대화하였는데, 그 사람들도 한결같이 소련의 내일에 대해 비관적인 견해를 가지고 있었다. 고르바초프의 개혁이 결국 실패로 끝날 것이라고 하는 의견을 말하는 것을 들으면서 우리들은 크게 놀랐고, 공산주의 70년의 실험이 끝나고 동서냉전도 끝나겠구나 하는 것을 직감했다. 모스크바 공항 매점은 물론 시내 관광 상품 매점에서도 살만한 물건이 거의 없었다. 호박으로 만든 목걸이, 캐비어 캔 정도가 살 수 있는 유일한 상품이었다. 나는 소련이 무너진 후에 세계 정치 경제 질서는 어떻게 재편될 것인가, 우리 한반도 정세에는 어떤 영향을 줄 것인가를 곰곰이 생각해보았다.

이어서 우리 일행은 카자흐스탄의 나자르바예프 대통령의 초청으로 알마아타(당시의 수도)를 방문했다. 카자흐스탄 정부청사에서 정부각료 전원과 우리 일행 다섯이 마주앉아 간담회를 통해 정치개혁과 경제개혁의 추진 방향 및 문제점, 그리고 그 대책에 관해서 토론하였다. 나자르바예프 대통령이 초청한 국빈 만찬에서 나는 한국의 경제적 성취의 어제와 오늘을 설명하며, "정치개혁을 경제개혁과 동시에 추진하지 않고 경제를 먼저 성취시키고 후에 정치개혁을 추진하는 것이 두 마리 토끼를 다 잡을 수 있는 요체"라는 것을 부연 설명하고, "카자흐스탄이 정치개혁과 경제개혁을 동시에 추진하는 것은 매우 위험하다. 정치적 민주화 추진으로 사회 질서가 붕괴되면 두 마리 토끼를 다 놓칠 우려가 있으니 신중해야 한다."고 조언해 주었다. 만찬 다음날 나는 대통령의 요청으로 내무성에 초청되어 내무성 차관, 군관구 사령관, KGB 지부장 그리고 내무성 간부들을 상대로 위 간담회에서 말한 내용을 정리해서 강의를 해주었다.

그때 우리를 안내한 방찬영 교수는 그 뒤 카자흐스탄 나자르바예프 대통령의 경제 고문이 되어 카자흐스탄의 경제정책 전반을 입안하여 개혁을 추진하였으며, 카자흐스탄의 경제 부총리직도 맡아서 시장경제체제로의 경제개혁과 개방을 이끌어 오늘날 카자흐스탄의 경제적 풍요를 이룩해냈다고 한다.

우리 일행은 알마아타 인근에 거주하는 우리 동포(현지에서는 '고려인'이라고 칭함) 사회지도자들을 초청하여 간담회를 가졌고, 그분들로부터 1937년 경 15만 여명의 고려인들이 연해주 지역에서 중앙아시아 지역으로 강제이주 당하던 때의 비극적인 사연을 들을 수 있었다. 동포 중에는 정부의 장차관급까지 지낸 분도 있고, 사회지도급 인사가 다수 있음을 확인하고 한민족의 우수성을 생각했다.

중국의 부상을 예상하다

1991년 여름, 유학성 의원, 심명보 의원과 함께 '중국공산당국제우호연락회'의 초청으로 홍콩을 거쳐 중국을 방문했다. 한중 수교 전이었지만 북경 조어대(釣魚臺) 영빈관에 짐을 풀고 우호연락회 악풍(岳風)

회장의 초청을 받아 인민대회당 내 식당에서 만찬을 했다. 중국 인민해방군 후근부(後勤部) 부장, 중국 공산당 중앙군사위원인 조선족 출신 조남기 상장을 만나 동족애를 가슴으로 느꼈다. 조 장군은 충북 청원이 고향이고 13살 때 아버지를 따라 만주 간도로 이주하여 그 후 중국에서 성장하였다. 본관이 풍양(豊讓)이라 나의 처가와 동본일 뿐 아니라 내 아내와 같은 항렬이므로 처남·매부로 호칭하게 되어 참으로 보람 있었고 기뻤다. 조 장군은 "피는 물보다 진하다"는 말을 수차례 하였으며, "중국 인민 해방군이 그 긴 중국 국경을 잘 지키고 있기에 아세아와 세계 평화가 유지되고 있다. 남한은 북한의 군사력을 가볍게 무시해서는 절대 안 된다."는 말씀을 해주신 것이 지금도 생생히 기억난다.

그 다음 우리 일행은 서안(구 장안)을 찾았다. 그 유명하다는 진시황릉, 비림(碑林)박물관, 장안성 서문(실크로드의 출발점), 화청지(華淸池) 등 서안 일대를 돌아보며 중국 문명의 규모와 깊이에 감동을 받았고, 이어서 찾은 북경시내의 팔달문 좌우로 이어지는 만리장성의 위용 앞에 한족의 엄청난 잠재력을 확인했다. 북경 시내에서 자금성의 규모를 보고 놀랐고, 미이라가 된 모택동도 만났으며, 문화대혁명과 천안문사태에 대한 진실한 이야기도 들었다.

다음 심양에 들러 후금 시대의 유적과 청태조 누르하치와 태종 황태극의 능을 보았고, 연변으로 달려가 우리 민족의 영산(靈山)인 백두산에 올라 천지를 내려다보며 일행은 천제(天祭)를 지내고 통일을 빌었다. 장백폭포를 바라보니 '이 폭포가 남쪽으로 떨어졌더라면 좋았겠다.'하는 아쉬움이 일기도 했다.

일본 속의 '한국혼'을 찾다

중국을 다녀온 1991년 가을, 나는 일본 정부 초청으로 다시 일본을 방문했다. 떠나기 전 나는 일본 외무성 정계 지도자와의 접견과 일본 속의 한국 유적을 보고 싶으며, 항공자위대를 한 군데 방문했으면 좋겠다고 제의했다. 정계에서 미야자와 기이치(宮澤喜一)·다케시타 노보루(竹下登)·하타 쓰토무(羽田孜)·가토 고이치(加藤紘一) 등 여러 지도자들과 면담을 하며 미래지향적인 한일 관계의 발전 방향에 관해 많은 의견을 나누었다. 북해도에 있는 일본 항공자위대 치토세(千歲) 기지를 방문하여 일본이 자체 제작한 F15기 조정석에 앉아 보았다. 이 기지는 일본의 북쪽인 러시아에 대비하고 있음을 알 수 있었다.

나는 이어서 일본 속에 한국 문화의 유적을 찾아 가고시마의 사쓰마 야키를 찾아 14대 심수관(沈壽冠)씨와 첫인사를 나누었다. 심수관씨는 자신의 14대조인 심수관씨가 정유재란 때 전북 남원성이 왜군에 의해 함락될 때 도공이라는 이유로 납치되어 일본에 끌려와 지금 이곳에 정착하여 도자기 가마를 설치하여 요(窯)를 시작했다고 한다. 그는 14대조 조상이 쓰던 망건을 대나무 통 속에서 꺼내 보이며 눈물을 글썽거리며, 대대로 심수관이라는 이름을 그대로 써오고 있다고 했다. 자신의 아들도 한국 이천에 있는 질그릇 요에서 기술을 연마했다고 하며, 우리들에게 전시된 역대 조상들의 귀중한 작품을 보여주었다. 저녁은 가고시마현 부지사가 심수관씨도 초청하여 같이 하였는데, 심수관씨는 그 자리에서도 할아버지 이야기를 하면서 또 눈물을 보였다. 나는 임진왜란·정유재란 당시의 일본의 만행을 생각하며 가슴에서 우러나는 강한 울분을 느꼈다.

다음 날은 아리타시(有田市)로 안내되었다. 아리타야키의 본 고장이다. 아리타야키를 일으킨 이삼평(李三平)도 정유재란 때 계룡산 밑 어느 마을에서 도자기 가마를 하다 왜군에게 납치되어 일본에 끌려와 아리타 마치에서 도자기 요를 시작했다고 한다. 그 후 이삼평은 일본의 도신(陶神)으로 추앙되어 도리이(鳥居)가 도자기로 된 신사에 모셔졌다. 아리타에는 도신 이삼평 신사가 있었다. 아리타시에서 세운 도자기 박물관에는 그의 작품이 많이 전시되어 있다. 아리타시는 시 전체가 도자기 상점가로 조성되었다고 할 만큼 모든 시민이 도자기로 먹고 산다고 해도 과언이 아닌 것 같았다. 아리타시의 도자기 박물관에서 고문으로 있는 원로 전문위원으로부터 세계에서 하나 밖에 없는 이 도자기 박물관을 개관하는 과정에서 한국중앙박물관장을 지낸 정양모 박사의 지도와 자문을 받았다는 말을 듣고, 나는 정양모 박사의 고등학교 동창으로서 뿌듯함과 자부심을 느꼈다.

36
YS시대의 개막

　민주자유당은 합당 창당한 후 화학적 통합을 기대하는 총재인 노 대통령의 간절한 바람을 외면하고 각 계파 간의 갈등과 대립은 물론 민정계 안에서도 개인적인 또는 지역적인 이해에 따라 분파 작용을 일으키고 있었다. 그런 가운데 정무장관 박철언 의원은 YS의 모스크바 방문을 수행(박철언 의원은 수행이 아니라 동행이라고 하였음)하고 돌아온 이후, 반YS 전선의 중심에 서서 박태준 최고의원을 정점으로 모시고 민정계를 결집시키는 데 힘을 기울였다. 당에서는 또 이른바 내각제 합의각서 유출 및 보도로 인해 큰 소동이 벌어지기도 하였다.

　1990년 1월 민정·민주·공화 3당 합당 당시 3당 총재 간에 합당의 전제조건으로 내각제로 개헌한다는 각서를 써서 한 부씩 나누어 보관한 일이 있는데, 그 중 한 부가 모 언론사 기자에 의해 입수되어 모 신문에 보도된 것이다. YS는 정치적 모략극이라고 반발하였고, 당무를 거부하고 마산으로 내려갔다. 노태우 총재는 이를 계기로 분당도 불사하겠다는 의지를 강하게 보이더니 돌연 생각을 바꾸어, 김윤환 의원을 마산에 내려 보내 YS의 당무 복귀를 간곡히 권유하여 YS를 서울로 귀환하게 하고, "앞으로 당은 계파를 초월하여 YS대표 최고의원을 중심으로 굳게 결속하여 14대 총선에 대비하여야 할 것"이라고 결론을 내리고 사태를 종결지었다. 그리고 난 후에 당 내에 'YS 대세론'이 급속히 확산되어 갔다.

'정치역동화'를 부르짖다

그 후 정계의 관심은 14대 국회의원 총선과 관련된 공천심사위원회의 구성과 각 지역구 및 비례대표 공천문제로 옮겨졌다. 나는 중앙당 공천심사위원이 되었고, 포천·연천 지역구 당 후보로 공천되어 3월 24일 선거에 임할 수 있었다.

그리고 14대 총선을 준비하면서 '정치 역동화'를 선언했다. 다가오는 21세기를 세계 속에 웅비하는 위대한 한민족의 시대로 만들기 위해서는 무엇보다 정치가 역동적으로 펼쳐져야 한다는 주장이다. 당리당략에 의한 극한투쟁, 지역주의, 폭로주의, 선동주의 등 구정치의 악습을 과감하게 혁신해야만 경제·사회·문화가 풍요로운 선진국이 될 수 있다는 주장이다. 나는 또 지역구 유권자들에게 이렇게 역설했다.

"큰 인물이 역시 큰일을 합니다. 큰 인물은 여러분의 사랑과 정성으로 크는 것입니다. 이제는 영호남이 아닌, 중부권에서 지도자가 나와야 합니다."

92년 3월 24일, 14대 총선에서 나는 무난하게 당선됨으로써 4선 의원이 되어 어깨가 무거워졌다. 연천·포천 지역구 유권자들은 총선을 통해 나에게 지역의 일꾼을 넘어서서 국가지도자로 나아가라는 무언의 격려를 보냈던 것이라고 이해한다. 민자당은 14대 총선에서 과반수 의석 확보에 실패했다. YS대표에게 패배를 안겨준 것이다.

그러나 YS는 선거 패배에 대한 책임론에서 벗어나기 위해 특유의 '치고 나가기' 정치 승부수를 띄웠다. 친YS계 의원수가 과반수가 되자 YS는 'YS대세론'에 자신감을 가지고 분위기 반전을 위해 92년 3월 28일 민자당 대통령 후보 선출을 위한 경선에 나설 것을 선언함에 따라 당과 국민의 관심과 시선은 민자당 전당대회에 모아졌다. 그때 민자당의 세력판도를 볼 때, 민정계의 박태준 최고위원이 수장으로서의 역할은 하고 있었지만 민정계 내의 소(小)계보를 형성하고 있는 중진 의원들을 제대로 장악하고 있지 못했고, 나 자신만 해도 나아갈 방향을 결정하지 못하고 있었다.

나는 며칠 동안 고민하던 끝에 3월 말 어느 날, 노태우 대통령을 면담했다. 그 자리에서 나는 노 대통령에게 이렇게 건의했다.

"각하, 군 출신 대통령은 각하로 끝나야 한다는 것이 각하의 당 내외에 대한 약속이 아니었습니까? 그런데 박태준 최고의원이나 이종찬 의원은 육사를 나온 전형적인 군인이 아닙니까? 저는 순수한 민간인으로서 5공에 참여하여 4선을 거치면서 나름대로 강한 정치훈련을 받았습니다. 당의 대통령후보를 뽑는 경선을 앞두고 생각할 때, 제가 위의 두 분들보다 적임자가 아닙니까?"

이러한 내 말을 듣고 나서 노 대통령은 "그렇다면 서너 명이 나서서 경선을 치르는 것도 민주적인 모습으로써 좋겠구먼."이라고 말씀하셨다. 나는 이 말씀이 내 질문에 대한 분명한 답변은 아니었지만 내가 경선에 나가도 무방하다는 뜻을 포함하고 있다고 이해하고 자리에서 일어섰다.

민정계의 분란과 종언

그런데 그 당시 이미 민정계는 친YS파와 반YS파로 크게 갈라졌고, 소수의 중도파가 있었을 뿐이었다. 김윤환 의원은 자신이 간사장을 맡아 권익현 전 대표, 유학성 의원 등을 고문으로 위촉하고 그 외 당내 영남권 중진 의원들로 YS대통령후보 추대위원회를 만들어 민정계 의원 100명 가까이를 끌어들였으며, YS대세론을 널리 확산시켜 나가고 있었다.

그러자 3월 31일, 박태준 최고위원은 반YS입장을 분명히 하면서 뜻을 같이 하는 이종찬·이한동·박철언·박준병·심명보·양찬식 의원 등으로 민정계 '7인중진협의회'를 구성, 첫모임을 시작했다. '7인중진협의회'는 민정계 대통령 후보를 단일화하여 반YS입장에서 대통령후보 경선에 나가도록 하는 데 그 모임의 취지가 있었으나 출범 초부터 본질적인 취약점을 안고 있었다. 나는 첫날 모임에서 문제제기를 했다. "7인중진협의체는 민자당 내 민정계의 대표성이 없다. 민정계 전체 의원과 원외 위원장들로부터 권한을 위임 받지 못하고 있어 수권모임이 아니기 때문에 협의체가 어떤 결론을 내리더라도 법적 구속력이 없다."는 내용이었다. 그러나 위와 같은 본질적인 하자를 그대로 방치한 채 7인협의회는 4월 중순까지 여러 차례 회합을 갖고 후보 단일화를 논의했으나 성과가 없었다.

나는 4월 12일 경, 노태우 대통령에게 앞서 진언 드린 바와 같은 정치소신에 입각하여 민정계를 대표하는 대통령후보 경선에 나갈 것을 선언했다. 그 이전에 이미 이종찬 의원은 경선 출마 의사를 밝힌 바 있었다. 한편 박태준 최고위원은 4월 17일까지 입장 발표를 유보하고 있었으나 나는 박태준 최고위원으로 민정계 후보가 단일화 되는 것이 최선이요 순리라고 생각하고 있었다. 그러던 차에 92년 4월 17일 아침, 정해창 비서실장으로부터 청와대 앞 비서실장 관사에서 10시경 만나자고 하는 전화가 왔다. 예감이 좋지 않았으나 정 실장을 만났다.

"이 선배(내가 대학 2년 선배), 후보에서 사퇴하시지요. 여론 조사를 보아도 이 선배의 인지도가 별로 좋지 않습니다. 그러니 이종찬 의원으로 단일화하도록 하는 것이 좋겠습니다."라고 정 실장이 말하는 것이 아닌가.

나는 즉각 "이종찬 의원은 전형적인 군인입니다. 군 출신 대통령은 당신으로서 끝나도록 해야 한다는 것이 노 대통령의 평소의 소신이 아닙니까? 나는 사퇴 못합니다."라고 말하고 자리에서 그냥 일어서서 나왔다.

그 길로 서울시청 옆 포철회장실로 박태준 최고의원을 찾아갔다. 박 최고의 표정이 첫눈에 어두워보였다. 나는 박 최고위원에게 "민정계를 대표하시어 후보 경선에 나가겠다고 결정을 하시지요."라고 다그쳤다. 그러자 박 최고는 "나는 못 나가요. 오늘 아침 안기부 이상연 부장이 우리 집에 다녀갔어요. 집을 나오는데 검은색 차량 두 대가 내 차를 따라왔어요. 지금 저 아래 주차장에 아마 있을 거에요."라고 체념한 듯이 말씀하시는 것이다. 나는 정말 참담한 심정이었다. 결국 노대통령은 연말에 있을 14대 대통령 선거에 나설 민자당 후보를 YS와 이종찬 의원 둘만의 경선을 통해 결정하겠다는 뜻이 아닌가.

노 대통령이 연두 기자회견에서 "초등학교 반장도 선거로 뽑는다. 자유경선은 민주주의의 보편적 가치다."라고 한 소신은 어디로 갔는가 하는 허탈한 심정으로 박 최고위원 방을 나왔다.

그날 오후 롯데호텔에서 8번째 '7인중진회의'가 열렸다. 나는 회의 벽두부터 거의 말없이 앉아서 이 회의체가 최종적으로 어떤 모습으로 끝나야 정치적 웃음거리를 모면할 수 있을까를 고심했다. 그러는 가운데 일단 경선에 내가 나가야 한다는 입장만은 강하게 견지했다.

박태준 최고위원은 의장으로서 회의 도중 "살신성인의 심정으로 단일화를 위하여 경선 출마를 포기한다"고 선언하시고는 나와 이종찬 의원을 앞혀놓고 "빨리 타협하여 단일화를 이룩해내라"고 심하게 재촉하기도 하셨고, 여러 사람 앞에서 "이분들 괴롭히지 말고 빨리 결심하라"고 강하게 촉구하기도 했다. 박 최고위원이 이 종찬 의원과 나를 빼고 나머지 멤버와 별도 회합도 했기 때문에 이 협의체에서 오늘 어떤 결론을 내야한다는 것에 대해 충분한 협의가 되었을 것이라고 생각하고 있었던 차, 12시가 가까워 오는 시점에 누군가가 나와 이종찬 의원을 뺀 5명이 투표로 결정하는 것이 좋겠다고 제안하였다. 나는 즉석에서 찬성했고, 이종찬 의원은 조금 주저하다 찬성했다. 투표 결과는 예상대로 이종찬 3표, 이한동 2표였다. 3대2로 이종찬 의원이 단일 후보로 결정된 것이다.

나는 대통령비서실 최재욱 대변인이 이종찬 의원으로 민정계 후보 단일화가 이뤄졌다고 기자들에게 발표하는 것을 보면서 정치에 대한 깊은 회의와 허탈에 빠졌다. 나는 결국 정해창 실장을 통한 노태우 대통령의 지시를 성실하게 받든 것이다. 그때 언론에는 12시가 가까워지면서 이한동 의원이 양보 자세를 보인 것으로 알려졌다고 보도되었으나 나는 표면적으로 양보한 일은 없다.

박태준 최고위원이 4월 18일 새벽 민정계 후보단일화를 선언하고 난 뒤, 나는 참석자들에게 "장시간 고생시켜드려 죄송하다. 결과에 깨끗이 승복하고 앞으로 이종찬 동지의 승리를 위해 최선을 다하겠다."는 인사말을 했다. 그 뒤 이종찬 의원은 선거대책 기구를 구성하면서 나에게 선거대책본부장을 맡아달라고 하였으나, 나보다는 심명보 의원을 시키라고 조언하여 관철시켰다. 채문식 전 의장을 선대위원장으로, 윤길중 의원을 고문으로 위촉하여 광화문에 사무실을 내고 박태준 최고위원의 주도로 YS와의 일전을 위한 준비를 착실히 추진해나갔다.

이종찬 의원의 경선거부

그로부터 1개월이 지난 뒤 당의 대통령 후보 선출을 위한 전당대회 3일 전의 시점에서 민자당과 민정계는 이종찬 의원의 경선 거부라는 예상치 못한 회오리바람에 휩싸였다. 박태준 최고위원이 주재한 경선거부대책회의에서 나는 박준병 의원, 박철언 의원과 함께 경선 거부 반대 입장을 분명히 했다. 그러나 이종찬 의원, 채문식 위원장의 경선 거부 주장은 완강했다. 5월 17일 대책회의에서 전날 노 대통령과 면담도 하고 참석한 이종찬 의원은 초조하게 기다리고 있는 대책위원 등 여러 사람 앞에서 예상치 못한 경선 포기를 선언하고 말았다. 공정한 자유경선이 보장되지 않기 때문이라는 이유를 들었다. 나는 즉석에서 이종찬 의원이 경선을 포기한 마당에 더 이상 이 자리에 앉아있을 이유가 없다고 생각한다고 말하고, 결별의 말을 남기고 나와 버렸다.

당시 이종찬 의원의 경선 포기의 배경이 무엇이고, 진짜 포기 이유가 무엇인지는 지금도 알 길이 없다. 다만, 그 당시 노태우 대통령이 민주계 수장 YS를 민자당 대통령 후보로 정하기로 마음을 굳힌 것이 아니겠는가 하는 짐작을 할 수 있었다.

이종찬 의원의 경선 포기로 당내 분위기는 급변했다. 반YS계는 구심점을 잃고 사분오열되었고, YS 대통령후보 추대위원회는 의기양양하게 당내 분위기를 주도해나갔다. 동년 5월 19일 민자당 전당대회에서 김영삼 대표가 14대 대통령후보로 선출되었고, 경선을 포기했음에도 이종찬 의원은 33%의 득표를 했다. 나는 그후 우리 당의 대통령후보로 YS가 선출된 이상, '나보다는 당, 당보다는 국가'라는 신념으로 YS를 당선시켜 정권을 재창출하도록 진력하는 것이 당원의 도리라고 생각하고 우선 경기·인천 지역의 당직자들에 대한 정신 교육에 힘을 쏟았다.

경기·인천 지역 각 지역구 협의회장 이상의 간부들을 중앙정치연수원에 입소시켜 내가 직접 강연을 했다. 13대 대선(1노3김 대결)을 치르는 과정에서 경기·인천 지역은 반YS 정서가 짙게 깔려있었고, 더구나 수강생의 대부분이 민정계 대의원이었기에 그런 반YS 정서를 긍정적인 방향으로 바꿔나가는 논리가 무척 궁했다. 나는 나의 솔직한 생각을 강의에서 털어놓았다.

"우리 경기도 사람 입장에서 생각해볼 때, DJ를 대통령 시키는 것보다는 YS를 당선 시키는 것이 그래도 낫지 않겠는가. 동지 여러분 어떻습니까?"라고 강하게 목소리를 올렸다.

　이런 진솔한 말이 당 간부들에게 상당히 먹혀 들어갔던 것 같다. 나는 그해 여름 중앙정치연수원에서의 당원 교육이 많은 성과를 거양했다고 김영삼 대표로부터 감사패를 받기도 하였다.

　1992년 8월 26일, 둘째 딸 정원이가 동아일보 김병관 회장님의 장남 김재호군과 국립극장에서 결혼식을 올렸다. 주례는 평소에 가깝게 지내던 현승종 전 총리가 맡아주셨다. 큰딸 혼인과 마찬가지로 나는 김병관 회장과 상의하여 청첩을 일절 안 하기로 했고, 화환이나 축의금 역시 모두 사절하기로 하였다. 그리고 나와 김 회장이 예식장 출입문에서 하객 분들을 맞아 인사를 드렸고, 신랑 측에서 간소한 선물을 드렸다. 사실, 이 혼인은 당시 중진 정치인과 언론사 사주 간의 정략결혼으로 오해를 살 수 있다는 점에서 양가를 망설이게 했다. 하지만, 신랑 재호 군은 딸 정원이 오빠인 용모의 고교 동기이자 절친한 친구여서 정원이가 친오빠처럼 따랐고, 두 젊은이가 수년 동안 쌓아온 깊은 사랑과 믿음이 있었기에 어떤 이유로도 이 둘의 지순한 결합을 막을 수 없었다.

　나중에 알게 된 사연이지만 재호 군이 당시 상도동 우리 집에 놀러 와서 친구 여동생을 보고 호감을 가진 게 두 사람의 인연이 맺어진 계기가 되었던 모양이다. 재호 군과 정원이는 데이트를 하면서도 철저히 보안에도 신경을 쓴 것 같다. 어떤 의미에서는 두 사람의 결합에 결정적인 역할을 한 아들 용모가 두 사람의 '몰래 사랑'을 몰랐을 정도였으니 말이다. 사실 용모가 두 사람의 데이트 사실을 안 것은 미국 유학 중에 우연히 친구를 통해서였다. 그 때 용모 친구가 용모에게 "재호와 정원이가 사귀고 있다는데 자네는 알고 있는가"라는 말을 듣고 두 사람이 연인 관계라는 것을 알게 되었다니 지금 생각해도 웃음이 나온다.

두 사람의 결합은 양가 집안의 반대를 무릅쓰고 이룬 순애보이다. 지금 두 사람은 행복하게 잘 살고 있다. 사위 재호 군은 동아일보와 채널A 사장과 고려중앙학원 이사장을 맡아 언론과 교육의 사회적 책무를 잘 수행하고 있고, 딸 정원이는 고려사이버대학교 교수로 재직하며 인촌 선생 가문의 명맥을 훌륭히 잇고 있어 나는 사위와 딸이 매우 자랑스럽게 느껴진다.

92년 9월 중순, 노태우 대통령이 당 총재직에서 사퇴하고 당을 떠난다고 발표했다. 이어서 박태준 최고의원, 박철언 의원도 탈당했다. 민정계 의원들은 일시 동요했으나, 곧 진정되었다. 노 대통령은 내각을 선거관리 중립 내각으로 개편하기 위해 정원식 총리 내각을 물러나게 하고 현승종 총리 내각을 출범시켰다. 이어서 당에는 선거대책위원회 체제가 들어서, 대책위원장에 정원식 전 총리, 상임부위원장에 이춘구, 이한동, 김윤환, 최형우 의원 등이 위촉되고, 선거대책본부장에는 김영구 사무총장이 임명되었다. 나는 김영구 총장에게 이해구 의원을 당 사무차장, 김영진 의원을 기조실장으로 추천했다. 선거운동기간에 나는 YS후보의 경기인천 지역 유세를 여러 차례 수행했고, 찬조연설도 열심히 했다.

YS의 문민정부 출범

드디어 92년 12월 18일 14대 대통령 선거에서 민자당 김영삼 후보가 대통령으로 당선 확정되었다. 열세라는 예상을 뒤엎고, 서울에서 패한 것을 경기·인천 지역에서 YS 지지표가 많이 나와 결국 수도권에서 승리한 여당 대통령을 만들 수 있었다. 바로 그날, DJ는 눈물로 정치 일선에서의 은퇴를 선언했다.

93년 1월 들어 대통령직 인수위원회가 출범 가동되었고, 김영삼 대통령당선자는 변화와 개혁에 대한 강한 의지를 내외에 천명하였다.

"앞으로 과감한 개혁을 추진해나가되, 급격한 개혁으로 국민을 불안케 하거나 안정을 저해하는 일이 없도록 하겠다. 개혁 없이는 안정을 이룰 수 없으며, 진정한 안정을 위해서 개혁은 반드시 이루어져야 한다."고 여러 차례 강조했다.

새해 들어서면서 개혁은 새 정부의 움직일 수 없는 지표로 떠올랐고, 이미 개혁은 시대적 흐름이자 대세로 자리 잡아 나가고 있는 모습이었다.

나는 대통령 취임준비 기간 중 YS 당선자와 한 차례 독대하였다. 그 자리에서 YS에게 국가 운영 방안에 대한 여러 가지 진언을 드리며 이렇게 말씀드렸다.

"대통령께서는 우리 대한민국을 새로 건국하는 대통령과 같은 역사의식의 바탕에서 국가 운영 방안을 설계하는 것이 좋겠습니다."

문민대통령에 대한 국민의 기대와 희망도 그런 수준을 훨씬 넘어서 있다고도 말했다. 그리고 토정 이지함이 포천현감 시절 왕에게 올린 상소문 중에서 밝힌 '인사에 있어서의 적재적소 원칙의 중요성'을 언급한 부분을 아울러 말씀드렸다.

  1993년 2월 25일, 14대 김영삼 대통령이 취임하고 동시에 황인성 총리 내각을 출범시킴으로써 문민정부 시대가 열렸다. 그리고 2일 뒤, 김 대통령은 스스로 자기의 전 재산(동·부동산 등) 19억 상당의 내역을 공개하고, 모든 국무위원들도 조속히 재산을 공개하도록 지시했다. 법령에 근거도 없는 조치였다. 3월 들어서서, 정부의 장관급 공직자 29명은 물론 국회의원 전원의 재산 내역이 일괄 공개되었다. 당시의 분위기로는 대통령의 의지에 따라 5·6공을 거쳐 주요 포스트에 있던 인물을 대상으로 사정과 개혁의 차원에서 입법 제도화에 앞서 자발적인 재산 공개를 유도한 것이라고 짐작이 된다. 언론도 유명 정치인들의 재산이 공개되자마자 기자들을 동원하여 실사 작업을 벌여나갔다.

  나 자신도 5·6공에서 당정의 핵심 요직을 두루 섭렵하여 정계 실세로 알려졌고, 근거도 없이 대단한 재산가라는 뜬소문이 돌았기 때문에 언론의 집중 실사를 받았다. 당시 국민일보 기자들과 함께 나의 재산 내역을 깊숙이 취재했던 CBS 사회부 김진오(金眞吾) 기자는 나에 대한 집중 실사를 마치고 다음과 같은 평가를 내렸다고 언급한 바가 있다.

> 취재를 맡았던 기자로서 깨끗하다. 권력형 부정축재가 전혀 없었다. 한 가지 더 말씀 드린다면 이한동 의원은 돈 욕심이 전혀 없는 사람이다.
>   - CBS 사회부 김진오 기자

이것이 그가 내린 최종 결론이었다. 재산 공개 파동을 겪으면서 나는 다시 한 번 정치인의 덕목 중 무엇보다 중요한 것이 도덕성이라는 것을 깊이 절감했다. 이 파동의 여파로 박준규 의장, 김재순 전 의장, 유학성 전 안기부장 등 상당수의 의원들이 의원직을 사퇴하였다. 김재순 전 의장이 그때 의원직을 그만두면서 '토사구팽(兎死狗烹)'이라는 유명한 사자성어를 남기기도 하였다.

제6부

시대에 대한 도전과 영욕(榮辱)

37. 세 번째 원내총무 수락
38. 국회부의장 시절
39. 새로운 도전의 길에 나서다
40. 중동·유럽에서 배우다
41. 새 시대 지도자론
42. YS와 이회창의 동반 추락
43. DJP연합,「한나라당」에 신승
44.「자유민주연합(자민련)」시대를 열다
45. 제33대 국무총리 2년 2개월
46. 대북문제로 DJP 공동정부 파국
47. 국무총리시절 ; 못다 한 이야기
48.「하나로국민연합」창당, 대선 출마
49. 노무현의 '참여정부'

37

세 번째 원내총무 수락

YS의 집권 초기 개혁은 여러 가지 면에서 무모하리만큼 과감하고 또 속도감이 있었다. 김진영 육군 참모총장, 서완수 기무사령관을 전격 해임하는 것으로 시작된 육군의 사조직 하나회(전두환 장군을 정점으로 육사 11기부터 24기까지 사이에서 선택된 장교들로 구성된 육군 내의 사조직)의 발본색원에 가까운 인적개혁조치는 무자비했다. 권영해(육사 15기, 비하나회) 국방부장관 책임 하에 단행된 이 조치로 인해 육군 내에 하나회는 흔적조차 사라졌다.

전직 대통령들과 당정에서 주요 비밀모임 장소로 활용하여 왔던 청와대 주변의 여러 채의 안가도 한 채도 남기지 않고 모두 철거해버렸다. 이러한 YS 개혁 의지는 찬반양론이 갈려 왔던 구 총독부 건물(중앙청)의 완전 철거로까지 이어졌다.

91~92년은 물론 93년 들어서서도 서울과 지방의 대학 또는 사회단체의 초청으로 여러 차례 강연을 다닌 것 외에는 특별히 한 일도 없이 한 해가

저물어 가는 12월 중순 어느 날, 나는 김영삼 대통령의 칼국수 오찬에 초대를 받았다. 국산 밀가루로 만든 칼국수 한 그릇을 다 들고 난 즈음에, 김 대통령이 느닷없이 "이번에 이 총장(나에 대한 호칭)이 원내대표를 맡아주어야겠어요."라고 말하는 것이 아닌가. 이어서 "내년 94년 1년은 내 대통령임기 5년 중 유일하게 선거가 없는 해입니다. 그런데 국회가 (개혁을) 제대로 뒷받침해주어야 내가 개혁을 제대로 펴나갈 수 있지 않겠습니까? 의원수첩에 우리 당 의원들을 3차례나 살펴보았는데, 이 총장 말고는 원내총무 적임자가 없었어요. 내년 1년만 국회운영의 전권을 맡길 테니 총무를 맡아 산적한 정치 현안(개혁입법, WTO 협정비준 등)을 처리해주세요."라고 간곡하게 말씀하셨다.

나는 그때 원내총무가 나하고 가까운 김영구 의원임을 떠올리면서 선뜻 승낙을 못했다. 내가 묵묵히 앉아있자, 김 대통령이 "이번에 총무하면 몇 번째인가요?"라고 물으셨다. 내가 "세 번째입니다."라고 하자, "나는 야당의 원내총무를 5번했어요."하고 말씀하시는 것이다. 나는 결국 대통령의 뜻을 거역하지 못하고 무거운 마음으로 승낙을 하고 그 자리를 나왔다.

세 번째 원내총무를 맡다

1990년 초 3당 합당 시점부터 YS 집권 초의 재산공개 파동까지 4년 동안 나에게 찾아온 정치의 겨울은 매서웠다. 민자당 당무위원 말고 나에게는 그 어떤 직함이나 정치 현장도 주어지지 않았다. 나는 그 엄동설한을 이겨내고 대 집권여당의 원내 사령탑을 또 맡은 것이다.

1994년 새해 들어서서 나에게 맡겨진 일은 통합선거법, 정치자금법, 지방자치법 등 3대 정치개혁 입법을 마무리하는 것이었다. 나는 김태식 야당

총무와 몇 차례 접촉을 가진 끝에 94년 1월 중순 여야 총무회담을 통해 다음 두 가지를 합의했다.

> **여야총무회담 합의사항**
> 1. 정치특위는 가동을 중단하고 여야가 각 3인씩의 대표를 선정하여 3대3의 6인 정치회담에서 정치개혁 3법의 협상을 끝내도록 한다.
> 2. 여야는 대표 3인 중 1명을 자당 협상팀의 대표로 정하기로 한다.

이에 따라 여당은 박희태 의원을, 야당은 박상천 의원을 협상대표로 하여 즉시 개혁법안 협상에 들어갔으며, 한편 2월 중순부터 3월초까지 20일간의 임시국회를 열어서 법안을 처리하기로 했다.

그 후로 정치특위에서 그 동안 좀처럼 합의가 안 되던 쟁점 사항들이 여야 대표간의 집중 협의로 쉽게 풀려나갔으며, 대통령 선거일과 4대 지방선거일까지 법정화 하는 데에도 잠정 합의했다. 다만 선거사범 중 검찰의 불기소 처분에 대한 고소고발인의 재정신청제도의 도입여부에 대한 여야의 입장 차이는 컸다. 아울러 김영삼 대통령의 동 제도 채택 불가 의지도 강력하여 법안 전체의 협상이 좌초될 처지에 놓였다.

나는 청와대에서 김 대통령을 직접 면대하여 '모든 고소·고발된 선거사범에 대해 재정신청을 할 수 있도록 하는 법제정은 반대하나, 다만 죄질이 무거운 극히 일부 선거사범에 대한 재정신청을 허용하는 것은 무방하지 않은가 생각한다.'는 소신을 확실히 말씀드렸다. 김 대통령이 그 자리에서 긍정적인 결단을 내려주시어 이 안을 가지고 여야 협상 대표

간의 협의를 통해 여야 합의를 이끌어내었다. 드디어 국회는 동년 3월 초 임시국회에서 여야 만장일치로 정치개혁 3법을 모두 통과시키고 임시국회를 끝낼 수 있었다. 나는 이때 정치입문 14년 만에 처음으로 국회를 칭찬하는 언론 보도와 국민의 여론을 경험했다.

정치개혁 3법을 처리하고 나서 나는 경향신문 기자와 인터뷰를 하였다.

◆ 기자 : 임시국회에 대비해서 특별 전략을 세웠다고 하는데?

- 제일 좋은 전략은 경험에서 나오는 것이라고 생각합니다. 나는 1987년 6.29선언 후 8인 정치회담에 민정당 대표로 참여하여 직선제 헌법안을 불과 한 달 만에 여야 합의로 이끌어 낸 경험이 있는 바, 그 경험이 이번 정치개혁 3법 협상 전략에 바탕이 되었다고 생각합니다.

◆ 기자 : 재정신청 문제가 여야 협상의 최대의 걸림돌이었다고 하는데, 어떻게 풀었습니까?

- 김 대통령께 재정신청 제도의 제도적 의미와 아울러 일부 선거사범에 대해서만 재정신청을 허용하는 것은 무방하다고 하는 나의 소신을 진술하게 말씀드렸더니, 이를 받아들여주셔서 여야 협의를 거쳐 내가 제안한 방향으로 우리 당이 주도하여 이 문제를 해결하였습니다.

◆ 기자 : 이 총무의 원내총무 취임은 본인의 경력에 걸맞지 않는다는 말이 있는데요?

- 남들은 나의 정치활동을 어떻게 평가하는지는 모르겠으나, 나는 11대 국회에서 정치에 입문한 이후, 지금까지 주어진 일에 최선을 다한다는 자세로 일해 왔습니다. 이번에 김 대통령의 간곡한 요청을 받고서도

고민을 많이 했습니다만, 당의 명령이라고 생각하고 국회운영에 최선을 다하고 있을 뿐입니다.

위와 같이 자신 있게 기자와 대답했지만, 그 때 내 나이가 만 60이었으니 '60에 능참봉'이라는 말이 있듯이 사실 너무 피곤하고 힘들었다.

국회 개혁의 단추를 끼우다

94년 들어서면서 나는 새로운 각오로 집무에 임했다. 박재홍·김영구·정동성 의원 그리고 여무남 회장 등과 그렇게 즐겨마시던 폭탄주를 거의 끊었다. 그리고 1월 12일경 첫 의원총회에서 새해 국회 운영의 대강을 언급했다.

첫째, 의원 외교활동의 내실화를 기하겠다. 여야 의원단이 의원외교 활동을 하는 경우 의원끼리 싸움 안 하고 설사만 하지 않으면 그 의원외교는 '성공'이라고 하는 수준의 낮은 의원외교는 이제 끝내야 한다. 미국의 부통령 앨 고어(Al Gore)가 상원의원으로서 핵잠수함을 타고 북극해를 해저로 횡단하고 남극은 물론 아마존 밀림, 아프리카 오지를 돌며 세계의 환경변화 실태를 조사하고 지구 차원의 대책을 세운 그의 저서 『Earth in the Balance : Ecology and the Human Spirit』를 보라. 우리가 다루는 법안도 세종로나 과천의 정부청사 책상 위에서가 아니라 달동네, 농어촌, 공사현장, 생산공장 등지를 의원들이 뛰어다닌 결과보고서의 형태로 태어나야만 값어치가 있는 것이 아닌가 하고 제의했다.

둘째, 의회 내에서 다수결의 원칙이 살아야 선진국회가 될 수 있는 것을 강조했고, 야당의 김태식 총무와 공사 간에 만날 때마다 "우리 국회가 여당의 날치기를 한탄만 할 것이 아니라, 다수결의 원칙이 살아 숨 쉬는 국회 운영이 되도록 하는 길을 여야가 함께 찾아야한다."고 강조했다.

 1994년은 처리해야 할 안건이 산적되어 있었다. 먼저 정치개혁의 일환으로 우리 당은 국회법 개정에 착수했다. 93년 12월말 각계의 전문가와 여야 중진의원 등 16명으로 구성된 '국회제도개선위원회(위원장 박권상)'가 4개월간의 연구와 해외 시찰 끝에 마련한 61개의 개혁안 중에서 51개가 우선 채택된 것이다. 여야 협상에서 마지막까지 쟁점이 되었던 국회의장의 당적이탈, 예산결산특별위원회의 상설화, 인사청문회 도입, 정보위원회 구성, 본회의 5분 자유발언제도 도입 등에 대해서는 정보위원회 구성안은 채택, 5분 자유발언제는 4분 자유발언제로 바꾸어 채택, 긴급 현안 질의문제를 새로 채택하고 나머지 3안은 채택하지 않기로 하는 국회법 개정안을 94년 6월 23일 임시국회에서 처리하였다. 그리고 6월 28일 14대 국회 2기 원 구성을 마무리지었다.

 1994년 7월 8일 오전 2시, 49년간 1인 독재로 북한을 통치해온 김일성이 심근경색에 의한 쇼크로 사망하였다. 그 자리는 아들인 김정일이 승계하였다. 그 동안 남북정상회담 예비 접촉을 통해 첫 회담장소를 평양으로, 회담일시를 7월 25~27일로 정해놓은 상황에서 김일성이 급사하였으니 우리 정부와 김 대통령의 입장에서는 한편 안타까운 일이었다.

변칙국회의 악순환은 계속되고

9월 정기국회에 들어서서 국회 의사일정 협의는 순조롭게 되어 곧 시작될 국정감사는 전원 참여·전원 질문이라는 새로운 모습을 보이며 순조롭게 진행되던 무렵인 10월 21일 32명의 무고한 생명을 앗아간 성수대교 붕괴사건이 발생하자 국회는 돌연 야당의 정치 공세의 장으로 돌변했다. 그 상황에서 10월 29일 검찰이 12.12사태는 당시 신군부세력이 사전 계획에 따라 실행한 군사반란이었다는 수사결론을 발표하면서 그 주역들에 대해서는 "성공한 쿠데타는 처벌할 수 없다"는 법리로 불기소처분하자 야당은 또 항의, 국회를 거부하고 대전역 광장과 부천 공설운동장을 돌며 대규모 집회를 열어가면서 대여 공세를 강화해나갔다.

1994년 11월 한 달 동안 국회는 야당 불참으로 공전되었다. 그러나 나는 김용태 예결위원장과 협의하여 여당 단독으로 예산안 심의를 진행시켰고, 동년 12월 1일에서 12월 2일 새벽까지 예결위 전체회의에서 여당 단독으로 95년 새해 예산안을 처리하도록 조치했다. 그러나 12월 2일 오후 야당은 당초의 불 등원 방침을 변경, 등원하여 예산안 처리를 완력으로 저지하려고 나섰다. 야당은 국회의장실, 부의장실, 본회의장 출입구, 의장석 등을 철저히 점거, 봉쇄하였다.

나는 긴 고심 끝에 이춘구 부의장으로 하여금 본회의장 2층 지방신문기자 취재석에 들어가 새해 예산안과 부수법안 등 47개 의안을 일괄 처리 통과시키도록 하였다. 의석에 앉아있던 야당 이윤수 의원 등 일부 의원들의 강력한 항의가 있었다. 나는 여당 총무로서 예산안 처리 법정 시한을 지키기 위한 불가피한 선택을 하였으나 마음속은 참담했다. 이춘구 부의장과 권해옥 수석부총무에게 참으로 미안했다. 다시는 이런 비정상적인 일이 발생하지 않는 그런 국회가 되기를 마음속으로 빌었다.

세계화시대에 걸맞은 두 개의 동의안 통과

1994년 초 청와대와 정부는 WTO가입비준동의안을 6월 임시국회에서 처리해달라고 당에 요청했으나, 나는 정국 여건이 성숙되지 않았다는 이유로 대통령께 진언하여 일단 8월 이후 처리로 미뤄놓았다. 그러나 8월이 되어도 위 동의안을 처리할 수 있는 국제적 환경이나 국내 정치여건의 변화가 감지되지 않는 가운데 시간은 흘러갔다. 김종필 총재에게 도움을 청했다. 주례회동에서 문제가 잘 풀려, 대통령으로부터 WTO 문제를 당에 일임하겠다는 결심을 얻어냄으로써 처리 시기는 일단 연말 정기국회로 미루어졌다.

12월 3일 청와대에서 당정회의가 소집되었다. 그 자리에서 김 대통령은 "앞으로 우리나라가 세계화, 개방화의 길로 나아가려면, 우선 작고 능률적인 정부로 정부개편이 이뤄져야 한다. 그러니 당정은 나의 지시와 지침대로 즉시 정부조직법 개편안을 마련하여 이번 정기국회 내에 처리하도록 하라."는 강한 지시를 내렸다. WTO가입비준동의안도 그대로 국회에 계류 중인데, 여기에 정부조직개편안을 하나 더 처리해야하는 나의 마음은 정말 무거웠다. 모든 의안 심의를 저지해 오던 야당이 WTO가입비준동의안의 외교통상위원회 상정을 용인하면서 우루과이라운드특별법 제정을 들고 나왔다.

이에 나는, 당정 조정회의를 거쳐 야당이 제기한 특별법안 초안 중에서 채택해도 별 문제가 없는 내용을 수용하는 한편, 동법을 통과시키는 조건으로 WTO가입비준동의안을 처리하기로 일단 결정했다. 그런데 돌연 야당의 김영진 의원이 '농어촌지원7대방안'이라는 것을 내놓으면서 "이것을 정부 여당이 수용해주지 않으면 WTO비준안은 물론 정부조직법 개정안 심의에도 협력할 수 없다."고 주장하고 나섰다. 나는 12월 14일 청와대에서 국회 운영 상황의 어려움을 대통령에게 보고하고 무거운 마음으로 국회로 돌아왔다.

이튿날 오전 야당의 신기하 총무로부터 전화가 왔다. 나는 신 총무에게 비장한 결심을 얘기했다. "이 상황에서 방대한 7대지원방안이라는 것을 들고 나오는 것은 WTO비준동의안 처리를 거부하겠다는 의지의 표현으로 볼 수밖에 없으며, 그렇다면 이제 더 이상 협상의 여지가 없다고 본다. 각자의 길을 갈 수 밖에 도리가 없지 않은가."라고 전했다. 그런데 직후 3~4시간 동안에 민주당 내에서 큰 변화가 있었다.

오후 3시경 국회의장실에서 나는 신 총무와 만나 현안 문제를 논의하던 차에 WTO가입비준동의안의 정기국회 회기 내의 처리와 정부조직법 개정안 심의를 위한 임시국회를 정기국회 회기가 끝나는 직후인 19일에서 23일까지 5일간 열 것을 전격 합의했다. 이어서 12월 16일 국회 본회의에서 WTO가입비준동의안과 농어촌지원특별법 등 관련 법안을 여야 합의로 통과시켰다. 1년여를 끌어온 큰 숙제가 풀린 것이다. 그 사이 민주당의 김상현 고문의 도움이 컸고, 신기하 총무의 법조인다운 이성적인 결단이

커다란 힘이 되었음을 말하고 싶다.

국민의 여론이 WTO 가입의 불가피성을 인정하고는 있으나, 우리가 아직 개발도상국의 입장에서 미국 등 선진국 의회보다 먼저 WTO가입비준안을 처리할 것까지는 없으며, 여러 가지 피해가 예상되는 농어민에 대한 특별한 종합적인 지원 대책이 사전에 마련된 뒤에 비준안을 처리하는 것이 순리라는 나의 당초의 소신이 실제와 맞아떨어진 것으로 이해되어 보람을 느꼈다.

이어서 94년 12월 23일 소집된 임시국회에서 정부조직법 개정안도 표결로 처리되었다. 민주당이 협상 도중에 제기한 한국은행법 개정 문제를 95년 최초 소집되는 국회에서 전향적으로 검토·개정하기로 하고, 공정거래위원회를 중앙행정기관으로 독립시키는 선에서 야당 주장을 받아들인 결과였다.

12월 25일 아침, 김 대통령으로부터 격려 전화를 받았다. 1994년 1년 동안 나는 모든 역량을 다 바쳐 국회가 해야 할 일을 완수했다. 결과적으로 김 대통령의 나에 대한 당초의 기대에 부응하였다고도 할 수 있겠다. 94년 한해를 보내면서 나는 뿌듯한 정치적인 보람을 느꼈다. 여기서 문화일보 허민 기자의 기사 한 토막을 소개해본다.

> 이한동처럼 관운이 좋은 사람도 드물다. 세 번의 원내총무에 정책위의장·사무총장을 각각 한번, 그리고 내무부장관까지 지냈다.
> 입법·사법·행정의 3부를 모두 거치는 기록을 남겼다. 그 중에서도 전두환, 노태우, 김영삼 정부 하에서 각각 재임한 3번의 원내총무는 대단한 기록이 아닐 수 없다. 특히 그의 총무시절은 모두 우리 현대정치사의 격변기로서 평상시의 역할 이상을 요구하던 때였다.

첫 총무 기간(86년 8월 ~ 87년 7월)에는 87년의 6.29선언과 직선제 개헌이 있었고, 두 번째는(89.8-90.1) 4개월의 짧은 기간이지만 5공청산과 전두환 전대통령의 국회증언을 맡아야 했으며, 3당 합당 후 세 번째는(93.12~95.2) 김영삼 대통령이 개혁의 입법화, 제도화에 박차를 가하던 시점이었다.

그는 이러한 난제들을 해결하기 위해 많은 야당인사들과 접촉했다. 이기택, 김원기, 김용채, 김태식, 신기하 의원과 작고한 김동영 의원 등이 야권의 주요 협상 파트너들이었다. 그렇듯 총무를 여러 차례 하다 보니 당시 '이한동 총무학'이란 말도 생겨났다. 소위 그의 총무학의 기본은 대화와 타협을 존중하면서도 원칙 없는 타협은 없다는 것, 또 국회에 다수결의 정신이 살아있어야 한다는 것이었고 그에게는 이것은 정언명령(定言命令)과 같은 것이었다고 말한다.

'여야의 완전 합의만이 최선은 아니다.'라는 주장이라고도 볼 수 있다.

이러한 자세 때문에 야당 측과 무수히 충돌하게 되지만 당 소속 의원들은 물론 야당 측 인사와의 관계를 소중히 하는 스타일이어서 인간관계는 비교적 원만히 유지해오고 있다.

공화당 총무를 지낸 김용채 전 의원은 "그는 타협의 때와 강공의 때를 구분했으면서도 원칙의 중요성을 강조하다보니 때로 갖가지 악역을 도맡기도 하였다."라고 오히려 이해하는 듯한 말을 했다. 어쨌든 그는 세 차례의 원내총무를 맡아 온건보다는 강경에 가깝게 국회를 운영했다. 그러나 여야 의원 모두에게 강한 거부감 없이 일을 처리해 비교적 부드러운 인간관계를 형성해 옴으로써 그의 강경 이미지가 상당히 희석될 수 있었던 것으로 보인다.

– 문화일보 허민 기자

38
국회부의장 시절

　1995년 2월초 민자당 전당대회에서 이춘구 부의장을 당대표로 선출하였다. 당시는 김종필 대표 최고위원의 퇴진과 맞물려 어수선한 분위기였다. 그 직후 당직개편에서 나는 원내총무직에서 물러났다. 그리고 2월 20일 국회부의장으로 선출되어 황낙주 의장, 홍영기 부의장(야당 몫)으로 의장단이 구성되었다. 나는 중앙당 사무처 출신 김용욱 국장을 부의장비서실장으로 임명하고 새로운 희망 속에 일을 시작했다.
　그러나 나에게는 부의장 취임 직후 소위 날치기 변칙사회를 보지 않을 수 없는 운명이 기다리고 있었다. 1995년 6월 27일에 있을 4대 지방선거를 앞둔 시점에서 김 대통령이 통합선거법상 기초단체장과 기초의원 후보에 대한 정당공천제를 폐지하는 법 개정을 지시한 것이다. 야당은 이에 대해 결사반대의 입장을 분명히 함으로써 여당은 동법개정안을 강행처리할 수밖에 없는 처지에 놓였고, 그 변칙처리를 강행하는 사회는 여당 부의장인 내 몫이 될 수밖에 없는 것이었다. 당시 현경대 여당 총무의 노력에도 불과하고 여야의 협상은 한 치의 진전도 없었으며, 사태는 극한 상황으로 치닫고 있었다.

드디어 일군의 야당 의원들이 황낙주 의장 공관과 서초구 염곡동 나의 사저를 점거 농성하고 출근을 저지하는 사태가 벌어졌다. 헌정 사상 초유의 일이다. 나는 7박 8일 동안 야당 의원들에 의해 집에 갇혀, 밤이면 야당의원들과 허심탄회하게 속을 털어놓고 술잔을 나누면서 해결의 실마리를 찾고자 노력했다. 해결 방안은 못 찾았으나 그동안 낯설었던 여러 야당 의원들과의 스킨십을 통해 서로를 이해하는 값진 인간관계를 맺을 수 있었다.

아내는 8일간 야당 의원 및 그 보좌진, 취재 언론인 등 약 4~50명의 객을 매일 식사 대접하는 등 온 가족이 정말 고생했다. 우리 집에서는 대하기 어려운 특별한 손님들을 성심성의껏 잘 모신 것이다. 농성이 진행 중이던 어느 날, 야당의 최모 의원이 장미꽃 33송이(그때까지 우리 집에서 농성에 참여한 의원 수라고 함)를 아내에게 선물했다. 아내는 눈물로 이것을 받았다.

당시의 상황에 대해 동아일보 홍은택 기자는 다음과 같은 기사를 쓰고 있다.

> 본의 아니게 조남숙(이한동 부의장 부인) 여사는 8일 동안 손님 아닌 손님을 치러야했다. 농성에 참가한 야당의원들과 동료 여당 의원이 수십 명, 그리고 보도진이 수십 명씩 매일 몰려들어 집안을 가득 메웠다. 단순히 먹고 자는 일만해도 뒤치다꺼리가 넘쳐났다. 앞서 재산공개 파동 때 이한동 의원의 재산을 깊숙이 취재했던 CBS 사회부 김진오 기자는 이른바 대권 주자로 떠오른 정치인들의 자택 중에서도 이 부의장 집이 그 크기나 꾸밈 면에서 가장 중산층다웠다고 말했다. 그렇다면 결코 크지 않은 집에서 8일 동안 수많은 손님을 치르는 일은 쉽지만은 않았을 것이다.

> 더욱이 안주인의 입장에서 본다면 원내총무, 정책위의장, 국회부의장의 아내로서 조남숙 여사는 이 부의장이 손길이 미치지 못했던 지역구의 크고 작은 일을 손수 챙겨오던 터였다. 그러면서도 언제나 은은한 미소와 정연한 자태를 잃지 않았다. 그 가는 길마다 얼마나 많은 인사를 먼저 앞세웠는지 아예 인사하는 자세가 몸의 한 부분으로 굳어진 것처럼 느껴질 정도다. 그 같은 조남숙 여사의 겸손한 인품이 농성 의원들이나 보도진들에게 여실히 드러났음은 물론이다. 장미꽃 서른세 송이는 괜한 꽃다발만은 아니었다.
>
> — 동아일보 홍은택 기자

나는 8일간을 집에 갇혀 있으면서 농성이 풀리고 내가 변칙 사회를 할 수밖에 없는 처지에 놓였을 때 어찌 처신해야 할 것인가를 고민했다. 그리고 지난 날 원내총무로서 그 혐오스러운 날치기 사회를 여당 부의장들에게 강행하도록 당명을 수행했던 내가 지금 그것을 기피하는 것은 비열한 처신이니, 당명을 충실히 수행하고 나서 부의장직과 의원직을 함께 사퇴하기로 결심하고 미리 사직서 2매를 써서 준비했다.

그러던 어느 날 밤, 김덕룡 사무총장과 권해옥 수석부총무가 내 집을 방문하여 앞으로 당의 대처 방안을 설명해주었다. 나는 그 자리에서 "협상 안건이 선거법이므로 여야 협상을 원내총무들이 맡는 것보다는 김 사무총장이 맡는 것이 옳다고 본다."라고 강조하고 협상 내용에 대해서는 "기초단체장은 당이 공천하고 기초의원은 공천을 배제하는 안을 가지고 야당 총장과 협상을 통해 타결하는 것이 좋겠다."는 의견을 제시하면서, "나의 그 동안의 총무경험에 의하면 어떤 최악의 협상 결과도 가장 매끄럽게 처리된 최선의 날치기보다 낫다."라고 충고해주었다.

결과적으로 통합선거법 개정안을 밀어붙이고자 했던 청와대의 방침은 불발로 끝났고, 내가 김덕룡 총장에게 제의한대로 기초단체장은 공천, 기초의원은 비공천으로 여야가 합의하는 선에서 타결되어 본회의를 통과하였다. 그렇게 됨으로써 나는 날치기 사회봉을 잡지 않은 최초의 여당 부의장이 되었다. 또한 야당 의원들의 농성 기간 동안 그들과 같은 공간에서 생활함으로써 서로 간의 인간적인 교감을 통해 새롭게 서로를 이해하는 계기가 되었다.

제4대 지방선거 패배

1995년 6월 27일 4대 지방선거는 민자당의 참담한 패배로 끝났다. 선거 기간 중 나는 경기지역 37개 지구당을 돌며 지원유세를 열심히 강행했다. 결과적으로 YS가 강하게 밀어준 경기도지사 이인제 후보는 당선되었으나, 전국 15개 시도 중에서 10개 지역을 야당이 차지하는 결과를 낳았다. 전국에 걸쳐 반 민자당 정서가 팽배해있었던 것이다. 나의 지역구 포천 군수 선거에서도 우리 민자당이 추천하고, 내가 지원한 박대식 국장(지구당 사무국장)이 나의 집안 종숙인 이진호(당시 도의원)씨에게 패배했다. 서울에서는 정원식 총리(민자당 후보)가 야당의 조순 후보에게 참패했다. 전국 대부분의 지역에서 민심이 여당인 민자당을 떠난 것이다. 포천군만 해도 1981년 이후 해를 거듭할수록 지역개발은 활기를 띠고 경제적으로도 차차 넉넉해지는 농촌사회로 변모해가고 있었으나, 내가 지난 14년 동안 고향에 쏟아 넣은 정성과 노력의 진가를 깊이 이해하지 못하는 군민들도 상당수가 있다는 것을 나는 뼈저리게 알게 되었다.

이집트, 유럽 순방

나는 1995년 8월 28일부터 9월 8일까지 12일간 독일, 영국, 이집트 등 지역을 공식방문하고 돌아왔다. 이 방문에는 현경대·함석재 의원(이상 민자당), 정기호 의원(민주당)이 동행했다. 여행 중 이집트에서는 의회 부의장과의 공식면담을 마치고 고교 대학 후배인 정태익 대사의 주선으로 이집트 고대 문명의 진수를 볼 수 있었다. 이집트국립박물관, 피라미드, 스핑크스 등을 둘러보며, 고대 국가 이집트가 수천 년간 풍요를 누렸다는 사실과 고도의 문명국이었음을 실감했다. 백악관이라는 별명으로 불리기도 한다는 신축 한국대사관저에서 이집트 측 의원들과 함께 만찬도 했다.

독일에서는 홍순영 대사의 주선으로 통일 독일의 수도 베를린을 방문하여 역사적인 건축물인 브란덴브루크 문, 철거하고 조금 남은 소위 베를린장벽, 앞으로 독일 의회로 쓰일 독일 제국 의회 건물의 위용을 보면서 깊은 감동을 느꼈다. 틈을 내어 히틀러가 1936년에 치른 베를린 올림픽 스타디움을 관람하기도 했다. 동 올림픽 수상자 기록판에서 일본인 손기정 선수의 이름을 씁쓸한 기분으로 확인하고, 본에 있는 독일 의회를 찾아가 부의장과 면담했다. 동 의회 건물이 투명한 유리로 지은 건물임을 확인하고, 여러 가지 이유를 생각해보았다. 의회 근처에 있는 의원 회관에서 자전거를 타고 일을 보는 독일 의원들을 보았다. 독일은 참으로 부정과 부패가 없는 투명한 국가사회를 지향하고 있구나 하면서, 우리 국회의 현실을 생각해보았다.

영국에서는 한국 대사관의 안내로 런던 타워, 웨스트민스터 사원, 트라팔가 광장, 고궁 등을 둘러보았고, 대영박물관도 주마간산 식으로 관람했다. 대영박물관은 지금까지 명멸해 간 전 세계 문명의 남은 알맹이를 잘 다듬어 정리 및 진열해놓은 지구상의 모든 문명의 박물관이라는 생각이 들었다. 한편으로는 제국주의 시대 강대국들의 행패가 얼마나 극심했겠는가 하는 쓸쓸함을 느꼈다. 불가사의한 고적 스톤헨지에서 느낀 그 생성과정에 대한 수수께끼는 지금까지도 남아있다.

그리고 우리 일행은 무척이나 보고 싶었던 이스탄불로 옮겼다. 나는 이번 여행을 시작하기 수개월 전에 에드워드 기번의 『로마제국쇠망사』를 읽었다. 축약본인데 맨 마지막 장만은 전문을 그대로 옮겨 놓았는바, 그 내용이 동로마 제국의 수도 콘스탄티노플이 오스만 터키(무함마드 2세) 군에 의해 함락되는 구체적인 내용이어서 동로마 황제 콘스탄티누스 11세의 비장한 최후를 그린 그 장면의 실제 현장을 볼 수도 있겠다는 기대에 약간 흥분되었다. 막상 이스탄불에 와보니 동로마 제국의 흔적은 성소피아 성당과 궁궐처럼 보이는 지하 수조 이외에는 그 어디에도 없었다. 오스만이 점령한 후에 세운 여름 궁전, 겨울 궁전, 블루모스크를 위시한 여러 개의 모스크만이 오스만 제국의 영화를 잘 보여주고 있었다. 콘스탄티누스 11세가 황제 복을 벗어던지고 병졸의 복장으로 바꿔 입고 장창 하나를 들고 장렬하게 최후를 마친 해변 쪽 그 궁궐의 위치도 찾을 길이 없었다. 우리 일행은 박물관, 번화한 재래시장, 오스만 제국의 두 개의 왕궁, 해변 요새, 보스포러스 해역 관광선 유람, 해협 동쪽 우스크달라 지역과 거기서 멀지 않은 얄타회담의 현장 등을 방문하였다. 유럽과 아시아를 두 개의 다리로 넘나드는 관광을 하면서 동로마 제국 멸망의 비극과 오스만투르크의 새로운 역사의 등장이 동서양에 어떠한 영향을 미쳤을까를 골똘하게 생각하며 흥망성쇠의 무성함을 절감했다.

돌이켜보건대, 1995년 1월 들어서자 민자당 내 최형우 의원 등 민주계 일부 세력과 민정계의 김윤환 의원 등에 의한 김종필 당대표 몰아내기로 시작된 정국은 어수선하기만 하였다. 민자당 내에는 내년 봄에 있을 15대 총선의 승리를 위해 모든 당력을 집중해야 한다는 당위론이 있었는가하면, 16대 대선과 관련 후보 선출 방식 등을 어떻게 할 것인지, 또 외부 인사 영입도 생각해봐야 않는지에 대한 다양한 논의들이 나오는 판이었다.

나는 1995년 10월 19일 도산아카데미 초청 조찬 특강에서 "민자당 차기 대권 후보의 외부인사 영입 가능성과 관련, 그것이 야권의 두 김씨와 대결할 사람이 여당 내에 없다는 뜻에서라면 엄청난 패배주의적 발상이며 민자당원 모두를 모욕하고 자존심을 건드리는 것"이라고 말하면서 분명한 반대 입장을 밝혔다. 나는 대권후보 결정 방식과 관련해서는 "당 안에 완전 자율성이 보장되어 있는 만큼, 여당도 완전 자유 경선을 해야 한다."는 것이 나의 소신임을 밝혔다.

노태우 비자금 폭로

그 다음 날인 1995년 10월 20일, 정기국회에 정치 분야 대정부질문을 하던 민주당의 박계동 의원이 질문 도중에 돌연 "노태우씨의 비자금 4000억원이 40개 차명 계좌에 분산 입금되어 시중 은행에 예치되어 있다"고 주장하며 그 중 100억 짜리 통장번호 하나를 제시했고, 93년 이원조씨가 100억원씩 분산 예치를 지시하기도 했다는 엄청난 사실을 폭로했다. 이 돌발 상황을 이홍구 총리는 캐나다를 방문 중이던 YS대통령에게 보고했으며, "이 문제를 법에 따라 처리하겠다."고 답변했다.

대검 중수부(안강민 부장)는 즉시 수사에 착수하여 95년 11월 16일, 노태우 전대통령을 '특정범죄가중처벌법 상 뇌물수수', '정치자금법위반' 등의 혐의로 구속 영장을 청구, 즉일 법원에서 영장이 발부되었다. 주임검사는 문영호 중수 2과장이었다.

한편, 검찰은 성공한 쿠데타의 주모자는 처벌할 수 없다는 법 논리에 의해 일단 불기소 처분했던 12.12 및 5.18 사건을 제기하여 수사에 착수, 서울지검 이종찬 3차장 검사를 본부장으로 하는 특별수사본부를 발족시키고, 전두환 전 대통령에 대해 군형법 상 반란수괴 등의 혐의로 사전구속영장을 발부받아 검거에 나섰다.

검찰은 동년 12월 3일, 경남 합천에서 전두환 전 대통령을 검거, 서울로 압송, 그날 낮 구속 수감했다. 수사를 마친 검찰은 동년 12월 21일, 전 전 대통령을 군형법 상 반란수괴 등의 혐의로 구속 기소하고, 노태우 전 대통령에 대해서는 이미 기소한 특가법상 뇌물 수수에다가 반란 중요 임무 종사 등의 혐의를 추가하여 기소했다. 두 전직 대통령에 대한 사법조치는 YS대통령의 역사 바로 세우기 차원의 엄정한 사법처리라고 평가되기도 하나, 전직 대통령 두 분에 대한 구속 처리는 시시비비를 떠나 전 국민에게 엄청난 충격을 주었고, 대한민국의 국민으로서 부끄러움을 느끼지 않을 수 없었다.

1996년 새해가 밝았다. 나는 4월에 있을 15대 총선 준비에 착수했다. 그

동안 내 모든 것을 바쳐 지역 발전을 위해 일한 결과 포천과 연천은 놀라운 발전과 변화를 이루었다. 지역 주민들도 그 동안 내가 흘린 땀의 노고를 대체로 깊이 이해하고 있었다. 15대 총선을 앞두고 포천 군민회관에서 열린 신한국당 포천 연천 지구당 단합대회에서는 다음과 같은 격문이 나붙었다.

"우리는 알아요. 이한동의 마음을!"

"우리는 만들 수 있다. 민족의 지도자를!"

나는 이에 대해 긴 말이 필요 없었기에

"나 이한동은 이제 조국과 민족을 위해 더욱 큰 길에 감히 나서려고 한다."

라는 말로 나의 대선에 대한 웅지와 결심을 그 분들 앞에 확고히 했다.

1996년 4월 11일, 15대 총선에서 포천·연천 군민들은 나를 선택했다. 내리 5선 지역구 의원을 만들어 준 것이다.

선거 전 단합대회를 마치고 상경 도중, 나는 YS대통령의 긴급전화요청을 받고 통화를 했다. 김 대통령은 수도권 선거 지원 유세를 맡아주어야겠다는 요지의 말씀을 주셨다. 이에 나는 중앙선대위 부위원장(위원장 이회창 전 총리) 자격으로 수도권 각 선거구를 누비며 지원 유세를 했고, 막판에는 서울 지역까지 지원하는 것으로 김 대통령과의 약속을 지켰다. 선거 결과는 기대 이상이었다. 김 대통령의 격려도 받았다. 그때 뉴스피플의 홍성추(洪性秋) 기자는 다음과 같은 기사를 남겼다.

이한동 국회부의장은 총선 이후, 여권에서 가장 주목받는 정치인 가운데 한 사람이다. 선거가 끝난 후 실시된 각종 여론조사에서 다음 대권 주자로 주목받고 있기 때문이다. 이를 증명이라도 하듯이, 이 부의장의 발걸음이 빨라졌다. 각종 모임이나 강연에 참석, 자신의 목소리를 키우는 모습은 경쟁적 관계에 있는 다른 중진들과는 분명 다른 모습이다. 지난 4월 24일에는 경기 인천 지역 당선자를 초청, 축하 만찬을 베풀었으며 그날 낮에는 낙선자들에게 위로 오찬을 열어주기도 했다. 또 25일에는 경희대 행정대학원에서 〈15대 총선과 향후 국정방향〉이라는 특강을 통해 자신의 정치철학을 역설하기도 했다. 특히 이날 강연회에서 이 부의장은 차기 지도자는 검증받은 리더십과 깨끗한 경륜을 확보해야 한다고 강조, 눈길을 끌었다. 그는 또 한국의 정치발전을 위해서는 지역 간 대립을 거중조정 할 수 있는, 신뢰받는 공정한 세력의 등장이 필요하다며 그 역할을 맡을 수 있는 세력은 중부권이라고 주장, 자신의 역할을 우회적으로 강조하기도 했다. 이 같은 일련의 행동을 놓고, 정치권에서는 이 부의장이 대권 가도에 들어섰다고 보고 있다. 신중한 처신으로 정평이 나 있는 그가 목소리를 내기 시작한 것은 여권 내 대권 경쟁이 이미 시작되었음을 알리는 신호라는 해석이다.

– 뉴스피플 홍성추 기자

어머님의 영면

제15대 총선을 마친지 16일째 되는 4월 27일, 수년간 병마에 시달리시던 어머니(蔡秉淑 채병숙)가 88세를 일기로 돌아가셨다. 20년 전 선친을 앞세우시고 홀로 가정을 지켜 오신 어머니시다. 항상 몸이 불편하신데도 자식을 위한 기도를 계속 해 오신 어머니, 운명하시기 1년 전부터는 말문을 닫았으면서도 국회부의장이 된 아들을 위해 기도하시는 눈빛은 역력했었다고 고향에서 어머니를 보시고 있던 막내 한강이와 제수씨는 말한다. 사뭇 장대 같은 빗줄기가 장례 기간 내내 어머니의 운명을 슬퍼해주었다. 각지에서 조문객들의 발길이 끊이지 않았으나 조의금은 고집스럽게 사양했다. 평소 남에게 주는 일에는 남달리 큰손이었으나 받는 손은 가지고 있지 않았던 어머님, 안빈자족(安貧自足)이 어머니의 가르침이 아니었던가. 발인 당일, 포천읍 집에서 장례차로 울미 입구까지 모시고가서, 그곳에서 울미 본가까지 꽃상여로 옮겨 모셨다. 상여로 모시면서 나는 어머니의 일생을 회상해보았고, 누를 길 없는 슬픔에 빠졌었다. 11시경 본가 앞에서 꽃상여가 발길을 멈췄다. 내가 긴 객지 생활을 하는 동안, 언제나 고향에 내려올 때면 부엌에서 일하다가 나오셔서 나를 마중하시던 어머니의 잔잔한 모습이 눈앞에 보이는 듯했다. 우리 누이와 4형제 모두는 정성을 다 바쳐 20년 전 모셨던 본가 뒷산 선친의 묘소에 어머니를 합장으로 모셨다. 20년 만에 부모님의 영원한 해후가 이뤄진 것이다. 지금 이 순간에도 어머님께서는 하늘나라에서 자식들을 위해 정성스러운 기도를 계속하고 계신 것을 나는 안다.

이제 어머니는 돌아가시고 안 계시지만 88년 긴 생애를 통해 우리 자식들에게 남기신 교육은 우리들 가슴에 영원히 간직될 것이다. 어머니는 평생을 측은지심과 자비심으로 사람을 대하셨다. 보릿고개가 극성을 부리던 시절, 아침저녁 끼니를 잇지 못하는 이웃 아주머니들이 밥과 반찬이 들어있는 바가지를 행주치마 속에 감추고 우리집 부엌을 나서는 것을 어려서 나는 여러 번 목격했다. 걸인이나 동냥 다니는 스님에게는 인정 있게 성심을 다하셨다. 큰아들인 나를 산천에 기도드려 태어나게 하셨고, 이어서 평생 몸을 움직일 수 있을 때까지 자식을 위한 기도를 계속 하셨다. 오직 사랑과 희생의 마음으로 대가족을 보살피셨고 한봉(漢鳳), 한수(漢壽), 한동(漢東), 묘희(妙姬), 한중(漢中), 한륭(漢隆), 한강(漢江), 경애(敬愛) 등 8남매를 키우고 보살피셨다. 그 큰 하해와 같은 은혜를 어찌 갚을 수 있으랴.

39

새로운 도전의 길에 나서다

　1996년 5월 신한국당 전국위원회에서 김영삼 대통령은 이홍구(李洪九) 고문을 당대표로 지목하였다. 김종필, 이춘구, 김윤환에 이어 등장한 이홍구 대표 체제의 출범을 두고 언론은 정권 재창출을 위한 첫 번째 포석이라는 평가와 과도기적인 관리형 대표라는 상반된 평가를 동시에 내렸다. 이어서 김 대통령은 당직 개편을 하면서 대권 주자로 일컬어지는 당내 실세 중진과 이른바 입당파들을 상임고문단에 포진시켰다.

　그렇다고 나는 상임 고문단이라는 틀 안에서 가만히 묶여 앉아있을 수만은 없었다. 시간나는대로, 요청오는대로 경향 각지의 대학과 사회단체에서의 강연을 통해 현 정부의 국정 운영에 대해 비판할 것은 강도 높게 비판하고, 나 자신의 정치철학과 국정운영 전략 등을 소신껏 밝히기도 했다. 그때 월간 조선이 신한국당 대선 예비후보 5인의 강연정치를 비교분석한 기사가 있어 소개한다. 이한동 외 4명의 후보군에게 각각

철두철미, 솔직담백, 야심만만, 무색무취라는 제목이 주어진 반면, 이한동 고문에게는 박학다식이라는 제목이 붙여졌다. 그리고 내용에 들어가 이한동 고문의 강연의 특징을 다음과 같이 분석하고 있다.

> **월간조선의 이한동 강연 분석**
> 1. 이한동 고문의 강연은 대단히 논리적이고 설득력이 있다. 보통은 요점을 메모한 종이 한 장만을 가지고 강연을 하는데, 그 점에서도 두드러진 차이를 보인다.
> 2. 또 다른 특징은 정부에 대한 비판을 서슴지 않는다는 점이다. 원론적이거나 우회적인 방법이 아닌 그의 비판은 직접적이고도 강도가 높다.
> 3. 그는 자신의 주장을 설득시키기 위해 한국사에 대한 해박한 지식을 동원하여, 고대사로부터 근대사에 이르기까지 어떤 질문에도 막힘이 없다.
> 4. 그는 국가경쟁력 문제에 있어서의 정부경쟁력과 21세기에 걸맞은 새로운 리더십을 강조한다. 국가 전략이 없는 민족은 세계사의 주역이 될 수 없다는 것도 그가 주장하는 역사적 교훈 중 하나다.
> 5. 정치학자들 사이에서 이한동 고문의 강연이 재미있다는 이야기가 나오기도 했다. 이 같은 반응은 해박한 지식을 바탕으로 대화하듯이 편하고 부담 없게 연설을 하기 때문일 것이다.

실제로 나는 1996년도 한국 정치학회 부산대회에서 오찬강연을 통해 다음과 같은 요지의 연설을 했다.

"다가오는 21세기는 도전과 위기의 시대다. 우리나라가 살아남기 위해서는 그에 따르는 전략적 대응이 필요하다. 우선은 무엇보다 국가 이념에 대한 개념규정이 앞서야 한다. 나는 홍익인간을 우리의 국가이념으로 삼아야 한다고 생각한다. 홍익인간은 민본주의, 인류복지, 박애, 평화 등의 이념을 함축하고 있다. 이런 국가이념을 바탕으로 우리가 21세기에 추구해야할 국가목표는 선진국 진입과 통일을 이루어 21세기의 세계 주역 국가로 발돋움하는 것이다. 이를 달성하기 위해서 새로운 지도자에게는 국정 운영에 있어 생산성과 효율성을 중시하는 경영 마인드와 합리적 리더십이 요구되는 것이다."

그 무렵, 대권예비 주자들에 대한 언론의 중복되는 관심 속에서 특히 시선을 끈 대목이 내가 주장한 '합리적 리더십'이었다. 동아일보의 '대권 뛰는 사람들' 시리즈 중에서 임채청 기자는 합리적 리더십의 요체를 다음과 같이 풀이하고 있다.

동아일보 : 이한동의 합리적 리더십

지난 해 3월, 의장단 가택 연금 사태가 벌어졌을 때, 야당 의원들의 후일담은 한동안 정가의 화제가 되었다. 당시 이 부의장의 염곡동 자택을 점거하고 그와 합숙하다시피 했던 야당 의원들은 상황이 끝나자 이 부의장의 인간적인 면모와 함께 해박한 식견에 놀랐다며, 칭찬을 아끼지 않았다. 이한동 고문이 펼치는 정치론에 대해서도 같은 평가는 이어진다. 그의 정치론을 접한 사람들은 오랫동안 국정 운영의 일역을 담당해온 경륜과 풍부하고 체계화 된 독서량의 산물임이 느껴진다고 말한다. 그는 매달 한두 차례씩 책방에 들러 읽을 책을 직접 고를 만큼 독서를 좋아한다.

그리고 이 고문의 주장은 다른 주자들에 대한 비판, 인신공격보다 미래상을 제시하는 데 초점이 맞춰진다. 지역 할거주의를 둘러싸고 여야가 뒤엉켜 싸울 때, 그는 화합과 포용의 국민 통합론을 주장했다. 보혁 논쟁이 뜨겁게 달아오르자 그는 경영 마인드를 요체로 하는 국가 발전전략론을 내놓았다. 이 두 가지는 이한동 정치론의 핵심을 이루는 키워드다. 그리고 이 두 가지를 포괄하는 개념이 '합리적 리더십'이다. 투쟁적 리더십의 극복 개념으로 그가 제시한 미래정치의 화두다. 그렇다고 이한동 고문의 정치론이 탁상에서만 다듬어지는 것은 아니다. 지역구 5선인 그는 누구보다 현장정치를 중시한다.

> 그는 지난 여름 수마가 휩쓸고 간 자신의 연천·포천 지역구에 상주하다시피하며 정치론의 일단을 검증받을 수 있는 기회를 가졌다. 수마가 덮치고 지나간 지역구를 위해 그가 내미는 손길에는 영호남이 따로 없었다.
> 나라가 어려울 때 우리 민족이 언제나 똘똘 뭉쳤던 사실을 떠올리며, 새삼스럽게 가슴이 뭉클해졌다고 한다. 국민 역량을 극대화하지 못하는 정치권의 통합능력 부재가 오히려 안타깝다며 그는 국민통합의 가능성을 역설했다.
>
> 사실상 이한동 고문의 대권도전은 기정사실이나 다름없다. 확실하게 배수진을 친다는 결심도 굳힌 상태인 것 같다. 그렇다고 떠들썩하게 선거캠프를 차리지는 않았다. 그는 패거리 정치를 질적으로 싫어한다. 그보다는 자신의 정견과 지도자로서의 자질을 심판 받고 싶어 한다. 더 나아가 정치권 내의 제 세력을 국민통합론의 기치 아래 규합하겠다는 목표도 세워놓았다. 다른 주자들과는 달리 그의 진영에서는 김심(金心)이니 낙점이니 하는 얘기는 좀처럼 듣기 힘들다. 이 같은 이 고문에 대해 정치권에서는 여러 가지 해석과 평가가 뒤따른다. 아무튼 한 가지 분명한 사실은 이 고문 나름대로 쌓아온 정치적 잠재력, 대권 행보와 지향점, 확고부동한 의지들을 감안할 때, 그의 행보가 대권 정국의 향배에 미치는 영향을 섣불리 가늠하기는 힘들다는 점이다.
>
> — 동아일보 임채청 기자

그때 임채청 기자의 위와 같은 분석은 매우 적절했다고 생각한다. 내가 주장하였던 국민통합론, 국가전략론, 그리고 이 두 가지를 뒷받침하는 '합리적 리더십'은 그 무렵 나의 정치 화두이자 21세기를 향한 국민적 지향점이었다고 나는 믿는다.

40

중동·유럽에서 배우다

1996년 8월 나는 이스라엘 정부의 초청을 받고 고 제정구 의원, 이협 의원, 변웅전 의원 등과 동행하여 8월 28일부터 9월 9일까지 12일간 이스라엘, 폴란드, 로마, 프랑스를 여행하며 많은 것을 보고 배웠다.

먼저 이스라엘에서는 박동순 대사의 안내로 기독교 성지(예수의 묘, 겟세마네 언덕, 나자로 마을, 오병이어 교회), 크네스트(국회의사당), 여리고 마을, 큰 규모의 키부츠 한 곳 등을 방문하고, 요단강에 발을 담구기도 했다. 그리고 서기 73년 이스라엘이 로마군단의 침공을 받을 때 결사대가 마지막까지 저항하였다고 하는 전설적인 마사다 요새에도 올라가 보았다. 지금은 이곳에서 공군 장교 임관식을 하고 있다고 한다.

그리고 우리 일행은 전 주한 이스라엘 대사인 아세르 나임 대사의 안내를 받아 그 유명한 고란고원에 주둔하고 있는 고란 사단을 방문했다. 사단본부 입구 근처에서 개인 화기를 지참하고 지프차를 몰고 마중을 나온 대령 한 사람을 만나 안내를 받았다. 그 사람이 바로 고란 사단 부사단장이었다. 우리 일행은 먼저 장교 식당에서 군인들과 식사를 같이 하였다. 그런데 식사 중인 모든 장병은 개인 화기 한 점씩을 지참하고 있는 것이었다. 또 부사단장은 소위로 임관되어 고란 사단에 배치되었고, 지금 부사단장까지 20년을 이 부대에서만 근무하고 있다고 한다. 그는 우리 일행을 안내하고 저 멀리 시리아와의 국경이 보이는 산중턱까지 데리고 가서 '6일 전쟁' 당시 그 자리에서 벌어졌던 치열한 전투 장면을 상세히 설명해주었다.

나임 대사는 버스를 같이 타고 고란 고원으로 가는 도중에 우리 일행에게 질문을 한 가지 던졌다.
"모세, 예수 그리스도, 칼 맑스, 아인슈타인, 지그문트 프로이트 이상 다섯 명이 어느 민족입니까?"
대사의 말을 듣는 순간 우리들은 잠시 조용해졌다. 그 다섯 사람이 모두 인류 역사에 크나큰 영향을 미쳤고, 엄청난 자취를 남긴 천재들이 아닌가. 그런데 그들 모두가 유대민족인 것이다. 그때 우리는 이스라엘 민족의 선민의식과 자존심의 근간을 확인할 수 있었다.

다음 날 우리는 이스라엘에서 처음으로 직선에 의해 총리로 당선된 네타냐후 총리를 예방했다. 미국 MIT에서 공부한 총리는 매사에 자신이 넘쳐보였고, "동맹도 중요하지만 이스라엘은 자력으로 나라를 지켜나가는 데 힘쓰고 있다. 우리의 운명을 우리가 결정한다."는 요지의 말을 우리에게 해주었다. 네타냐후 총리의 친형은 그 유명한 엔테베 작전에서의 유일한 희생자인 특공대장 네타냐후 중령이라고 한다. 네타냐후 총리는 정권교체를 겪고 다시 당선되어 현재에도 총리로 있다.

뒤이어 네타냐후 직전의 총리 페레스 씨를 예방했다. 바로 얼마 전 치른 총리 직선 선거에서 네타냐후에게 패하였는데도, 그는 의연한 자세로 우리 일행을 맞이하였다. 우리는 양국 간의 긴밀한 관계 유지가 한반도와 중동의 평화에도 도움이 됨을 설명하고 나서 이스라엘 교육 제도의 우수한 점을 지적하고 교육에 대해 한 마디 조언을 부탁한다고 말했더니, 페레스 전 총리는 일언지하에 "교육은 돈입니다." 이 한 마디로 끊고 나서 "이스라엘 국민은 3-4세 유아기에 어머니의 무릎에 앉아 인성 교육을 받고 자라는데 그 시절에 다듬어진 인성이 평생을 좌우한다"는 의미 있는 말을 해주었다.

페레스는 국방 장관 시절 이스라엘에 핵무장을 강행한 대단한 인물이다. 우리 일행은 이스라엘 국방부의 주선으로 무인정찰기 등 첨단무기를 생산하는 군수 공장도 시찰하였고, 국방부 차관으로부터 이스라엘의 안보 상황에 대해 설명도 들었다. 우리들은 아랍 측이 배치하고 있는 미사일 중에는 북한이 수출한 스커드 미사일도 있다는 보고를 듣고 놀라지 않을 수 없었다. 한반도의 평화가 이스라엘의 평화와 관련이 있다는 반증이다.

국방부 차관은 "자주국방이 되려면 ◆정보의 자주화 ◆무기 체계의 자주화 ◆전략전술 교리의 자주화 등 세 가지 자주화가 완수되어야 한다."는 점을 강조했다. 그러면서 "이스라엘은 이 세 가지 자주화를 달성했다."고 자신 있게 말하는 것이 아닌가. 우리의 국방 태세와 남북문제를 생각하면서 우리는 아직 멀었구나 하는 생각이 들었다.

우리 일행은 이어서 폴란드 바르샤바로 들어갔다. 한국 대사의 안내로 먼저 의회 지도자들과 공식 면담을 가졌다. 마침 얼마 전 한국의 대우(DAEWOO)가 폴란드 국영기업인 FSO 자동차 회사를 인수해서인지, 한국에 대한 정치인들의 관심이 매우 크다고 느꼈다. 한국의 대우와 김우중 회장에 대해 감사하는 분위기가 역력했고, 방송에는 대우와 FSO에 대한 보도가 끊이질 않았다.

도착 다음 날, 폴란드가 낳은 천재 물리학자 퀴리부인 생가 박물관을 관람했고, 이어서 다음 날 내가 비용을 대서 공군 헬기 한 대를 빌려 바르샤바에서 400km 떨어진 그 유명한 아우슈비츠 박물관을 보기 위해 날아갔다. 마침 부슬비가 내렸다. 가뜩이나 음산한 가을 날씨에 비바람까지 쳤다. 그 동안 각종 영화에서 본 뼈만 앙상한 죽어가는 유대인 수용자들의 참상이 머리에 떠올라 절로 공포감을 느꼈다. 어떤 감방에는 죽어간 유대인들이 남기고 간 안경이 가득했고, 그 옆방은 그들이 남기고 간 신발이 방바닥에 꽉 찼다. 사람의 머리카락으로 만들었다는 천을 진열해놓기도 했다. 시체를 화장했다고 하는 지하 화장시설이 그대로 보존되어 있었다. 인류사에 그 유례를 찾기 힘든 극악무도한 반인륜적 범죄 현장을 보면서 전 세계의 정치인들이라면 꼭 한번은 와 봐야 하는 박물관이 아닌가 생각했다. 그날 저녁 우리 일행은 저녁 식사를 제대로 할 수가 없었다.

다음 날 우리 일행은 대우가 인수하여 생산에 들어간 FSO를 찾았다. 석진철 사장은 상황실에서 우리에게 FSO 인수 경위와 현재 경영 상황을 브리핑 해주었다. 대우는 미국의 GM과 인수 경쟁을 벌여 GM을 누르고 동구권 최대의 자동차 회사인 FSO를 인수한 것인데, 전 종업원 2만 명을 모두 그대로 떠안는 조건이었다고 한다. 현재 34명의 대우 본사 직원이 와서 2만 명의 폴란드 노무자를 지휘감독하고 한국에서 부품을 가져다 자동차 생산을 시작했다고 한다. 한편 우리 일행 중 고 제정구 의원은 보고를 듣고 큰 감동을 받아 "귀국 후 정기국회에서 재벌의 경제력 집중을 따질 계획을 가지고 있었는데, 이제 이것을 포기하겠다"고 인사말을 통해 밝혔다. 대우가 IMF 당시 파산함으로써 FSO도 무위로 돌아가게 된 것이 너무나 안타깝게 생각된다.

이어서 우리 일행은 파리로 가서 근교 농촌 지역 한 곳(밀레의 '만종'의 현장)을 둘러보고, 로마에서는 바티칸 성당을 둘러보고 96년 9월 9일 귀국했다.

1996년 12월 초 나는 김영삼 대통령 특사 자격으로 쿠웨이트와 아랍에미리트(UAE)를 방문하였다. 주된 목적은 UAE 건국 25주년 기념행사에 한국 정부의 축하사절로 참석하는 것이다. 먼저 쿠웨이트에 들러 국왕을 예방하고 걸프전 때 크나큰 재해를 입은 데 대해 위로를 드리고, 한국이 미력이나마 복구 작업에 도움을 드리겠다는 말을 전했다.

쿠웨이트 시내에는 아직 전쟁의 잔해가 남아있었으며 시내 곳곳에는 철근 콘크리트 구조로 된 큰 물탱크들이 즐비하게 세워져 있었다. 시내에서 멀지 않은 해변에 현대건설이 시공 중인 화력발전소 건설현장을 방문했다. 현대에서는 기술 분야와 관리 인력만 나와 있고 현장의 일반 근로자는 모두 동남아, 인도 등지에서 온 노무자들로서 약 5천 명 정도 고용하고 있다고 한다.

다음은 UAE(아랍에미르트)의 수도 아부다비로 들어갔다. UAE는 아라비아 반도 동부에 있는 일곱 개의 에미리트(土候國)로 이루어진 나라이다. 1853년 실질적인 영국의 보호국이 된 이래, 여러 토후국들이 흥망과 집산을 되풀이 하다가 1971년 카타르, 바레인을 제외한 아부다비, 두바이 등 7개의 토후국들이 아랍에미리트 연합국으로 독립한 것이다. 우리나라와는 1980년 6월 18일에 수교했고, 대통령 중심제이면서 연방공화제이고 자문기구로 연방평의회가 있으나 의회와 정당은 없다.

내가 현지에 갔을 때는 아부다비 국왕인 자이드(Sheikh Zayed bin Sultan Al Nahyan)가 대통령으로 있었다. 건국기념일인 당일에 수많은 외국의 사절들과 대기실에서 기다리다가 대통령이 입장하고 서있던 순서대로 축하 인사를 하고 왕세자가 베푸는 대연회장에서 아라비아 요리로 성찬을 대접받았다. 그 이튿날은 군사퍼레이드 행사장 관람석에 안내되어 UAE 3군의 군사 퍼레이드를 관람했다. 전차·장갑차·대포 등 육군의 주력무기는 물론 해군의 구축함, 공군의 전투기 등 무기 체계가 다양해보였는데, 특이하게도 이 모든 무기가 프랑스제라고 한다. 사막에서의 전투에는 경량화 된 프랑스 무기 체계가 적합하기 때문이 아닐까 혼자 생각해보았다.

나는 짧은 중동 일정을 서둘러 마치고, 12월 6일 귀국했다. 나는 공항에서 새정치국민회의와 자민련 간에 후보 단일화 논의가 진행 중이라는 말을 들었다. 한국 정치의 전례를 볼 때 단일화가 성사될 수도 있겠구나하는 생각을 했다. 두 김 총재(김대중, 김종필)의 입장이 벼랑 끝에 몰려있는 형국이니 극적인 합의가 나올 수도 있겠다고 기자들에게 언급했다.

한국은 96년 12월 12일 OECD에 관한 협약 가입서를 OECD에 기탁함으로써 29번째 OECD 회원국이 되었다. 96년은 정말 나로서는 공사 간에 다사다난한 한해였다. 그저 한해가 무사히 넘어갔구나 하는 안도감으로 연말을 맞이했다.

41
새 시대 지도자론

　1997년 정축년 1월1일 동트기 전에 나는 우리 집 뒤 구룡산에 올랐다. 산 중턱에 있는 벤치에 앉아 지나 온 정치인생 16년을 회상했다. 권위주의 통치의 긴 터널을 지나 문민정부로 이행되는 엄청난 변화와 개혁의 소용돌이 속을 큰 상처도 입지 않고 무사히 극복하여 지역구 5선 의원으로서 국회부의장직을 수행했으니, 그저 하늘에 감사하는 마음이 들었다. 얼마 후 치솟는 해를 향해 합장하며 이제 앞으로 내 한 몸 던져 조국과 겨레를 위한 참되고 바른 정치를 펴 나가겠다는 맹세의 기도를 드렸다.

　여명이 밝아 올 무렵 하산하여 집에 돌아와 새해 인사 차 전국에서 달려온 많은 동지들과 지지자들을 만나 인사하고 기념사진도 찍고 모두 새로운 결의를 굳게 다졌다. 그리고 나는 신년휘호로 노자의 『도덕경』에 나오는 '천도무친(天道無親)' 넉 자를 썼다. '하늘의 도는 사사롭게 친하고 친하지 않음이 없다'는 뜻이다. '천도무친'은 적재적소에 사람을 써서 국가를 경영해야 하는 최고 지도자가 갖추어야 할 마음의 자세요, 인사에 있어서 꼭 지켜야할 덕목이라고 생각한다. 『도덕경』에는 '천도무친 상여선인(天道無親 常與善人)'이라고 되어있다. 하늘의 도는 사사롭지 않고, 항상 착한 사람 편이라는 뜻일 것이다.

97년 1월 초 나는 주한미국대사 레이니(James T. Laney) 씨로부터 관저에서의 오찬에 초청을 받았다. 그 자리에는 크리스텐슨 부대사, 조셉 윤 참사관 등이 합석했고, 우리 쪽에서는 나와 가까운 김일주 전 의원, 김재록 회장이 합석했다. 레이니 대사는 오래 전 군에 있을 때 한국에 근무한 적이 있는 지한파로서 미국의 저명 대학인 에모리대학교 총장을 역임한 바 있는 학자풍의 외교관이다. 식사를 하면서 한국정치의 전개 방향, 대통령 선거의 전망 등에 대한 자유로운 의견 교환이 있었으며 분위기는 매우 화기가 넘쳤다. 오후 2시가 넘어 식사 자리가 마무리되어 상호 작별 인사를 하였는데, 레이니 대사가 내 손을 잡고 식당 옆의 방으로 들어가서는 한자로 쓴 큰 족자(아래로 내려오는 식) 앞에 세우더니, 이 족자는 대사의 외할아버지가 해군 제독 시절에 이 글씨를 쓴 한국인사로부터 선물을 받은 것을 자기에게 주어서 지금까지 가보처럼 아꼈고, 근무하는 방에 꼭 걸어놓고 일을 해왔다고 말하면서 이 족자에 쓰여 있는 글이 무슨 뜻이냐고 나에게 질문하는 것이다.

나는 족자를 쳐다보고 즉석에서 다음과 같이 대답했다. 글씨를 쓴 분은 한국의 초대 대통령이신 이승만 박사이시고, 브레튼 제독을 위해 썼으며, 글의 내용은 '서해어룡동 맹산초목지(誓海魚龍動 盟山草木知)'라고 되어 있는 바, 이 글은 우리나라 임진왜란의 영웅 이순신 장군의 글이고, 그 글의 뜻은 '바다에 서약하였더니 물고기와 용이 움직이고, 산에 맹세하니 풀과 나무가 알아준다.'라는 뜻으로서 충무공 이순신 장군의 나라에 대한 붉은 충성심을 잘 나타내고 있다고 말했다. 그랬더니 레이니 대사는 그 동안 많은 한국의 지도자들에게 이것을 보이고 물었으나 오늘 이한동 의원처럼 정확하게 아는 사람은 처음 만났다고 말하며, 나를 높이 평가해주었다.

미 2사단 지하벙커 방문

위와 같은 일이 있은 지 며칠 후인 97년 1월 15일 오후 1시, 나는 주한 미국 레이니 대사의 주선으로 의정부 동두천에 주둔하고 있는 미2사단을 방문했다. 용산 미군 헬기장에서 별 4개의 마크가 달린 한미연합사령관 전용 헬기에는 레이니 대사와 부대사, 그리고 나와 김일주 의원과 통역이 타고, 미2사단장 헬기에는 미대사관 육군무관 조셉 참사관 등이 탑승하고, 의정부 미2사단 사령부에 도착했다. 우리 일행은 사단장의 안내로 지하 벙커 상황실에 들어가 최첨단 장비로 운영되는 정보 상황실을 관람하고, 사단장으로부터 휴전선과 남북의 상세한 현황 정보를 설명 들었다. 나는 미군의 정보력에 감탄했다. 미군은 휴전선 남북의 군사상황을 비롯하여 북한 전역을 손바닥 들여다보듯이 모두 정확하게 확인하고 있는 것이다. 벙커에서 나와 동두천 미2사단 기지로 이동하여 일반적인 부대현황을 설명 들었다. 나는 미리 준비한 포천막걸리를 사병들에게 선물했다. 그리고 나서 일행 모두가 헬기에 나누어 타고 한국 6군단 헬기장으로 이동하여 포천읍 소재 우리 집으로 모두를 모셨다. 맛있는 포천 소고기(제비추리),

포천막걸리를 푸짐하게 미국 측 인사들에게 대접했다.

  그때 언론과 정치권에서는 나의 미2사단 방문을 매우 의외의 일로 받아들이는 분위기였다. 대통령을 위시하여 그 어느 정치인도 미2사단의 지하벙커를 시찰한 일이 없었기 때문일 것이다. 내가 다녀온 뒤에 어느 유력 정치인이 방문 요청을 했으나 거절당했다고 한다. 레이니 대사가 어떠한 마음으로 나의 방문을 주선했는지 알 수는 없지만 이심전심으로 내가 느끼기에는 나를 도와주고 싶은 깊은 뜻이 있지 않았는지 짐작해본다. 그러나 나의 부덕의 소치로 레이니 대사의 그 깊고 고마운 뜻에 결과적으로 부응하지 못한 것이 지금껏 아쉽고 죄송할 뿐이다.

  나는 미2사단 방문 이후 대외 강연활동을 더 활발하게 전개했고, 언론과의 관계에 있어서도 종전의 '놀프(기사거리를 안 줘서 no help라는 뜻)'라는 별명이 무색해질 만큼 거침없고 숨김없이 기자들을 대했다. 나는 96년 97년에 걸쳐 경향 각지의 대학과 사회단체, 정당 행사 등에 초청되어 약 70여 회의 강연을 했다. 이를 통해 우리나라의 당면 현황, 다가오는 21세기에 대한 준비, 국가 이념과 목표, 국가전략, 국민통합과 중부권 역할론, 그리고 국가지도자론 등에 대해 다음과 같은 요지의 견해를 피력하였다.

> 1. 여당도 이제는 대권후보를 완전 자유 경선으로 결정해야 한다(96년 10월).
> 2. 60년대 이후 긴 권위주의 통치의 터널을 지나오는 과정에서 국민의 바람은 민주적 정통성을 갖춘 정부와 자유민주주의 가치에 대해 확신에 찬 민주지도자의 출현이었다. 그러던 끝에 김영삼 문민정부를 우리가 이룩해냈다고 본다.

그러나 오늘날 국제정치, 경제 환경이 급작스럽게 변화하고 있고, 거기에 정보화라는 문명사적 변화의 큰 물결이 지구상을 휩쓸고 있다.

이러한 크나큰 국제 정세의 변화 속에서 한 나라의 최고 지도자에게는 과거 독재 대 반독재 투쟁이나 민주 대 반민주 투쟁 시대에서 성장한 투사형 리더십보다는, 복잡한 국제 여건 속에서 국가적 번영을 위해 가장 효율적이고도 경쟁력 있는 국가경영을 할 수 있는 합리적인 관리자형 리더십이 더 적합하다고 본다.

3. 솔직히 말해 내가 처음에 제기한 중부권 역할론은 지역할거주의적인 발상에 근거한 역할론이었다. 30년 넘게 지속된 여야(동서)의 지역감정 문제는 국가의 명운과도 직결된 심각한 것이다. 거기에 이제는 충청권마저 또 하나의 지역 패권주의를 내세우고 있기 때문에 지금 우리나라는 마치 후삼국시대의 삼각구도를 연상케 할 만큼 심각한 분열조짐을 보이고 있는 것이다. 그러므로 또 하나의 패권주의 차원이 아니라 정말로 이제는 중부권에 사는 2천만 명이 넘는 국민이 망국적 지역주의를 근원적으로 해결하는 데 나서야 할 때라고 생각한다. 중간자적 위치에서 골 깊은 지역감정을 거중조정하고 화해시키는 방향에서 중부권이 시대적 역할을 다해야 한다는 것이 내가 주장하는 신중부권 역할론이다(96년 1월).

4. 중부권 국민 2천만이 나서서 3김정치를 청산해야 한다. 내가 그 일을 하겠다(96년 3월).

5. 핵심적인 국정과제를 해결하기 위해 개혁을 지속하는 것은 역사적 당위이다. 다만 이분법적 형식논리로 보수와 개혁을 배타적 관계로 구분하는 데에는 문제가 있다. 보수는 단순히 옛것을 지키는 수구가 아니라 잘못된 것에 대한 합리적 개혁을 포용하는 개념이다. 과거 청산도 과거에 잘못된 부정과 비리를 청산하자는 이야기이지 결코 지나간 시대 자체를 역사에서 지워버린다는 의미는 아니기 때문에 '역사바로세우기'가 '역사지우기'가 되어서는 안 된다(96년 3월).

6. 우리가 지켜야 할 국가 이익의 첫째는 뭐니 뭐니 해도 국가 안보다. 둘째는 자유민주주의 체제 수호요, 셋째는 평화통일이고, 넷째는 국제적 지위향상이다(96년 6월).

7. 최근의 정책 혼선과 환경 오염문제 그리고 도덕성 상실 등은 장기적인 국가전략 부재, 구체적 실천전략의 미비에 기인하고 있다. 국가 경영은 정치지도자들의 확고한 철학과 비전, 구체적 전략 추진 능력에 의해 이루어지는 것이며, 국민 제일주의와 국리민복이 목적이 되어야 한다.

8. 국민통합의 요체는 국민에게 공정한 정부라는 믿음을 갖게 하는 데 있다.

공정한 정부가 되기 위해서는 학연, 지연, 정연(政緣) 그리고 친불친과 호불호를 초월하는 적정하고 공평한 인정(人政)이 무엇보다 긴요하다(96년 7월).
9. 오늘날 국제정치, 경제 환경은 새로운 세계 질서로 넘어가는 과도기적 불확실성이 지배하고 있다. 이제 세계 경제는 지구촌 단일 시장화를 지향하면서 자율과 개방 그리고 무한경쟁으로 나아가고 있다. 하나의 기업이 세계 제일을 지향하듯이 국가 경영도 생산성, 효율성을 내용으로 하는 경쟁력을 가지고 접근해야만 할 것이다. 따라서 국가지도자에게도 확고한 철학과 소신, 경륜과 지혜, 그리고 합리적인 경영 마인드가 절대적으로 요청되는 것이다(96년 8월).
10. 현재의 경제난은 근본적으로 고비용 저효율이라는 구조적 요인에 의한 것이다. 따라서 무한경쟁 시대에 대비하기 위해서는 저비용 고효율 구조로 전환함은 물론, 경제 체질 개선이 우선되어야 한다. 정부는 무엇보다 각종 불필요한 규제를 대폭 완화하고 활력이 넘치는 경제 환경을 창출하는 데에 앞장서야 한다. 기업들은 단기 이익 추구보다는 기술개발에 주력해야 한다. 지금의 경제 난국이 누구의 책임인가를 따지기 전에 정부, 정치권, 기업, 국민 모두가 대오각성하고 허리띠를 졸라매면서 새롭게 분발하는 자세를 가져야 할 것이다(96년 12월).
11. 차기 대통령은 무엇보다 시장 경제 원리에 입각한 자유민주체제에 대해 확신을 가져야 한다. 또 국가 경영에 대한 경륜이 축적된 사람이어야 하고, 국민통합의 정치를 펼칠 수 있는 의지와 조건도 구비해야 한다. 그리고 도덕성은 필수적이다. 특히 강조하고 싶은 것은 합리적인 국가 경영 능력과 세계화, 정보화라는 새로운 도전에 능동적으로 대응해나갈 수 있는 안목과 지혜가 필요하다는 점이다.

나는 1997년 새해 들어서 앞으로 벌어질 여러 가지 일들을 상정하고 그에 대비한 구상을 정리해나갔다. 특히 당내 대선후보 선출방식이 당헌 당규대로 완전 자유 경선으로 실현된다면, 경선 구도는 어떻게 짜일 것인가. 과연 김심(金心.YS)은 작동하지 않을 것인가. 당내 계파별로 정치적 입장이 어떻게 정리되고 경선을 치룰 것인가. 특히 민정계는 당내 최대 계파로서 끝까지 독자성을 유지하고 독자 후보를 낼 것인가. 이제 20세기와 21세기를 잇는 다리 위에서 지도자를 제대로 선택하지 못한다면 다음 세대에 영광된 21세기를 물려줄 수 없을 뿐 아니라, 우리가 쌓아올린 한강의 기적 위에 비극적인 수마가 지나갈 지도 모른다는 생각이 들었고, 따라서 어떻게 해서라도 이 땅에 또 다시 불행한 대통령이 탄생하는 일은 없어야 한다는 상념에 깊이 빠지곤 했다.

그런 저런 생각 끝에, 그러면 나 자신은 과연 어느 정도의 경선 경쟁력을 갖추었느냐 자문해보았다. 그 시점에서 경선에 나올 것으로 논의되는 민정계 김윤환 의원, 이춘구 의원, 민주계 최형우 의원, 김덕룡 의원, 그리고 내가 경선에서 대결한다면, 해볼 만한 경쟁이 아닌가 생각이 들었다.

앞에서 이미 밝힌 내용이지만 나는 서울 법대를 나와 판검사 등으로 법조계에서 20여 년을 봉사했고, 정치에 입문하여 지역구 연속 5선을 기록했으며 여당에서 총재비서실장·경기도지부위원장·사무총장·정책위의장·원내총무(국회운영위원장) 3회·국회부의장을 역임하고, 어려운 시기에 정부에서 내무장관을 맡아 공권력 회복과 사회질서확립에 기여했다. 특히 원내총무는 정치적으로 중요한 시기에 맡아서 6.29선언 후의 '8인 정치회담'을 통해 헌법개정을 여야 간에 완전 합의로 이끌었고, 6공 때에는 전 대통령 국회증언을 관철하여 5공청산 문제를 마무리했으며, 문민정부 하에서는 김영삼 대통령의 정치개혁입법을 마무리 지었고, WTO 가입 비준안·정부개편관련법안 등을 완벽하게 처리했다. 결론적으로 당3역을 섭렵했고, 입법·사법·행정을 넘나들며 다양한 국정 경험을 쌓았다.

그러나 인간인 이상, 나에게도 많은 취약점이 있다고 자인한다. 먼저,

외교 등 대외문제에 대한 경험과 식견이 부족하고, 경제 분야도 공부한다고 했지만 취약하다. 그러나 국가 경영의 대강을 파악하고 전문성을 갖춘 참모들을 잘 활용하면 큰 문제없이 어떤 사안에도 대처할 수 있다고 나는 확신했다.

1997년 2월 27일, 지역구인 연천에 용무가 있어 3번 국도를 따라 연천으로 가고 있을 때 김 대통령의 전화를 받았다. 상의할 중요한 일이 있으니 내일 12시에 오찬을 같이 하자는 말씀이다. 그 이튿날인 2월 28일 12시 나는 김 대통령과 칼국수를 앞에 놓고 면담을 했다.

대통령께서는 "이 부의장이 당 대표를 맡아줘야겠다"고 하셨다. 그러면서 "당에서 전국위원회를 거치는 절차를 밟아야 하니 며칠 기다리는 동안 인사보안에 각별히 유의하라"고 당부를 하셨다. 나는 면담을 마치고 어쩐지 쓸쓸한 기분이 들었다. 우선 보안에 자신이 없었기 때문이다. 더구나 내가 청와대에서 나올 때, 김기수 부속실장이 내 차까지 와서 묵묵히 나를 전송한 것이 마음에 걸렸다.

아니나 다를까. 걱정한대로 그 다음날 조간신문에 '당 대표에 이한동 고문 내정'이라는 기사가 났다. 전날 '국무총리에 고건 내정' 기사가 난 후이다. 당내 민주계 최형우 의원 등 중진들은 모두 나의 대표 기용에 반발했고, 이회창 고문, 김윤환 고문 등도 은밀한 방법으로 반발했다고 한다. 그런 가운데 3월 초 청와대 김광일 비서실장, 이원종 정무수석이 김용태 비서실장, 강인섭 정무수석으로 교체되었다. 그 김용태 신임실장이 3월 5일 경 오전에 나에게 전화를 걸어 오후 2시에 롯데 호텔에서 잠시 보자는 것이다. 그대로 오후에 만났다. 나와 김용태 실장은 대학동기요, 정치 동기다. 그래서 말을 놓고 지낸다.

- ◆ 김 실장 : 자네 YS와 무슨 약속한 것 있느냐?
- – 그래 있다. 나에게 당 대표를 맡아달라고 하셨다.
- ◆ 김 실장 : 그 일은 없던 일로 하라고 하신다. 자네가 보안을 잘 안 지켜 신문기사가 났는데, 필시 자네가 기자들과 술 마시다가 실수한 것 같다고 하시더라.

나는 정말 어이가 없었다. "아무리 내가 술이 취한다고 해도 사안의 중대성에 비추어 그런 보안사항을 발설할 그런 사람이라고 너는 생각하느냐. 김 대통령에게 내가 그런 사람은 아니라는 것을 확실히 말씀드려라."라고 말을 끝내고 일어섰다. 나는 마음속으로 아무리 당내 반발이 크다고 해도 남아일언중천금(男兒一言重千金)이라는 말도 있는데, 일국의 대통령 약속이 이렇게 쉽게 깨져서야 어이 할거냐 하고 생각하며 혼자 탄식했다.

그 뒤 언론에는 '이한동 고문이 대선 후보 경선에 안 나간다는 조건이면 당대표를 할 수 있는데, 경선 포기 의사를 표명하지 않고 있다'고 하는 내용의 기사가 연일 보도되었고, 내 주위에서는 경선 불출마를 표명하고 당대표를 맡아야 한다는 측과 그것은 절대 불가라는 측이 갈려 나를 어렵게 했다. 그런 정치적 소란 속에 며칠이 흘러갔고, 동아일보에서 '당대표에 이회창 고문 내정'이라는 보도가 있었다. 마침 그때 민주계 수장 최형우 의원이 뇌졸중을 일으켜 쓰러졌다.

42

YS와 이회창의 동반 추락

　1997년 3월 12일, 김영삼 대통령은 이회창 고문을 당대표로 지명하고 곧이어 신한국당 전국위원회에서 이회창 상임고문을 당대표로 선출하였다. 민정계 김윤환 고문은 '나라회'라는 단체를 만들어 민정계 의원들과 지구당 위원장 다수를 설득하여 동회에 가입시키고, 내막적으로 이회창계 세력을 확산해 나갔으며, 특히 나와 친분이 두터운 경기·인천·강원·서울 등의 민정계 의원들을 집중적으로 포섭해나갔다. 중부권 민정계 의원들과 원외 위원장들은 신의와 배신의 갈림길에서 갈등과 고민을 해야 했다.

　그해 5월 들어서 신한국당의 대선 후보 경선 구도는 윤곽이 드러나고 있었다. 이홍구 전 대표는 포기하고 이회창을 지지하는 쪽으로 가닥이 잡혔으며, 민정계에서는 김윤환 고문이 킹메이커로서 이회창 지원군의 우두머리가 되었고, 민주계에서는 최형우 의원이 병으로 포기상태라 이인제 경기지사, 김덕룡 의원 둘이 출마 의사를 밝혔고, 외부에서 이수성 전 총리·박찬종 의원 등이 가세했다. 결국 민정계는 나와 최병렬 의원이 출마하는 것으로 결정이 났다. 나는 "이회창 대표가 대표직에서 사퇴해야만 공정한 자유경선이 이루어질 수 있다"고 강하게 주장하였다. "본인이 자의로 사퇴하지 않으면 김 대통령이 나서서 사퇴시켜야 한다, 이회창 대표를 놔두고 경선을 하는 것은 이 대표의 후보 가능성 100%의 잔치에 다른 후보들을 들러리 세우는 것과 같다"고 강조했다.

대선후보 경선 이야기

나는 동지들과 힘을 모아 서울 종로구 구 화신백화점 뒤 태화빌딩 2층에 약 100여 평의 사무실을 세 얻어 경선대책본부를 차리고, 김일주 의원을 본부장으로 위촉했다. 그리고 동년 6월 2일, 나는 국회 후생관에서 지지자 수백 명이 참석한 가운데, 대통령 선거 후보 경선 출마 선언을 했다. 인사말에서 나는 "나라의 안정적인 미래를 위해 나서게 되었다"는 동기를 설명하고, 앞으로의 국가 경영에 대한 큰 포부를 담은 선언문을 낭독했다.

1997년 6월이 되면서 신한국당 대통령 후보 경선 구도는 이회창(대표직 사퇴함)·이한동·이수성·박찬종·김덕룡·이인제·최병렬 등 7명으로 압축되었고(처음에는 9명으로 출발), 7월 초부터 전국을 12개 권역으로 나눠 각 시도 합동연설회를 개최하였다. 합동연설회마다 나에 대한 옛 민정당 평생 동지들의 호응이 매우 좋았고, 민정계에서는 내가 사실상 단일 후보와 같으므로 각 지역의 옛 민정계 세력이 나를 지지하는 것으로 보였다.

그러나 경복고 동문으로서 김덕룡, 이인제 두 후보가 같이 경쟁해서는 그 누구도 승산이 없다고 나는 판단되어, 어느 날 두 동문을 선배로서 저녁에 초대해서 "이번 경선에서 우리 셋이 다 나가는 것은 모두 필패의 길이니, 한번 큰마음으로 선배에게 먼저 양보할 수 없겠느냐."고 어려운 말을 꺼냈으나 돌아온 것은 묵묵부답이었다. 경복 총동창회장 천명기 선배도 애를 써보았으나 무위로 돌아갔다. 거기에 이인제군은 경기지사로서의 직위를 활용하여 경기도에서 나의 정치적 기반을 많이 잠식해 들어왔다.

이회창 후보 측이 전대의 1차 투표에서 대의원 과반수 득표로 결단을 내겠다는 필승 전략으로 나오는 상황에서, 1차에서 2위 득표를 해야 최종 결선에 나갈 수 있고 최종 승리를 기할 수 있다고 판단되어 동년 7월 2일 롯데호텔에서 김덕룡, 이수성, 이인제, 나 등 넷이 모임을 갖고 우리들 4인 중 1차에서 2위한 사람을 2차 투표에서 밀어주기로 합의했다. 박찬종 후보는 7월 20일 서울지역합동연설회에서 나를 지지하고 후보를 사퇴한다는 말이 돌았는데, 실제는 후보 사퇴만 함으로써 경선 후보는 6명으로 확정되어 7월 22일 전당대회를 치르게 되었다.

경기·인천 지역에 나의 정치적 측근 몇몇 의원이 이회창계로 줄을 서더니, (상대편에서) 나의 출마선언 출판기념회에서 축사까지 한 최측근 K의원을 전당대회 직전에 포섭하여 나를 배신하도록 하는 일도 있었으나, 어떠한 유혹에도 지조를 끝까지 지킨 서울의 K의원, 인천의 L의원, 경기의 J의원, 강원의 K의원, 제주의 H의원들은 내가 눈을 감는 날까지 잊지 못할 것이다. 그 동안 진행된 지역별 후보합동연설회가 각각 끝날 때마다 언론사가 시행한 출구조사 결과를 보아도 내가 당당히 상위그룹에 들어있었기에

2차 결선투표에서 이회창과 대결하여 승리할 수 있겠다는 확신이 있었다. 경선 기간 중 초기부터 이회창 후보의 아들 형제에 대한 병역면제가 큰 하자로 수면 하에서 논의되었으며, 이 병역면제사건을 자민련의 H의원이 연설회의장에서 폭로하려고 하자, DJ총재의 지시를 받은 제1야당 의원들이 위 H의원에게 집요하게 매달려서 발언을 저지했다.

한편, 신한국당 대선후보 경선 합동연설회에서 나를 비롯한 이수성·최병렬·김덕용·박찬종·이인제 그 누구도, 자당의 후보에게 치명상을 안기는 폭로전을 쓰는 것은 스스로 '누워서 침 뱉기'라고 생각했기 때문에 각 연설회에서 차마 이를 폭로하지 못했다. 그때 마지막 합동 연설회인 서울대회에서 우리 6명의 후보 중 그 누구 한 사람이 이 사건을 치열하게 폭로했으면, 우리 정치사가 달라졌을 것이라고 나는 믿는다.

신한국당은 1997년 7월 21일, 오전 10시 서울 올림픽 체조경기장에서 김영삼 대통령을 비롯한 12,430명의 대의원이 참가한 가운데 전당대회를 열고 제15대 대통령선거후보를 선출했다. 나는 1차 투표에서 유효표의 14.7%를 차지하는 1766표를 얻어 2위인 이인제 후보보다 5표 모자란 3위에 머물렀다. 표차가 하도 근소하여 선거관리위원회에 재검표를 요청했으나 선관위는 석연치 않은 이유로 전체표의 재검표는 할 수 없고, 1차에서 무효 처리된 표만 재검표 하겠다고 하더니, 결과적으로 이인제와의 표차가 5표에서 8표로 늘어났다고 하기에 전체 재검표를 포기하고 나는 선거결과에 승복하였다. 그러나 전체를 재검표해주지 않은데 대한 아쉬움이 남는다.

43

DJP연합,「한나라당」에 신승

신한국당 대선후보로 이회창 후보가 2위였던 이인제 후보를 누르고 후보로 당선되자마자 DJP연합은 이회창 후보의 아들 형제의 병역면제사건에 대한 본격적인 폭로전에 들어갔다. 결국 이 힘으로 이회창 후보가 치명상을 입고 DJP 연합이 승리할 수 있었다고 봐야할 것이다(결국 2002년 대선까지 큰 영향을 미쳤다고 볼 수 있다.).

당시 언론과 여론의 반응은 이회창 후보에게 차가웠다.

"어떻게 아들 형제를 같은 체중미달로 면제시킬 수 있느냐."

"형은 키가 179cm라는데 체중이 45kg 미만이 나올 수 있느냐."

결론적으로 이회창 후보는 국가최고지도자로서의 도덕성에 문제가 있었던 것이다. 여론조사 결과 지지도 인기도가 한때 거의 10%로 추락하기도 하였다. 당내에서는 일부 의원들이 후보 교체의 필요성까지 제기하는 상황이 되었다.

당이 대선후보 아들의 병역 의혹으로 인해 중심을 잃고 흔들리는 상황에서 김영삼 대통령이 이회창 후보의 요청으로 총재직을 사퇴하고 당적까지 포기하였다. 동년 9월 30일 전당대회를 열어, 당 총재에 이회창 후보를 선출하고 당 대표에 이한동을 지명, 동의를 받음으로써 나는 당대표가 되었다(이회창 후보의 권유를 받아들인 것이다.).

그 직후 나는 기자들의 질문에,

"당이 승리에 대한 자신감보다는 좌절감과 패배의식에 차있어, 그동안 가슴이 답답했다. 이제 전 당원이 힘을 합쳐 당을 새로 만든다는 비장한 각오로 모든 현안에 과감하게 대응해 나가야 한다. 범여권의 결속과 진취적인 젊은 세력과의 연합에서 정권 재창출의 길을 찾아나가겠다. 이런 과업을 수행하기 위해 화합과 포용의 정신을 기조로 대표직을 수행해나갈 것이다. 자기개혁을 통해 민주정당, 국민정당, 책임정당으로 거듭나도록 하겠다. 그렇게 해야만 국민의 신뢰와 지지를 회복할 수 있을 것이다." 라고 답변하였다.

한나라당 대표를 맡다

1997년 11월 1일, 이회창 총재·이한동 대표, 김윤한·박찬종·김덕용 세 선대위원장 등 5명은 긴급회동을 갖고 당의 진로를 심도 있게 협의했다. 구체적으로 들어가서 DJP연합에 대한 실효적인 대응방안과 당을 뛰쳐나간 이인제 지사의 대선 출마시의 문제, DJP연합 측의 우리당 의원들에 대한 탈당유도 문제 등에 대해서도 논의했다.

돌아보면 연초부터 대통령 선거를 앞두고 여야 제 정당은 극도의 혼란 속에서 각각의 나름대로 대비태세를 정리해왔다. 제1야당 민주당은 92년

14대 대선 패배 후 정계은퇴를 선언하고 영국 유학중에 있던 DJ가 돌연 귀국하여 정계에 복귀했다. 이어 친DJ계 의원들을 주축으로 민주당에서 탈당시켜 새정치국민회의를 창당하더니 동 전당대회에서 DJ를 총재와 15대 대통령 후보로 선출하였다.

또한 1995년 신한국당에서 내쫓기다시피 한 JP는 측근 5-6명의 의원과 충청권 지지세를 바탕으로 자유민주연합을 창당하여 6.27지방선거에서 대승하고, 96년 4월 15대 총선에서 '충청도 핫바지론에 힘입어 50석을 얻는 정치적 성공을 거두었다. 그러나 JP는 독자적인 힘으로 대선에 도전하는 것은 역부족임을 절감하고 김용환 부총재와 한광옥 DJ비서실장 간의 협상을 통해 DJP연합 (대선승리 후 공동정권 운영 및 내각제개헌 약속)을 성사시켰다.

그 때 민주당의 이기택 총재는 당내 DJ계가 대거 탈당하고 난 뒤, 이른바 '꼬마민주당'을 이끌면서 조순 서울시장을 대통령 후보로 영입하는 데 성공하였다. 당시 조순 시장의 인기는 여론 조사에서 20%대를 유지하고 있었으며, 어떤 조사에서는 이회창을 훨씬 앞섰다. 한편, 신한국당 이회창 후보는 JP와의 연합을 끝내 포기하고 민주당의 이기택 총재·조순 시장과 협의하여 두 당이 한나라당(조순시장이 당명을 지었음)으로 합당하여 대선후보 이회창·당 총재 조순으로 정했다. 97년 11월 21일 대전 충무체육관에서 합당 전당대회를 열어 위 후보들이 그대로 선출되었으며, 나는 새로운 당의 대표최고위원으로 선출되었다.

그 후 나는 당의 간판을 한나라당으로 바꾸어달고, 위로 조순 총재를 모시고 대표최고위원으로서 본격적인 대선 운동에 들어갔다. 먼저 시급한 문제가 선거자금조달이었다. 나는 고민 끝에 김태호 사무총장과 협의하여 이회창 후보에게 두 번에 걸쳐 간곡하게 자금지원을 부탁했으나 두 번 다 가불가(可不可)의 답변을 듣지 못했다. 거절당한 것이다. 생각 끝에 중앙당 후원회를 개최하여 모금을 해보기로 하고 1997년 11월 25일, 잠실 체조경기장에서 한나라당 후원회 행사를 크게 열어 십시일반으로 지원을 받아 당이 필요한 최소한의 자금을 마련하고 숨을 돌릴 수 있었다.

여권의 지리멸렬과 대선 패배

이인제 경기지사는 신한국당 경선 결선투표에서 이회창 후보에게 패배한 후, 지지도가 상당한 수준을 유지하자 국민신당을 창당하고, 충청권과 YS계의 정치적 기반 지역인 부산·경남 지역을 집중적으로 공략하는 본격적인 대선전을 전개함으로써 한나라당 지지표를 상당히 잠식하는 결과를 가져왔다. 이회창 후보에게는 치명상을 입혔으며, DJP연합 DJ 후보에게는 직간접적으로 도움이 되는 선거구도를 가져왔다.

그런데 우리나라는 1997년 하반기에 접어들면서 최악의 외환위기에 몰리고 있었다. 결국 한국경제는 IMF관리 체제하에 들어가지 않을 수 없었고, 간신히 국가 부도 위기에서는 벗어났지만 앞날이 캄캄했다. 그 당시 우리의 외환보유고는 30억불 수준까지 내려갔었던 것이다. 이러한 외환위기는 김영삼 정권 5년의 경제적 실정의 결과라고 보지 않을 수가 없다.

1997년 12월, 대선일은 다가오는데 이회창 후보의 지지도는 다소

개선되었을 뿐, 조순 총재와의 연합에 의한 득이 이회창 후보의 두 아들의 병역 면제로 인한 실을 커버하지 못하는 형국이었다.

드디어 12월 18일, 대통령 선거일이 되었다. 선거 결과는 이회창 후보가 DJP연합의 김대중 후보에게 약 39만여 표 차로 패배하는 정말로 믿기지 않는 석패였다. 이회창 후보는 선거 결과에 깨끗하게 승복하고 입장을 정리했고, 당대표인 나와 모든 당직자들은 곧 해본 일이 없는 야당을 할 준비 태세를 갖추어나갔다.

모든 것이 허탈하기만 한 상황에서 97년을 보내고 98년을 맞이했다.

나는 1월 초, 조선일보와의 인터뷰에서 "여야합의에 의한 내각제 개헌문제는 우선 경제위기를 극복한 토대 위에서 서서히 논의될 수 있는 것이다. 김대중 당선자 측의 재벌정책은 경쟁력 강화를 위한 구조조정보다는 IMF와의 협약을 핑계로 인위적인 재벌 해체로 가는 듯한 느낌이 든다"고 주장했다.

동년 2월 11일에는 김 당선자와 박태준 총재가 우리당 조순 총재와 당대표인 나를 같이 만나는 자리에서 김종필 총리 임명 동의안과 국회 쟁점 현안이 처리되도록 해달라는 요청이 있었으나 우리 측은 거절할 수밖에 없었다. 마음속으로 나는 JP께 참으로 미안했다.

DJ '국민의 정부' 출범

DJP연합으로 어렵게 대통령에 당선된 김대중 당선자는 정권 인수 준비 과정에서 김종필 총리 임명 동의안이 한나라당에 의해 거부되자 JP를 98년

3월 3일 국무총리 서리로 임명하고, 전 정권의 총리인 고건 총리로 하여금 새 정부의 국무위원 임명 제청을 하도록 하여 내각을 구성하고, 동년 2월 25일 '국민의 정부'를 선포하면서 대통령에 취임하였다. DJ는 취임 전후에 걸쳐 IMF와의 협상은 물론 경제 구조 개혁에 착수하여 엄청난 시련을 겪었다.

나는 개인적인 입장에서는 JP총리 임명 동의안을 가결시켰으면 좋겠다고 생각했으나, 대선에 패배하고 정권을 빼앗기고 별안간 야당이 되어버린 한나라당 내의 분위기는 이를 용서치 않았다.

여야 간의 협조가 전혀 안 되는 상황에서 한나라당은 당권 다툼이 불붙었다. 김윤환 의원, 양정규 의원 등은 98년 3월 들어서, 4월 중에 새로 총재를 뽑는 경선을 해야 한다고 주장하면서 대의원들을 대상으로 하는 서명운동에 돌입했다. 조순 총재와 당대표인 나, 서청원 총장 등 이른바 당권파는 당헌부칙(1997년 12월 22일, 합당 당시 제정된 당헌부칙에는 조순 총재의 임기 2년은 어떤 경우에도 보장되는 것으로 규정되어 있음)에 의거 4월 총재 경선안은 받아들일 수 없고, 이는 당을 분당시키려는 기도로 밖에 볼 수 없으니 서명운동을 즉각 중지하라고 대응했다.

내우외환에 시달리면서도 한나라당은 동년 4월 2일 재보선 지역 4곳에서 선거를 준비해야만 했다. 4곳이 모두 영남지방이다. 경북 문경에서 출마 준비 중이던 박근혜 후보를 강재섭 대구시당위원장의 주선으로 야당 강세인 대구 달성으로 옮겼고, 경북 문경·예천에는 신영국 전 의원을, 의성에는 정창화 전 의원을, 부산 서구에는 정문화 후보를 각각 공천하여 전 지역에서 당선되었다. 나는 당대표로서 각 지역에 지원 유세하였고, 특히 대구 달성의 박근혜 후보 정당연설은 마침 빗속에서 치렀는데 유권자들의 지지와 호응이 대단히 열광적이었는바, 나는 연설 도중 "대구 달성 시민 여러분. 여러분의 정성과 사랑으로 박근혜 후보를 꼭 당선시켜 이 다음 역사에 빛나는 한국의 대처로 키워주시기 바랍니다"라고 강조하였다. 박근혜 후보는 여당의 엄삼탁 후보보다 배에 가까운 득표차로 압승했다. 비로소 한나라당 의석은 161석으로 늘었다.

그런데 '총재임기 2년 보장'이라는 합당 당헌 부칙의 잉크도 채 마르지 않았는데 이회창을 당 총재로 복귀시키려는 김윤환, 양정규 의원 등의 반란은 조순 총재에 대한 인간적인 배신이었고, 정치도의상 있을 수 없는 일이었다. 그럼에도 불구하고 당권 접수 작전은 치밀하고 조직적으로 진행되었다. 3월 들어서서 대의원 서명운동을 전개하는 한편, 목요상 의원 등은 당헌 개정안을 준비함에 있어 당은 총재 1인 중심 체제로 하고 대표위원제를 폐지하는 대신 부총재를 도입하는 것을 골자로 하는 안을 준비하였다. 또한 조순 총재는 명예총재로 옮겨 앉는 안으로 설득하여 당헌부칙 상의 문제점을 해결했다.

98년 4월 10일, 한나라당 전당대회에서 당 지도체제를 총재 중심체제로 바꾸면서 대표최고위원 자리는 사라졌다. 동년 6월 4일 실시된 제2기 동시 지방선거에서 수도권 시도지사는 공동 여당(DJP연합)이 석권했다(서울 고건, 경기 임창열, 인천 최기선).

6월 16일 나는 한나라당 총재 권한 대행으로서 외신기자 클럽에서의 기자회견을 통해 "현 정권은 좌파와는 호혜를 기도하고, 우파에게는 정치 사정으로 다스리고 있다"며 정부의 공안 및 사정 정책을 강도 높게 비판했다. 또한 북한의 도발에 대해서는 햇볕정책이 아니라 적정한 응징으로, 북의 강경파들의 입지를 실제로 약화시켜야 한다고 주장했다. 동년 8월 17일에는 반년을 끌어온 JP총리 임명동의안이 한나라당의 양보로 국회에서 통과되어 JP는 정식총리로 임명되었다. 이렇게 된데는 이기택 부총재의 공이 컸다.

동년 8월 21일 나는 국회 의원회관에서 8월 31일에 한나라당 전당대회 때 있을 총재경선에 출마할 것을 선언하고, "균형과 조화의 정치, 대통합의 정치를 펼침으로써 깨끗한 정치풍토를 조성하고 강력한 야당을 만들겠다"고 소신을 밝혔다.

8월 31일, 한나라당은 서울올림픽 체조경기장에서 임시전당대회를 열고 이회창 의원을 총재로 선출하였다. 조순 총재는 명예총재로 옮겨 앉았다. 이번에 나는 이회창, 김덕용, 서청원 후보 등과의 총재 경선에서 21.2%의 표를 얻어 2위로 석패했다. 그 후 소집된 전국위원회에서 9명의 부총재 중의 한 사람이 되었다. 나는 2년 연속 이회창에게 석패했으니 무슨 악연인지 모를 일이다. 그러나 나는 이를 천명으로 받아들이고 지내왔다. 그런데 이회창 총재는 두 번의 대선 본선에서 질 수 없는 선거를 졌고, 좌파정부 10년의 길을 열어준 것이니 안타까운 일이다.

98년 9월, 나는 아픈 가슴을 달래려 아내와 미국 여행을 떠났다. 미국에서 공부 중인 큰 아들 용모, 며느리 문지순 사이에 태어난 손녀 희윤이가 돌이 되었기에 돌잔치를 보려는 게 주된 동기였다. 희윤이는 성격이 활달하고 남자아이 같았다. 꼬마가 소파에서 머리를 바닥에 대고 물구나무를 서기도 했다. 나는 돌잔치를 마치고 아들 용모와 같이 미시간에 사는 동생 한중이의 집을 찾았다. 디트로이트 교외에 있는 주거단지 안에 목조로 된 큰 저택이었다. 대학시절 가정교사로 고생을 하면서 학교를 나와, 미국에 건너와서 치열한 경쟁을 거쳐 심장내과 전문의로서 미시간의 상류 사회에 진입하여 잘 사는 것을 보니 참으로 흐뭇했다.

다음 우리는 영국 런던에 사는 큰 딸 지원이를 찾아갔다. 큰 사위 허태수 군이 LG증권 영국 현지법인장으로 있기에 그 곳에 가서 살고 있었다. 런던 교외에 아담한 2층 주택을 세 들어 살고 있는데 정원이 너무 아름답고 포근하게 느껴졌다. 마침 태수가 출장 중이라서 지원이 혼자였는데, 런던에서 서너 시간 거리에 있는 옛 고성을 호텔로 개조한 리조트에 예약을 하고 차로 여행을 다니며 셰익스피어의 생가 박물관을 보았으며, 그 외 몇 곳의 고성도 관람했다.

44

「자유민주연합(자민련)」 시대를 열다

1999년 5월 25일 나는 고려대학교 정책과학대학원 특강에서 "김대중 대통령이 금융개혁을 선행하고 기업 구조개혁을 단행하여 경제위기를 극복한 데 대해 합격점을 줄 수 있다. 김대중 대통령이 김영삼 전 대통령보다 잘하고 있다고 생각한다."는 요지의 강연을 했다. 이어서 "한나라당이 김대중 정부 출범 초, 김종필 총리 임명 동의안을 반대하고 서상목 의원의 구속을 막기 위해 7번이나 방탄 국회를 소집한 것은 잘못된 것"이라고 말하고 이회창 총재의 제2민주화투쟁 선언에 대해서는 "국민들은 투쟁이란 말을 싫어한다."라고 비판하였다.

정부는 1999년 9월과 10월에 걸쳐 동티모르에 평화유지군(PKO) 409명(상록수 부대)을 파견했다. 아울러 DJ정권은 98년과 99년에 걸쳐 청와대 김중권 비서실장 주관 하에 중부권의 한나라당 소속 의원들을 다수 탈당 유도하여, 여당에 입당시켜왔다. 인천의 S, L의원, 경기도의 K, P, L,

C의원들이 생각난다. 그러나 그 분들은 결과적으로 약속한 특혜를 아무것도 받지 못했다. 나도 한나라당 내에 비주류로 인정되어 정당 활동을 하다 보니 너무도 허탈했다. 그때의 위치에서 당에 대해 매우 비판적인 입장을 견지했고, 계속 나아가봐야 앞으로 나에게 돌아올 것은 내년 봄 16대 총선에서의 공천 배제임이 불 보듯 명확했다. 타의에 의한 '정계퇴출'을 막기 위한 '긴급피난'이 필요한 시점이었다. 나중에 확인된 일이지만 이회창 총재 만들기에 앞장섰던 김윤환, 이기택, 신상우 의원 등은 2000년 총선 공천에 낙선하여 정계를 떠나게 되었으니, 나의 선견지명이 맞아떨어진 것이었다.

보수 대통합의 밑거름이 되다

마음을 정하지 못하고 여러 날 고민 끝에, 자민련의 김일주 의원 주선으로 JP(당시 총리 재직 중)를 만나 장시간 허심탄회한 대화를 나눈 끝에 앞으로 보수대통합의 밑거름이 되겠다는 마음을 굳혔다. 그리고 허세욱 전 의원, 이삼선, 우종철 보좌역 등과 상의한 끝에 1999년 12월 29일 한나라당을 탈당하고, 2000년 1월 11일 JP 총리가 당으로 돌아오는 날 보수대통합의 명분을 내걸고 자민련에 입당하였다.

연천을 수재 없는 고장으로 항구복구

1999년에는 연천에 사상초유의 대홍수가 나서, 그 재해 복구에 열성을 다한 일을 잊을 수가 없다. 연천은 96년에도 엄청난 물난리를 겪었는데, 99년에는 그보다 더 큰 물난리가 난 것이다. 왜 그랬을까?

99년 9월 초, 경기도 북서상공에 이상기류가 형성되더니 연천에는

600mm가 넘는 폭우를 쏟았고, 인근 철원, 파주, 포천 등에도 비슷한 수준의 폭우가 쏟아졌다. 홍수가 지나간 후, 임진강변 마을에 전주 꼭대기 부분에 풀과 비닐조각이 걸려 바람에 휘날리고 있었다. 연천군이 그대로 물에 잠겼다고 보는 것이 옳을 것이다. 연천읍 전체가 강물의 역류로 전 시가지가 물에 잠겼다.

나는 폭우가 쏟아지던 시점에 샛길로 간신히 군청에 들어가 군수실에 좌정하고, 홍수로 인한 응급복구가 진행되는 동안 연천에 상주하다시피 했다. 그리고 행정안전부 중앙재난대책본부와 긴밀히 협의하여 각종 대책을 세워나갔다. 행안부 장관이 마침 친분이 두터운 김기재 장관이라 협조가 잘 되었다.

나는 전국에 각 시도지사들은 물론, 서울에 친면이 있는 대기업과 유력한 경제인들에게 긴급구호 요청을 했다. 그러자 10톤 트럭으로 생수 등 음료수, 라면, 백미, 담요, 의류, 그 외에 온갖 생필품이 연천군청 광장과 창고 등을 가득 채웠다. 이재민들도 국민들의 성원에 힘입어 다시 생기를 얻고, 힘든 복구 작업에 땀을 흘리게 되었다. 나는 주거가 홍수로 완파 또는 반파되어 잠잘 곳이 없는 가족들을 위해, 개인적으로 서울의 지인에게 부탁하여 야영텐트 수백 개를 긴급 조달하여 이들에게 나눠드리기도 했다.

나는 응급 복구가 어느 정도 끝나가는 시점에 이중익 연천 군수와 상의하여 이번 홍수를 계기로 연천을 앞으로 홍수는 있되, 수재는 없는 그런 고장으로 항구복구를 하는 방안을 강구하자고 뜻을 모았다. 그때 마침, 김대중 대통령께서 연천 수재 현장을 위로 방문하셨는데 주무 장관인 김기재 장관이 수행하고 왔기에, 항구복구 계획의 대강을 설명하고 필요한 예산 지원을 부탁하여 전폭 지원할 것을 약속받았다.

연천군청은 항구복구 계획을 세움에 있어 예산은 전혀 걱정하지 않고, 지금까지 국가사업으로서 감히 생각도 못하던 임진강 제방 같은 대규모 사업까지 포함시켜 넉넉하게 짜들어갔다. 연천읍 군남면 진상리 등 세 곳에 하수펌프장을 위시하여, 임진강 등 하천의 제방·교량·도로의 항구복구와 피해 가옥 복구비, 홍수 피해 보상 등 도합 3600억 원 규모의 정부 지원을 신청하여 요청한 전액을 지원받아 약 2년간에 걸쳐 모든 공사를 깨끗이 마무리했다.

항구적인 복구 사업이 모두 끝나자, 연천 군민들은 앞으로 20년 걸려도 할지 말지 모르는 사업을 이번에 모두 끝냈다고 기뻐했으며, 그때 지역구 의원으로서 군민들에게 "연천을 앞으로 홍수는 있되 수재는 없는 고장으로 만들겠다."고 약속한 말은 그 후 지금까지 지켜지고 있는 것이다. 실제로 99년 물난리 이후 그 동안 연천에는 몇 차례 홍수가 지나갔으나 수재는 없었다. 99년 애향심을 가지고 수해 항구복구에 있어 치밀하고 합리적인 계획을 세워 정부의 예산지원을 끌어냈고, 단 한 건의 차질도 없이 수재가 없는 고장으로 연천을 다시 건설하다시피 한 이중익 군수와 군청 관계자 여러분의 노고를 나는 영구히 잊지 못한다.

자민련 총재가 되다

2000년 1월 1일, 새로운 천년의 아침이 밝았다. 나는 큰 꿈과 포부를 안고 자민련에 둥지를 틀고, 앞으로 나래를 펴고 웅비하고자 했다. 1월 초에 각종 의례적인 당 내외 행사가 끝나고, 1월 11일 김종필 총리께서 당으로 돌아오셔서 명예총재직을 맡으시고, 박태준 총재는 후임 총리로 임명되어 정부로 가셨다. 나는 총재의 권한 대행으로 얼마 동안 있다가 2월 중순 당 중앙위원회에서 당 총재로 선출되었다. 이어서 나는 자민련 연천 포천 지구당 개편에 착수하여 박윤국 현 위원장을 중앙당 부대변인으로 보임하고, 포천 실내체육관에서 수천 명의 당원이 참석한 가운데 김종필 명예총재님을 모시고, 총재 지구당답게 성대하고 멋진 지구당 대회를 개최하였다. 명예총재께서는 치사에서 나를 국가지도자가 될 유망한 정치인이라고 격려해주셨다.

그때 자민련 내부에서는 16대 총선을 앞두고 DJP연합을 그대로 가지고 가는 것이 우리 당에 이로운지, 아니면 DJP연합을 파기하고 독자적으로 선거를 치르는 것이 유리한지의 문제를 놓고 지역별로 이견이 심화되어 있었다. 서울, 경기 등 중부권의 우리 당 의원과 위원장들은 DJP연합으로 공동 공천을 하고 선거를 치러야 그나마 승산이 있다고 주장하는 반면, 대구·경북 우리 당 의원들은 DJP 연합을 깨고 독자 선거를 치러야 유리하다고 주장함으로써 갈등이 심화되었다. 그런데 새천년민주당이 창당하면서 DJP 합의에 가장 핵심인 내각제를 정강에서 빼버렸기 때문에 이것이 또 정치적으로 문제가 되었다. 나는 고민 끝에 동년 2월 24일, 앞으로

DJP 공동정부 운영과 선거공조는 더 이상 없다고 일단 밝힘으로써 이 문제를 정리했다. 새천년민주당이 정강정책에서 내각제를 배제한 것을 주된 이유로 들었다.

16대 총선 참패

그런데 2000년 4월 13일, 16대 총선은 자민련과 JP 명예총재, 그리고 총재인 나로서는 결과적으로 최악의 선거가 되었다. 내가 서울, 경기, 강원, 충청, 경북, 대구 등 취약한 우리 당 후보들 지원 유세에 총력을 경주하는 동안 포천·연천의 내 지역구는 전혀 돌볼 수 없었다.

2000년 4월 13일 16대 총선에서 나는 그야말로 부끄러운 신승을 기록했다. 6번 치른 총선 중에 최악의 성적이었다. 더구나 자민련은 수도권에서 나 하나 이외에 단 한 석도 못 건졌다. 참담한 패배였다. 한국 정치에서 제1, 2당이 아닌 제3, 4당은 국민 속에 설 자리가 없어진 것이다. 그 동안 대선을 통해 굳어진 영호남의 지역구도가 국민의 정치의식까지 양당제 선호에 익숙하게 만든 것이다. 자민련은 비례대표 5석을 합해 17석을 얻는 데 그쳐, 교섭단체도 만들 수 없는 처지가 되었다.

한편 공동 여당이었던 새정치국민회의는 2000년 1월 들어서서, 재야 일부 중진 세력과 386 운동권 일부 세력 등을 규합하여 새천년민주당으로 당명을 바꾸고 재야 원로 서영훈 씨를 당대표로 위촉하고, 당 정강 정책에서 DJP 합의의 핵심인 내각제를 배제함으로써 DJP 합의를 파기했다. 나는 그때 자민련을 대표하여 새천년민주당 발기인대회에서 축사를 통해 내각제 배제의 부당함을 강하게 비판하고 정강에 반드시 넣을 것을 요구했으나 아무 소용이 없었다. 결과적으로 새천년민주당은 16대 총선에서 119석 밖에 얻지 못했다. 생각컨대 DJP합의 파기는 DJ 와 JP 어느 쪽에도 득이 없는 실책이었음을 드러낸 것이다.

45
제33대 국무총리 2년 2개월

 2000년 5월이 되었다. 언론에 박태준 총리의 부인과 국세청 간의 무슨 소송 사건에 관한 기사가 며칠간 지속적으로 보도되었다. 그러던 어느 날, 박태준 총리가 총리직 사의를 표하였다. 그리고 또 며칠이 지난 5월 23일, 자민련 총재인 내가 국무총리 서리(그 당시에는 헌정의 오랜 관례로 서리제가 인정되었음)로 임명되었다.

 곧이어, 김대중 대통령이 국회에 국무총리 이한동 임명동의안을 제출하자, 국회 제1당인 한나라당과 여당인 새천년민주당은 국회의 인사청문회법이 제정·시행도 되지 않았음에도 불구하고, 정치적 합의를 통하여 편법적으로 국회법 44조(특별위원회 구성근거)와 65조(일반청문회 근거규정)를 적용, 국무총리 이한동 임명동의에 관한 인사청문특별위원회를 구성하여 청문절차를 진행하였으며, 사후에 인사청문회법이 제정·공포되는 과정에서 "이한동 청문회는 국회의 인사청문회법에 의한 위원회와 청문회로 본다."라고 하는 동법 부칙 2조의 규정을 두어 적법성 문제를 무리하게 해결했다.

나에 대한 총리임명동의안은 나를 낙마시키고자 하는 정치적 친정인 한나라당의 집요한 공격을 극복하고, 6월26일과 27일 양일간의 국회인사청문회의 청문을 거쳐 6월29일 국회 본회의에서 가139, 부130의 근소한 표차르 통과되었으며, 동일 자로 나는 대한민국 33대 국무총리로 임명될 수 있었다. 그래서 결과적으로 나는 헌정사상 최초로 국회인사청문회를 통과한 첫 공직자이고 또한 총리가 되었던 것이다.

새로운 국정운영의 틀을 짜다

당시 DJP 연합은 16대 총선을 거치면서 사실상 파기된 상황이었는데, 자민련 총재인 내가 총리로 임명되는 과정에서 DJ와 JP간에 DJP연합을 복원하기로 하는 새로운 합의가 이뤄져 DJP연합이 복원되었으며, 여대야소의 정치구도로 일단 DJP 공동 정권이 안정될 수 있었다.

취임 초 나는 정치인이지만 정치총리가 아닌 행정총리·민생총리로서 성실한 국정수행을 통해 대통령을 보좌하겠다는 다짐을 하였다. 정부(내각) 운영의 기조를 원활한 팀웍에 두고 정부 기능을 크게 '①통일외교안보 ②경제 ③사회문화 ④교육인적자원'이라는 4대 분야로 나누어, 분야별 관계 장관 회의를 별도 지명된 주무장관이 주관하도록 하였으며, 총리는 주무장관 회의를 주재하여 범정부적인 정책 과제를 협의하도록 했다. 한편 주무차관회의도 운영하여 국무조정실장이 주재하도록 하였고, 국무회의가 보다 실질적인 국정 토론장이 되도록 토론의 활성화를 유도하였다.

매주 또는 격주로 총리가 대통령을 독대하고 국정 전반에 관해 서면으로 보고하는 주례보고를 통하여 정부 각 부처 주요 추진 내용과 정책 구상

중인 사안들에 대해 대통령의 결심을 사전에 얻거나 또는 파악할 수 있는 기회로 활용하였다. 그래서 나는 주례보고서 작성에 정성을 기울였으며, 대통령과의 진솔한 소통을 할 수 있는 기회로 잘 활용했다.

또한 주요 국책 사전사후조정조율로 원활한 정책 추진을 위하여 고위당정정책조정회의·국정협의회·국정좌담회 등을 활용하여 정부가 추진하는 금융·기업·공공·노사 등 소위 4대 부문 구조개혁에 성공적인 마무리로, IMF 관리체제로부터 조기에 졸업하는 데 여러 가지로 크게 기여했다.

아울러 경제 정책의 초점을 실물경제 활력화에 두고 굴뚝산업에 고부가가치 산업화와 부품 소재 산업의 육성에 IT·ET·NT 등 첨단 신기술을 접목시키고 지원활동을 강화했다.

그리고 정치적 변환기에 대응하여 사회질서안정과 공직기강확립을 위한 다각적인 노력을 경주했다. 주무차관회의 및 실무조정 등을 통한 총리실의 사전정책 조정 기능을 활성화하고 독려함으로써 부처 간 정책혼선을 미연에 방지하고 정책에 일관성을 유지해나갔다. 아울러 정부업무에 대한 효율적인 심사평가제의 구축을 통해 국정운영에 효율성과 통합성을 제고시켰다.

민생 우선의 행정

그런 가운데 나는 무엇보다 민생 안정을 위해 다각적으로 노력했다. 국가기강확립대책에 관한 지시 및 사회질서확립대책 재정비로 범정부적인 전략과제 11개를 선정·추진했다. 그 결과 여러 가지 실효가 드러났지만 특히 교통사고 횟수가 대폭 감소되었다. 한편으로 사회안전망의 기반을 구축했다.

최저생계비 지급대상자 대폭 확대·국민 기초생활제도 보장·정착 등을 통한 생산적 복지의 기본 틀을 마련했다. 그 외에 고령화 사회에 대비한 무인보건복지중장기종합대책·어린이보호육성대책·중학교의무교육확대 등을 시행했다. 또한 교통안전대책 외에 식품안전관리개선대책·안전관리종합대책·마약류종합대책·금연종합대책 등 각종 안전대책을 시행했다.

각종 민생현장 및 산업현장을 수 십 차례 방문했다. 가뭄과 구제역 피해지역 등 서민생활 현장과 주요 국책 사업의 집행 현장을 방문해 애로 사항을 청취하고 사업추진을 지원했다.

그리고 인천국제공항을 성공적으로 개항한 것을 잊을 수 없다. 나는 인천공항 공사 중간에 건축물 부분 준공식을 주재하는 등 개항 준비상황을 직접 점검하여 국민과 언론에 당초부터의 우려를 불식시키고, 성공적으로 개항하여 오늘 날 세계 최우수 공항의 바탕을 마련했다.

획기적인 일 중의 하나로 제주국제자유도시를 추진했다. 총리실에 제주국제자유도시 추진위원회와 기획단을 설치하고 업무를 추진해나갔다. 아울러 대전-통영 간 고속도로를 개통시켰다.

공직기강확립을 위해 노력했다. 분야별 관계 장관회의·감사관회의를 통하여 공직기강확립 대책 추진 지침을 시행하고 이를 독려했다. 주요 공직자를 대상으로 총리가 직접 특강을 하였다. 중앙공무원 신임관리자과정·3급 이상 전 고위공직자·민방위 소양강사 등을 상대로 총리가 직접 특강을 통해 21세기 일류 국가로의 도약을 위한 공직자의 자세 전환을 당부했다.

나는 2년 2개월 총리 재직기간 중 취임사로 시작하여 이임사를 하고 물러나기까지 도합 1,330회의 연설(축사·치사·강연·메세지·기고 등 포함)을 했다. 또한 같은 기간 중 외국의 국가주석·대통령·총리·부총리·국회의장·부의장·주요장관·국제기구주요인사 등 국내외 인사 약 200명 가까이를 접견했다.

국무총리 재임기간 중 외교활동

1. 2000년 10월 한·러 수교 10주년 기념 한·러 총리회담을 위해 러시아를 국빈 방문했다. 그리고 카시아노프 러시아 총리와 총리회담을 통해 양국 간 제 분야의 실질 협력 관계를 공고히 할 것을 확약하였고, 나호드카 공단 건설·이르크스크 가스전 개발에 한국 참여·TKR-TSR 철도 연결 사업에 대한 협력·방산군수분야 협력·한국의 오호츠크해 명태 조업 현 수준(9만) 유지를 각각 약속받았다. 상트페테르부르크도 방문했으며, 에르미타주·크레믈린 박물관 등을 관람했고, 볼쇼이 발레 공연도 볼 수 있었다.

2. 2001년 5월 중동 걸프만 4개국(사우디아라비아·UAE·카타르·오만)을 국빈 방문했다. 준 정상급 세일즈 외교를 통해 총 433억불의 수주성과를 올려 건설·수출의 활로를 개척했다.
   ◇ 사우디아라비아 : 3.5억불 규모의 플랜트 계약을 체결하였다.
   ◇ UAE : 8억불 규모의 후자이라 담수 발전 플랜트 계약을 체결하였다.
   ◇ 카타르 : 3억불 규모의 해상 유정공사 계약을 체결하였다.
   ◇ 오만 : 8억불 규모의 소하(Sohar) 정유공장 입찰을 주선하였다.
   4개국 국왕들과의 면담을 통해 현대·대우·대림 등 중동진출 건설업체에 대한 신인도의 복원과 IMF 체제에서 벗어나 다시 성장하고 있는 한국 경제에 대한 인식을 전환시켰다.

3. 2001년 6월, 몽골과 중국을 이어서 각 수교 10주년 기념으로 국빈 방문했다. 몽골에서 엔흐바야르 총리와 회담을 통해 21세기 상호보완적 협력관계의 발전을 위해 협력하기로 합의하고, 몽골에 IT센터 건설지원을 약속했다. 중국에서는 주룽지 총리와의 회담을 통해 실질적 동반자 관계를 확인하고 우리의 CDMA 기술에 의한 500억불 규모의 중국 이동통신 시장에 진출할 수 있는 교두보를 확보하였다.
   장쩌민 주석, 리펑 의장을 순차 면담했다.

4. 2001년 11월 11일 56차 UN총회에 참석하여 기조연설을 했다. 나는 연설을 통하여 반테러연대 지지입장을 천명하고, 우리의 대북 포용 정책을 설명하면서 국제사회에서의 우리의 높아진 위상을 가슴으로 확인하였다.

더구나 연설할 때, 본회의장 의장석에는 우리나라의 한승수 외교장관이 앉아 회의를 주재하였기 때문에 더욱 의미가 있는 느낌이 들었다. 나는 나머지 연설을 통해 21세기 UN의 역할이 강화되어야 할 필요성을 강조하고, 특히 국가 간 정보화 격차, 소위 디지털 디바이드(digital divide) 해소를 위한 선진국의 노력이 긴요함을 설파했다. 또한 우리의 對UN 기여 (분담금 10위권 PKO) 강화 방침을 밝혔다. 나는 그 기회에 뉴욕과 LA 교민회의에도 참석하여 동포들을 위로하고 격려하였다.

5. 2002년 4월 8일~13일, 나는 베트남과 중국 보아오를 방문했다. 먼저, 한·베트남 수교 10주년 기념으로 비트남을 국빈 방문하여 판 반 카이 베트남 총리와 회담을 갖고 양국의 우호 협력 관계의 성공적 확대 발전을 위해 공동노력하기로 합의하였고, 우리의 CDMA 통신 기술에 의한 무선통신사업의 채택으로 우리의 CDMA기술이 동남아 일대에 진출할 수 있는 교두보를 확보하였다. 베트남 국가주석과 농득마인 당 서기장을 면담하였고, 열렬한 환영 속에 하노이 국가대학에서 초청연설을 하였다. 그 기회에 호치민시(구 사이공)와 그 곳에 진출한 한국기업체의 현장을 둘러보았다. 귀국 길에 제1회 보아오 포럼 연례총회(중국 주룽지 총리가 주관하는 경제포럼)가 있는 중국 해남도 보아오에 들러, 기조연설을 통해 한국은 97년 말 불어 닥친 IMF 경제 위기를 강도 높은 금융·기업·공공·노동 등 4대 분야의 구조개혁을 통해 기업 경영의 투명화와 금융부실의 청산, 공기업의 과감한 민영화와 노동 시장의 유연성 제고라는 성과를 거두면서 시장경제에 보다 충실한 경제 매커니즘을 구축하고 IMF 위기에서 벗어났다고 언급했다. 나는 폐회 직전에 주룽지 총리와 비공식 총리회담을 갖고 헤어졌다.

나의 다양한 외교활동 중 특히 유엔총회연설에 대해 동아일보 이철희 기자는 이렇게 보도하였다.

이한동총리 유엔총회 연설
"반(反)테러조치 한국 적극 동참"

이한동(李漢東) 국무총리는 2001년 11월 10일(미국 시간) 유엔총회 기조연설을 통해 "한국 정부는 유엔이 취한 제반 반(反)테러 조치에 적극 동참함은 물론 반테러

전쟁으로 인해 발생하고 있는 난민 등에 대한 인도적 지원에도 노력을 아끼지 않을 것"이라고 밝혔다.

이 총리는 45개국 국가원수 및 정부수반이 참석한 제56차 유엔총회의 12번째 기조연설에서 이같이 밝히고 "내년 한국과 일본에서 공동으로 개최되는 월드컵이 테러 위협 없이 안전하게 개최될 수 있도록 모든 노력을 기울이겠다"고 강조했다.

그는 또 "앞으로 유엔의 기능에 대한 지속적인 개혁과 함께 재정적 조직적 기반이 강화돼야 한다"며 "특히 안전보장이사회는 반드시 전 회원국의 광범위한 지지를 받을 수 있도록 대표성과 민주성, 효율성을 증진시키는 방향으로 개혁돼야 한다"고 말했다.

그는 이어 "한국 정부가 추진해온 햇볕정책은 한국민은 물론 한반도 주변의 주요 국가들 뿐만 아니라 전 세계의 적극적인 지지를 받고 있고, 북한도 6·15 남북공동선언을 통해 평화와 화해 협력의 대원칙을 수용했다."며 국제사회의 계속적인 지지와 성원을 요청했다.

이 총리는 유엔총회 연설 후 하마드 카타르 국왕, 일리에스쿠 루마니아 대통령, 엥흐바야르 몽골 총리 등과 연쇄 단독회담을 갖고 우리 기업들의 현지 진출을 정부 차원에서 적극 협력해줄 것을 요청했다.

〈뉴욕=이철희 기자〉klimt@donga.com

지금까지 국무총리로 재직 중 추진한 업무 중 앞에서 언급한 것 이외에 기타 주요 업무 추진 내용 일부를 소개한다.

[국무총리 재직 중 주요 추진 업무]
(1) 의약분업 강행 추진 및 안정

의약분업 문제는 2002년 5월 23일 총리취임 당시 이미 정부 내에서 큰 고민거리가 되어 있었다. 6월 들어 정부의 협상안을 의사협회가 강력히 거부하면서 의료계가 전면 진료 거부하기로 결정하였는바, 나는 총리로서 국민의 생명을 담보로 한 투쟁은 법 이전에 윤리적으로나 도덕적으로 절대 용납할 수 없다는 입장을 분명히 밝히고, 보건복지부 장관을 세 번씩 교체하는 갈등을 겪으면서도 정부안(원안 일부 수정)을 관철시켰다.

(2) 새만금사업에 대한 정부 계획 확정

2001년 5월 25일, 국무총리가 위원장인 '물관리정책조정위원회'에서 새만금사업에 대한 정부조치 계획을 확정·발표했다. 그동안 새만금사업·방조제 축조 등 공사는 재야 환경 단체의 극렬한 반대 시위로 국민의 정부 초기에 공사가 중단되어 민간합동조사위원회에서 결론을 내리기로 했다는 이유로 2년여를 방기한 채 시간만 끌고 있는 상황이었다. 나는 현장을 직접 둘러보고 관계 기관의 보고를 통해 새만금 방조제의 길이가 33km로서 세계 최장이고, 조성되는 토지 면적으로 보아 우리나라 건국 이후 최대의 국토 확장 공사이며, 그때까지 투입된 자금이 1조원 정도 된다는 사실 등을 확인하고, 여러 가지 사정을 종합·감안하여 공사를 재개하고 이 사업을 완공하는 것이 국가 이익에 부합한다는 신념을 갖게 되었다.

그러나 김대중 대통령께서는 가타부타 말씀이 없으셨을 뿐 아니라 정부 내에서도 H실장, K장관, N장관 등이 반대하는 입장이었고, 한갑수 농림부장관과 나만이 공사 재개가 필요하다는 입장을 견지하고 있는 상황이었다. 이러한 상황에서 나의 소신에 따라 '물관리정책조정위원회'를 열어 새만금사업 공사재개를 결정하고, 관련 부처별로 동 사업 관련 조치 상황을 확정 발표했다. 농림부는 친환경간척계획을 수립·시행하도록 하였고, 환경부와 전라북도는 만경강·동진강의 수질보존대책을 수립·시행할 것을 아울러 결정했다. 전라북도는 대환영이었고, 전라남도는 겉으로는 조용했다.

여담이지만, 나는 이 새만금 사업에 대해서 남다른 애착을 갖게 되었으며, 이런 인연으로 전라북도 강현욱 지사로부터 명예 도민증을 받았다.

(3) 대 테러대책 추진

2001년 9월 11일 미국무역센터와 펜타곤에 비행기를 이용한 테러사건이 발생하였고, 10월 중순부터는 탄저균에 대한 공포가 전 세계로 확산되었다. 이에 정부는 테러사건 발생 후 즉시 24시간 상황 관리 체제를 가동, 국무조정실에 정부 종합상황지원반을 구성 운영하고, 군경의 경계태세를 강화하며 긴급 국가안전보장회의와 국무회의를 개최하여 대응방안을 점검하고 대국민 특별담화를 발표하였다. 이어서 동년 11월 6일 테러대비종합대책을 확정하고 테러방지법의 입법을 추진하였으며, 각종 테러 발생시(예상시도 포함) 국민행동요령을 책자로 발간·배포하였다.

(4) 부품 소재산업 육성대책 추진

부품 소재 육성법을 제정하여(2002년 2월) 정책 추진의 일관성과 지속성을 확보하였다. 차세대 핵심 부품 소재의 원천 기술 개발을 차질 없이 추진함과 동시에 시제품 개발을 통해 사업화를 본격 추진토록 했다. 원천 기술 개발을 위한 정부 자금 지원 규모를 대폭 확대하고, 민간 투자기관들의 자본을 효과적으로 집약시켰다. 중소 부품 소재 기업의 기술 애로를 해결하기 위한 유기적인 산학연 협력 체제를 구축하였다. 신뢰성평가 인증제도 및 신뢰성보장사업의 도입으로 개발된 국산 부품 소재의 판로가 확보되도록 했다. 부품 소재 분야의 국제사업 협력 체제를 구축(한독 간 및 한일 간의 협력

추진)했다. 부품 소재 산업 육성 대책을 지속적으로 추진함으로써 다양한 부품과 소재가 국산으로 바뀌는 등 수입대체 효과가 나타났으며, 대일 무역적자 폭도 감소하기 시작했다.

(5) 규제개혁 강력 추진

경제 5단체로부터 규제 개혁 과제를 건의 받아 개선 방안을 마련하도록 했다. 하위 규정과 유사 행정 규제를 중점 정비했다. 특히, 건축·산업·환경·해양수산·문화관광 등 국민생활과 밀접한 5대 분야를 중점 선정 정비했다. 국가 경쟁력 강화와 경제 활성화를 위한 규제개혁에 중점을 두었다.

지식정보화 사회 구현을 위한 규제개혁에도 힘썼다. 국제사회에 규제개혁 성과 홍보활동을 강화함으로써 한국의 경제 회복 과정에서 우리의 규제개혁 정책의 역할을 이해시킴으로써, 우리의 규제개혁에 대해 국제 사회에서 긍정적인 평가를 받도록 하였다. 일반 국민의 74.4%가 우리의 3개년에 걸친 규제개혁의 성과를 긍정적으로 평가하였다.

(6) 2002년 월드컵 및 부산 아시아경기대회 적극 지원

정부지원협의체로 국무총리를 위원장으로 하는 관계 장관회의·관계 차관회의 및 실무대책 협의회(위원장 : 국무조정실장)를 구성, 운영하였다. 2001년 6월 관계장관회의에서 월드컵 및 아시아경기대회 정부지원종합대책을 수립하여 경기장 건설·환경·교통·숙박 등의 문제점을 모두 해결하고, 경제적 파급 효과의 극대화와 국민 참여 분위기 제고 방안 등 각 분야별

대책을 마련하여 추진하였다. 월드컵 기간 중 10개 개최 도시가 계획한 문화행사에 월드컵 홍보의 핵심 전략 과제인 지방의 세계화·IT강국 이미지 부각에 중점을 두도록 조정하였다. 그리고 문화행사비용의 50%를 국고가 부담하였다.

전 국민의 열화와 같은 정성과 참여 가운데 우리가 치러낸 2개의 큰 국제행사가 모든 면에서 완벽하게 성공적으로 끝날 수 있었던 것은 위와 같은 정부의 내실 있고 치밀한 지원이 있었기에 가능했던 것이라고 나는 확신한다.

(7) 국가 정보화 내실 추진

우선 종전부터 시행해 오던 1차 '정보화촉진기본계획(96년~2000년)'에 따라 2010년까지 세계 최고 수준의 정보화 실현을 위해 정보화 촉진 기반 조성과 정보 활용 고도화에 힘쓰고, 2차 '사이버코리아21(1999~2002)'에 의거 창조적 지식 기반 국가 건설을 위해 신산업분야의 70만 고용 창출·전자 정부 구현·지식 경영 체제 구축·정보 통신망 고속화 및 고도화 운영 시스템에 글로벌화·법제도의 정비·전 국민 컴퓨터 교육 등을 실현해나갔다.

그리고 2002년부터 일단 시행 중이던 3차 계획인 'e-KOREA VISION 2006'을 2002년 4월 18일자로 'Broadband IT Korea'로 개정 시행함에 따라, 'Broadband IT Korea' 사회 건설을 위한 지식 정보 사회의 전면화·IT 신 성장 동력 발굴로 소득 2만불 달성·광대역 통합망(BCN) 구축·지식 정보 사회의 토양 조성 등을 실현해나감에 있어, 2003년에만 정부에서 3조 199억을 투입했다. 한마디로 내가 국민의 정부에서 총리로 재직한 2년 2개월이라는 기간 동안 최선을 다해 국가 정보화의 구현을 위한 확고한 기반을 다졌기에 오늘의 IT 선진 강국 한국이 되지 않았나 생각된다. 그 중 제일 유공자는 김대중 대통령이라고 단언할 수 있겠다. 앞으로도 정보화는 우리에게 더 새로운 혁신을 강요할 것이다. 더 높은 가치, 더 풍요로운 희망, 더 큰 행복을 안겨줄 것이라고 나는 믿는다.

(8) 에너지 절약 대책 강력 추진

우리나라의 전반적인 에너지 소비 성향은 아주 높은 수준이다. 2000년 기준 에너지 소비 세계 10위, 석유 소비 세계 6위를 기록했다. 또한 우리나라는 에너지의 97%를 수입에 의존하고 있어 국제수지개선과 건실한 경제구조구축을 위해 유가 동향에 관계없이 에너지 저소비형 경제사회구조로의 이행을 위한 범국민적인 노력이 절대 필요하다고 판단되어, 2002년 초 국무조정실이 관계 부처와 협의하여 에너지 절약 대책을 수립·추진하도록 조치하였다. 산업 부문 절약 시설 투자 확대를 통해 에너지 효율 상향과 절약 기술에 지속적인 개발로 에너지 저소비형 사업 기반 정착을 유도했다. 이를 위해 자발적 협약(VA) 기업 및 에너지 절약 전문기업(ESCO)에 대한 투자활성화를 지원했다. 가정·상업 부문에 고효율 기기 및 제품 개발 보급을 확대하고, 집단 에너지 사업 확장을 통한 선진형 소비 시스템을 구축하였다. 민간 중심의 에너지 절약 운동과 다양한 매체 홍보를 통한 범국민적인 에너지 절약 의식을 제고시켰다. 고연비 차량 개발 지원 및 대중교통 확충 등 수송 에너지 절감을 위해 노력하였다. 에너지원의 다원화 및 대체 에너지 기술 개발과 보급 확대를 추진하였다.

(9) 지방자체단체 등의 국제행사 관리 강화

지방자치단체(광역·기초) 등에서 경쟁적으로 무분별하게 국제행사를 유치·개최함에 따라 유사행사 중복 개최에 따른 재원낭비·의미 없는 전시성 행사의 빈발·사전준비 운영미숙으로 인한 행사의 부실화·외국 관광객 유치 실패 등 많은 문제점이 대두되고 있었다. 이에 총리실은 국고지원 10억원 이상의 국제행사에 대해서는 '국제행사심사위원회(위원장 : 국무조정실장)'에서 유치의 필요성·타당성·재원조달 가능성 등에 대해 심사하여 승인여부를 결정하도록 하고, 행사 주관기관은 행사 종료 후 사후 평가를 꼭 실시하여 위 위원회에 제출하도록 조치했다.

46
대북문제로 DJP 공동정부 파국

2001년 8월 들어서 6.15 남북공동선언 1주년과 8.15를 맞이하여 남북이 평양에서 공동기념행사를 하는 과정에서 큰 문제가 불거졌다.

남측 대표단에 포함된 동국대 강정구 교수가 만경대 생가 방문 때, 방명록에 '만경대 정신 이어 받아, 통일 위업 이룩하자'라고 쓴 사실이 일부 언론에 보도됨으로써 보수 언론과 보수 세력이 들고 일어나 결국 강정구 교수는 귀국하자마자 체포·구속되었고, 논란은 정치권으로 옮겨가 여당인 민주당과 야당인 한나라당·자민련 사이에 크나큰 정치 문제가 되었다.

그때 자민련의 김종필 명예총재는 공동 정권이 파기되어도 할 수 없다는 의지로 DJ 대통령에게 이렇게 건의하였다.

- 임동원 통일부장관은 국정원장 재직 시에 북한 김용순 비서의 서울 방문 기간 중 수행비서 역할을 자임하는 등 국정원을 북한의 하수인으로 전락시킨 바 있으며, 북한 선박의 영해 및 NLL 침범 시에는 NSC

상임위원장으로서 북한 선박의 계속적인 영해 침범을 사실상 묵인하는 등 군의 사기를 저하시키고 국민의 안보 의식에 심대한 혼란을 초래했다.

이런 사실을 문제 삼아 즉각 사임할 것을 요구하였다.

그러나 김대중 대통령은 이러한 JP의 요구를 거절함으로써 DJP 공동정부는 출범 3년 7개월 만에 파국을 맞이했고, 한나라당이 제출한 임동원 통일부장관 해임 건의안은 2001년 9월 3일 국회 본회의에서 가결됨으로써 자민련 총재인 나와 정우택 해수부장관 등 자민련 소속 장관들은 JP 명예총재의 뜻에 따라 그 직을 사퇴하고 당에 복귀하도록 되어 있었다.

그런데 나는 JP 명예총재의 요청을 거절하고 자민련 총재직을 사퇴하고 나서 한광옥 비서실장을 통해 '김대중 대통령의 지속적인 국정개혁과 대북 화해정책 추진을 위해 안정적인 정부 운영이 절대 필요하니, 총리직을 유임해 달라'는 간곡한 요청을 받아들였다. '당 보다는 국가'라는 생각으로 총리직을 유임하기로 마음을 정하고, 2001년 9월 6일 총리 공보비서관을 통해 유임을 발표하였다. 그 당시 혼란 속에서 이와 같은 유임 명분을 밝혔지만 사실은 내 마음 한 구석에는 DJP연합을 이 시점에서 파괴하는 것은 양측 모두에게 불행으로, 앞으로 사정이 변경되면 양쪽이 서로 살기 위해서 다시 손잡을 날이 머지않아 올 것이 분명해 보이니, 그때를 대비해서 내가 정부에 남아 있는 것이 DJ와 JP 모두에게 크게 도움이 될 것이라는 생각이 있었고, 그러한 취지의 말을 자민련 의원들에게는 몇 차례 언급하였으나 JP 명예총재와 자민련은 나를 배신자로 매도하고 당에서 징계·제명조치 했던 것이다.

돌이켜보면 그때 나의 결심은 DJ가 나를 유임시킨 참된 의중은 잘 모르겠으나 나에 대해 깊은 신뢰감을 가지고 있을 것이라는 경솔한 믿음에서 비롯된 것이 아닌가 싶다. 사정이 어떻게 되었든 내가 JP 명예총재의 뜻을 거역한 것은 평생 공직 생활을 하면서 인간 사이의 신의를 중하게 여기고 살아온 나로서 객관적으로 보아 정당화될 수 없는 나의 과오임을 자인하고 지금도 다시 한 번 용서를 빌고자 한다.

어려운 결단을 내린 2001년 9월 6일자 일기장에는 다음과 같이 쓰여 있다.

> **나의 일기 ; 2001년 9월 6일 목요일**
>
> 인간적으로 JP 어른께 못할 짓을 했다. 내 일생에 가장 큰 정치 도박을 한 것이다. 그러나 당에 돌아가서 JP 모시고 골프 치면서 의리 지키고 살다가 결국에는 다 집어던지고 고향에 돌아가 낚시하며 소일하다 생을 마감하게 되는 길을 가겠다고 결심하기에는 너무 억울한 생각이 들었다. 국가 원수가 하던 일 좀 더 같이 하자고 하는 말씀 속에 어떤 삶의 보람과 실낱같은 희망이 담겨있다고 판단되어 그 쪽을 택했다. 사회에서 상당한 수가 엄청난 비난을 하고 있고 그것이 언론에 더 증폭되고 있다. 어떤 수모도 달게 받으련다. 이제 이 길을 가는데 있는 것을 다 던지려 한다. 그리고 천명에 따르련다. 통쾌한 결단이라고도 생각된다. 지금 먹고 있는 욕이 나를 키우는 거름이 되도록 해야겠다.

9월 7일 자민련은 나를 제명했고, 김대중 대통령은 통일부장관에서 해임된 임동원 전 장관을 청와대 통일안보 특보로서 대통령을 보좌토록 했으며 통일부장관에는 홍순영 전 외교통상부 장관을 임명했다. 또 2001년 9월 9일, 나의 일기는 다음과 같다.

> **나의 일기 ; 2001년 9월 9일 일요일**
>
> 온종일 쉬면서 구상을 정리했다. 하늘은 있다고 믿어야한다. 그러나 천명은 일종의 확신이다. 이번 내 결심이 천명인지, 객관적으로 확인하는 방법은 없다.
> 다만 나는 천명이라고 확신하고 더 나아가련다. 천명과 천도는 다르다. 사마천은 백이숙제의 전기인 『사기열전』 「백이편」에서 "'天道無親, 常與善人(『도덕경』)'이라고 하는데, 과연 천도는 튯야, 非야"라고 했다고 한다. 천도는 인간의 양심과 정의감의 산물일지 모른다. 천명은 다 천도에 맞는 것인지?

이 일기를 쓸 때의 나의 심경은 참으로 혼란스러웠고, 엄청난 갈등 속에 방황했던 것 같다.

47

국무총리시절 ; 못다 한 이야기

김대중 대통령에 관한 일화 몇 가지를 소개하고자 한다.

김 대통령께서는 2000년 5월 23일 나를 총리서리로 임명하고 나서, 직후에 있었던 국무회의에서 "민주당은 자민련과의 공조를 깨지도 않았고 깰 수가 없다. 약간의 잡음이 있었지만 우리는 일관되게 공조를 유지해왔다"면서 이한동 총리서리 지명도 공조의 원칙에 따른 것이라고 말하였다.

이어서 총리서리인 나에 대해 "탁월한 경륜, 두루 중요한 자리를 맡은 분, 공부하는 정치인" 등의 최상급의 수사로 극찬을 하였다. 또한 "이 총리서리는 무엇보다 덕을 갖춘 분으로 주위나 친구, 국민의 신뢰를 받고 있고, 나도 그렇게 생각한다"라고 하면서 "내가 힘을 빌릴 수 있는 분인 만큼 국무위원들은 신임 총리를 중심으로 각별히 협력해 달라"고 당부하였다. 이런 김 대통령의 평가에 나는 "과찬의 말씀으로 무거운 책임감을 가슴으로 느낀다"면서 "모두 힘을 모아 대통령께서 추진하는 나라의 선진화·남북관계의 개선이 실현되도록 완벽하게 뒷받침하자"고 다짐한 일이 있었다.

그날 이후 나는 2년 2개월 총리로 재직하는 동안 내 직무와 관련하여 김 대통령과 갈등을 빚거나 얼굴을 붉히거나 질책을 받거나 불쾌하게 자리를 끝낸 일이 전혀 없었다. 김대중 대통령의 최측근 원로의 말에 의하면, "김 대통령은 좀처럼 그 누구를 칭찬하는 일이 없는 분"이라고 들었는데, 나에 대해서는 취임 첫날부터 최상급의 평가를 해주시는가 하면, 그 후에도 듣기 민망한 칭찬을 여러 번 한 일이 있었다.

2001년 어느 날 주례보고를 조금 길게 드리고 나서 여러 가지 국정 문제에 대해서 상의를 드렸는데, 말이 끝나자 김 대통령께서 느닷없이 나에게 "이 총리는 어떻게 그렇게 박식하십니까?"라는 말씀을 하시는 것이 아니겠는가. '나를 내가 아는데……' 마음 속으로 무척 부끄러우면서도 고마웠다.

또 2002년 1월 경, 모처럼 김 대통령 내외분을 국무총리 공관에 초대하여 저녁식사를 대접했는데, 아내가 동석하고 있는 자리에서 식사가 끝날 즈음에 지난번과 똑같이 "이 총리는 언제 책을 그렇게 읽으셔서 모든 일에 그렇게 박식하십니까?"라는 같은 취지의 말씀을 두번째로 해주셨다. 과찬이었기 때문에 몸 둘 바를 몰랐다.

김 대통령은 2001년 가을 둘째 아들 홍업과 셋째 아들 홍걸이 검찰 수사를 받고 있을 때, 무척 심려가 크셨던 것으로 짐작이 된다. 밤에 잠도 잘 못 주무실 만큼 심각한 고뇌에 빠지셨던 것으로 알고 있다. 그때 어느 날 내가 주례보고를 끝내고 나서 김 대통령의 평소 인품으로 보아 하시기 어려운 말씀을 나에게 하셨다. 김 대통령은 말씀하시다가 느닷없이 "이 총리, 이 총리가 나고, 내가 총리 위치에 있다고 하면 나는 이 총리를 뭔가 도와드렸을 겁니다."라고 말씀하시면서 내가 힘이 되지 않는 것에 대해서 약간의 섭섭함을 가지고 계신 것으로 느꼈다. 그때 김 대통령의 모습은 국가원수인 대통령이 아니라 아들들을 아끼는 평범한 아버지의 모습, 자식에 대한 애절한 사랑을 지닌 어버이로 내 눈에 비쳐졌다. 나도 마음속으로 무척 울적하였고 그러나 아무 대답도 못하고 자리에서 일어섰다.

그 후 아들 형제 중 하나라도 구해보려고 백방으로 노력을 했으나 김 대통령님을 전혀 도와드리지 못했다. 지금도 가슴이 무겁다. 그때 막강해진 한국 검찰의 힘만 확인하고 결과적으로 두 아들은 모두 구속되는 불운을 맞이했던 것이다.

김 대통령은 자기가 잘 모르는 것은 부끄러움 없이 물어보시는 겸허한 마음을 가지고 계셨다. 2001년 11월 김 대통령을 모시고 무역진흥확대회의에 참석했는데, 정부보고 내용 중에 'NT'라는 용어가 처음 나왔다. 얼떨결에 내가 김 대통령님에게 "NT가 무엇인지 아시지요?" 그렇게 물었다. 그런데 대통령은 "난 모릅니다."라고 답변하시는 게 아닌가. 나는 "NT는 나노테크놀로지의 머리글자인데, 1나노는 10억분의 1m 크기이기 때문에 극미세기술의 중요한 내용"이라고 말씀을 드렸다.

그리고 이런 일도 있었다.

2000년 6월 15일 남북정상회담을 마치고 김 대통령이 서울공항에 돌아오셔서 한 첫 인사말이 기억난다. "이제 한반도에 전쟁은 없다"였다. 그 한마디가 국민들에게 엄청난 희망과 환희를 안겨주었다고 생각한다. 그 다음

날 국무회의에서도 김 대통령께서는 "튼튼한 안보가 뒷받침되어야 통일도 이룩된다."고 말씀하셨고, 다음날 3군사령부를 방문하셔서 군인들 앞에서 똑같은 취지로 안보 통일관을 자세히 언급하심으로써 국민들을 안심시켰다. 그때까지 나도 김 대통령이 과거 사상적으로 좌익이었고 전향한 일이 없으며, 항간에는 아직도 사상적으로 의혹이 남아있는 형편이었기 때문에 약간의 의문이 마음속에 남아있었는데, 이와 같은 김 대통령의 '튼튼한 안보가 있어야 통일도 이룩된다.'는 말씀을 듣고 의구심이 모두 풀렸다.

총리 시절, 일부 언론의 나에 대한 두 가지 이색적인 기사가 있어 소개한다.

개그맨들 "李총리 흉내 낼 게 없다"

개그맨 서세원씨에게 물었다. "정치인 흉내내기와 성대모사가 요즘 유행인데 정치인들 중에서 가장 흉내내기 어려운 사람이 누구요." 서씨는 주저 없이 이한동(李漢東)국무총리서리를 꼽았다. 이유인즉 "뚜렷한 특징이 안 보인다."는 것. 다른 개그맨들도 비슷한 얘기를 했다. 이 총리서리는 실제로 특이한 습성이 별로 없는 정치인이다. 정치 스타일도 튀는 것보다는 원칙을 중시하는 편이다. 그래서 "대중 정치인으로서 너무 무색무취한 것 아니냐"는 지적도 있다. 정치인도 개그의 소재가 되어야 대중의 사랑을 받는 것이 요즘 세태. 개그맨 심현섭씨의 DJ 흉내내기는 청소년들 사이에서 인기 캡이다. 이 총리서리도 개그의 소재가 될 수 있을까. 그는 요즘 구한말사와 노일(露日)전쟁사에 푹 빠져 있다.
-2000년 6월 23일 동아일보

나는 위 글을 기사가 났을 당시인 2000년 6월경에는 접하지를 못했고, 이 회고록을 집필 중이던 2015년 9월에야 자료를 정리하다가 찾아 읽으면서 나의 정치 인생 24년을 되돌아보며 많은 상념에 잠기게 되었다.

　나는 법조계를 떠나 정치를 하면서도 법과 원칙, 그리고 상식을 지켰으며 순리대로 처신하였다. 톡톡 튀는 재담으로 사람을 즐겁게 할 줄도 몰랐고, 실천 가능성을 떠난 파격적인 공약이나 정책 제시로 국민에게 감동을 주지도 못했다. 너무 무미건조한 논리로 사람들을 설득하고 이해시키려 했을 뿐이다. '나는 대중정치인이 되기 위한 천부적인 소질도 타고나지 못한데다 후천적인 노력도 많이 부족하였으니, 어떻게 국민의 사랑을 받고 마음을 얻어 대중정치인으로서 대성할 수 있었겠는가.'하는 생각이 들었다. 결국 원초적으로 큰 꿈을 갖는 것은 안 되는 것이었음을 뒤늦게 깨달았다. 『중용』의 첫 구절 '천명지위성(天命之謂性. 천명을 일컬어 성품이라고 한다)을 다시 한 번 깊이 생각해본다.

"이한동 총리는 사이언스총리"… 해박한 과학기술지식

　"정치인 출신의 국무총리가 어떻게 그 어렵고 복잡한 과학 원리를 다 알고 있지?" 요즘 총리실 간부들은 이한동(李漢東)총리의 첨단과학 기술에 대한 관심과 지식에 깜짝깜짝 놀라는 경우가 많다. 이 총리를 '사이언스 총리'나 '테크노 총리'라고 부르는 간부도 적지 않을 정도다.
　이 총리는 지난달 22일 한국과학기술연구원(원장 박호군)으로부터 무공해 자동차 개발에 필수적인 첨단 수소연료전지에 대한 국내 기술개발 현황을 보고 받았다. 그는 이 자리에서 전문용어를 구사해 가며 "일본 등 선진국에 비해 우린 늦은 감이 있다"고 지적하고 정부차원의 종합 추진체계를 확립해 2010년경에는 수소연료전지 자동차가 상용화될 수 있도록 하라고 지시했다. 배석했던 총리실의 한 관계자는 "이 총리가 선진국의 개발 현황까지 다 파악하고 있었다."고 전했다.

1일 열렸던 나노소자 개발에 대한 국내연구 현황 및 개발계획에 대한 보고 때도 사정은 비슷했다. 이 총리는 이조원 개발사업단장으로부터 보고를 받으면서 주제에 대해 해박한 정보와 지식을 과시했다.

총리실 관계자들은 "이 총리의 과학기술 지식을 흔히 정치적 쇼나 과시용으로 볼지 모르나 결코 그렇지 않다"고 말했다. 그만큼 관심을 기울인다는 얘기였다.

실제로 이 총리는 세계 일류기업의 첨단기술 개발과정을 다룬 책들을 집중적으로 읽고 있으며 이에 관한 TV프로그램은 반드시 녹화할 정도라는 것. 정치권에서는 잠재적 대권주자의 한 사람으로 꼽히는 이 총리의 '차별화 전략'의 일환이라는 얘기도 있지만 아무튼 그가 이 방면에 남다른 관심을 기울이는 것은 사실이다.

지난해 10월 말 일본 원자력위원회 관계자들과 면담한 자리에서 핵분열과 핵융합 원리에 깊은 이해를 과시해 일본측 전문가들이 "정치인이 어떻게 그런 걸 알고 있느냐"는 소리를 듣기도 했다.

−2001년 2월 3일 동아일보

내가 위 기사의 내용과 같이 해박한 과학기술 분야의 지식을 갖춘 것은 결코 아니다. 다만 나는 중학교 시절부터 화학·물리·생물 등 과학 과목에 관심과 취미를 느껴, 그 분야에 학과 성적이 좋았던 것 같다. 정부에 총리로 들어와 국가 경쟁력을 강화하기 위한 정책 개발과 주요 사업 추진을 주도하면서 국력은 궁극적으로 과학 기술력에서 나온다는 신념을 자연스럽게 갖게 되었고, 그러다보니 IT, BT, NT, ET, CT, ST 등 첨단 기술 분야를 하나하나 점검하고 개발정책을 추진해 나갔던 것이다. 그리하여 '$E=MC^2$'의 평화적 이용의 현장인 원자력연구소도 방문했고, 한강의 기적의 원동력인 KIST도 찾았다. 부품 소재산업 육성 대책을 추진하면서도 과학기술의 산학연 협력체제, 국가 간 기술협력을 강조했다. 더 구체적으로 들어가 수소연료전지에 대한 국내기술 개발현황을 보고받고, 산자부와 과기부가 협의하여 수소연료전지 연구개발단을 구성하고, 재정예산을 지원할 것을 결정했다. 한국이 오늘 수준의 수소연료전지 자동차를 생산할 수 있게 된 바탕을 그때 마련해놓은 것이다.

우리가 IT 최강국의 지위를 유지하기 위해서는 NT의 개발, 특히 '나노소자' 개발이 중요하기 때문에 2001년 2월 1일 과기부차관, NT연구단장으로부터 NT관련 보고를 듣고, 한국의 NT의 전망이 밝음을 확인하고 반도체 신소재(탄소) 연구 개발에 역점을 둘 것을 지시하고, 정부의 집중지원이 필요함을 강조했다. 오늘날 한국이 위 분야에서 세계 최첨단 기술수준을 유지하고 있는 것을 보면서 나는 큰 보람을 느낀다.

[국무총리 인사권에 대하여]

국무총리의 각료 임명제청권과 관련하여 한마디 남기고자 한다. 모두에서 솔직하게 말했거니와, 나는 2년여 국무총리로 재직하는 동안 수차례 개각이 있었으나 우리 헌법 87조가 정하고 있는 국무총리의 국무위원 임명제청권을 명실상부하게 법대로 행사하거나 국무위원 해임건의권도 행사해본 적이 전혀 없다. 개각을 할 때면 청와대 비서실장이 먼저 인선 안에 대한 대통령의 결심을 받고나서 총리에게 내용을 보고하고 동의(거부란 있을 수 없음)를 얻음으로써 장관 임명제청 절차가 마무리된다.

나는 재임 중 한 번은 개각이 있을 때 전화로 평소 법조 내에서 인망이 있는 한 인사를 법무부장관으로 구두 제청을 해보았고, 또 한 번은 청와대

비서실장에게 전문성을 갖춘 모 정치인을 건교부장관으로 추천해보았으나, 그때마다 이미 내정된 사람이 있다는 이유로 받아들여지지 않은 일이 있다. 나는 잠시 서운하고 허탈하기도 했으나 우리 헌정의 오랜 관행을 따른 것이고 예견했던 일이기에 즉시 평상심을 되찾았다. 역대 총리들이 거의 모두 내가 겪은 각료임명제청권 행사의 예와 대동소이한 경험을 했으리라고 짐작한다. 다만, DJP 공동정권운영 당시의 JP 총리의 경우는 정권에 대한 지분이 있었으니 일반적인 총리의 경우와 달리 그야말로 실세로서 권한 행사가 가능했을 것이라고 생각된다.

우리 헌법은 대통령 중심제이기에 행정부의 수반은 총리가 아니고 대통령이다. 국무총리는 다만 행정에 관하여 대통령의 명을 받아 행정각부를 통할하게 되어 있으니, 총리의 헌법상의 지위는 대통령을 보좌하며 참모(국무위원)들의 업무를 통할하는 참모장과 같은 직책이라고 보는 것이 타당할 것이다. '실세 총리' 운운하고 '대독총리'니 '얼굴마담'이니 하는, 총리직에 대한 풍자적인 표현들이 있으나, 그것은 누가 총리가 되어도 그럴 수밖에 없는 우리 헌법에 내재되어 있는 숙명이라고 생각한다.

그렇다고 실제로 '실세 총리제'를 시행하여 총리에게 각료 임명제청권 및 해임건의권의 실질적 행사를 보장해주고, 행정에 관한 전권을 위임한다면 대통령의 지위는 너무나 허전해질 것이고, 정권을 잡았다는 의미를 상실할지도 모른다. 그 누가 그러한 대통령을 일부러 사서 하겠는가. '책임총리제' 운영은 현행 헌법하에서는 불가능하고 권력구조를 개편하는 개헌을 하는 수밖에 없다. 내가 최고 권력 옆에서 여러 해 동안 들여다보니 속된 말로 '대통령의 재미는 정치·외교·통일·안보·국방 이런 큰 문제보다는 가정주부의 아기자기한 집안 살림 같은, 바로 행정에 있다'는 것을 역대 대통령들이 취임 후 반년이면 거의 깨닫게 된다는 것을 알았다.

우리 총리제에 관한 헌법의 조문이 어떻게 짜여있건 간에, 총리는 행정 각부를 통할하고 강력한 권한을 가진 직할기관을 지휘하고 있으니, 말 그대로 행정 총리로서 만족하고 일을 찾고 만들어 나가면서 대통령을 보좌하는 데 최선을 다한다면 큰 보람을 느낄 수 있다고 본다. 총리에게는 정부로부터 공관이 주어지며 경호팀이 상근하고 전용 항공기·전용 헬기·전용 기동차가 제공됨으로써 일을 하는 데 아무런 불편이 없다. 어떻든 총리는 3부요인 중의 한 사람이다. 실세가 아니라고 해도 참고 주어진 책무에 충실한다면 역사가 기억해줄 수 있는 자리임을 강조하고 싶다.

2001년 1월 29일 개각을 한 이후에 김대중 대통령은 개각에 이은 차관급 후속인사에 대한 전권을 총리인 나에게 일임했다. 물론 내 권한과 책임 하에 차관급 인사가 진행되었지만 인선을 위한 각종 인사 자료는 청와대 민정수석실이 모두 관리해왔기 때문에 인사 작업의 실제에 있어서는 전윤철 청와대비서실장이 민정수석과 협의하여 인사 시안을 작성하였고, 이를 총리인 나에게 보고하여 내 의견이 반영된 최종인사안을 확정하는 방식으로 차관급 인사가 이루어졌다. 나는 그때 평소의 소신대로 능력 중심의 공평하고 균형 잡힌 인사가 되도록 사심을 버리고 노력했다.

2002 5월 22일, 나는 총리 재임 2년을 기념하여 가진 기자간담회에서 "그동안 정치에 신경 쓰지 않고, 행정총리·민생총리로서 국가 경쟁력 강화에 힘을 써왔다. 그런데 국민의 정부가 거둔 여러 가지 성과가 그동안 발생한 각종 게이트, 그리고 대통령 자제분의 비리 등으로 인해 제대로 올바르게 평가받지 못하고 있는 것이 안타깝다. 이제 현 내각은 의원겸직장관이 모두 돌아갔기 때문에 완벽한 중립 내각이므로, 앞으로 설령 민주당이 6.13 지방선거에서 패배하더라도 내각과 민주당의 공동책임 운운할 여지가 없어졌다"고 밝힌 후에, "나는 2004년 16대 국회 임기까지는 비록 무소속이지만 국회의원의 신분을 갖고 있으므로 총리를 그만두더라도 임기까지는 정치인으로서 활동하게 될 것"이라고 언급했다.

[새마을운동]

반기문 전 UN사무총장이 국제새마을운동을 여러 곳에 확산·추진한다는 기사를 보고 한마디 하고자 한다. 내가 6공 초기인 1988~89년 내무부장관으로 있을 때, 그 시대의 사회적 경향이었던 자유화·개방화·자율화의 분위기를 타고 일부 시민 세력이 각 공공기관에 게양되어 있는 새마을기를 마구 내리고 중앙과 지방의 새마을운동을 무력화시킴으로써 새마을운동 자체를 영구히 말살하려 한 일이 있었다.

나는 그들의 악의적인 의도를 억누르고 새마을기를 다시 게양하도록 하고 나서, 전국의 새마을 조직원을 등촌동 중앙회에 집합시켜 장관인 내가 특강을 통해 새마을운동을 다시 불붙여야만 되는 역사적인 당위성을 설명하고, 그들을 격려함으로써 새마을운동 자체를 회생시킨 일이 있었다. 그 경험을 살려 2002년 5월 3일 고 박정희 대통령이 새마을운동을 제창한 지 30주년을 기념하여 새마을운동중앙회가 주최한 연찬회에 참석, '국가발전과 새마을운동'이라는 주제의 특강을 통해 "정보 지식기반 시대에 맞게 새마을운동 추진 방법도 개선되어야 하고, 세계화 시대에 걸맞게 국제 새마을운동을 적극 전개해 나가야 한다."라며 21세기형 제2의 새마을운동 추진을 강조하며 새마을운동중앙회가 월드컵 붐 조성에도 적극 나서 줄 것을 당부한 일이 있다.

그런데 2015년 10월 UN 반기문 사무총장이 '국제 새마을운동'의 확산 추진을 위해 박근혜 대통령의 지원을 받으며 앞장서서 광범위하고 치밀하게 계획을 세워 노력하고 있다는 기사를 보았다. 내가 오래전에 새마을운동과 관련해 취한 몇 가지 조치와 맥락을 같이 한다고 생각되어 꺼져가던 새마을운동의 불씨를 다시 살려놓은 점에 대해 보람을 느낀다.

[대북 햇볕정책에 관하여]

김대중 대통령의 대북포용정책(Engagement Policy)을 '햇볕정책(Sunshine Policy)'이라고 한다. 햇볕정책이란 말은 김대중 대통령이 1998년 4월 3일 영국을 방문하였을 때, 런던대학교에서 행한 연설에서 처음 사용하였고 그때부터 정착된 용어이다. 겨울 나그네의 외투를 벗게 만드는 것은 강한 바람(강경정책)이 아니라 따뜻한 햇볕(유화정책)이라는 이솝 우화의 한 대목인 '아이소포스 우화'에서 인용한 말이다.

2000년 6월 15일 남북정상회담이 성사되고 5개항의 공동

선언문이 발표됨으로써 햇볕정책이 빛을 내기 시작했다. 그러나 한편, 보수에 의한 비판도 같이 가열되었다. 그런 가운데 나는 2001년 11월 UN총회 기조연설에서 햇볕정책이라는 말을 쓰지 않고, 모두 '대북화해협력정책'이라고 고쳐서 연설했다. 그동안 햇볕정책을 추진함에 있어서 많은 문제점이 드러났으나, 그 중에서도 가장 중요한 문제점은 햇볕정책이 당근에만 너무 편향되었다는 점일 것이다. 남쪽은 열심히 햇볕을 보낼 때도 북은 잠수정을 침투시키고, NLL과 DMZ에서 도발을 하고, 간첩도 계속 보냈다. 소 천 마리가 떼를 지어 넘어가도 북의 대남도발은 그치지 않았다. 화해협력은 쌍방이 같이 해야 되는 것이지 남쪽만 열심히 한다고 될 수 있는 일이 아니다. 남은 당근과 채찍을 전략적으로 적절히 바꾸어 가면서 쓰는 지혜와 용기가 필요하다고 보았으며, 북의 국가보안법 폐지·휴전협정을 평화협정으로 전환·미군 철수 등의 요구에는 단호히 거부해야만 했던 것이다.

나는 총리시절 국회 대정부질문에서 여야 의원들로부터 받은 국가보안법 개정 용의에 대한 질문에 확신을 가지고 "그것만은 절대 안 된다"고 단호하게 답변했다. 또한 햇볕정책은 추진 과정에서 투명성에 대한 의혹이 널리 퍼져 드디어 노무현 정권에서 대북송금특검이 실시되었다. 수사를 맡은 송두환 특검팀은 광범위한 수사를 벌여, 현대가 4억 5천만 달러를 국가정보원 계좌를 통해 북에 지원했으며, 이 가운데 남북정상회담과 관련한 정부의 정책적 지원금 1억 달러가 포함되어 있다는 결론을 내렸다. 당시 특검은 북에 송금된 돈의 액수는 총 5억 달러이며 이 중 5천만 달러는 현금으로 보내졌다고 밝히고, 5억 달러 중에는 위에서 언급한 남북정상회담 대가로 김대중 정부가 북에 건네기로 약속한 1억 달러가 포함되어 있다고 발표하였다. 특검의 수사결과 발표로 결국 국민의 정부의 빛나는 업적인 김대중 대통령의 남북정상회담과 공동선언, 노벨평화상 수상 그리고 햇볕정책의 긍정적인 빛이 많이 퇴색되었으며, 햇볕정책에 반대하는 보수의 목소리는 국민 속에 강렬하게 퍼져나갔던 것이다.

2002년 7월 10일 오후, 나는 강원도 삼척 동굴박람회 격려차 총리 전용기 편으로 삼척시에 내려가서 행사를 마치고 동굴을 위시한 현장을 모두 돌아보았다. 상경하기 위해 공항에서 전용기에 올라 항공기가 막 이륙하는데 김 대통령의 전화가 걸려왔다. 대통령은 나에게 "총리 그 동안 수고가 많았습니다. 이번에 부득이하게 대폭 개각을 해야 하는데 잘 협조해주기 바랍니다. 내일 아침 박지원 실장을 보내겠습니다."라고 말씀하시는 것이다. 내가 "무슨 뜻인지 잘 알겠습니다. 감사합니다."라고 대답하는 것으로 전화는 끝났다.

그 다음날 7월 11일 아침 일찍 박지원 비서실장이 총리 공관으로 왔다. 나는 박 실장으로부터 총리에는 장상 이화여대 총장이 내정되었다는 등 개각 내용에 대한 간략한 보고를 들었다. 그리고 나는 10시경 청와대로 김대중 대통령을 찾아뵙고 사직서를 제출했다. 나는 김 대통령과 의례적인 인사를 나누고 자리를 물러나 집무실로 돌아왔다. 따져보니 2년 1개월 19일(2000년 5월 23일 ~ 2002년 7월 11일) 동안 총리로 재임한 것이다. 짧은 세월이 아니다. 잠시 지난날들을 회상하니 만감이 교차했다. '좀 더 잘할 수 있었는데…'하는 아쉬움이 컸다. 이임식에 앞서 나는 기자들과 만나 여러 가지 대화 끝에 "나는 이제 정치로 돌아가 그 동안 간직해왔던 꿈을 실현하고 싶다"고 말했다. 곧 이어서 있었던 이임식에서 나는 다음과 같은 이임사를 했다.

국무총리 이임사

'국민의 정부' 유종의 미 위해

존경하는 국민 여러분!
그리고 자리를 함께 해주신 국무위원과 전국의 공직자 여러분!
저는 오늘 국무총리직을 물러나면서, 지난 2년여 동안 함께 땀을 흘리며 저를 도와주신 모든 국무위원과 공직자, 그리고 여야의원 여러분에게 충심으로 감사를 드립니다.
저는 그동안 행정총리를 자임하면서 정치상황 변화에 관심을 두지 않고, 나라경제 살리기와 국가경쟁력 강화 등 국정 수행에만 매진하고자 나름대로 사심 없이 최선을 다해 왔습니다.
그 동안 보람 있었던 일이라면, 팀별 내각 운영과 주무장관회의를 통해 내각의 팀웍을 강화한 일, IMF 위기 극복과 경제회생을 위해 4대 분야의 구조개혁을 추진하면서, 경제의 새로운 활로를 개척하기 위해 러시아 · 중동 · 몽골 · 중국 · 베트남 등지로 통상외교전선에 나서 기대이상의 세일즈 외교성과를 거두었던 일도 소중한 기억이 아닐 수 없었습니다.
그리고 무엇보다도 월드컵의 성공적 개최와 4강 신화창출을 통해 전 세계에 우리 국민의 저력과 역동적 에너지를 한껏 과시해 보인 역사의 한 가운데 있었던 것도 너무나 큰 보람이었습니다.
그러나, 돌이켜 보면 가슴 아프고 안타까운 일도 있었습니다.

특히 권력주변 지도층의 개인적 비리와 지난 6월 29일의 서해교전 사태로 국민들께 심려를 끼쳐 드려 점, 이 자리를 빌어 죄송하다는 말씀을 드립니다.

자리를 함께 하신 국무위원 여러분.

그리고 공직자 여러분!

이제 「국민의 정부」는 7개월 후 그 역사적 소임을 다하고 국정의 책무를 다음 정부에 넘겨주어야 합니다.

「국민의 정부」는 그동안 김대중 대통령님의 국정철학 아래 역사에 남을 업적들을 이룩하였는 바, 이제 유종의 미를 거두어야 하겠습니다.

이제 남은 과제 중 가장 중요한 것은 공정하고 중립적인 선거관리를 통해 차기 정부의 탄생을 순조롭게 하는 일이 아닐 수 없습니다.

이 같은 인식에서 김대중 대통령님께서도 지난 5월 6일 민주당을 탈당하시고 내각에 대해서도 철저하게 중립을 유지할 것을 당부하셨습니다.

이에 따라 당적을 가지고 있던 모든 국무위원들이 당적을 정리하였습니다. 그러나 정치권에서는 보다 철저한 내각의 중립을 수차에 걸쳐 요청한 바 있습니다. 저는 고심 끝에, 총리직을 물러남으로써 대통령님에게 중립내각 구성을 위한 선택의 폭을 넓혀 드리는 것이 정치적 도리라는 결론에 이르게 되었습니다.

아무쪼록, 저의 오늘 총리직 사퇴가 중립내각 구성이라는 내외의 여망에 부응하고, 또 지금의 국가적 어려움을 극복해 나가는데 도움이 될 수 있기를 바랄 따름입니다.

저는 오늘 정부에서 물러나지만, 여러 가지 산적해 있는 어려운 국정과제들을 남겨놓고 간다는 생각에 여러분에게 미안하고 죄스러운 심정입니다.

정부에서 계속 일하시게 될 여러분은 「국민의 정부」가 성공한 정부로 역사에 기록되도록 하여야만 나라가 한 단계 더 발전하고, 미래가 활짝 열린다는 사실을 항상 유념해 주셔야 하리라고 믿습니다. 또 공직자는 중립적 위치에서 국가와 정부의 동일성과 계속성을 보장해나가야 할 책무와 사명을 안고 있습니다.

저는 국무총리로 정부에 들어와 일하면서 우리나라 공직자의 능력과 자세에 대해 무한한 신뢰를 갖게 되었습니다.

스스로 내가 이 정부의 주인이라는 신념과 각오로 혼신의 힘을 다해 주실 것을 간곡히 부탁드립니다.

저는 여러분과 정부에서 함께 일하면서 맺었던 인연을 언제까지나 소중히 가슴에 간직할 것입니다. 어디에 있든 저는 언제나 여러분께서 하는 모든 일들을 뒤에서 성원하고 마음으로 도울 것입니다.

이제까지 저는 평생을 통해 "덕필유린(德必有隣)"을 좌우명으로 삼고 살아왔습니다.

제가 여러분에게 베푼 덕은 별로 없습니다만, 아무쪼록 그동안의 정리를 잊지 마시고, 언제 어디서라도 만나면 반갑게 인사를 나누고 모든 어려운 일들을 함께 의논할 수 있기를 기대합니다.

여러분은 정치적으로는 중립을 지켜야 하지만, 인정에는 중립이 있을 수 없다는 것을 아시리라 믿습니다.

이제 저는 행정총리의 소임을 마치고, 정치의 세계로 돌아갑니다.

그동안 소중히 간직하고 있던 꿈을 실현하는데 진력하고자 합니다.

다시 한 번 그동안 여러분께서 저에게 보내주신 아낌없는 도움에 감사드리며, 여러분의 앞날에 무궁한 발전이 있고 가정에는 언제나 건강과 행복이 가득하시길 진심으로 기원합니다.

여러분, 그동안 정말 고마웠습니다.

모두들 안녕히 계십시오.

나는 총리로서 김대중 대통령을 보좌하는 2년 2개월 동안 모든 역량을 다 바쳐 지성으로 내 소임을 다했으며, 큰 허물없이 직무에 충실했고 대통령을 성심껏 보좌했다. 그 과정에서 김 대통령께서도 나에 대한 깊은 신뢰감이 쌓여서 대화를 하다가 2-3차례 나를 극찬하는 말씀도 자연스럽게 나온 것으로 생각된다.

그 당시 대선을 앞두고 민주당 내에는 뚜렷한 대선주자가 없었기에 나는 그 점에 관심을 두고 민주당이 대선 후보 선출을 위한 전당대회 절차를 진행하기 전에 DJP연합의 복원을 전제로 김 대통령께서 나에게 어떤 언질이 있지 않을까, 어리석은 마음에 그렇게 되는 것을 기대하기도 했다. 그러나 시간은 그냥 무심히 흘러갔고 민주당의 전당대회는 대통령 후보로 노무현 전 장관을 선출해놓았으나, 그 직후부터 어떤 이유에서인지 노무현 후보의 지지도는 여론조사를 할 때마다 내려갔고, 드디어 민주당 내에서는 월드컵 개최로 지지도가 높아진 정몽준 후보로 후보 단일화를 해야 한다는 소위 후단협(후보단일화협의회) 의원들의 주장이 힘을 얻어가기 시작했다.

48

「하나로국민연합」 창당, 대선 출마

나는 이런 어지러운 정국 속에서 2002년 7월 11일 정부를 떠나 필마단기(匹馬單騎)로 여의도에 돌아와, 정국의 분위기를 파악하기 위해 먼저 민주당 측의 중진의원들을 순차 만났다. 한화갑 의원을 만나 다시 JP와 손잡고 합당할 것을 권유했더니 자기도 대찬성이라고 하면서, 사실은 JP가 합당 약속을 해놓고 약속을 안 지킨다고 말하는 것이었다. 한광옥 대표를 만나 여러 가지 이야기를 하였으나, 정국 운영과 관련하여 특별한 의견이 없는 듯했다. 유용태 사무총장은 당대표 조순형 의원에게 "이한동 총리를 민주당에 입당시켜야 되지 않느냐"고 말했더니 묵묵부답이었다고 하는 말을 들었다.

신당 「하나로국민연합」 창당의 길로…

그 때 처음 나는 민주당이 주도하는 신당에 참여할까 했으나, 살펴보니 그 신당은 노무현 후보가 주도하고 있고 수평적 통합이 아닌 기존의 민주당이 주축이 되는 형식임이 분명하였으므로 완전한 백지 위에 그려지는 신당이 아니면 참여할 수 없다고 선을 긋고, 그 외에 여러 가지 정국의 변화 가능성을 지켜보면서 상당 기간 사태를 관망하기로 하였다. 그러면서 나는 그 동안 가까이 지내던 중부 지역 출신 의원들, 당 사무처 간부 출신의 동지들과 여러 가지 의견을 나누고 몇 날을 고심한 끝에 앞으로의 정치 행보, 즉 로드맵을 나름대로 그려서 실천해나갈 것을 결심 했다. 우선 대선 출마를 공식 선언하기로 했다. 낮은 인지도를 높이기 위해서였다. 그 다음에는 다음과 같은 절차를 밟고자 했다.

신당 창당 등 정치로드맵

1. 제3의 길인 백지신당이 불발로 끝나면 나의 독자적 역량과 정통 보수 세력을 규합하여 신당을 독자적으로 창당하고 그 당의 대통령 후보가 된다.
2. 그런 후에 군소 후보의 연합을 모색해 나간다.
3. 국민의 지지도를 높일 수 있는 모든 분야의 정책 개발에 힘쓴다.
4. 각 지방의 보수 세력을 규합하여 지구당 수를 늘려나가고 조직을 확대한다.
5. 어떠한 경우에도 중도 하차란 없고 끝까지 완주할 것을 국민과 약속한다.
6. 대선 결과에 구애됨이 없이 당 조직을 확산시켜 17대 국회의원 총선에서 제3당이 될 수 있도록 최선을 다한다.

내가 세운 로드맵은 객관적으로 볼 때 실현가능성이 없고 어리석기 그지없어 보이지만 당시 나의 구상의 바탕에는 '한나라당의 이회창 후보나 민주당의 노무현 후보 두 사람은 모두 도덕적으로나 이념적으로 대통령이 되어서는 안 될 사람'이라는 강한 불신이 자리하고 있었음을 이 기회에 솔직히 말하고자 한다.

그 후 나는 위와 같은 구상대로 2002년 10월 7일 여의도 63빌딩에서 대선출마 선언식을 가졌다. 그 자리에서 "지금 우리나라는 애국심·국가 경영능력과 경륜·도덕성을 갖춘 포용의 지도자를 요구하고 있다"고 강조하였으며, "나만이 동서남북 좌우 갈등을 넘어 대통합을 이룰 수 있는 지역 조건과 포용력을 갖추고 있다. 지금 추진 중인 통합 신당에 적극 참여, 그 당에서 노무현 후보든 정몽준 의원이든 누구와도 공정한 후보 경쟁을 할 수 있을 것"이라고 말했다.

정책으로는 권력 분산을 위한 개헌, 대북화해협력정책 지속추진, 병역복무기간 단계적으로 1년으로 단축, 2000cc미만 자동차세 면세, 모든 공직 후보 30% 여성 추천 등을 공약했다.

이 날 행사장에는 민주당 최명헌·박상규·장재식·장성원·이윤수·송영진·최선영·전용학·강성구·유재규·곽치영·장태환·설송웅·이희규·김윤식·박병윤·조재환·김화중 의원 등 18명, 자민련에서는 조부영·안대륜·조희욱 의원 등 3명, 무소속 안동선 의원 등 도합 현역 의원 22명이 참석했고, 또 진념 전 부총리, 이정빈 외교, 최인기 행자, 김윤기 건교부장관 등의 전직 장관들과 지지자 3000여명이 이 행사에 참여했다.

나는 이 날 작가 김성록 씨가 쓴 나의 전기인 『가슴이 넓은 남자가 좋다』(한송, 1997), 내가 직접 쓴 『이한동의 나라살리기』(신원문화사, 1997), 내 아내가 쓴 『마흔앓이』(피앤피, 1997) 각 1권씩을 참석자 모두에게 증정하였다.

나는 이어서 2002년 10월 28일 「하나로국민연합」(가칭) 창당을 위해 발기인 300명의 뜻을 모아 창당발기인 대회를 가졌다. 나는 이 행사에서 "우리나라는 지금 아집·독선·깜짝쇼·이념적 편향 등과 관계없는 그런 인물이 필요함"을 강조하고 지지를 호소했다. 이 때 분야별 주요 발기인으로 참여해주신 분들은 아래와 같다.

> **'하나로국민연합' 창당 발기인**
> ◆ 정계 : 이택석·김영진·최상진·박제상·강신조·김종식·이연석·허세욱·황학수 전 의원 등
> ◆ 관계 : 문봉재 전 교통부 장관, 김재종 전 경찰대학장
> ◆ 군 : 민경배 예비역 대장, 이경희 예비역 중장
> ◆ 언론계 : 송병준 전 세계일보 사장, 전영우 전 KBS 아나운서 실장, 김도진 전 KBS 보도본부장, 서욱식 전 연합통신 국장, 김인수 전 경인일보 국장
> ◆ 학계 : 이기옥 한양대 교수, 김명 충북대 교수
> ◆ 문화예술계 : 신원영 출판협회이사, 조광섭 민속예술연구원 이사장,
> ◆ 기타 사회단체 : 여무남 한국역도연맹회장, 박종식 전 수협 중앙회장, 이신복 한국어민후계자 중앙회장, 최순옥 전 여의사회장

2002년 11월 15일, 서울 잠실학생체육관에서 약 만여 명의 대의원과 당원 및 지지자들이 참석한 가운데「하나로국민연합」창당 대회를 개최하고, 동 대회에서 나는 대통령후보와 당대표로 선출되었다. 그날 나는 후보 수락 연설에서 "국민은 지금 나라를 믿고 맡길 수 있는 경륜과 포용력을 갖춘 지도자를 원하고 있다. 내가 대통령에 당선되면 1년 이내에 분권형 이원집정부제 개헌을 추진하고, 이 나라를 2010년쯤에는 세계 9강에 진입토록 하겠다. 부가가치세를 5%까지 점진적으로 감세하고, 공적자금 2조원을 투입하여 농가부채를 해결할 것"을 공약했다.

나는 이날 기자들에게 이렇게 말했다.

"민주당 내의 후단협 의원들과 자민련이 내주 중으로 구성하고자 하는

국회교섭단체에는 나도 참여하겠지만, 아마 이것은 국회 운영 문제에 국한해서 협력하는 것이 될 것이고 대선과는 무관할 것이다. 지금 논의되고 있는 노무현·정몽준 후보의 단일화 협상 결과에 관계없이 대선에서 나는 어떤 경우에도 끝까지 완주할 것인 바, 이는 내가 국민에게 이미 약속한 것이기 때문이다. 내가 체감하는 나에 대한 국민의 지지율은 언론에 나오는 지지율과는 상당히 다르다. 나의 진면목을 체계적으로 국민에 알리고 국민이 감성이 아닌 이성으로 판단하기 시작하면 지지율은 달라질 것이다."

이날 행사에는 민주당의 최명헌·박상규·유용태·이윤수 의원 등 소위 후단협 소속의원 거의 전원과 자민련 조부영·조희욱 의원 그리고 우리겨레당(가칭) 김옥선 창당준비위원장 등이 참석해주었다. 나는 지금도 그 날 참석해주신 모든 분들에게 감사하고 있다.

16대 대통령 후보 등록과 패배

나는 2002년 11월 27일 중앙선관위에 「하나로국민연합」 대통령 후보로서 등록을 마치고, 이회창 한나라당 기호 1번, 노무현 민주당 기호 2번에 이어서 기호 3번을 받았다. 다음 날인 11월 28일, 세종문화회관 세종홀에서 「하나로국민연합」 중앙당후원회 행사를 갖고 많은 지지자들의 후원을 받았다. 그날 행사에는 이수성 전총리가 참석하여 정성이 담긴 의미 있는 축사를 해주었다.

나는 후원회 인사말에서 한나라당 이회창 후보를 겨냥해

"국민의 70%가 이회창 후보의 두 아들의 군 면제에 비리가 있었다고 믿고 있고, 검찰 수사를 믿지 않고 있다. 이렇게 국민 앞에 떳떳하지 못한 후보는 결코 나라다운 나라를 만들 수 없다."고 지적했다.

또 민주당 노무현 후보에 대해서는

"'정당하지 않은 법은 지키지 않아도 된다.'와 같은 과격한 언동에다 '주한미군철수·메이저 신문 국유화·언론과의 전쟁 불사'와 같은 충격적인 발언으로 국민을 놀라게 하고 이념과 정치성향이 불분명한 후보는 국가를 혼란과 무질서로 몰고 갈 수 있다."고 주장했다.

결론적으로 말해, 이회창·노무현 두 후보는 모두 대통령이 되어서는 안 되는 부적격자임을 강조한 것이다.

우리「하나로국민연합」은 후원회 행사로 마련된 얼마 안 되는 자금으로 일부 부채도 정리하고 대선 지방유세 장비도 마련하여 선거운동 기간 중 시·도청 소재지에서 거리 유세를 할 수 있었다. 자금이 없어 각종 언론매체를 이용한 선거 연설, 선거 광고 등, 선전 활동을 거의 못했고 TV토론에도 군소정당 후보들은 참여가 배제된 채 진행되었다. 선거 일주일을 앞둔 시점인 2002년 12월 12일 밤에야 TV 합동 토론회가 마련되어, 100분간 생방송으로「하나로국민연합」이한동·사회당 김영규·호국당 김길수·무소속 장세동이 참여하여 정책공약 등을 놓고 토론을 벌였다.

나는 이 자리에서 "부정부패와 관련된 재산은 전부 몰수하고 비리행위자에 대한 공직박탈은 물론 피선거권도 영구히 제한하겠다"고 강조하고, 또 "수십조 원을 들여가며 수도를 옮기는 것보다는 그 비용 일부를 수도권 환경 개선을 위해 쓰는 것이 국익을 위해 효과적일 것"임을 강조하면서 수도 이전에 대해 반대 입장임을 분명히 밝혔다. 선거운동의 마무리인 선거공보와 벽보 문제는 평소 친분이 있던 신흥인쇄(주식회사)의 박충일 사장의 협조로 기일 내에 간신히 인쇄하여 선관위에 제출할 수 있었다. 결국 신문광고, TV 선거연설 한 번 못하고, 또 제대로 된 합동토론도 못 갖고 선거운동 기간이 그냥 흘러갔다.

선거운동 중에 한나라당 서청원 대표의 부탁을 받은 YS로부터 "이회창 후보를 한번 만나 진지한 이야기를 나누어달라"는 간곡한 말을 직접 유선으로 또는 인편에 전해 들었으나, "만날 필요가 없다"고 단호하게 거부한 일이 있다. 나는 찬란하게 빛을 내며 지는 태양과 같이 멋지게 정치 인생을 마무리하고자 하였는데, 나의 부덕과 무능, 무지와 우매함으로 인해 초라하게 끝마무리하게 되니 너무 허망하고 아쉽고 억울한 생각까지 들었었다. 그러나 나는 12월 19일 대통령 선거일을 맞이하면서 담담한 평상심으로 돌아가 모든 것을 하늘의 뜻으로 받아들이고 그 명에 순종하기로 마음을 가다듬을 수 있었다.

16대 대통령 선거는 예정대로 2002년 12월 19일 목요일 순조롭게 치러졌다. 선거 직전까지 지난 15대 대선에서 김대중 후보에게 패한 한나라당 대표 이회창 후보와 새천년민주당에서 경선을 통해 후보가 된 노무현 후보 사이의 각축전이 벌어졌다. 이회창 후보가 법관 출신의 대쪽 이미지로 가장 유력해 보였으나 아들 형제의 병역 면제 논란, 이와 관련된 소위 노사모로 대표되는 네티즌의 영향력, 월드컵 붐을 타고 있던 정몽준 후보와의 단일화 성공 등에서 힘을 얻은 노무현 후보가 1201만 4277표를 얻어 1144만 3297표를 얻은 이회창 후보를 약 57만 표 차이로 누르고 승리했다.

나는 부끄럽게도 7만 4천여 표를 얻어 6명의 후보 중 4등이라는 참담한 결과를 기록했다. 우리 국민의 투표 성향은 언제부터인가 일당 아니면 이당 중에서 후보를 선택해야만 되고 제3의 길은 생각조차 않는 경향이 있다는 것을 나는 평소 잘 알고 있으면서, 16대 대선에서 너무 준비 없이 무모하게 무대책으로 임했던 점에 대해 국민들에게 마음속으로 용서를 빌었다. 그러면서 나를 지지해주신 7만 4천여 명의 유권자들에게는 한없는 존경과 감사를 드렸다.

16대 대선은 몇 가지 정치적 의미가 있다. 우선 민주당이 DJ에 이어서 정권 연장에 성공함으로써 소위 3김(三金) 정치시대의 종언을 확실히 가져왔고, 새로운 세대의 대두와 함께 인터넷 정치 시대가 개막되었다는 점에서 세계적인 주목을 받았다고 볼 수 있다.

16대 대선과 관련해서 도저히 이해할 수 없는 일을 한 가지 남기고자 한다.

2002년 12월 19일, 16대 대선을 앞에 두고 도대체 무슨 힘이 나에게 '대통령 출마 선언을 하라, 그리고 정당을 만들어 후보가 되라, 선거 기간 중에 어떤 유혹이 있어도 끝까지 완주하라'고 인도했는지 모를 일이다. 다만 나는 선거를 치르면서 한 나라의 대통령만은 '하늘' 또는 '절대자(神)'가 결정하는 것이라는 믿음을 갖게 되었다.

노무현 후보가 민주당의 대통령 후보가 되는 과정, 후보가 된 후 국민 지지도의 변화, 정몽준과의 단일화 협상에서의 승리, 그리고 대통령 당선까지의 일이 내 생각에는 어떤 선거 전문가가 만든, 즉 사람이 만든 각본으로는 보이지 않는다.

나는 노무현을 어느 정도 알고 있는 사람이다. 내가 1978-79년 부산지검 특수부장으로 있을 때 노무현은 개업 변호사였기에 면식이 있었고, 국회에서 수년간 보아왔으며, 특히 1989년 12월 31일 밤 5공 청문회에서 노무현 의원이 전두환 증인을 향해 명패를 던질 때 나는 민정당 원내총무로서 의석에 앉아 그 광경을 지켜보았다. 총리시절에는 노무현을 해수부 장관으로 제청하여 임명받게 했고, 그 후 정부에서 같이 일했다. 나는 그 긴 과정에서 노무현을 대통령감이라고 생각해본 일이 전혀 없다. 그런 노무현이 현실에서는 대통령에 당선된 것이다. 대쪽 법관 이회창 후보가 '아들 형제의 병역 면제'라는 벽을 두 번씩 못 넘은 것도 하늘의 뜻으로 보인다.

대선 패배를 자성하며

나는 어떤가. 나는 24년간 정치하면서 당·국회·정부에서 그 어느 공직자보다도 정치인으로서 국가경영과 관련된 강한 정치 훈련을 받았다고 자부했다. 법과 원칙, 상식과 순리를 존중했으며, 권모술수를 배격했고, 돈 문제에 있어서도 큰 허물없이 지내왔다. 유명 개그맨들이 아무리 나를 살펴도 개그 소재가 될 만한 언행이 전혀 눈에 띄지 않는다고 할 만큼 바르고 올곧게 살아왔다. 그러나 그 과정에서 국민을 감동시킬만한 일은 단 한건도 연출해내지 못한 것이다.

국민들은 선거에 있어서 이성이 아닌 감성으로 표심을 결정하는 경향이 특히 강하다. 이렇게 생각할 때 나의 정치 행보는 옳고 바르지만 너무 밋밋하고 감동이 없었기에 대중적인 인기를 전혀 끌지 못했고, 요직을 맡아 무슨 일이건 제대로 잘 하는 사람 정도로 국민들의 머릿속에 엷게 각인되었을 뿐이라고 짐작된다. 거기에 나에게도 아주 부정적인 사건이 왜 없었겠는가. 2001년 10월 초, JP의 당으로의 귀환 명령을 어기고 DJ의 뜻을 따라 총리직에 유임한 것은 명분과 이유가 무엇이건 간에 내가 JP를 배신한 것으로 국민의 눈에 비춰졌을 것이라고 본다. 결국 16대 대선에서의 나의 행보는 나 스스로에 대한 무지와 무모한 의지가 빚어낸 한 토막 희극에 불과하다고 생각된다.

  2002년 12월 19일, 나는 16대 대통령 선거를 허망하게 끝낸 직후, 아내와 함께 미국에 유학 중인 아들 내외의 근황도 살필 겸 쉬기 위해 미국 여행을 떠났다. 뉴욕에 도착하여 아들 집에 짐을 풀고 미시간주에 있는 동생 한중의 주선으로 미국 남부 플로리다 마이애미로 휴가를 다녀왔다. 큰 아들 용모는 공부 때문에 같이 못가고 며느리 지순이와 손녀 희윤이가 우리 내외와 동행했고, 동생은 현지에서 합류했다. 마이애미에서는 동생과 2~3일간 골프를 치고 저녁이면 아름다운 바닷가에서 맛있는 식사를 하는 등 아주 즐거운 관광으로 시간을 보냈다.

  그때 며느리 지순이는 2001년에 이미 하버드대 대학원에서 언어학 PhD를 끝냈고, 아들 용모는 이때도 뉴욕대(NYU) 행정대학원에서 학위 논문에 대한 심사가 진행 중인데, 잘 통과될 것이라고 하는 말을 들었다. 우리 내외는 일단 마이애미에서 뉴욕으로 돌아와 그곳에서 멀지 않은 곳에 있는 풍광이 아주 좋은 리조트에서 2박 3일을 쉬고, 2003년 1월 초순 귀국했다.

  나는 미국 여행에서 돌아와 2003년 1월 15일 여의도 「하나로국민연합」

당사에서 기자 간담회를 열고 인사말에서 "정치는 결국 인정(人政), 인정은 인사를 말한다. 그런데 그 인사가 또한 만사인 것이다. 인사만 잘하면, 정치는 만사형통인 것이다. 노 당선자는 이번 대선을 통해 대한민국을 새로 건국한 대통령과 같은 심경과 결의로 거국적인 안목에서 인정을, 즉 인사를 해주기 바란다."라는 말로 국민 통합에 기반을 둔 '인사탕평책'을 써줄 것을 당부했다. 또한 "노 당선자의 생각과 입장이 앞으로의 정계 개편에 핵심 변수가 될 것인데 민주당이 현상유지를 하면 정계 개편의 폭은 크지 않을 것이고, 민주당 내 개혁 그룹을 중심으로 신당이 창당되면 정국은 보수와 진보의 대립구도로 갈 수 밖에 없게 될 것이다. 그렇게 될 경우 나는 이념과 성향을 같이 하는 세력과 힘을 합해 이 시대의 보수로서의 역할에 충실하겠다."는 말로 앞으로의 거취를 밝혔다.

49
노무현의 '참여정부'

2003년 2월 25일, 노무현 대통령은 여의도 국회의사당 앞 광장에서 대한민국 제 16대 대통령으로 취임했다. 새로 출범하는 정부를 '참여정부'라고 선언했다. 나는 전직 총리로서 초청을 받아 취임식에 참석했다.

그런데 노무현 대통령은 취임사의 끝머리에서 '노약자 등에 대한 복지정책을 내실화하겠다.'고 말한 데 이어서, "반칙과 특권이 용납되는 시대는 이제 끝나야 합니다. 정의가 패배하고 기회주의가 득세하는 굴절된 풍토는 반드시 청산되어야 합니다."라고 언급함으로써 마치 노무현 정권 이전의 시대는 모두 '반칙과 특권이 용납되는 시대'였고, 그 시대의 사회는 '정의가 패배하고 기회주의가 득세한 굴절된 풍토'의 사회였던 것으로 단정하고 매도하는 듯한 왜곡된 표현을 함으로써 연설을 듣는 국민들을 매우 의아하게 하였다. 나도 노무현 대통령의 역사관과 사상에 대해 깊은 회의를 느꼈으며, 이념적 혼란과 국가정체성의 위기를 우려하지 않을 수 없었다.

2003년 5월 27일, 나는 서울 법대 동창회로부터 '자랑스러운 서울법대인 상'을 수상하였다. 독립운동가 홍진(洪震) 선생, 진의종·노신영·이홍구·이한동·이수성 전 국무총리·배명인 전 법무부장관 등 7명이 같이 상을 받았다.

「열린우리당 창당」, 노무현 대통령 탄핵

2003년 9월 8일, 노무현 대통령이 민주당을 탈당했다. 동년 11월 11일, 민주당 내 개혁·진보 세력인 소위 '386'의 주도로 열린우리당이 창당됐다. 열린우리당은 '새로운 정치·잘사는 나라·따뜻한 사회·한반도 평화'를 4대 강령으로 채택하고, 김대중 대통령의 햇볕 정책을 계승하되 명칭을 '평화·번영정책'이라고 바꾸었다.

해가 바뀌어 2004년 2월 24일, 노무현 대통령이 방송기자 클럽 회견에서 "국민들이 총선에서 열린우리당을 압도적으로 지지해줄 것을 기대한다. 대통령이 무엇을 잘해서 열린우리당이 표를 얻을 수만 있다면 합법적인 모든 것을 다 하고 싶다."고 발언함으로써 대통령이 선거 중립 의무를 위반했다고 하는 정치적인 논란에 휩싸였고, 중앙선관위도 노무현 대통령이 선거법을 위반했다고 단정하고 중립 의무 준수를 요청했으나, 노무현과 열린우리당은 오히려 이에 반발하고 나섰으며, 청와대는 공식 사과도 거절했다.

그 후 정치적인 우여곡절 끝에 2004년 3월 9일, 드디어 한나라당 의원

108명·새천년민주당 5명이 서명한 노무현 대통령 탄핵 소추안이 국회에서 발의되었고(자민련은 발의에는 참가하지 않았으나 그 후 표결 시 자유투표로 사실상 찬성했음), 노무현 대통령의 직무가 즉시 정지되고 고건 국무총리가 대통령 권한을 대행했다.

그 해 3월 12일, 국회는 열린우리당 의원들이 의회 단상을 점거·저항했지만 경호권 발동으로 저지하고 본회의를 개회하여 노무현 대통령 탄핵 소추안에 대한 표결을 강행했다. 투표 결과 찬성 193표·반대 2표로 탄핵안이 가결되었고, 즉일 오후 3시 탄핵 소추결의서 정본이 헌법재판소에 송달되었다. 그 후 헌법재판소는 5월까지 7차에 걸친 변론을 열어 심의한 끝에, 5월 14일 10시 탄핵 심판청구를 기각하였다. 그리하여 노무현 대통령은 다시 직무에 복귀했다. 당시 많은 국민이 탄핵에 반발(65.2%가 반대)하였으며, 그 탄핵 역풍에 힘입어 2004년 4월 15일 17대 총선에서는 사실상의 여당인 열린우리당이 152석이라는 과반수 의석을 확보했다. 탄핵 소추를 주도한 민주당은 9석을 얻어 제4당으로 밀려났고, 탄핵을 주도한 주요 정치인들은 대부분 정치에서 물러났다. 결과론적으로 노무현 대통령의 국회 탄핵안 가결은 잘못된 선례를 남겼으며, 박근혜 대통령의 탄핵으로 이어져 우리 헌정사에 씻을 수 없는 오점을 남기게 되었다.

정계 은퇴 선언

나는 2003년 1년 동안을 투쟁과 내분으로 영일(寧日)이 없었던 여의도 정치의 변두리에서 아주 무료하게 시간만 보내다가, 2004년 새해 들어 의미가 없어져 가는 나의 지난 정치생활의 흔적들을 일단 정리하고 앞날의 변화에 대비해야 되겠다는 마음을 먹었다. 그리하여 2004년 2월 6일, 「하나로국민연합」 전당대회를 열어 정당법에 정한 절차에 따라 당의 해산을 결의하고 즉시 중앙선관위에 신고를 마쳤다. 그리고 2월 19일 김영진 전 의원과 함께 자민련의 김종필 총재를 찾아뵙고 그간의 경위를 말씀드리고 즉일 자민련에 복당하고, 17대 총선 불출마를 그날 선언했다. 자민련 연천·포천 지구당은 연천 출신의 예비역 장군인 권영백 장군을 위원장으로 추천하여 4월 15일 있을 17대 총선에 출마하도록 조처하였다. 총선에서 권영백 후보는 선거 운동 기간이 촉박했음에도 불구하고 선전하여, 당선은 못되었지만 유효 투표의 15% 이상을 득표하였다.

나는 5월 29일이면 16대 국회임기가 끝남과 동시에 나의 국회의원 임기도 끝나게 되어 있기에, 이 날을 기해 지역의 유권자분들에게 정계를 떠난다는 고별의 인사 서신을 보냄으로써 정치적 신상을 정리하였다. 여기서 고향 포천에 보낸 고별 인사장을 전문 소개하고자 한다.

고별사

"영원한 고향의 품으로 돌아가고자 합니다."

그동안 안녕하십니까?
불초 이한동 지난 5월 29일로 23년간의 정치적 소임을 다하고, 오늘 눈물 젖은 뜨거운 가슴으로 감사의 인사를 드립니다.
지난 1981년 2월 고향 포천의 부름을 받고 정치에 입문하여 11대 국회부터 이번 종료된 16대 국회까지 저를 6선의 지역구 의원으로 만들어 주신 고향의 형제자매 여러분에 대한 저의 고마운 마음은 무덤 속에서도 변치 않을 것입니다.

고향의 흙의 은혜에 보답하겠다는 신념과 열정으로 23년 간 저는 고향을 가꾸고 발전시키는 일에 최선을 다했습니다.

오늘날 당당한 포천시가 되는데 가장 큰 동력은 뭐니뭐니 해도 43번 국도의 확장이라고 합니다. 이 도로사업 일 단계 의정부-포천 신북간 24km는 그 당시 여당의 사무총장이었던 제가 전두환 대통령님을 면대 간청하여 국방부 예산으로 공사비의 반을 부담시키는 통치차원의 결단을 얻어 완공한 것입니다.

한수이북 유일의 종합대학인 대진대학교·경복대학·중문의대 등을 유치했고, 초·중·고 교육시설을 완비하여 교육문화도시의 기틀을 마련했습니다. 청성문화공원, 공설운동장, 실내체육관 등 문화체육시설을 일찍 마련하였습니다.

하수종말처리시설을 갖추는 등 환경보존에 힘쓰고 스키, 골프, 온천 등 레저·스포츠 산업의 육성을 통해 지역 소득 증대에 기여했습니다.

저는 2000년 5월부터 2002년 7월까지 국무총리로 봉직하는 동안에는 포천의 상수도 문제를 근원적으로 해결하고자 포천을 팔당상수도 구역에 편입시켜 이 사업을 금년에 준공하게 하였고, 의정부-포천 간 제2의 43번 도로를 신설토록 계획을 확정시켰으며, 포천문예회관 사업에 국비지원, 포천중·이동중에 종합체육관 신축 등의 사업과 43번 도로 아스콘 덧씌우기도 완료하였습니다.

이렇게 포천은 20여 년 꾸준히 발전하는 가운데 인구도 15만이 되어 도농복합시로 승격되어 이제 새로운 꿈을 안고 새 출발하게 된 것입니다.

한편 저는 남부끄럽지 않은 한 사람의 정치인이 되고자 열심히 노력도 했습니다.

5공 시절 초·재선의원 때 여당의 사무총장·원내총무·헌법협상대표, 6공 시절 3선 의원 때 정책위의장·남북 국회회담대표·내무부장관·원내총무, 문민정부 시절 4선 의원 때 원내총무·국회부의장, 5선의원 때 자민련총재, 6선의원 때 국무총리(2년 2개월) 등으로 봉직하면서 그때그때의 힘든 소임을 큰 허물없이 모두 수행했습니다.

다만 한 가지 우리고장 동지들과 힘을 모아 대통령이 되어 국민 통합의 새 시대를 열어 보겠다는 꿈을 끝내 실현하지 못하고 오늘 이렇게 인사를 드리게 된 아쉬움과 안타까움은 하늘의 뜻으로 이해하고 마음을 달래고자 합니다.

고향의 여러분과 희로애락을 같이 하면서 살아 온 지난 23년의 세월이 주마등처럼 머릿속을 지나갑니다. 이제 온갖 영욕과 회한으로 얼룩진 45년의 공직생활과 그 중 23년의 정치생활을 뒤로하고 저를 길러준 영원한 저의 요람 고향의 품으로 돌아가려 합니다.

사람 사는 세상이 아무리 변한다 해도 그리워했던 고향의 파란 하늘빛은 영원할 것을 믿기에 편안한 마음으로 돌아갈 수 있습니다.

고향의 여러분!

저 또한 인간이기에 허물도, 부족함도, 서운하신 일도 많았을 것임을 잘 압니다. 이런 저의 잘못을 너그럽게 이해해 주시고 따뜻한 정으로 감싸주신 여러분께 깊이 감사드립니다. 끝으로 댁내 강녕하심과 행운을 기원하며 이만 불비(不備) 예상(禮上)합니다.

감사합니다.

2004년 불초 이한동 배상

정치는
중업重業이다
이한동 회고록

제7부
노 정객이 남기고 싶은 말

50. 내 삶의 신조 ; 해불양수(海不讓水)

51. 나의 정치철학

(1) 역동정치론

(2) 신중부권 역할론 : 지역패권주의 해소

(3) 국민통합의 정치론

(4) 홍익인간 사회의 건설

52. 영원한 한국의 보수정치인

53. 한국 보수 우파의 미래를 위한 제언

54. 개헌에 관한 단상(斷想)

50
내 삶의 신조 ; 해불양수(海不讓水)

정치는 중업(重業)

나는 내가 정치를 시작할 때, 지역민들에게 한 "고향의 흙의 은혜에 보답하겠다"는 약속을 얼마나 성실하게 지켰나를 고별사를 통해 확인하면서 뿌듯한 자족감과 함께 '더 잘할 수는 없었을까…' 하는 아쉬움을 동시에 느꼈다.

나는 고향 포천군이 포천시로 활기차게 발전할 수 있는 초석을 놓은 지역구 의원으로서 뿌듯한 보람을 느끼고 있고, 이웃 연천군이 통일 시대를 내다보며 대북 화해 협력 시대의 전진 기지로서의 역사적인 소임을 다하기 위해 착실하게 준비하고 있는 것을 자랑스럽게 생각한다.

지금 내가 포천을 가건, 연천을 가건 산에서나 내에서나 마을에서나 논밭에서나 큰 길에서나 오솔길에서나 그 어느 곳에서건, 나의 지나온 정치인생 24년간 내가 돌아다니면서 흘린 땀방울의 흔적과 내 고향을 사랑하는 정성스러운 마음의 자욱들이 끝 간 데 없이 나를 반겨준다.

내 생각을 정리해보면 정치는 그 어떤 업(業)에 비해도 무게가 나가는 '중업(重業)'이라고 해야 할 것 같다.

일찌기 공자는 정(政)은 곧 정(正)이라 했다. 정치의 목표가 국가사회의 올바른 발전과 국민의 행복을 추구하는 것이니 정치는 분명히 중업(重業)이다.

삶의 금언을 새기며

긴 세월을 살면서 나는 몇 가지의 금언을 삶의 신조로 지키며 살아왔다. 먼저 가장 이른 시기의 금언은 할아버지께 들은 말씀이었다. 초등학교 시절 몸을 가만두지 못하고 친구들과 각종 놀이에 빠져 썰매나 손으로 끄는 마차를 만들기 위해 마구 부수고 다시 두들겨 맞추고 하는 일에 정신이 빠졌던 나에게 할아버지는 '수용공 족용중(手容恭 足容重)(『예기(禮記)』)하라'는 말씀을 해주셨다. 손은 공손하게 쓰고, 발은 무겁게 옮기라는 말씀이신 것이다. 나는 살아오는 동안 몸과 수족을 공손하게 움직이고 몸의 자세를 의연하게 갖도록 힘써 왔다.

조금 더 컸을 때에는 아버지께서도 한 말씀을 해주셨다. 초등학교 3학년 말에 내가 우등상장과 개근상장을 아버님에게 보여드렸더니 내 방에 글씨 한 점을 붙여주셨다. '수분안명(守分安命)'(『주자가훈(朱子家訓)』) 이다. 분수를 지키면 명이 편안하다는 내용인 것이다. 나는 살아오면서 힘들고 어려울 때뿐 아니라 기쁘고 즐거울 때도 수분안명의 의미를 떠올리며 언제나 분수껏 살고자 노력했다. 물론 분수라는 말의 뜻은 나이가 상당히 든 후에야 겨우 이해할 수 있었다.

해불양수(海不讓水)의 포용력

학업을 마치고 판사 또는 검사로서 정의와 불의, 선과 악 사이에서 고민해야하는 시절을 거쳐 정치인이 되면서 어떤 계기에 나 스스로 '덕필유린(德必有隣)'을 평생의 좌우명으로 삼았다. 『논어(論語)』에 나오는 '덕불고 필유린(德不孤 必有隣)'에서 따온 구절로서 덕은 반드시 이웃이 있다는 말씀이다. 그 후 나는 덕필유린을 우리 집의 가훈으로 정했으며, 서예의 대가인 원곡(原谷) 김기승(金基昇) 선생의 친필 휘호를 받아 2층 거실에 걸어놓았다. 살아오는 동안 '적선(積善)이 적덕(積德)'이며 '덕주지노(德主知奴)'라고 이해하고, 인의예지신(仁義禮智信)을 지키고자 나름대로 노력했다고 생각한다.

1984년 6월 당시 여당이었던 민주정의당의 사무총장으로 취임하여 정권의 핵심에서 일하게 되면서 '해불양수(海不讓水)'를 직무상의 신조로 삼았다. 그렇게 된 데에는 의미 있는 계기가 있다. 내가 사무총장으로 취임식을 마치고 집무실에 들어가 보니 벽에 편액 한 점이 걸려있었다. 글 내용은 '해불양수', 글쓴이는 청곡(靑谷) 윤길중(尹吉重) 선생이었다. 그 이후 나는 이 구절을 불변의 정치 신조로 지키고자 노력했다. 바다가 큰 물, 작은 물, 깨끗한 물, 더러운 물을 가리지 않고 받아드리는 것과 같이 정치 지도자인 나도 넓은 아량과 포용력으로 이 세상 모든 사람을 안아주라는 청곡 선생의 무언의 귀중한 충고를 그대로 받아들인 것이다. 그래서 나는 정치인으로서 뿐만 아니라 하나의 생활인으로서 살면서도 어떠한 사람이라도 모두 보듬어 안을 수 있는 넓은 가슴을 가지려고 나름대로 노력했다.

의인불용, 용인물의(疑人不用, 用人勿疑)의 용인술

그리고 사람을 씀에 있어서는 '의인불용, 용인물의(疑人不用, 用人勿疑)', 즉 사람을 씀에 있어 의심이 가면 쓰지 않으며 한번 쓰면 의심하지 아니한다는 원칙을 지키려고 힘썼다. 나는 그 동안 정치하면서 당-국회-정부를 넘나들며 국가 주요직을 맡아 수많은 인사에 간여하고 최종 결정도 했다. 그때마다 의심하면 '불용(不用)'하려 했고, 사람을 쓴 후에는 '물의(勿疑)'를 하려고 노력했다.

내가 33대 국무총리로 2년 2개월간 소임을 다하고 나온 이후, 정부 내에서 "이 총리는 행정총리 민생총리로서 큰 허물없이 모나지 않고 원만하게 직무를 수행하였고, 내각의 팀웍을 원활하게 이끌었다"는 평가가 나올 수 있었던 것은 위에 말한 나의 좌우명과 신조에 충실하고자 한 나 나름의 노력 때문이 아닌가 생각된다.

끝으로, 나는 23년간 정치하면서 '인내천(人乃天, 천도교의 종지)', 즉 국민이 하늘이오, 따라서 민심이 천심이라는 소박한 민주주의관을 가슴에 지니고 지역 유권자와 국민을 대하고 봉사·헌신하는 자세를 지키고자 노력했다는 점 하나를 첨언하고 싶다.

51 나의 정치철학

(1) 역동(力動)정치론

오늘 우리가 처한 외교 안보 경제난국을 타개하기 위해서는 결국 정치가 바르게 자리를 잡아야 하고, 이를 위해 정치의 역동화(力動化)가 요구된다. 역동(dynamics)이란 힘 있고 활발하게 움직이는 현상을 말한다.

정치는 곧 힘이다. 그 힘이 어떻게 발현되느냐에 따라 정치의 질이 달라지고 효율성이 좌우된다고 생각한다. 정치의 역동화란 한 마디로 '정치과정의 원심력과 구심력이 극화된 상태에서 이 두 힘이 균형을 이룬 채 사회 각 분야의 역동화를 선도하는 것'을 말한다. 여기서 원심력이란 분산하려는 힘이며, 구심력이란 중심으로 모이는 힘이다.

정치에서 원심력이란 밑으로부터의 참여를 말하고, 구심력은 위로부터의 조정을 의미한다. 정치적 구심력이 사회의 원심력을 압도할 경우 그 사회는 활력을 잃고 정체되며, 그 반대의 경우에는 중앙의 제어력이 상실된 채 혼란이 야기된다.

물론 구심력과 원심력이 균형을 이룬다고 하여 모두 정치의 역동화가 이루어지는 것은 아니다. 그 힘 자체가 가속력을 상실할 경우, '다람쥐 쳇바퀴'에 그치고 말아 그 사회나 정치는 발전을 기대할 수가 없다. 발전이란 앞으로 나아가는 것이기 때문이다. 따라서 균형 속에서 가속화를 추진하여 생산성을 극대화시킬 수 있는 방안이 필요하며, 이 방안을 마련하는 것이 정치 역동화의 본질이다.

그러면 어떻게 구심력과 원심력의 가속화를 촉진시킬 수가 있을까? 그것은 양 힘의 적절한 발휘가 전제조건이다. 즉 원심력의 발휘란 밑으로부터의 무조건적인 요구가 아니라 '정당하고 합법적인 참여'가 되어야 하는 것이며, 구심력 역시 위로부터의 일방적인 통제가 아니라 '합리적인 조정'을 의미한다. 또 정당하고 합법적인 참여는 정치과정의 제도화를 통해 이루어져야 하며, 그 목적이 정치체제의 효율성을 높이는 데 있어야 한다.

반면 합리적인 조정은 밑으로부터의 참여를 개방적이고 자율적으로 진행되도록 지원하고 수렴하는 기능을 말하는 것으로 이 두 과정은 상호보완적이다.

그런데 과거 우리 정치는 참여와 조정의 문제를 양립할 수 없는 제로섬 게임으로 여겨왔다. 정부나 정치권의 민간부문에 대한 조정기능은 통제와 억압으로 인식되었고, 국민과 사회 각 부문의 참여와 요구는 통치권에 대한 저항과 무분별한 방종으로 간주되어 이를 억누르려고 하였다. 그로 인해 시위의 만성화와 권력기관의 비대화라는 바람직하지 않은 현상을 초래하여 국가발전을 더디게 만들고 말았다.

한편 근년에 들어 정치역동화를 가로막는 변수로 조정과 통제의 야합현상이 나타나고 있다. 통치권자와 정치권이 일부 시민단체들을 앞세워 권력을 장악하고, 시민단체는 이를 통해 자신들의 이익을 극대화하려는 움직임이 바로 그것이다.

정부와 시민단체는 건전한 긴장관계 속에서 상호 보완해야 하는데, 일부 시민운동단체가 정치에 종속되는 현상은 장기적으로 볼 때 자유민주주의 발전에 해가 될 수 있으므로 주의해야 할 것이다.

구심력과 원심력이 정치과정에서 균형을 이루었을 때 그 결과는 정치 생산성의 극대화로 나타난다. 그로 인해 그 체제는 역동적으로 움직이면서도 안정을 유지하게 되는 것이다.

회고해보면, 우리 사회는 80년대까지 구심력에 기반을 둔 발전을 추구해왔다. 일종의 경제개발 식 정치과정의 운영이었던 것이다. 그러나 경제발전을 이룩하여 국민의 생활수준이 향상되면서 지나친 통제에 불만을 품은 계층이 증가하여 사회가 불안하지기 시작한 단면도 있다.

반면에, 지난 87년 6.29선언 이후 6공 초반에는 원심력이 구심력을 압도하여 노사분규와 학생소요를 비롯한 각종 시위에 대한 적절한 대응책 마련에 실패하여 심각한 체제불안정을 경험하였다. 그 이유는 정치가 건설적인 역동성을 상실한 결과였다.

지난날 권위주의 정부는 첨예한 남북대치 속에서 정치의 효율성을 극대화시키고자 정부 통제를 강화하였다. 그러나 이미 선진화 대열에 들어선 우리 사회는 과거와 같은 일방적인 통제와 지도를 통해 생산성을 극대화할 수는 없게 되었다. 정치권이 정치안정과 사회발전을 도모하기 위해서는 정치과정에서의 참여와 조정, 투입과 산출, 수요와 공급, 기대와 결과의 균형을 맞추는 역할을 해야 한다.

재언컨대, 위로부터 발휘되는 구심력과 밑으로부터 분출되는 원심력이 극대화되어 균형을 이룰 때 정치의 생산성은 높아지는 것이며, 이로 인해 신명나는 정치가 가능해지는 것이다. 이러한 의미에서 '역동성 있는 정치'란 현재와 미래를 위한 정치이며, 안정 속에서 누구나 희망을 갖게 하는 정치인 것이다. 다만 구심력과 원심력을 이어주고 아우를 수 있는 국민의 공통의식이 바르게 서고, 공유되어야 한다. 그 공통의식이란 역사와 국가정체성에 대한 확신, 자유민주주의와 시장경제체제에 대한 확신이다.

민주주의는 국민의 정치이다. 그러므로 국민들의 자발적인 참여가 있어야 정치의 역동화가 가능하다. 국민 참여의 기본은 민주주의체제에 대한 신념화이다. 자유민주주의체제가 발전하려면 인권보장, 자유, 법치에 대한 신뢰가 전제되어야 한다. 그러므로 정치의 역동화는 국민의 인권존중과 권리회복으로부터 시작해야 한다. 한 나라의 건강도는 국가권력이 국민의 행복을 얼마나 보장하는가에 달려 있는 것이다.

아울러 다양한 사회세력들의 활동이 자유롭게 보장되어야 한다. 고전적 의미에서의 집회 결사의 자유를 넘어서 사회의 다양한 세력들이 다양한 주장들을 '합의된 규칙'에 따라서 자유롭게 개진할 수 있어야 한다.

여기서 강조하는 것은 누구든 '합의된 규칙'을 준수해야 한다는 것이다. 아무리 자유로운 의견개진이나 주의 주장의 전개라 할지라도 자유민주주의

체제를 부인 부정하거나 적을 이롭게 하는 행위, 사회윤리와 규약을 파괴하는 과격행동은 용인될 수 없다. 쉬운 말로 자유와 권리의 주장에는 반드시 책임과 의무가 수반되어야 한다. 그런데 이러한 민주주의의 기초조차 잘 이루어지지 않는 것이 우리 정치와 국민의식의 수준이다.

또한 정치의 역동화를 위해서는 민의를 담는 기구인 정당이 민주화되고 지역주의의 유혹을 극복해야 한다. 정당은 전체 국민의 행복을 위해 활동하는 결사체이므로 정당 자체가 민주주의의 모범적인 실천체가 되어야 한다. 당내 민주화와 함께 정당조직, 정당가입, 당 운영, 정책과 이념 등의 문제에 있어서 구태에 빠지지 말고 혁신을 해나가야 한다. 왜냐하면 특정 인맥이나 특정인을 보스로 하는 정치는 민주정치의 그릇을 편협하게 만든다는 우리 현대 헌정사의 굴곡이 입증하기 때문이다.

우리나라의 정당이 이념과 정책이 아닌 지역과 인물에 따라, 또는 정치인들의 이익을 위해 이합 집산하는 후진적인 일은 사라져야 정치의 역동화가 탄력을 받을 것이다.

(2) 신중부권 역할론 : 지역패권주의 해소

지역주의란 대개 지역대립으로부터 시작하는데, 그 개념은 지리적 공간단위 차원의 갈등으로서 어떤 나라 어떤 사회에나 존재하는 보편적인 현상이다.

우리나라 지역대립의 특징은 영국과 아일랜드 같이 애당초 별개의 국가가 통합된 결과가 아니고, 일본의 아이누족 같이 한 국가 내에서 종족적 차별성에 근거한 것도 아니다. 그리고 아랍지역과 같이 종교적 차이(시아파 대

수니파)를 배경으로 한 것도 아니다.

한국의 지역대립 내지 갈등은 외국과는 달리 문화적 동질성이 유지되고, 민족 통합이 이루어진 민족 내부의 문제라는 데에 큰 특징이 있다. 또한 미국이나 영국처럼 오랜 정당정치의 역사 속에서 계급적·계층적·이념적 성향 그리고 역사성을 내포하는 것이 아니라 근대화 이후 단기간에 급격하게 나타났다. 그리고 이 지역대립은 현재 다른 정치적 요소를 무력화시킬 정도로 절대적 영향력을 발휘하고 있다는 것이 특징이다.

지역주의란 이러한 지역대립이 선거 등의 정치적 행사를 통하여 표출되는 지역적 대립양상이 굳어져서 부지불식간에 사고나 의식을 지배하는 현상을 의미한다. 이러한 지역주의는 국민통합을 저해할 뿐만 아니라 통일에도 장애가 되는 그야말로 적폐이다.

지역주의를 보는 시각은 다음과 같이 여러 가지로 구별될 수 있다.

역사적 관점

흔히 '호남의 한(恨)'으로 대변되는 이 관점은, 호남은 역사적으로 삼한이 통합할 때부터 차별받아 왔고, 지금도 교묘하게 차별받고 있다는 것이다. 따라서 호남의 한을 해소하기 위해서는 호남인이 정권을 잡아야 된다는 논리이다. 이를 반영하듯이 김대중 정권이 집권했고, 뒤이어 노무현씨가 호남정당을 업고 집권하여 10년에 걸쳐 '호남의 한'을 풀었으나 아직도 넘어야 할 산은 많다.

그런데 이 '호남의 한'이라는 다분히 정서적인 욕구가 무슨 이유인지 급진적 정치사조로 치환되고 있는 데, 이는 앞으로 해결해야 할 국가적

과제가 되고 있다.

여기서 한 가지 집고 넘어가야 할 것은 이른바 고려 태조 왕건의 훈요십조(訓要十條)이다. 일설에 의하면 왕건은 훈요십조에서 '차령과 금강 이남은 배역(背逆)의 땅이라 인재를 등용하지 말라.' 했다고 전해오는데, 이는 잘못된 해석이다. 차령은 차현(車峴. 수너미고개)라는 충정북도 괴산부근의 수레가 넘던 고개 이름이지 지금의 차령산맥이 아니다. 또 훈요십조에서 말하는 공주강은 오늘의 금강이 아니라 공주부근을 흐르는 작은 강이었다. 이 차현과 공주강 지역에 사는 인물 중에 왕건이 고려를 세울 때 반대한 자들이 있다하여 국초 인물 등용에 경계하라는 뜻을 담고 있는 것이다. 그럼에도 불구하고 1천년이 지난 지금에도 특정지역 배제 운운하는 것은 글로벌 세계에 맞지 않는 구태일 뿐이다.

사회구조적 시각

1961년부터 18년간 장기집권을 누려오던 TK 박정희 정권이 무너진 뒤에도 영남 주축의 전두환 정권을 거쳐 노태우 정권시대, 김영삼 정권의 18년, 도합 36년을 거치면서 영호남의 지역감정은 돌이킬 수 없는 지경에까지 이르렀고, 결국 지역대립과 갈등이 구조화되었다는 시각이다. 이러한 특정지역 출신의 장기집권으로 인하여 지역 간의 발전과 삶의 질에 많은 차이가 나타날 수밖에 없었으니 이를 의도적으로라도 분쇄해야 한다는 의미가 내포되어 있는 분석이다.

정치조작의 관점

지역감정과 지역주의는 국민의사와는 달리 정치인에 의해 조장되었다고 보는 관점이다. 이 관점에 의하면 90년대 이후 한국의 정치세력은 지극히 본능적인 지역대결 이데올로기를 부추겨 지역기반을 공고히 하고자 하였다는 것이다.

실제 한국의 지역정당은 지역의 이익을 직접 대변하지는 않지만 그 당의 지도자와 인적 구성이 지역과 일치하며, 지역 주민들은 이 당에 대해 지역적 정체성을 가진다. 특정정당은 어느 지역에 말뚝만 박아놔도 당선된다는 말이다.

한국의 정당은 서구와 같이 계급적 이념적 대립을 기반으로 하지 않고, 전통적인 지역정체감을 바탕으로 하고 있다. 즉 한국 지역주의의 특성은 정당들이 자기의 존립을 위하여 의도적으로 지역감정을 조장하는 특징을 갖고 있다.

따라서 지역정당 구조의 개혁이 필요하고, 지역주의를 이용하는 지역정치에 대한 비판도 이루어져야 하지만 이 같은 조치만으로 지역주의 문제는 해결되지 않는다. 정치문화의 선진화가 필요하다.

지역주의 문제의 본질은 국가의 배분기능을 누가, 어느 지역이 더 많이 차지할 것인가에 있기 때문이다.

3김(三金)정치가 낳은 지역패권주의에 대한 비판과 극복은 우리 정치의 과제이다. 언제까지 한국의 유권자들은 선거결과를 TV에서 볼 때 국토의 특정지역 만을 차지한 정당의 화면을 봐야 할 것인가.

지난 88년 JP를 중심으로 녹색바람이 불면서 소위 3김 구도로 고착된 지역할거주의는 무려 30여 년 간 한국의 선거문화를 지배해왔다. 다만 충청세가 한 정당으로 고착되는 상황은 자민련이 쇠한 뒤로 개선되었지만 충청세가 캐스팅 보트로 기능함으로써 새로운 지역 패권주의 양상을 빚어내고 있다.

21세기 초 우리의 지역정치 판도는 영호남이 약간 혼합된 듯 하지만 이는 호남지역 출신의 인물난에 편승하여 영남 출신 인물들이 호남인들의 정치 욕구를 이용하려는 제스처에 불과할 뿐이다.

아무튼 지역주의는 한국정치가 민주적 제도화로 나가는데 가장 큰 장애요인이다. 왜냐하면 지역주의는 민주적 의무와 책임의 성장을 방해하기 때문이다. 국회의원들은 유권자에 대한 약속을 지키기보다 그들의 지역맹주(盟主)를 위해 행동한다. 또한 지역주의 정치는 정치의 정실주의를 부추긴다. 정치의 정책지향성과 이념지향성이 사라지고 지역에 따른 맹목적 지지만 존재하는 것이다.

그에 따라 인물이나 정책보다 지역감정에 의존하여 선택된 국민대표자는 국민을 보고 정치하는 것이 아니라 자신을 공천한 지도자만 보고 정치를 하게 된다. 즉 지역주의 정치에서는 전체적으로 공동체나 시민들의 보편적인 이해는 무시될 가능성이 매우 높다. 따라서 지역주의가 지배적인 정치체제는 진정한 민주주의라고 부를 수 없게 된다.

줄서기 정치 청산

결국 지역주의 선거는 대의제도하에서 선거자체의 의미를 상실하게 만든다. 선거라는 제도는 각기 다른 계층적·이념적·세대적 차이가 명료화되고, 경쟁을 통해, 해결되는 경쟁의 장이자 국민의사를 통합할 수 있는 속성을 가지고 있다. 그런데 국회의원들이 국가의 보편적 이익이나 계층·종교·직업적 이익을 대표하는 것이 아니라 특정한 지역의 이익만을 대변하게 되면 그 선거는 무의미해진다.

이런 상황에서 정치가들은 국리민복의 프로그램과 비전으로 유권자에게 호소하는 것이 아니라 의인화된 카리스마적 지도자가 지배하는 지역적 이익에만 봉사하게 된다. 그러므로 지역주의에 기초한 줄서기 정치의 청산이 국가발전과 국민통합을 위한 첫걸음이 될 것이다.

그리고 지역주의는 한국 정치와 정당정치 발전의 가장 큰 장애물이다. 정치학자들은 유권자들의 투표성향이 3단계로 발전한다고 보는데, 지역주의는 가장 후진적인 투표성향을 나타낸다.

국민통합의 지렛대 '신중부권통합론'

나의 '중부권역할론'이 처음 제기된 것은 지난 92년 제14대 총선 때였다. 이 때 제기한 '중부권역할론'은 솔직히 감정적인 동기가 없지 않았다. 경상도는 경상도대로, 전라도는 전라도대로, 충청도는 충청도대로, 이렇게 지역별로 뭉치니까 우리 경기·인천·강원도 등의 중부권도 뭉치자는 것이 이 생각의 출발이었다.

나는 나라의 국운을 좌우하는 대권문제가 30년 가까이 동서간의 독점형태로 갈 수밖에 없는 가에 대해 절실하게 고민해왔다. 차기 지도자는 동서(東西)가 아닌 지역, 가장 중도적이고 중립적이라고 생각되는 중부권에서 대통령이 나와야 동서와 중부의 삼각구도 아래서 전 지역을 조화롭게 화합시키고, 국민통합을 이룩할 수 있다고 보았다. 그렇게 하는 것이 통일을 위해서도 가장 바람직한 기반을 조성하는 것이라고 생각하였다. 반대로 이대로 지역할거주의로 가다가는 대한민국은 후삼국시대의 삼각구도로 삼분사열 되어가는 분열양상을 노출할 것이 자명해진다고 믿고 있었다.

따라서 내가 '신중부권역할론'을 주창한 것은 과거와 같은 지역 구도를 또 하나 만들자는 것이 아니라 패권주의의 극복방안인 것이다. 중부권에 사는 2천만 명의 국민이 지역감정 문제를 근원적으로 해결하기 위해 중간에 뛰어들어 거중 조정하고 화해시키는 방향에서 시대적 역할을 해야 하지 않겠느냐 하는 것이 '신중부권역할론'의 중요 골자이다.

좀 더 구체적으로, 서울·경기·인천만 해도 2천500만 명인데, 이 지역에 사는 사람들이 선거철에 자기 의사와는 별개로 '고향땅 찾아가는 투표'를 지양한다면, 다시 말해 중부권의 유권자들이 이 나라를 안정 속에 번영시킬 수 있는 백년대계 차원에서 투표권을 제대로 행사한다면 지역할거 구도를 타파하고 조화시킬 수 있는 정치적인 원동력이 될 것이라는 주장이다.

재언하면 '신중부권역할론'은 중부권이 지역 패권을 추구하는 것이 아니라 지역 패권구도에 뛰어들어 거중 조정을 하고 조화를 시켜야 한다는 주장이다. 현재의 지역할거 속에서 볼 때 중부권은 가장 중립적인 지역이면서 인구가 제일 많은 지역이다. 특히 경인지역은 통일한국의 중심지이자, 세계 일류국가 도약이라는 '제3의 한강변의 기적'을 이루어낼 수 있는 요람이다.

앞에서 말한 바 있지만 우리는 90년대 말부터 '지역등권론'에 힘입어 10년간의 김대중-노무현 2명의 호남대통령시대를 보냈다. 김대중의 뒤를 이은 노무현 역시 호남의 절대적인 지지 속에 대통령에 당선되었기에 호남 대통령이라고 부를 만 하다. 그러면 권력을 장악했으니 호남의 한은 풀렸는가. 그에 대한 대답은 여전히 노(NO)일 것이다. 그런데 뒤이어 두 명의 영남 대통령이 당선되었다. 그 후로 또 호남의 지지를 등에 업은 문재인 대통령이 당선되었다. 지난 87년 이후 30년간 한국의 대권구도는 3대3으로 균형을 이뤘다고 본다.

앞으로 지역패권주의가 또 다시 발흥한다면 한국 정치는 그야말로 3류가 되고 말 것이다. '지역등권론'은 또 다른 지역할거주의에 지나지 않는다. 이제는 국민의식이나 경제수준이 OECD 수준에 이르렀으므로 정당을 보고 투표하고, 지역색을 탈피하는 선진화된 선거문화가 절실해졌다. 여기서 '신중부권역할론'의 중요성을 다시 한 번 강조하게 된다.

(3) 국민통합의 정치론

지역주의 패권정치는 국민통합의 최대 걸림돌이다. 만약 지역문제가 앞으로도 계속 이같이 정치에 영향을 미친다면 각종 선거의 의미는 사라지고, 국가통합, 국민통합, 민족통합의 길은 더욱 멀어지게 될 것이다.

지역주의를 타파하기 위해서는 경제 인사 문화의 지역차별적인 현상을 시정하고, 정치제도의 개혁과 국민의식의 변화도 함께 이루어져야 할 것이다.

현재와 같이 후삼국 시대 같은 망국적인 지역병을 고치기 위해서는 각 지역의 입장을 거중 조정할 수 있는 신뢰받는 공정한 정치세력의 등장이 필요하다.

앞으로 '대한민국호'를 이끌 리더는 이 같은 지역 이기주의의 폐해를 없앨 수 있는 현실적인 해법을 제시해야 할 것이다. 다시 말해서 미국이나 서구 유럽과 같은 정책 중심의 정당 구조에 바탕을 둔 안정적인 정치세력을 정착시키기 위해서는 지역의 대결과 차별을 극복할 수 있는 '국민통합의 정치'가 절실하다.

현재의 지역주의 정치구도가 단선적인 발전을 통해 정책중심의 정당제도로 이행될 수는 없다. 현실은 무엇보다 우파와 좌파를 분명히 하는 정책정당이 존재하지 않으며, 국민들도 이념이나 정책보다는 지역적 정체감을 정치행동의 중요한 동기로 삼고 있는 것이 사실이다.

따라서 이러한 지역감정을 완화할 수 있고 정책중심의 정당 제도를 제도적으로 육성할 수 있는 과도적인 단계로서 국민통합의 정치가 필요한 것이다. 현 단계에서 한국정치의 발전은 직선적으로 이동하는 것이 아니라 국민통합의 정치라는 과도적인 단계인 우회로를 따라 걷는 것이 효율성이 높을 것이다. 이 국민통합의 정치는 지난날 김대중총재의 '지역등권론'이나 일부 정치세력이 주창해온 '지역간 정권교체론'과 같은 것과는 다른 것으로 통합적인 리더십 기능을 강화하여 국가발전을 이끌도록 하는 리더십이다.

미국이나 서구 유럽과 같이 정책중심의 안정적인 정치체제를 달성하기 위해서는 '국민통합의 정치'와 더불어 계층 간·세대 간의 국민통합도 절실히 요구된다.

　우리 사회는 지난 50년간의 압축성장에 따라 소득의 불균형과 계층 간의 격차가 커졌고, 뒤이은 민주화운동으로 인해 사회 각 분야의 자율성이 고양되는 한편 이로 인해 계층 간, 이익집단 간 국민통합에 균열이 생겼다. 이러한 갈등을 하루 빨리 종식시키고 분열된 국론을 다시 통합해야 한다. 특히 민족통일을 준비하기 위한 과정에서 우리 사회의 분열과 대립 갈등이 치유되지 못한다면 통일의 동력이 나올 수가 없고, 통일 이후 또 다른 갈등과 대립의 유발요인이 될 수 있다.

　역사적으로 우리 민족은 타 민족 국가와 비교하여 통합된 국가체계를 이루어왔다는 특징을 지니고 있다. 세계 216개 국가 중에서 단일 민족, 단일 언어, 단일 문화를 누려온 국가는 열 손가락을 꼽을 정도이다. 단군조선 이래 5000년의 역사 속에서 우리 민족은 분리와 통합을 지속하면서 더 강한 국가를 만들어왔다.

　그런데 한말 이후 외세의 질곡에 시달리면서 민족의 통합성과 강인성이 약화되고, 외세의 유혹에 흔들린 일부 세력에 의해 민족과 국가정체성이 위협을 받고 있는데, 안에서조차 화합이 되지 않으면 글로벌 무한경쟁시대에 국가를 유지 발전시키기가 버거워진다.

　이에 따라서 더 이상의 분열을 지양하고 통합된 민족국가로 만들어 나가는 통합의 정치가 구현되어야 하고, 그것을 통해 변방의 중진국이 아니라 세계사의 주도국가로 자리 잡을 수 있도록 해야 한다.

사색당파의 부활 경계

우리 민족은 삼국시대까지만 해도 대륙 국가였기에 외세와의 격전을 통해 국가민족을 지켜왔고, 삼국 간 상호 쟁투는 있었으나 국가 안에서 피비린내 나는 상잔은 드물었다. 그러나 통일신라 이후 영토가 반도 안으로 좁아들면서 자중지란이 나타나기 시작하였다. 그것은 지도층이 역사의식이 부족하고 진취적인 기상을 심어주지 못한 좁은 리더십 때문이었다.

하지만 원나라의 내정 간섭이 있기 전인 고려 중기까지만 해도 지도자와 국민이 하나가 되어 삶을 영위했다. 문제는 군부반란에 의한 무신정치에 이어 고려 말부터 밀어닥친 외세의 공격(몽골, 홍건적)과 척족정치가 우리 정치문화를 황폐하게 하고, 민족성에 큰 흠결을 남기고 말았다. 즉 안에서의 내우가 외환을 불러오고, 망국의 길을 걷게 된 것이다.

조선의 붕당정치는 1575년(선조)에 시작하여 225년간 지속되다가 1820년 정조가 죽으면서 종결됐다. 그후 순조·헌종·철종대의 외척 독재 60년을 거치면서 조선은 망국으로 치달았다. 결국 조선을 망하게 한 것은 시끄러운 사색당쟁이 아니라 조용한 외척독재였지만 이 사색당파는 수많은 사화와 당쟁을 유발하여 국력을 쇠잔시키고, 왕의 리더십을 볼품없게 만들어 외세의 침략을 자초하는 단초가 되었다. 조선 건국 200년 만에 임진왜란과 정유재란으로 국토가 만신창이가 되고, 수많은 백성이 포로로 일본에 잡혀가도 이에 대한 반성조차 못한 채 다시 30년 뒤에 정묘호란과 병자호란을 당하여 조선이 청나라에 항복하는 치욕을 당하고 말았던 것이다.

조선 중기 50년 동안 4차례의 국난을 당했음에도 불구하고 조선의

치자층은 계속 당파싸움에 몰두하였다. 누구를 위한 정치인지, 외세가 조선을 어찌 하려드는지 아무런 방책도 강구하지 못했다. 얼마나 사색당쟁이 심했으면 영조대왕이 탕탕평평(蕩蕩平平)이라는 4자를 걸어두고 탕평책(蕩平策)을 정치모토로 정했을까. 심지어 탕평채(蕩平菜)나 신선로(神仙爐) 같은 음식을 창안하여 먹게 했을까.

신선로·비빔밥 정치

영조가 신하들에게 내린 신선로에는 노란 계란전, 검은 버섯전, 파란 파전, 붉은 당근전 등 4색 전이 들어있었다. 이 신선로라는 음식은 각기 다른 이질요소나 불화요소가 화합할 필요가 있을 때, 그리고 관청에 신임자가 와서 신구 화합을 할 필요가 있을 때 공식(共食)하여 서로 화합을 다지는 음식이었다. 관료들의 원심력을 구심력으로 전환시키는 신선로의 역할은 곧 국민통합을 상징하는 정치의 요체가 아니겠는가.

또 하나의 음식을 소개하자. 바로 비빔밥이다. 연전에 스위스에서 열린 다보스포럼에서 한국의 '황제비빔밥'이 최고의 음식으로 선정되었다. '황제비빔밥'이라 하여 서민 비빔밥과 달리 특별한 것은 아니다. 좀 재료가 고급스럽고 다양하다는 점만 다를 뿐, 일반 비빔밥과 다를 게 없다. 야채와 나물, 고기와 밥, 각종 양념이 잘 함유된 종합식단이라는 점에서 외국인들로부터 큰 점수를 땄을 것이다. 부연한다면 비빔밥은 조화와 통합의 음식이다. 다양한 재료가 한 그릇에 담겨 있고, 식사자의 취향에 맞게 양념과 조미료를 넣어 재량껏 비비는 음식의 혼합이 곧 인간세상의 통합이요 조화가 아니겠는가.

국민통합의 정치는 신선로, 비빔밥의 정치이자 용광로의 정치이다. 이질적인 요소를 하나로 섞어 최고의 영양가를 내거나 거대한 용광로 불에 넣고 새로운 상품을 생산하는 것과 같다. 이처럼 배분적 메커니즘을 통해 기계적 평등을 달성하고자 하는 것이 아니라 민족의 역사와 전통을 바탕으로 하는 국민이 하나 되는 구심의 정치이다. 즉 당리당략이나 지역이기주의를 초월하여 국익을 위해 하나가 되는 조화의 정치이다. 국민통합의 목적은 공평한 국가를 잘 구성하고 운영하기 위함이다.

국민통합의 정치를 구현하려면 다음과 같은 정책적 과제가 해결되어야 한다. 즉 공평한 인사, 공평한 지역개발, 공평한 과세와 복지혜택이 필요하다.

여기서 말하는 공평(公平)이란 한쪽으로 치우침이 없이 고른 정책기획과 집행을 말한다. 따라서 공평의 개념에는 공정(公正)이 들어있다.

공평한 인사

무릇 인사는 국정의 효율성과도 관련된다. 90년대 이후 정권에서 가장 문제가 됐던 것은 특정지역 출신, 대선에 공을 세운 캠프인사, 대통령과 소위 코드가 맞는 사람들을 중용하는 보은(報恩)인사였다. 인간의 능력이나 도덕성과는 무관한 학교, 출신지 등을 배려하는 친소관계와 지역적 편중은 공직사회에 부정적 영향을 끼쳐 많은 문제를 낳았으며, 실패한 정권의 단초가 되었다.

이런 점을 되돌아보고 국민통합을 위해서는 국가가 공정하게 자원을 배분해야 하고, 각 지역의 문화적 특질을 살려 나가면서 주민들의 자존감을 높여줘야 한다. 이와 함께 오직 인품과 능력만을 보고 임용하는 임인유현(任人唯賢) 천도무친(天道無親)의 공정한 인사정책으로 인재를 고루 등용하여 법과 제도에 따라 공직사회를 운영함으로써 선발되고 중용된 인재가 국가를 위해 헌신 봉사하는 공직풍토를 조성해야 할 것이다.

공평한 지역개발

우리나라의 지역감정 유발 원인 중에는 경제적 정책적 지역차별 때문이라는 인식이 지역주민들에게서 강하게 나타난다. 70년대 이후 경제개발 과정에서 소외당한 호남지역에서 이러한 지역감정이 강하게 나타나며, 최근에는 충청권과 대구, 경북(특히 북부 및 동해안지역)까지 지역차별에 대한 불만이 높아가고 있다.

특히 호남인들의 지역차별에 대한 피해의식을 타 지역 사람들 특히 영남권 사람들이 잘 이해해야 할 것이다. 호남지역은 70년대 이후 정부의 경부축(京釜軸) 우선 투자정책으로 경상도 지역에는 공장이 들어서고 투자가 활성화되었지만 전라도 사람들은 농업위주의 산업 구조 속에서 근대화에 뒤처져 지역발전의 호기를 놓친 것으로 인식하고 있다. 산업구조가 수출구조로 된 데다 부산항을 집중적으로 활용해야 했고, 그에 따라 호남선 복선화도 지연되는 한계도 있었지만 그 자체에 소외감을 느끼고 있었던 것이다.

아무튼 호남 푸대접론은 그것으로 끝나지 않고, 충청 푸대접론으로, 강원 무대접 론으로까지 확산되고 있다. 물론 2000년대 들어 김대중·노무현 정부가 호남과 충청지역에 많은 투자를 하여 전보다는 경제적 불공평 의식이 낮아진 것은 사실이다. 다만 경제적 불공평 의식이 깊어지면 지역갈등과 지역주의의 원인이 된다는 사실을 잘 알고 국가의 개발정책이 공평하게 집행되어야 한다.

만약 소외지역의 차별의식이 고착되거나 확산된다면 나라의 분열을 가속시키는 것은 물론이거니와 국가경쟁력을 심각하게 저하시키게 된다. 이제 국가와 민족의 통합성을 높일 수 있는 거국적인 '한국경영'이 되어야 할 때이다.

공평한 지역개발은 산술적인 평등이 아니라 각 지역의 다양성과 창의성을 제대로 발휘시키는 것이 선결과제이다. 중앙정치무대에서 특정지역에 대한 정치적 고려에서 특혜성 발전시도는 국토와 국가경제의 균형발전에 도움이 되지 못한다. 중앙의 예산과 자원을 어떤 지역에 어떻게 투자해야 국가전체와 해당지역의 이익에 가장 효과적인가를 염두에 두어야 한다. 또한 그동안 개발에서 소외된 지역에 대한 정책적 지원도 국민의 동의를 받아 실시할 때 균형적인 지역발전이 이루어 질 것이다. 아울러 국책사업의 취소나 축소 역시 국가 발전의 미래 청사진 속에서 이루어져야 할 것이다.

공평한 과세와 복지혜택

지역 간의 국민통합은 물론이고 계층 간·세대 간의 통합을 위해서는 공평한 과세와 복지혜택이 골고루 이루어져야 한다. 노사화합과 함께 기회균등의 보장, 공정한 분배, 합리적 조세정책 등을 통하여 근로의 보람을 찾고 복지를 강화해나가는 합리적인 경제운영을 할 때 국민통합은 앞당겨지고 공고화해질 것이다.

우리나라는 여전히 부의 균배와 독과점체제 완화, 그리고 사회복지 실현에 많은 문제를 안고 있다. 특히 재벌들의 증여세, 상속세에 대한 깊은 불신감 때문에 과세의 공정성에 의심을 갖고 있다. 또한 지하금융, 조직적인 탈세, 무자료 거래 등을 통한 불로소득 계층이 과소비를 추동하고 계층갈등을 부추기고 있다.

따라서 이들에 대한 엄격한 과세와 징수가 필요하며, 이를 위한 세정의 투명성이 확보되어야 할 것이다. 우리 사회는 조세구조의 역진성에 의한 빈부격차가 계속 확대되고 있으며, 이것은 단순히 경제성장을 통해 해결할 수 있는 문제는 아니다. 부의 재분배 기능을 갖고 있는 상속세법의 기본정신을 회복하여야 한다.

우리나라 상속법은 면세범위가 지나치게 넓고 그 세율이 선진국보다 높지만, 과도한 부의 세습을 막아야 하며, 동시에 변칙증여에 대한 철저한 세무당국의 감독이 계속되어야 한다. 현행 근로소득세 뿐 아니라 사업소득, 이자소득, 배당소득, 부동산 임대소득, 기타 소득을 모두 포괄하는 종합소득세에 대한 과학적이며 공평한 과세가 제대로 이루어져야 한다.

다음은 공평한 과세에 못지않게 공평한 복지도 중요하다. 시장경쟁에서 약자일 수밖에 없는 도시서민, 농어촌 주민, 노인, 장애우 등에 대한 적절한 복지혜택을 통하여 국민통합의 조건들을 강화해나가야 할 것이다. 강자만이 살아남는 시장경쟁에서 탈락한 사람들을 정부가 다시 일으켜 세울 때 그 사회는 다시 건전한 사회가 되고 공동체의식이 생겨나는 것이다.

특히 농어촌의 고령화와 지방의 인구감소로 인한 노동력의 저하와 복지예산의 급증에 대한 국가적 대응은 빠를수록 좋다.

여기서 우리는 최선의 복지는 곧 일자리라는 사실을 알아야 한다. 국가예산 중에서 복지가 차지하는 비율이 3분의 1을 넘는 상황에서 국가가 계속 세금으로 충당하려는 분배위주의 복지정책은 진정한 해법이 못된다. 따라서 성장을 통한 일자리 창출을 위해 국가는 전력을 다해야 할 것이다. 자본주의 시장경제는 국가와 사회주도의 경제가 아니므로 기업과 시장이 잘 돌아가도록 뒷받침해야 할 것이다. 우리나라 경제는 반세기 전 근대화초기의 국가주도 개발시대가 아니라는 사실을 정치권은 재인식해야 할 것이다.

(4) 홍익인간 사회의 건설

한국정치 발전에 있어서 가장 중요한 것은 역사와 이념이 합치되는 훌륭한 가치를 찾아 정립하는 일이다. 온 국민이 공유할 가치가 전제되고 그것을 향해 함께 나가야 정치 목표 달성이 용이하지 않겠는가.

오늘날 우리 사회가 많은 어려움에 봉착해 있는 것은 외부적 도전 때문이기도 하지만 우리가 수천 년 간 지니고 살아온 내부의 정신 에너지를 무시하거나 제대로 결속시키지 못했기 때문이다.

우리 민족은 단군 이래 세계에서 가장 훌륭한 인류보편적인 가치를 지니고 삶을 영위해왔다. 그래서 단일민족으로서 수많은 난관을 이기며 5000년 문명사를 영위하였고, 동양문명의 정수를 만들어낼 수 있었으며, 지금은 새로운 한국문명(K-Culture)을 창조하고 있다. 여기서 말하는 한국문명이란 한민족이 지니고 살아온 고급의 전통문화와 역사, 그리고 서구의 물질문명을 잘 받아들여 새롭게 만들어낸 한국 스타일의 신 문명이다.

한국문명의 기저에는 홍익인간(弘益人間)이라는 소중한 보편적 가치가 깔려 있다. 그 홍익인간은 교육철학이기 이전에 한민족의 이타적이고 공동체적인 삶을 이끌어온 보이지 않는 에너지였다. 생각해보라. 지구상에 어떤 민족과 나라가 '널리 인간세상을 이롭게 한다'는 철학을 지니고 살고 있는가? 우리는 개인의 이(利)보다 전체의 익(益)을 추구하는 민족이다. 이(利)란 이기주의로 나타나지만 익(益)은 이타주의를 추구하는 공유의 개념이다.

우리민족의 삶은 한민족이나 대한민국에 국한하지 않는다. 글로벌 세상에 전 세계 75억 인류가 고루 행복하게 사는 것을 돕는 것에 큰 가치와 의미를 두고 있는 이타성이 매우 강한 삶이다.

홍익인간 사상은 자유민주주의와 시장자본주의 제도를 한국식으로 소화하고 발전시켜온 소중한 정신과 문화의 에너지이다. 만약에 우리 민족이 광복 후 서구사상과 체제를 들여올 때 우리의 혼이 없었더라면 우리는 서구의 아류국가에 머무르고 말았을 지도 모른다. 우리는 한혼양재(韓魂洋才, 한민족의 정신과 서양의 기술 및 제도를 함께 꾸림)의 정신을 기반으로 했기에 나라를 세울 수 있었고, 국제공산주의로부터 자신을 지키고 발전시켜 올 수 있었다.

따라서 우리 정치 역시 '홍익정치'를 그 근본으로 해야 한다. 아무리 국익 우선의 패권정치가 판치는 세상이라 할지라도 인류 구원의 가치를 추구하는 한민족의 인류대 사상을 잊지 말아야 한다. 또한 글로벌 홍익정치를 위한다면 당연히 국내정치에 홍익정신이 적용되어야 한다. 이에 따라 대한민국 안에서 지역적으로는 널리, 신분과 계층, 종교와 재산 등의 차별 없이 공평하게 정치의 수혜를 나눠야 한다.

홍익인간 정신은 일차적으로 정치와 교육의 철학이지만 우리 삶의 전 영역을 관류하는 가치로 다시 자리를 잡아야 할 것이다. 즉 경제개발과 노동, 복지, 문화, 자연과 자원, 심지어 종교 등 인간 삶의 전반에 걸쳐 홍익의 가치를 구현하도록 정치가 앞장서야 한다.

이러한 홍익정치의 달성은 궁극적으로 민족통일을 지향하는 소중한 정신이 될 것이다. 북한의 주체사상과 선군(先軍)정치, 사회민주주의, 국가주도 경제체제는 한민족의 홍익인간 정신과는 엄연히 그 궤를 달리한다. 고로 대한민국에서 홍익정치가 무르익어야 통일의 열매를 제대로 수확할 수 있고, 통일 이후 북한주민들을 민주시민으로 완성시킬 수가 있다.

52 영원한 한국의 보수정치인

다음은 내가 고단한 '정치의 업(業)'을 끝내고 나서 한 일과 지금 하고 있는 일을 살펴보고자 한다. 다만 나는 대한민국의 전직 법조인이자 정치인으로서 자유민주주의와 시장경제 발전, 그리고 선진통일강국 구축을 위해 여생을 바치려고 한다.

(1) '자유한국당' 상임고문

지난 2004년 5월 29일, 제16대 국회 임기가 끝나면서 나는 정치일선에서 물러났다. 하지만 2007년 12월 제17대 대통령 선거를 앞두고 동년 11월 21일 한나라당이 창당기념일을 맞이했을 때, 당시 강재섭 당대표가 나를 기념행사에 초청(한나라당 창당 시 내가 대표최고위원으로 선출된 일이 있음)하였으므로 나는 행사에 참석하여 축사를 하고 그 날짜로 강 대표의 권유에 의해 한나라당에 입당하였다. 그 직후 당의 상임고문으로 위촉되었고, 지금은 당명이 새누리당(나중에 자유한국당)으로 바뀌었으나 나는 그대로 당적과 상임고문직을 유지하고 있다. 그러나 정치활동은 전혀 한 일이 없다.

(2) 법무법인 '남명' 고문

나는 변호사 자격이 있으므로 2005년 1월 5일자로 변호사 강인구 외 3명과 같이 법무법인 '남명'을 설립(등록번호 201-81-90161), 대표변호사로 있다가 2014년 8월 29일자로 강인구 변호사에게 대표 자리를 넘겼다.

(3) 재단법인 포천장악회 이사장

1975년 10월 대전지검 부장검사로 재직 중일 때, 고향 포천출신의 선배 공직자·기업가·대학교수 등 12명이 상호간의 친목도모와 고향 후배들에 대한 장학사업을 목적으로 하는 '포천유지장학회'를 창립하여 운영하여 왔는바, 그 동안 창립회원이 대부분 돌아가시고 빈자리를 새로운 회원으로 보충하였고, 1989년 8월 4일에 재단법인 '포천장학회'로 설립인가를 받아 재단법인의 이사장으로서 지금까지 장학 사업을 하고 있다. 2015년까지 총 574명에게 장학금을 지원하였으며, 재단의 기금은 회원들의 출연으로 충당하여 왔고, 총 3억 5천만 원이 적립되어 있다.

(4) 사단법인 '그린램프환경교육연합' 총재

1999년 12월 5일, 나는 환경운동단체인 사단법인 '그린램프환경교육연합'의 총재로 추대되어 오늘에 이르고 있다(총리재임 기간에는 일단 사임하였다가 총리직에서 물러나 재취임). 그 동안 지방 지회와 협력하여 환경감시단을 활발하게 운영하여 왔다. 2006년 7월 10일 서울대학교 농업생명과학대학과 환경지도자 교육과정(ELP)을 공동 운영하는 협약을 맺고, 동 과정을 내실 있게 운영하여 왔다. 그 동안 약 1천명의 환경지도자를 배출한 것을 큰 보람으로 생각한다.

(5) '어문정책정상화추진회' 회장

나는 현재 '어문정책정상화추진회'라는 단체의 회장으로 있다. 건국 이후 우리나라의 어문정책을 살펴보면, 해방 이후 미군정시대부터 '한글 전용, 한자 배척'이라는 방향으로 당국이 정책을 추진하려는 왜곡된 움직임이 있었던 것이 사실이고, 그 후 이승만 정권 하에서 한글 전용론자들의 뜻이 반영된 한글전용에 관한 법률이 제정되어 2000년 이상을 우리 민족의 문자로 쓰였던 한자를 외국문자로 취급하기 시작한 끝에, 2005년 노무현 정권에서는 '국어기본법'을 제정하면서 모든 공문서·출판물에 한글을 전용하고 한자를 배척한다는 것을 명문화하고, 한자 교육을 공교육에서 배제해버리는 위헌적인 입법조치 등을 감행하였다.

이에 언론계의 원로 조갑제 대표는 어문생활 통권 217호(2015년 12월)에 기고한 글에서 다음과 같이 언급하고 있다.

- 민족과 국가와 문명의 출발은 어문정책이다. 개화기 때까지 한민족은 한자 전용 시대를 살았다. 개화기 이후 한글 신문이 등장하면서 한자·한글 혼용시대가 시작되었다. 1990년대 후반부터는 한자 말살이 정책화되어 한글 전용 시절로 바뀌었다. 한자 전용 시절의 조선조에서

한민족은 쇠퇴하였다. 한글 전용도 한자 전용 이상의 부작용을 빚고 있다. 한국어의 암호화, 분별력의 파탄, 의사소통의 부정확성, 인문적 교양의 붕괴, 이로 인한 국가 엘리트층의 약화 등이다. 한자·한글 혼용시대에 발전한 나라가 한글 전용 시대가 시작되면서 한자 전용 시대와 같은 정체를 빚지 않을까 걱정된다. 문화와 언어는 다양한 요소들이 섞여야 발전한다. 혼용은 개방이고 전용은 폐쇄다. 폐쇄적 언어는 폐쇄적 조직이나 인간처럼 고사하고 만다." (趙甲濟, 「漢字專用과 한글專用은 쇠락, '漢한 混用'이 발전의 길」, 『어문생활』 217호, 한국어문회, 2015.12)

우리의 어문정책은 많은 문제를 갖고 있다.

1443년 세종대왕이 한글을 창제하기 이전에는 한자만이 우리말의 표기수단이었고, 한글 창제 이후에는 한자어는 한자로 표기하면서 한글과 혼용해온 것이 엄연한 역사적 사실이다. 그런데 이를 무시하고 한자어를 발음되는 대로 한글로 기재하는 한글 전용은 자랑스러운 우리의 한글을 한낱 발음기호로 전락시키는 큰 잘못을 저지르는 일이다. 이처럼 '국어기본법'의 한글 전용 관련 조항과 교육기회 박탈 조항 등은 분명한 실정헌법 또는 관습헌법(한자가 '국자(國字)'인 것은 관습헌법이다.) 위반이라고 판단되어 나는 2014년 10월, 뜻을 같이하는 어문단체인 전통문화연구회 회장 이계황, 한국어문회 회장 김훈, 전국한자교육추진총연합회 대표 진태하, 한자교육국민운동연합 대표 정우상 및 대학교수·정치인 등 각계 저명인사들이 발기인이 되어 사단법인 '어문정책정상화추진회'를 설립하고

회장으로 취임하였다.

법인화 이전에 우리 추진회는 이미 사회단체로 있으면서 여러 가지 활동을 하였다. 2007년에는 국어의 관습헌법사항에 대한 연구 세미나를 개최하였으며, 2011년 국어 개념의 정립과 국어기본법의 위헌성에 관한 학술발표회를 개최하였다. 2012년 '국어기본법' 등에 대한 위헌심판청구서를 헌재에 제출(청구인 김진연 등 822명)하여 패소 당했지만, 미래를 이끌고 나갈 자라나는 2세들이 반문맹이 되어가는 것을 막고 21세기 동북아 3국 경쟁시대에 대비하려는 우리 추진회의 우국애족의 충정이 향후 관철되리라는 믿음을 가져본다.

(6) '한중문화협회' 고문

나는 역사와 전통이 분명한 '한중문화협회'라는 단체의 고문으로 있다. '한중문화협회'는 1942년 10월 12일, 중국 대륙을 무대로 하는 우리의 독립운동이 격렬하게 전개되고 있을 당시, 중국의 수도 충칭(重慶)에서 최초로 창립된 단체이다. 창립 당시 한국 측 회장은 조소앙(趙素昻) 임시정부 외교부장이었으며, 중국 측은 손문(孫文)의 아들 손과(孫科)였고, 명예 이사로 한국 측은 이승만·이청천·서재필 등이었고, 중국 측은 주은래(周恩來)·풍옥상(馮玉祥)·곽말약(郭沫若) 등이었다. 이후 1965년 12월 11일 당시 국내의 각계 원로·항일 독립운동가·상해 임정 요인 등이 서울에서 동 협회를 재창립하였으며, 현재 한국 측 10대 회장은 이종걸 의원이 맡고 있다. 창립 취지에 따라 한중간의 우의 증진과 친선 교류 및 양국의 문화 이해의 폭을 넓히기 위해 중국 사회 각계 인사들과의 교류와 각종 문화교류를 위한 다양한 활동을 수행하고 있다.

　나는 동 협회의 명예 총재로 있을 당시 충칭을 방문, 충칭 과학기술대학에서 동북아의 경제 공동체 구성의 필요성에 관해 특강을 한 바 있다. 현재 동 협회가 추진하고 있는 주요사업은 ①중국 유학생 지원 사업, ②한중 대학생 및 청소년 교류 증진 사업, ③한중 전문가 포럼과 세미나 및 토론회 개최, ④한중문화협회보 발간, ⑤한중 도시 간 자매결연 사업 추진, ⑥중국 낙후지역 아동신장병 무료 진료 사업 등이다.

(7) 사단법인 '박정희대통령애국정신선양회' 상임고문

　나는 현재 사단법인 '박정희대통령애국정신선양회' 상임고문으로 있다. 동 선양회는 2009년 8월, 내가 중심이 되어 임의단체로 발기되어 창립되었다. 2012년 대선이 끝난 후 2014년 5월 1일, 안전행정부의 법인설립 인가를 받아 사단법인으로 등록 등기한 단체이다. 창립 이래 창립 취지인 박정희 대통령 애국정신의 선양과 국가 안녕을 위한 사업, 그리고 애국정신 교육을 통한 청소년의 올바른 국가관 정립 사업을 계속 추진해왔다.

(8) '소수서원' 원장

　나는 2009~2010년 2년간 경북 영주시에 있는 역사와 문화 전통에 빛나는 우리나라 사액서원의 효시인 소수서원(조선조 명종 5년 1554년 3월, 중종왕으로부터 사액을 받음)의 원장을 역임했다. 나보다 앞서 2007년에 조순 전 부총리께서 원장을 지내셨다. 재임 중 중국의 백록동서원과 상호 교류를 시작해, 양 서원의 대표단이 상호 교환 방문하며 문화협력과 우호 친선의 폭을 넓힐 수 있도록 한 것은 큰 보람으로 남는다.

(9) '한길회'의 고문

나는 23년 동안 정치를 하면서 뜻을 함께 했던 의원들(현경대, 김영진, 박제상, 권해옥, 전용원, 최상진, 황학수, 정창현, 허세욱, 이연석, 김기선, 박보환 등)과 특보·보좌역들(김윤기, 김정훈, 김세영, 홍순철, 김인규, 이삼선, 조광선, 박상재, 이윤희, 이용선, 신금식, 우종철 등), 그리고 국회에서 입법보좌를 해준 보좌진(남영석, 김영웅, 장영호, 강창국 등) 등 50여명의 동지들과 2개월에 한번씩 오찬을 겸해 국정 전반에 관한 토론도 하며 우의를 나누고 있다. 이 '한길회'의 회장은 40여 년 동안 나의 지기이자 아우인 여무남 회장(전 역도연맹회장)이 잘 맡아서 이끌어가고 있다.

53

한국 보수 우파의 미래를 위한 제언

70년 한국 헌정사에서 가장 큰 반목대립은 바로 보수세력과 급진세력(일부에서는 이를 진보라 칭함)의 주도권 다툼이다. 한국은 자유민주주의 국가이므로 정치적 다툼은 당연한 것이지만 본질이 문제이다. 그 다툼의 근저에는 보수의 의미와 개념에 대한 이해부족 즉 보수는 부자를 대변하고 급진(진보)세력은 약자를 구제한다는 오해가 자리잡고 있다고 생각한다.

우리가 먼저 알아야 할 것은 보수는 수구가 아니라 점진적인 개혁과 진보를 그 바탕으로 깔고 홍익인간 세상을 추구하고 있다는 점이다. 왜냐하면 자유민주주의는 끊임없는 개혁과 진보를 통해 발전하기 때문이다. 그리고 일부에서 진보라 부르는 급진세력은 도리어 혁명적 개혁과 수구적인 이념에 함몰되어 미래보다 과거를 파고들며 매사를 급진적 방법으로 바꾸려 든다.

분명한 것은 대한민국 건국이념과 정치체계의 뿌리와 기둥이 바로 보수주의였다는 사실이다. 이 말에 기겁을 할 사람이 있을지 모르지만 대한민국 제헌헌법을 보면 자유민주주의와 시장자본주의 이념이 분명히 제시되었고, 그 이념에 따라 자유민주국가를 건국하고 시장자본주의 경제를 운영해왔다. 이는 곧 대한민국 건국(혹은 정부수립) 이념이 보수가 추구하는 가치와 맞닿아 있다는 얘기이다. 그런데 80년대 후반 소위 민주화운동이 노동과 인권 등 사회운동에서 정치운동으로 비화하고, 뒤이어 국제공산세력의 붕괴와 한국의 집권세력이 보수에서 급진개혁으로 바뀌면서 보수에 대한 매도가 시작되었다. 나는 이를 '보수의 위기'라 부른다.

한국 보수주의는 몇 차례 위기를 겪었다.

첫 번째는 6.25남침으로 빚어진 국제 공산세력의 대한민국 체제 전복기도이다. 그 위기는 생존을 결할 만큼 중대했으나 세계 자유국가연합인 유엔과 우리 국민의 결사항전으로 격퇴하여 체제위기를 이겨냈다.

두 번째는 자유당의 장기집권과 부정부패로 인한 체제위기를 한국 최초의 시민혁명인 4.19와 5.16군사혁명으로 나라를 지켜냈다.

세 번째는 공화당의 장기집권과 독재, 그 뒤를 이은 군사정권을 밀어낸 민중의 힘으로 벌어진 6.29민주화선언이었다. 이와 같은 3차에 걸친 보수주의의 보수(補修)는 대한민국을 세계 10대 국가로 일어서게 한 저력이었다.

그러나 자유당-공화당-5공-6공으로 이어진 45년 보수주의는 안으로부터 부패의 농도가 점점 짙어져 결국 '3당합당'으로 입지가 좁아지고 말았다. 이는 바로 보수의 지속 여건인 개혁을 등한시한 당연한 결과였다. 환언하면, 보수가 그 생명을 지속시키려면 안으로부터 끊임없는 개혁 순환운동이 전개되어야 하는데, 권위주의가 이를 말살하는 바람에 고인물이 되어 썩어들고 결국 자멸의 길로 접어들고 만 것이다. 그렇다고 국가가 위기에 처한 것은 아니다.

반면에 급진개혁세력은 민주화 운동의 성공, YS-DJ-노무현 정부로 이어지는 15년간 국정개혁에 힘을 모았고, 대북정책에 획기적인 시도를 했으나 북한의 대남혁명전략에 이용당했다는 평가를 받고 있는 바, 핵과 미사일 개발과 실험 및 대남도발이 이를 뒷받침하고 있다. 그 후 국민은 두 차례에 걸쳐 보수세력에게 국가를 맡겼으나 역시 안일과 부패의 늪에서 헤어나지 못하여 다시 급진개혁세력에게 정권을 넘기고 말았고, 지금은 적폐(?)청산의 대상이 되어 주눅이 들어 있다.

무릇 대한민국의 국체와 정체는 자유민주주의와 시장자본주의에 있으므로 보수우파는 한반도를 둘러싼 안보위기, 경제위기, 재난위기에서 벗어나 선진·통일을 위한 '제2의 한강의 기적'을 창조하기 위해 오매불망 소원하고 노력해야 할 것이다.

그 방법으로 다음 몇 가지를 제안한다.

첫째, 긍정의 역사관을 확립해야 한다. 전 국민에게 대한민국 현대사에 대한 올바른 이해와 신념화 학습을 전개해야 한다. 여기에는 주체적인 역사관 교육을 병행해야 뿌리가 깊어질 것이다.

둘째, '보수에게는 철학이 없다'는 세간의 비판에 귀를 기울여야 한다. 자유민주주의와 시장자본주의의 신장이야 말로 대한민국의 국력을 키우고 통일을 앞당기며 통일한국의 유일한 이념이라는 사실을 온 국민이 확고히 인식할 수 있도록 교육, 언론, 문화예술 등 다양한 방법을 구사하여 체득시켜나가야 한다.

셋째, '신보수, 보수혁신'의 운동이 일어나야 한다. '보수는 부패 타락세력'이라는 매도에서 벗어나기 위해 환골탈태를 위한 노력이 배가되어야 한다. 그 중에서 세대갈등과 소득계층화의 완화에 앞장서야 하며, 특정 지역정당 내지 지역 세력에서 탈피하여 전국정당, 전국세력으로 가치를 확산시켜나가야 한다.

넷째, 젊은 보수를 키워나가야 한다. 대한민국의 미래를 짊어지고 나갈 젊은이들이 보수 우파의 지도자로 성장할 수 있도록 우파정당과 시민단체들이 많은 노력을 전개하고 젊은 인사들을 대거 정치권에 포진시켜나가야 한다.

다섯째, 상류층의 노블레스 오블리주가 실천되어야 한다. 나라가 어려울수록 보수우파가 앞장서서 희생하고, 도덕적 책무를 다해야 한다. 그래야 선진사회·선진경제에 대한 동력이 생긴다.

지금 우리 주위에는 민족주의와 민중주의로 포장된 정체불명의 이념이 활개를 치고 있다. 그 중 하나가 촛불민중주의이다. 그리고 정치민주화를 벗어나 경제민주화라는 어불성설의 단어가 마법의 상자처럼 포장되어 자유시장을 교란시키고, 안보와 통일전선에 불협화음을 유발하고 있다.

한국의 보수는 북핵과 미사일, 전쟁을 막고 남북통일을 위해 그리고 통일 이후 동북아의 주인공이 되기 위해 자유민주주의적 가치와 질서 정립 및 확산이 절실한 시점에 있음을 유념하여 위기의식을 가지고 체질개선에 전력을 다해야 할 것이다.

　문재인 대통령은 2018년 3·1절 제99주년 기념사에서 1919년 임시정부 수립을 '건국(建國)'으로 규정하며 "2019년 대한민국 건국 100주년을 항구적 평화체제 구축과 평화에 기반한 번영의 새로운 출발선으로 만들어나가겠다"고 했다.

　이는 대통령으로서 참으로 오만하고 위험한 역사인식이다. 건국-산업화-민주화의 주역인 보수세력을 역사의 주류에서 제외하려는 이같은 발상은 결코 성공할 수 없다. 건국의 시점은 정치의 영역이 아니라 역사학계를 포함한 학문의 영역임을 강조하고 싶다.

54
개헌에 관한 단상(斷想)

우리 헌정사에서 거헌은 그때마다 분명한 이유가 있었다. 그러나 제헌절 70주년인 올해(2018년)의 개헌논의는 여야 모두 개헌 자체에는 동의했으나 시기와 내용에 있어서는 평행선을 달리고 있다. 여야는 국민이 원하는 방향으로 개헌을 논의하기보다는 개헌을 당리당략 차원의 편협한 선거전략으로 이용하고 있어 우려된다.

문재인 대통령이 2018년 2월 5일 "대통령 자문기구인 정책기획위원회가 중심이 돼 국민 의사를 수렴하고 국회와 협의할 대통령 개헌안을 준비해달라."고 주문하자, 자유한국당은 즉각 "의회민주주의에 대한 심각한 도전"이라고 반발하고 나섰다. 개헌 국민투표를 실시하기 위해서는 국회의원 3분의 2가 동의하는 개헌안이 국회를 통과해야 한다는 점을 감안하면 여소야대의 상황에서 야당이 반대할 경우 정부 주도 개헌은 사실상 물 건너갔다고 볼 수 있다.

2018년 1월 2일에는 국회 헌법개정특별위원회 산하 자문위원회의 개헌 권고안이 공개되면서 파장이 크게 일었다. 자문위 권고안에는 기존 헌법 전문에 나오는 '자유민주적 기본질서'를 삭제하고, 헌법 제4조에 나오는 '자유민주적 기본질서'에서 '자유'라는 글자를 삭제하는 내용이 담겨 있다. 이를 두고 일각에서는 '사회주의 개헌안'이라는 비판이 비등했다.

이후 더불어민주당도 헌법 4조에 있는 '자유민주적 기본질서'에서 '자유'를 빼고 '민주적 기본질서'로 수정하는 개헌안을 추진하겠다고 밝혀 논란이 벌어졌다. 여당이 헌법의 기본질서를 건드리는 의도가 뭔지 도무지 이해할 수 없다. 개헌작업의 주체는 국회의원들이 돼야 한다. 여야 각 당의 헌법전문가들이 중심이 되어 당의 헌법 초안을 만들어서 협상을 하고 쟁점사안에 대해서는 헌법학자들과 국회 헌법개정특별위원회 자문위원들의 자문을 받는 것이 순리이다. 그래야 여야 합의가 순조롭게 이뤄진다.

나는 국회의원 시절, 여야 최초 합의로 탄생한 현행 '87년 헌법'의 산파역을 맡은 바 있다. 그래서인지 헌법에 대한 애착은 남다르다 하겠다. 헌법에는 헌법적 가치인 대다수 국민이 공감할 수 있는 가치를 담아야지 특정 세력(좌파)이 바라는 내용을 담는 것이 아니다. 따라서 개헌은 우리 헌법에 담긴 이념과 기본체제 문제를 잘못 건드리면 안 된다. 그럼에도 불구하고 이것을 함부로 건드려서 개헌의 목적과 당위성이 실종돼버릴 경우 국회통과도 안 되고 개헌작업은 실패하게 된다.

헌법개정특별위원회 자문위원회가 만든 초안을 보면, 헌법 전문(前文)에서 '자유민주적 기본질서'와 '자유시장경제'라는 조항이 사라진 대신 '평등'이라는 용어가 여기저기 나오고 있다. 헌법에서 '자유'를 빼고 나면 사회민주주의든 인민민주주의든 민중민주주의든 어떤 식의 민주주의도 가능해진다. 북한도 민주주의란 단어를 쓴다. 스스로 '조선민주주의인민공화국'이라고 부르지 않는가. 나는 이를 한국의 좌파들이 우리 헌법이 건국 이래 지난 70년간 지켜온 '자유민주주의'라는 기본체제를 '민중민주주의'로 바꾸려는 체제변혁 시도로 보고 크게 우려하고 있다. 헌법의 '자유' 조항 삭제는 대한민국의 건국 및 정부수립을 부정하는 것이며, 혁명적 상황이 아니면 거론할 수 없는 체제와 이념 문제이다. 야당은 정신을 똑바로 차리고 대한민국 체제 수호 차원에서 여당의 이 같은 기도를 막아내야 한다.

지방분권 개헌도 논란의 중심에 서 있다. 가장 확실한 지방분권은 연방제인데 그걸 하자는 것인가. 서유럽은 신 중앙집권으로 가고 있다. 우리나라의 경우 통일 전까지는 과도한 지방분권을 경계해야 한다. 지방분권에 앞서 선결과제는 세제 개편을 통해 지자체의 재정자립도를 높이는 것이다. 재정자립이 되면 지자체 고유 사무를 개발해서 할 수 있고 지방분권은 자연스럽게 이뤄진다.

20대 국회 전반기에 국회 개헌특위가 가동돼 이미 개헌의 큰 밑그림과 윤곽이 나와있다. 87년 개헌의 시대정신은 '단임제'와 '직선제'였다. 그런데 향후 개헌의 시대정신은 '분권(分權)'이라는 데 국민적 합의가 형성돼 있다. 때문에 무엇보다 제왕적 대통령제의 폐해를 고치는 것이 개헌의 주목적이 되어야 한다. 따라서 나는 올바른 개헌의 방향성은 제왕적 대통령제의 폐단을 없애고, 과도한 국회의 특권을 줄이고, 사법부의 독립이 신장되는 쪽으로 가야 한다고 생각한다.

아울러 첨언하고 싶은 말은 대통령은 헌법적 가치를 지키는 헌법의 수호자가 되어야 한다는 점이다. 말 한마디에 원전 건설이 중단되는 대통령의 권한 행사는 초헌법적 발상이다. 그리고 국무회의를 무시하는 청와대 비서실 중심의 국정 운영은 장관들의 권한을 침해하는 적폐이며, 국민의 신체의 자유를 억압하는 구속 위주의 검찰권 행사도 헌법을 무시하는 또 다른 적폐이다.

대통령이 이 같은 제왕적 대통령제의 폐해를 스스로 고쳐나가는 국정 운영을 하는 것이 대통령직 성패(成敗)의 열쇠가 될 것이다.

정치는
중엄重業이다
이한동 회고록

부록

1. 세계평화와 인류번영에 이바지하자

– 제56차 UN총회 기조연설(2001년 11월10일)

2. 한국과 베트남의 공동발전을 위하여

– 하노이 국립대학 초청강연(2002년 4월10일)

3. 21세기, 아시아의 비전을 향해

– 보아오포럼(BF회의) 제1차 연례총회 기조연설(2002년 4월12일)

1

세계평화와 인류번영에 이바지하자
-제56차 UN총회 기조연설(2001년 11월10일)

존경하는 의장, 사무총장,

그리고 각국 대표 여러분!

우선 저는 한국정부와 한국민을 대표하여, 지난 9월 11일 미국에서 발생한 미증유의 테러공격으로 희생당한 모든 분들과 유가족에게 심심한 조의와 애도의 뜻을 표하고자 합니다.

이번 테러공격은 전례가 없는 가공할 범죄행위로서, 국제평화와 안전에 대한 중대한 위협이자 인간의 존엄성에 대한 심각한 도전이라고 생각합니다.

인류의 평화와 안전을 짓밟는 테러행위는 어떤 이유로도 결코 용납될 수 없는 반인륜적·반문명적 죄악입니다.

이 같은 테러행위의 재발을 방지하고 이 지구상에서 모든 테러를 근절하기 위해서는 국제적 차원의 포괄적인 공동대응 노력이 절실히 필요합니다.

유엔은 이러한 국제사회의 공동노력에 있어 중요한 역할을 수행해 나가고 있습니다.

테러공격이 발생한 직후 유엔안전보장이사회와 유엔총회가 각기 신속히 테러를 규탄하는 결의를 채택하고 후속조치를 취한 사실은 이러한 역할의 구체적 실천이라고 믿습니다.

우리 정부는 안보리 결의 제1373호 등 유엔이 취한 제반조치에 적극 참여할 것이며, 테러로부터 인류를 자유롭게 하기 위한 모든 노력에 적극 동참해 나갈 것입니다.

이와 함께 반테러전쟁으로 인해 발생하고 있는 난민 등에 대한 인도적 지원에도 노력을 아끼지 않을 것입니다.

또한 내년에 한국과 일본에서 공동으로 개최되는 월드컵이 테러위협 없이 안전하게 개최될 수 있도록 모든 노력을 기울이고자 합니다.

의장,

저는 오늘 각별한 감회 속에 이 자리에 섰습니다.

한때 유엔의 주요 수혜 대상국의 하나였던 한국이 이제 유엔의 높은 이상과 목표 실현에 적극 기여하는 국가로서, 또한 21세기 첫해에 영예로운 총회의장을 배출한 국가로서 이번 회의를 맞고 있는 것입니다. 돌이켜 보면 유엔의 도움이 없었다면 오늘의 대한민국은 존재하기 어려웠을 것입니다.

한국은 지난 1948년 유엔의 결의와 선거감시 아래 독립정부를 수립했고, 1950년 한국전쟁에서는 사상 처음으로 이루어진 유엔군의 참전과 고귀한 희생에 힘입어 나라를 지켰습니다.

그 후 한국이 전쟁의 폐허를 딛고 일어나, 오늘의 경제발전을 이루고 민주인권국가가 되기까지 유엔의 지원은 한국민에게 크나큰 힘과 용기가 되었습니다.

앞으로도 우리 한국민의 가슴 속에는 유엔이 영원히 함께 할 것입니다.

그리고 한국은 유엔의 이상인 세계평화와 인류의 공동번영에 이바지하기 위해 더 한층 노력해 나갈 것입니다.

지난 반세기 한국의 피눈물 나는 발전과정은 유엔 등 국제사회의 지원과 해당 국민의 자주적인 노력이 결합될 때 한 국가가 빈곤과 분쟁에서 어떻게 벗어날 수 있는지를 보여주는 역사적인 사례라고 할 수 있습니다.

의장,

올해는 남북한이 유엔에 동시가입한 지 10주년이 되는 해입니다.

저는 오늘 이 자리를 빌어 한반도의 평화정착 노력에 대해 말씀드리고 이를 위한 국제사회의 지속적인 지지와 성원을 요청하고자 합니다.

지난해 6월의 남북정상회담은 한반도와 동아시아, 그리고 세계의 평화와 안정을 위한 역사적인 사건이었습니다.

6.15 남북정상회담을 계기로 지구상 마지막 냉전의 섬으로 남아있던 한반도에, 반세기 동안의 대립과 적대의 빙벽이 녹아내리기 시작한 것입니다.

전 세계가 한반도 평화에 큰 기대를 나타냈고, 유엔은 새천년 정상회의 공동의장 성명과 총회 결의로 이를 적극 지지해 주었습니다.

그로부터 한반도에서는 여러 가지 긍정적인 변화들이 일어났습니다.

감격적인 남북 이산가족 상봉이 세 차례나 있었습니다.

지난해 시드니 올림픽에서는 남북선수단이 동시 입장하는 장면을 전 세계인이 감동 속에 지켜보았습니다.

남북 간에 끊어진 철도와 도로를 다시 연결하기 위한 사업도 진행되고 있습니다.

남북 간 긴장완화와 평화정착을 위한 남북 국방장관 회담이 열리기도 했습니다.

이와 함께 북한은 대다수 EU 국가를 비롯한 많은 나라들과 국교를 정상화했습니다.

한국도 이를 적극 지원하면서 국제사회와 더불어 한반도 평화체제 구축 노력에 최선을 다해왔습니다.

한국정부가 그동안 추진해온 이른 바 햇볕정책은 한 마디로 남북한이 평화 공존하는 가운데 교류협력을 하면서, 장차 있을 평화통일에 대비하자는 것입니다.

햇볕정책은 우리 한국민은 물론 한반도 주변의 주요국가들 뿐 아니라 전세계의 적극적인 지지를 받고 있습니다.

북한도 6.15 남북공동선언을 통해서 이러한 평화와 화해협력의 대원칙을 수용한 바 있습니다.

앞으로도 한국정부는 한반도에 평화를 뿌리내리고 세계평화에 기여할 수 있도록 하는데 정성과 노력을 다할 것입니다.

그동안 우리를 성원해주신 유엔과 세계 각국에 깊이 감사를 드리면서, 지속적인 지원과 협력을 다시 한 번 요청하는 바입니다.

의장,
21세기는 유엔에 더욱 막중한 임무를 부여하고 있습니다.

세계평화와 지구촌의 공동번영, 민주주의와 인권신장, 테러 등 국제범죄와 빈곤의 퇴치, 지구환경의 보전과 인류 복지의 향상 등 수많은 범세계적 과제들이 우리 앞에 놓여 있습니다.

지난해 새천년 정상회의를 통해 각국 지도자들은 21세계 국제사회가 나아갈 방향과 새로운 책무를 확인한 바 있습니다.

여기서 채택된 「밀레니엄 선언」은 국제사회가 당면한 다양한 도전에 효과적으로 대응할 수 있는 "새로운 유엔"의 구현을 목표로 하고 있습니다.

특히 이 선언이 "공포와 빈곤으로부터의 자유"를 실현하기 위해 구체적 정책목표들을 설정한 것은 높이 평가되어야 할 것입니다.

이제 유엔의 모든 회원국들은 유엔이 이러한 책무를 다할 수 있도록 실천방안을 마련하고 적극 추진해 나가는 데 뜻과 힘을 모아야 하겠습니다.

한국도 유엔의 이러한 공약들이 충실히 이행될 수 있도록 전 회원국과 더불어 적극 노력할 것입니다.

의장,

20세기말 세계적인 냉전의 종식과 함께, 이제는 '화해와 협력'이 새로운 국제질서의 큰 흐름을 형성해가고 있습니다.

하지만 완전한 세계평화는 아직 실현되지 않고 있습니다.

지금도 지구촌은 테러로 큰 고통을 받고 있으며 인종, 종교, 경제적 이유로 인한 대립과 갈등에서도 벗어나지 못하고 있습니다.

더욱 심각한 문제는 이러한 갈등과 분쟁의 가장 큰 피해자가 아동과 여성, 소수민족 등을 비롯한 상대적 약자들이라는 데 있습니다.

이런 관점에서 저는 분쟁을 예방하고 대응능력을 강화하기 위한 유엔의 실천적 노력을 적극 지지합니다.

유엔의 분쟁예방과 평화유지 기능은 세계평화를 위해 필수적인 요소입니다.

분쟁해결 이후의 평화건설을 위한 기능도 더욱 확충되어야 할 것입니다.

의장,

21세기의 인류는 인류문명사에 유례가 없는 급속하고도 근본적인 변화를 경험하고 있습니다.

그 변화의 핵심은 바로 세계화, 정보화입니다.

이러한 급속한 세계화, 정보화의 진전으로 인해 파생되는 문제들에 슬기롭게 대처하지 못한다면 21세기 세계평화와 번영은 기약하기 어렵게 될 것입니다.

우리 유엔 회원국들은 이제 세계화, 정보화의 혜택을 전체 인류가 함께 누릴 수 있도록 의지와 지혜를 모아야 합니다.

김대중 대통령께서 작년 3월 서울 ASEM 정상회의에서 새로운 차원의 아시아와 유럽 간 교류 협력을 도모하기 위한 '트랜스 유라시아 네트워크(Trans Eurasia Information Network)' 구축을 제안한 것도 바로 이러한 배경에서입니다.

국가 간 '정보화 격차'를 해소하기 위해서는 개도국의 정보화 인프라 구축과 인적자원 개발에 대한 국제적 지원이 필요하며, 선진국들의 보다 큰 관심과 협력이 요청됩니다.

또한 세계경제 문제의 효율적 관리와 저개발국의 기아와 빈곤의 퇴치문제가 계속 중요 의제로 논의되어야 할 것입니다.

IMF와 IBRD 등 국제금융기구의 기능강화를 통해 세계금융시장의 안정성과 투명성이 제고되어야 하겠습니다.

자유무역과 다자무역체제 강화를 위한 WTO 뉴라운드 협상이 조기에 시작되어야 합니다.

또한, 빈곤과 개발문제에 대한 종합적 대처를 위해 열리는 내년 3월의 「개발재원 국제회의」가 큰 성과를 거두기를 기대합니다.

절대빈곤의 퇴치를 통한 중산층의 양성이 견고한 민주주의의 기반이 된다는 역사적 교훈을 우리는 기억해야 하리라고 믿습니다.

하나뿐인 지구환경의 보전을 위한 국제적 노력도 더욱 내실 있게 실효적으로 추진되어야 합니다.

일부 선진국에서의 생명공학의 발달은 신의 영역에 대한 침범이라는 우려를 낳을 만큼 놀라운 수준에 도달하고 있습니다.

그 성취가 인간의 수명을 연장시키고 인류의 삶의 질을 한 차원 높일 수 있다는 긍정적인 면은 높이 평가되어야 하나, 인간의 존엄성을 훼손하는 방향으로 악용되는 것은 원천적으로 방지되어야 한다고 생각합니다.

의장,

민주주의와 인권은 21세기에도 변함없이 추구되어야 할 인류 보편의 가치입니다.

우리는 지난 20여년 동안 지구촌 전역에 걸쳐 민주주의와 인권의 승리를 목격해 왔습니다. 그러나 아직도 세계 도처에서 납치와 고문, 불법처형, 인종차별 등 인간의 존엄성을 파괴하는 심각한 인권침해가 계속되고 있습니다.

특히 일부 분쟁지역에서 대규모의 조직적인 인권침해가 자행되고 있는 것은 통탄할 일이 아닐 수 없습니다. 더 이상 이러한 인권침해가 용납되어서는 안 됩니다.

저는 2002년 10월 서울에서 개최되는 「제2차 민주주의 공동체 회의」가 이러한 우리 모두의 노력에 크게 기여할 수 있기를 희망합니다.

의장,

인류가 21세기의 다양한 도전에 직면하여 새로운 기회의 시대를 열어가는 데 있어 유엔에 거는 기대는 어느 때보다 큽니다.

유엔은 전 세계 모든 국가가 서로 존중하고 협력하는 가운데 인류공동의 문제를 해결해 나갈 수 있는 가장 이상적인 장이기 때문입니다.

이러한 의미에서 앞으로 유엔의 기능에 대한 지속적인 개혁이 필요하다고 생각하며, 유엔의 확대되는 역할에 상응하여 재정적 조직적 기반이 더욱 강화되어야 하리라고 믿습니다.

특히 안전보장이사회는 그 중요성을 고려할 때 반드시 전회원국의 광범위한 지지를 받을 수 있는 개편안이 마련되어야 하며, 대표성과 민주성, 효율성을 증진시키는 방향으로 개혁되어야 할 것입니다.

아울러 유엔은 국제사회 전반에 걸쳐 상호이해와 타협의 정신에 입각한 다자주의를 더욱 확산시키고 활성화해 나가는 데 중심적 역할을 다해야 하겠습니다.

   그리고 21세기가 지구상의 모든 문명이 공존하는 가운데 인류공동 번영의 세기가 될 수 있도록 하기 위해 모든 국제관계에서 관용과 대화의 정신이 더욱 강조되어야 하겠습니다.

   의장,

   한국은 국제사회로부터 받은 혜택에 보답한다는 관점에서 국제사회와 유엔의 발전에 이바지하기 위해 노력할 것입니다.

   그간의 국력신장에 걸맞게 한국의 유엔 분담금은 작년에 채택된 새로운 분담률 체계에 따라 앞으로 몇 년간에 걸쳐 대폭 증액될 것이며, 내년이면 정규분담금의 규모가 세계 10번째가 됩니다.

   한국은 현재 동티모르를 포함하여 4개 PKO에 참여중이며 앞으로도 PKO활동에 계속 참여해 나갈 것입니다.

   또한 그간의 경제발전과 민주화 과정에서 얻은 소중한 경험을 지구촌의 이웃들과 공유하고, 특히 개도국과 선진국간의 간격을 메워 나가는 데 가교적 역할을 다해 나가고자 합니다.

   우리 모두의 합심협력을 바탕으로 21세기에도 유엔이 인류의 앞길을 밝히는 희망의 등불이 될 것을 기대하며 또한 확신해 마지않습니다.

   경청해 주셔서 감사합니다.

2
한국과 베트남의 공동발전을 위하여
– 하노이 국립대학 초청강연(2002년 4월 10일)

[나는 최근 베트남을 방문한 주요 국제인사 중 총리급으로는 유일하게 베트남 젊은 지식인들의 본거지인 하노이국립대학을 방문, 대학생들을 상대로 연설했다.]

존경하는 「다오 쫑 찌」 하노이 국립대학교 총장님,
교수와 내외 귀빈,
그리고 친애하는 학생 여러분!

나는 오늘 베트남 지성의 산실인 하노이 국립대학교에서 여러분을 만나 대화의 시간을 갖게 된 것을 매우 기쁘고 큰 영광으로 생각합니다.

먼저 이 자리를 빌어 한국정부와 국민을 대신하여 베트남 정부와 국민들에게 따뜻한 우정의 말씀을 전하고자 합니다.

젊음과 활력이 넘치는 캠퍼스와 학생 여러분의 모습을 보니 40여 년 전 대학생활을 하던 나의 모습이 문득 떠오릅니다.

나는 한국전쟁이 종료된 다음 해에 대학생활을 시작하였습니다.

전쟁의 폐허 속에서 재건의 기운이 조금씩 싹트던 그 무렵, 나와 내 친구들은 극심한 가난 속에서도 학업에의 정진을 통해 조국의 미래건설에 일조하겠다는 꿈을 가지고 매진하였습니다.

여러분의 위대한 지도자 호찌민 주석은 생전에 "오대양 육대주에서 베트남 민족이 살아남을 수 있는 유일한 길을 학업밖에 없다"고 하였습니다.

그 때 나와 내 급우들이 그러하였듯이 앞으로 베트남의 미래는 여러분의 두 어깨에 달려있습니다.

존경하는 교수와 학생 여러분!

나는 한국을 떠나 이곳에 와 며칠을 보내면서 대하는 사람 모두가 인정이 넘치고, 음식을 비롯한 모든 것이 낯설지 않아 마치 이웃동네에 온 것처럼 매우 편안한 느낌을 받았습니다.

이것은 한국이 비록 베트남과 거리적으로는 멀리 떨어져 있지만 양국은 역사, 문화, 생활풍속, 국민정서 등 많은 부문에서 닮은 점이 많기 때문이라고 생각합니다.

한국과 베트남 간의 교류의 역사는 13세기로 거슬러 올라갑니다.

1226년 베트남의 리(Ly. 이)왕조가 멸망하자 왕자인 리 롱 뜨엉(이용상)은 배를 타고 망명길에 올랐다가 오늘날의 한국인 고려에 정착하였습니다.

리 롱 뜨엉은 몽골의 고려침입 때 혁혁한 공을 세워 고려왕으로부터 화산군으로 책봉되었고, 그 후 화산군은 오늘날 한국 화산 이씨의 시조가 되었습니다.

베트남 정부에서는 이를 기려 화산 이씨 후손이 베트남에 투자할 때 내국민 대우를 하는 등 그 오랜 인연을 소중히 여기고 있는 것으로 알고 있습니다. 참으로 놀랍게도 양국은 모두 1년을 10간 12지에 근거한 24절기로 구분하고 있으며, 세뱃돈을 주는 풍습과 장손이 조상을 모시는 제사풍습이 있습니다. 양국이 사용하는 언어 중 명사의 60% 이상이 유사하다는 연구결과도 있습니다.

근대에 들어와서도 한국과 베트남의 역사에는 유사한 점이 많습니다.

두 나라 모두 불행히도 제국주의 열강의 침략을 받았고, 제2차 세계대전 후 냉전의 소용돌이 속에서 남북으로 분단되었습니다.

다만 베트남은 75년에 통일되었는데, 한국은 아직도 분단 상태에 있습니다.

베트남과 한국 양국은 같은 민족 간의 전쟁이라는 쓰라린 고통과 경험을 함께 가지고 있습니다.

한국은 전쟁의 폐허 속에서 성공적인 경제성장을 이루었고, 세계인들은 이를 "한강의 기적"이라고 부릅니다.

짧은 일정이었습니다만, 탄 투안공단과 삼성비나 등 산업시설을 둘러보고 여러분들의 자부심에 넘치는 활기찬 모습을 보면서 베트남도 머지않은 장래에 "사이공강의 기적"이나 "홍강의 기적"을 이룩할 것이라는 확신을 갖게 되었습니다.

베트남은 일찍이 조선분야에서 세계 최고의 기술력을 가졌던 것으로 알고 있습니다. 15세기 중반에 명나라가 베트남을 침입했을 때 베트남은 중대형급 전선을 무려 8천 8백여 척이나 동원하였고, 17세기를 전후로 세계의 바다를 누비던 네덜란드도 자신들의 전함이 베트남 전선에 패할 수 있다는 것을 시인하였습니다.

미국도 베트남의 앞선 대형선박 건조기술을 배워갔던 것으로 알고 있습니다.

여러분이 아실지 모르겠지만, 한국도 16세기에 이미 세계 최초로 철갑선인 거북선을 만든 조선강국이었습니다.

자본도 기술도 없는 열악한 여건 속에서 오늘 날 한국의 조선 산업이 일본과 세계 1~2위를 다투는 수준으로 성장할 수 있었던 뿌리는 과거 한국의 조선 산업의 전통과 자부심에 있다고 나는 믿고 있습니다.

베트남도 노력한다면 비교우위에 있는 분야에서 세계 1위에 우뚝 설 수 있는 여러 산업을 육성해 나갈 수 있을 것입니다.

더구나 베트남은 한국에는 없는 풍부한 석유·지하자원 등 천연자원을 갖고 있기 때문에 더 빠른 속도로 발전할 수 있는 잠재력이 있습니다.

도이모이(쇄신) 정책의 성과를 통하여 여러분은 이미 그 가능성을 입증하였습니다.

지금까지 여러분의 선배들이 "독립보다, 자유보다 귀한 것은 없다"는 철학을 위해 피와 땀과 눈물을 흘렸다면, 이제 여러분은 "부민, 강국, 공평·문명사회"를 목표로 뛰어야 할 것입니다.

존경하는 교수와 학생 여러분!

금년은 한국과 베트남이 외교관계를 수립한지 10년이 되는 뜻 깊은 해입니다.

멀지만 가까울 수 있었던 두 나라가 손을 잡고 세계사의 무대에 선지 어언

10년이 되었습니다.

한국의 속담에 "10년이면 강산도 변한다"는 말이 있습니다.

그 10년의 시간 동안에 한국과 베트남 양국은 정치·경제·문화 등 여러 분야에서 괄목할 만한 우호협력관계를 발전시켜 왔습니다.

한국은 이제 일본, 싱가포르, 중국, 대만에 이어 베트남의 5대 교역국이 되었고, 4대 투자국으로 부상하였습니다.

베트남은 한국의 주요한 교역과 투자대상국으로 자리매김하게 되었습니다.

92년 수교 당시 양국의 교역규모는 연간 4억 9천만 불이었으나 2001년에는 21억불로 4배 이상 증가하였으며, 한국의 베트남에 대한 투자는 33억불로 늘어났습니다.

양국 간 인적교류도 활발하여 작년에는 7만 3천명을 넘어섰습니다.

이제 한국과 베트남은 진정한 "가까운 이웃"이 되었습니다.

하노이 대학에도 양국협력의 가시적 성과가 있다는 것을 여러분은 알고 계십니까?

지금은 동방학과의 한국학이지만, 베트남 역사 이래 최초로 1993년 어문학과에 한국학이 개설되어 많은 인재들이 거쳐 간 것으로 알고 있습니다.

존경하는 교수와 학생 여러분!

이 자리를 빌어 한국의 남북한관계에 대하여 잠깐 소개코자 합니다.

동아시아 경제협력을 위해 필수적인 한반도의 평화와 안정을 위한 노력이 지난 2000년 6월 남북정상회담을 계기로 가시화되어 있습니다.

이는 한국이 김대중 대통령 정부 출범 이후 일관되게 추진해 온 햇볕정책과 이에 대한 국제사회의 지지에 따른 결실이라고 생각됩니다.

그간 어려운 국제정세 하에서 남북대화가 다소 주춤했으나 4월 3일부터 6일까지 우리측 특사가 북한을 방문하여 그동안 일시 동결되었던 남북관계를 원상회복키로 합의하였습니다.

남북 간 철도와 도로의 조기 연결, 남북군사당국자회담의 개최, 남북이산가족의 상봉, 금년 5월 남북경제협력추진위원회의 개최 등에 합의함으로써 남북 간 교류 협력의 확대와 한반도 평화 정착에 획기적인 돌파구가 마련되었습니다.

한반도의 평화와 안정을 위한 한국정부의 노력에 대한 여러분의 끊임없는 성원을 부탁드립니다.

존경하는 교수와 학생 여러분!

세계는 이제 대립과 갈등의 20세기를 뒤로하고 화해와 협력을 통한 공동번영의 뉴밀레니엄의 시대로 접어들었습니다.

여러분도 잘 아시는 바와 같이 지난 20세기말 소련과 동구권의 구체제가 붕괴되어 독일이 통일됨으로써 50년간 지속되어온 냉전구조가 해체되었습니다.

과거처럼 이데올로기에 의해 국가의 운명이 결정지어지던 시대는 지나갔습니다.

경제발전이 보다 중요시 되면서, 이제 지구상의 거의 모든 나라가 시장경제를 통해 변화와 개혁을 시도하고 있습니다.

개혁과 개방화는 우리가 일찍이 경험한 적이 없는 정도의 빠른 속도로 진행되고 있습니다.

세계경제질서는 급격히 변하고 있습니다.

정보통신기술의 급속한 발전은 생산·유통·소비 등 경제활동 전반에 걸쳐 큰 변화를 가져오고 있으며 인류의 생활패턴을 바꾸어 가고 있습니다.

이러한 세계경제의 변화와 국제금융시장의 통합 흐름에 신속히 적응하지 못한 동아시아의 경우 몇 년 전 최대의 외환위기에 직면하여 많은 어려움을 겪은 바 있으며, 한국과 베트남도 예외는 아니었습니다.

한국은 90년대 말의 경제위기 상황을 단순한 금융·외환위기로만 보지 않고 지난 30여 년간의 누적되어온 비효율의 적폐를 근본적으로 해결하는 계기로 활용하였습니다.

한국정부는 지난 3~4년간 추진한 금융·기업·공공·노동 등 4대 부문 개혁을 통해서 기업의 투명화와 금융부실의 청산, 공기업의 과감한 민영화와 노동시장의 유연성 제고라는 성과를 거두면서, 경제·사회전반에 효율이 향상되고 대외여건 변화에 신축적으로 대응할 수 있는 유연성 높은 경제구조를 갖추게 되었습니다.

한국은 이와 같은 경제개혁 과정에서 30대 재벌 중 14개 재벌이 퇴출되었으며, 은행을 비롯한 전체 금융기관의 3분의 1에 해당하는 600여개 금융기관이 문을 닫는 뼈를 깎는 어려움을 겪었습니다.

또한, 경제개혁 과정을 거치면서 한국은 부정부패의 척결이야말로 개혁의 첫걸음이 되어야 한다는 값진 교훈을 얻었습니다.

이 같은 경제개혁의 결과 한국경제는 지난해 세계경제의 극심한 침체 속에서도 3%에 이르는 경제성장을 이룩할 수 있었으며 금년에도 5~6% 이상의 성장이 가능할 것으로 전망됩니다.

베트남도 외환위기의 고비를 효과적으로 극복하고 적극적인 대외개방 노선을 견지하면서 동남아 국가 중 가장 견실한 성장세를 유지해 왔습니다.

특히 대내적으로는 경제개혁을 가속화하여 국영기업 민영화, 증권시장 개설 등 다양한 구조개혁을 진전시켜 나가고 있습니다.

존경하는 교수 및 학생 여러분!

지난 몇 년간의 고통의 경험은 21세기 양국 경제협력과 더 나아가서는 아시아 국가 간의 지역경제협력의 필요성을 강하게 제기하였습니다.

아시아 지역은 세계인구의 60% 이상을 차지하면서도 경제규모는 세계 전체의 3분의 1에도 미치지 못하고 있습니다.

대부분의 아시아 국가들이 18세기 산업혁명의 물결에서 낙오된 결과 선진국과의 엄청난 발전격차를 좁혀가지 못하고 빈곤의 악순환에서 벗어나지 못하고 있습니다.

지금 세계는 지난 산업혁명과는 비교할 수 없을 만큼 변화의 속도와 폭이 빠르고 큰, 정보화혁명이라는 문명사적 변혁기에 있습니다.

우리 아시아권이 지난 세기의 역사를 반복하여 정보화혁명에 또다시 뒤처지게 된다면, 식민지 시절보다 더 큰 빈곤과 고통의 굴레에서 벗어나지 못하게 될 것입니다.

우리 아시아인들은 이번 세기만큼은 보다 열린 경제, 보다 긴밀한 정보·기술협력, 지역경제 협력을 실현시킴으로써 새로운 지식정보화시대에 대비해나가야 하겠습니다.

아시아 국가들이 힘을 모아 아시아 경제의 역동성과 창의성을 결합시켜 나간다면 21세기 지식기반 경제는 아시아가 이끌어 나갈 수 있다고 생각합니다.

지식기반경제로의 이행과정에서 불가피하게 발생하는 정보격차(Digital Divide)는 곧바로 지식격차(Knowledge Gap)로 이어져 국가 간·국민들 간의 경제·사회적 불균형을 심화시킬 가능성이 매우 큽니다.

이러한 정보·지식격차를 극복하기 위한 역내 국가들의 교육 및 직업훈련 협력은 시급히 추진되어야 할 것입니다.

오늘날 세계사회에서 빈곤은 모든 대립과 갈등의 원인이 되고 있습니다.

빈곤을 추방하고 삶의 질을 향상시킴으로써 모든 인류에게 희망을 주는 일이 무엇보다도 중요한 과제로 떠오르고 있습니다.

유엔을 포함한 여러 국제기구에서 전 세계적인 차원의 개발문제를 다루고는 있으나, 아시아의 빈곤 타파는 아시아 국가들이 우선적인 책임을 갖고 해결방안을 모색하여야 할 것입니다.

한국은 아시아지역의 빈곤 추방을 위해서 공적개발원조(ODA) 지원 금액의 40%를 아시아 지역에 공여하고 있으며, 앞으로 우리의 능력 범위 내에서 더욱 확대해 나갈 것입니다.

존경하는 교수와 친애하는 학생 여러분!

새로운 21세기에는 양국 간 교류·협력 관계가 더욱 발전할 것으로 믿고 있습니다.

한국과 베트남 양국은 이미 지난 2001년 「르엉」 국가주석 방한 시 정치·경제·문화 등 모든 분야에 걸친 "21세기 포괄적 동반자관계" 구축에 합의함으로써 향후 양국 관계 발전의 방향을 제시한 바 있습니다.

경제교류 못지않게 중요한 것이 문화·예술 분야의 교류라고 생각합니다.

문화·예술 분야의 활발한 교류를 통해 상대국에 대한 이해가 깊어졌을 때 경제교류가 더욱 내실 있게 추진될 수 있기 때문입니다.

최근 학생 여러분과 같은 젊은 세대 사이에서 한국 문화와 예술에 대해 깊은 관심과 이해를 보이고 있는 점에 대해 감사하게 생각합니다.

한국의 문화·예술에 대한 지속적인 관심을 부탁드리며, 여러분들의 많은 사랑을 받고 있는 장동건, 김남주씨도 앞으로 계속 아끼고 사랑해 주시기 바랍니다.

존경하는 교수와 학생 여러분!

무엇보다도 다행스러운 것은 동아시아 경제가 이제 본격적인 회복 국면으로 선회하고 있고, 그동안 지속되었던 세계경제의 불안정 요인도 크게 감소하고 있다는 것입니다.

이제 보다 정상적이고 유리한 환경 하에 양국은 현존하는 제약요인을 최소화하고, 앞으로의 경제교류 확대를 위해 지혜를 모아야 할 때입니다.

우선, 양국 간의 경제협력의 가능성을 넓히기 위하여 양국 경제의 상호보완관계를 강화시켜 나가야 할 것입니다.

현재 베트남은 풍부한 천연자원과 우수한 노동력을 기반으로 경제개발과 공업화를 추진하고 있습니다.

한국은 지난 경제개발 과정에서 체득한 경험을 베트남과 공유하고, 공업화와 산업발전에 필요한 기술협력 등을 통해 21세기 경제협력 파트너로서 실질적인 기여를 하고자 합니다.

특히, 한국은 짧은 기간 안에 세계 최고수준의 초고속정보통신망을 건설하고 광범위한 이동통신과 개인용 컴퓨터 보급 등 탄탄한 정보통신 인프라를 구축한 경험을 갖고 있습니다.

한국은 전 지역에 초고속망이 보급되어 있고, 세계에서 가장 발달된 인터넷 시장을 보유하고 있습니다.

국민의 절반 이상이 인터넷을 사용하고 있으며 한국인의 인터넷 접속시간은 세계 최고입니다.

전체 인구의 62%인 3천만 명이 이동통신의 혜택을 보고 있습니다.

이와 함께 반도체, TFT-LCD 및 CDMA 이동통신 등 각 분야의 기술과 생산에 있어 세계적인 경쟁력을 보유하게 되었습니다.

세계는 한국의 정보통신 구축 실적을 보고 경이롭다고까지 평가하기도 합니다. 한국은 베트남의 지식기반경제 구축에 가장 훌륭한 파트너가 될 수 있을 것입니다.

존경하는 교수와 친애하는 학생 여러분!

이제 베트남과 한국 양국은 상호간의 실질적인 교류확대를 위한 체계적이고 중·장기적인 협력방안이 필요합니다.

향후 양국 간의 산업과 기술협력, 자원개발 교역확대 등을 위한 보다 구체적인 경제협력 방안과 학술·문화·예술교류 증진을 위한 다양한 프로그램을 마련해야 할 것입니다.

베트남과 한국 양국 간의 협력증진을 위해 이곳 하노이 국가대학이 선도적인 역할을 해 주실 것을 기대합니다.

앞으로 바로 여기 있는 학생 여러분 중에서도 미국의 빌 게이츠와 같이 창의력과 모험심이 충만한 인물이 많이 나와서 국가발전에 기여하면서 부와 명예도 함께 누리는 행운을 갖기 바랍니다.

나는 이 자리를 빌려 하노이 국립대학과 나의 모교인 한국의 국립 서울대학 간에 공동연구와 기술교류의 확대를 위한 새로운 상호협력 프로그램 개설을 제안합니다.

한국 정부는 이러한 시도가 좋은 결실을 맺을 수 있도록 적극적인 지원을 아끼지 않을 것입니다.

존경하는 대학교수 및 학생 여러분!

한국의 속담 중에는 "비가 온 뒤에 땅은 더 굳어진다"라는 말이 있습니다. 양국은 한때의 불행했던 지난 일을 뒤로하고 양국 간의 미래지향적 경제협력을 보다 견실하게 발전시켜 나가야 할 것입니다.

인도차이나 중심 국가이며, 개혁·개방과 함께 역동적인 경제성장을 이룩해 온 베트남의 성장 가능성은 앞으로 매우 크고, 그 전망 또한 밝다고 생각합니다.

다시 한 번 말씀드리지만, 베트남이 가진 무한한 잠재력에 한국의 기술과 자본의 결합이 이상적으로 이루어진다면, 양국 경제는 물론 아시아 지역 경제발전에도 크게 기여할 것으로 확신합니다.

지난 10년 간의 양국 관계의 발전성과를 바탕으로 21세기 한·베트남 간의 포괄적 동반자 관계가 가일층 공고화되기를 기대합니다.

아울러 하노이 국립대학교의 앞날에 무궁한 발전을 기원합니다.

경청해 주셔서 감사합니다. 씬 깜 언.

3

21세기, 아시아의 비전을 향해
– 보아오포럼 (BF회의) 제1차 연례총회 기조연설(2002년 4월12일)

주룽지 중국총리, 고이즈미 일본총리, 탁신 태국총리 각하, 그리고 아시아 각국의 지도자와 각계 전문가 여러분!

먼저 「보아오」 포럼 제1차 연례총회의 성공적인 개막을 축하하며, 이번 행사를 준비해온 중국 정부와 장샹 사무총장, 그리고 사무국 직원 여러분의 노고를 치하드립니다.

나는 아시아인들의 공존공영과 경제협력을 모색하는 이 자리에서 「새로운 21세기, 아시아의 경제발전과 협력방안」이라는 주제를 가지고 말씀드리게 된 것을 무한한 영광으로 생각합니다.

새로운 세기를 맞아 세계경제는 '양'과 '질' 모든 면에서 엄청난 속도로 변화하고 있습니다.

정보·통신기술의 급속한 발전은 생산·유통·소비 등 경제활동 전반에 걸쳐 변화를 가져오고 있으며, 생명공학(BT)·나노기술(NT)·우주항공기술(ST) 등 새로운 첨단기술의 발전은 인류의 생활패턴 자체를 바꾸어가고 있습니다.

정보·통신기술의 혁신과 무역·자본의 개방화는 세계화를 심화시키고 있으며, 이제 세계화는 피할 수 없는 대세가 되어가고 있습니다.

세계화와 더불어 인접 국가 간 지역협력 추세가 확산되고 있는 것도 최근 세계경제의 두드러진 특징의 하나가 되고 있습니다.

과거 어느 때보다 빠른 기술혁신과 세계화의 심화, 그리고 지역통합 추세는 21세기 세계경제 환경과 질서를 형성해 주는 기본 '틀'이 될 것으로 전망됩니다.

이러한 세계경제의 변화 속에서 우리가 살고 있는 아시아에서도 세계인들이 주목해야 할 많은 변화와 미래를 대비한 도전이 이루어지고 있습니다.

작년 말 중국이 세계 모든 국가들의 축복 속에 WTO에 가입함으로써 명실상부하게 세계자유무역질서에 편입되었으며, 2010년까지 ASEAN과 자유무역협정(FTA) 체결을 추진키로 하였습니다.

일본은 싱가포르와 '신시대 경제관계협력(EPA : Economic Partnership Agreement)'을 체결하였으며, 한국과 일본은 FTA결성을 위한 민·관·학 공동위원회 설치에 합의하였습니다.

동아시아 지역경제 협력을 위한 ASEAN과 한·중·일 3국간 정상회의가 본격 가동되기 시작하였으며, 2000년 10월 한국의 서울에서는 아시아와 유럽의 협력과 번영을 다지는 ASEM 정상회의가 성공적으로 개최되었습니다.

특히, 동아시아 경제협력을 위해 필수적인 한반도의 평화와 안정을 위한 노력이 지난 2000년 6월 남북정상회담을 계기로 가시화되고 있습니다.

이는 한국이 김대중 대통령 정부 출범 이후 일관되게 추진해 온 햇볕정책과 이에 대한 국제사회의 지지에 따른 결실이라고 생각됩니다.

그간 어려운 국제정세 하에서 남북대화가 다소 주춤했으나 4월 3일부터 6일까지 우리측 특사가 북한을 방문하여 그동안 일시 동결되었던 남북관계를 원상회복키로 합의하였습니다.

남북 간 철도와 도로의 조기 연결, 남북 군사당국자회담의 개최, 남북이산가족의 상봉, 금년 5월 남북경제협력추진위원회의 개최 등에 합의함으로써 남북 간 교류협력의 확대와 한반도 평화 정착에 획기적인 돌파구가 마련되었습니다.

또한, 금년 6월에는 사상 처음으로 한국과 일본이 월드컵 대회를 공동으로 개최할 예정이며, 대회의 성공적 개최를 위한 양국의 전면적 협력이 이루어지고 있습니다.

나아가서 '97년 동아시아 지역을 절망 속에 몰아넣었던 금융·외환위기의 악몽도 서서히 걷혀가고 있으며, 경제회복의 기운이 확산되어 가고 있습니다.

한국은 '90년대 말의 경제위기를 단순한 금융·외환위기로만 보지 않고 지난 30~40년간의 고도 성장과정에서 누적되어온 비효율의 적폐를 근본적으로 해결하는 계기로 활용하였습니다.

한국정부는 지난 3~4년간 강도 높게 추진한 기업·금융··공공·노동 등 4대 부문 개혁을 통해서 기업경영의 투명화와 금융부실의 청산, 공기업의 과감한 민영화와 노동시장의 유연성 제고라는 성과를 거두면서 시장경제에 보다 충실한 경제 메카니즘을 구축하였습니다.

한국은 이제 민간부문 뿐만 아니라 공공부문에서도 상시 구조조정

시스템을 작동시켜 나감으로써 경제·사회 전반의 효율 향상과 대외여건의 변화에 신축성 있게 대처해 나갈 수 있게 되었습니다.

이와 같은 경제개혁 과정을 거치면서 한국은 부정부패의 척결과 관치경제의 청산이 개혁의 첫걸음이 되어야 한다는 교훈을 얻었습니다.

21세기의 개막과 함께 아시아 지역에서 일어나고 있는 이러한 여러 변화들은 세계 경제 환경변화에 대한 아시아인들의 새로운 인식과 도전의 시발점이라는 점에서 큰 뜻이 있다고 생각합니다.

아시아 지역은 세계인구의 60% 이상을 차지하면서도 국민소득과 교역 등 경제규모는 세계 전체의 3분의 1에도 미치지 못하고 있습니다.

아시아 대부분의 국가들은 빠르게는 60년대부터, 늦게는 70~80년대 들어서야 경제개발의 대열에 참여함에 따라 서구선진국에 비해 산업화가 크게 뒤떨어져 있습니다.

다만, 우리 아시아 국가들이 자랑스럽게 생각할 수 있는 것은 NIES로 일컬어지는 아시아의 신흥시장국가들이 선진국들과의 격차를 좁혀 가고 있으며, ASEAN 국가들 또한 풍부한 자원과 역내 경제협력을 바탕으로 발전을 가속화시켜 나가고 있다는 점입니다.

또한 중국은 시장경제의 성공적 추진으로 다른 어느 나라보다 빠른 속도로 경제발전을 이룩하고 있으며, 인도는 우수한 정보인력의 보고가 되고 있습니다.

20세기말이 아시아의 발전 가능성을 보여준 시기였다면 21세기는 아시아가 세계경제의 중심축에 서서 밖으로는 세계경제 성장의 동력을 제공하고 안으로는 역내 국가의 공동발전과 국민들의 삶의 질을 높여 나가는 시대가 되어야 하겠습니다.

21세기를 맞이함에 있어 우리 아시아인들은 18세기 영국에서 시작된 산업혁명의 물결을 활용하지 못했던 역사적 과오를 잊지 말아야 합니다.

일본을 제외한 아시아 모든 국가들은 산업화에 뒤늦게 눈을 뜸으로써 선진국 대열에 참여하지 못했던 아픈 경험을 공유하고 있습니다.

앞서 말씀드린 바와 같이 지금 세계는 산업혁명과 비교할 수 없을 만큼 변화의 '폭'과 '깊이'가 큰 정보화혁명의 와중에 있습니다.

만약 우리가 이 정보화 시대에서 낙오된다면 과거 산업화에 뒤쳐진 결과와는 비교할 수 없을 만큼 엄청난 발전격차와 빈곤의 악순환에서 헤어나지 못하게 될 것입니다.

우리 아시아인들은 이번 세기만큼은 보다 열린 경제, 보다 긴밀한 정보·기술협력, 심도 있는 지역경제협력을 실현시킴으로써 새로 시작된 지식정보화시대를 주도해 나갈 수 있도록 하여야 하겠습니다.

① 역내 교역과 투자 협력의 확충

아시아 경제협력의 출발은 역내 국가간 무역과 투자의 확대로부터 이루어질 수 있다고 생각합니다.

2000년 기준으로 EU의 역내 국가간 교역 비중은 53%에 이르고 있으며, 동아시아 국가들의 역내 교역은 49%에 달하고 있습니다.

특히 동아시아 국가들의 역내 교역은 과거 10년간 2.2배나 증가함으로써 다른 어느 지역보다 빠른 증가세를 보여주고 있는 점에 비추어 볼 때, 역내 교역의 확대 가능성은 다른 어느 지역보다 크다 할 것입니다.

현재 WTO 주도로 진행되고 있는 「도하개발아젠다」 협상은 전 세계적 차원에서 무역과 투자자유화를 촉진시켜 줄 것으로 기대됩니다.

그러나, 아시아 국가들은 이보다 한 단계 앞선 역내 국가들 간의 협력을 모색해야 합니다.

이를 위해 역내 국가 간의 지속적인 관세 인하 조치와 비관세장벽의 철폐, 무역규제에 대한 상호 정보채널의 구축, 전자상거래를 위한 기반 조성 등 역내 교역 확대를 위한 노력을 강화해 나가야 할 것입니다.

역내 국가 모두에게 이익을 줄 수 있는 상호보완적인 투자의 확대와 기술 협력도 촉진되어야 할 것입니다.

산업구조의 조정과 자원의 공동개발, 도로·항만 등 인프라의 건설 지원, 정보격차 해소와 역내 국가간 광케이블 설치 등 정보통신 분야에서의 투자도 더욱 확대되어야 합니다.

교역과 투자의 활성화는 민간기업 차원의 협력이 수반되어야 내실 있고 실효성 있게 추진될 수 있다고 생각합니다.

이를 위해서는 국적이 다른 아시아 각국 기업인들의 상호이해와 협력을 지원하기 위한 각국 정부 지도자의 역할이 그 어느 때보다 중요하다 할 것입니다.

② 역내 금융·외환시장 안정을 위한 협력 강화

'97년 아시아 각국이 겪은 외환위기의 뼈아픈 경험을 다시 되풀이하지 않기 위해서는 역내 금융·외환시장의 안정을 위한 노력이 집중적으로 이루어져야 한다고 생각합니다. 하루 약 4조 달러에

달하는 국제금융거래자금 중 상당 부분이 실물경제와 상관없이 단순히 금융이익만을 쫓아 국경을 넘나들고 있습니다.

국제 투기자금의 공격으로 인한 경제교란을 방지하기 위해서 ASEAN과 한·중·일 3국 재무장관회의에서 합의된 치앙마이 이니셔티브(CMI)를 바탕으로 현재 한국과 일본, 중국을 중심으로 아시아 국가 간에 체결한 통화 스왑 형태의 지원방식을 확대시켜 나가야 하겠습니다.

또한 역내 투기성 단기 자본 이동에 대한 모니터링과 외환위기 조기경보체제 구축 등의 과제에 대해서도 보다 원활한 정보교류와 심도 있는 협력이 요청되고 있습니다.

아시아 국가들이 공통으로 겪고 있는 금융부문에서의 취약점을 극복하기 위해서는 금융부문 구조개혁을 위한 각국의 경험과 아이디어를 서로 공유하고 교류하는 체제도 일층 확충되어야 할 것입니다.

③ 기술협력, 교육·문화 교류의 확충

20세기 산업시대에서는 자본·노동·천연자원 등 유형의 자원이 지배적 역할을 하였습니다만, 21세기에는 지식·기술·정보·문화와 같은 무형의 자원이 경제성장에 핵심적 역할을 하게 될 것입니다.

아시아인들은 세계에서 가장 먼저 종이와 인쇄술, 숫자 "0"을 발명해 낸 역사를 가지고 있습니다.

미래의 새로운 지식기반경제에서는 아시아인들의 높은 교육수준과 빛나는 창의성이 발전을 위한 가장 큰 자산이 될 것입니다.

앞으로 우리는 정보·통신기술의 개발·활용과 함께 전통산업과 지식기반산업의 접목을 통해「지속가능성장경제」의 모델을 발굴해야 합니다.

한국은 지난 4~5년간 지식·정보화 분야에 집중적인 노력을 기울인 결과 전국에 걸쳐 초고속통신망을 구축하고, 금융·증권 부문에서의 인터넷 활용, 이동통신 보급 측면에서 세계에서 가장 앞선 성과를 거둔 바 있습니다.

이와 함께 반도체, TFT-LCD 및 CDMA 등 이동통신 분야의 기술과 생산에 있어 세계적인 경쟁력을 보유하게 되었습니다.

또한, 전통산업의 정보화도 모든 업종에 걸쳐 확산되어 가고 있습니다.

이제 아시아 국가들은 상품교역과 같은 하드웨어 이외에 지식·기술·정보·문화와 같은 소프트웨어 분야에서의 교류도 대폭 확대해 나가야 합니다.

또한 그동안 많이 논의되었던 과학기술의 교류, 직업훈련과 평생교육을 통한 인적자원 개발 분야에서의 국가 간 협력도 구체적으로 실천되어야만 할 것입니다.

특히 지식기반경제로의 이행단계에서 불가피하게 발생하는 정보격차(Digital Divide)는 곧바로 지식격차(Knowledge Gap)로 이어져 국가 간·국민들 간의 경제·사회적 불균형을 심화시킬 가능성이 매우 큽니다.

이러한 정보·지식격차를 극복하기 위한 역내 국가들의 교육 및 직업훈련 협력은 시급히 추진되어야 할 것입니다.

④ 빈곤 추방을 위한 개발협력의 확충

오늘날 세계 사회에서 빈곤은 모든 대립과 갈등의 원인이 되고 있습니다.

빈곤을 추방하고 삶의 질을 향상시킴으로써 모든 인류에게 희망을 주는 일이 무엇보다도 중요한 과제로 떠오르고 있습니다.

유엔을 포함한 여러 국제기구에서 전 세계적인 차원의 개발문제를 다루고는 있으나, 아시아의 빈곤 타파는 아시아 국가들이 우선적인 책임을 갖고 해결방안을 모색하여야 할 것입니다.

한국은 아시아 지역의 빈곤 추방을 위해서 개도국에 대한 공적개발원조(ODA) 지원 금액의 40%를 아시아지역에 공여하고 있으며, 앞으로 우리의 능력범위 내에서 더욱 확대해 나갈 것입니다.

한국은 60년대 초 1인당 국민소득 100달러 미만의 빈곤국에서 이제 2만달러 수준의 신흥공업국으로 성장하였으며, 이러한 성장 과정에서 얻게 된 성공과 실패의 정책 경험을 여러 아시아 국가들과 공유하는 데에도 인색하지 않을 것입니다.

다음으로 아시아의 지역경제협력체 구축을 위한 몇 가지 과제에 대하여 말씀드리고자 합니다.

아시아 지역은 지역경제협력을 추진해 나감에 있어 국가간 경제력의 격차, 갈등의 역사유산 등 많은 제약요인이 있으나 장점도 많다고 생각합니다.

무엇보다 아시아지역에는 세계 5대 항만인 홍콩·싱가포르·부산·카오슝·상하이가 모두 위치하고 있으며, 대규모 국제공항인 한국의 인천공항·중국의 푸동공항·홍콩의 첵랍콕공항·일본의 간사이공항이 세계 물류 중심기지를 겨냥하고 발전을 거듭하고 있습니다.

아시아의 한자 문화권은 오랜 갈등의 역사에도 불가하고 국가 간 이해와 협력을 도출해 낼 수 있는 원동력이 될 것입니다.

또한 아시아는 정보화분야에서 우수한 인력과 유사한 문화콘텐츠를 가지고 있기 때문에 협력의 계기만 주어진다면 아시아 전체의 지식정보화 수준을 획기적으로 높여 나갈 수 있습니다.

지역경제협력에 있어 가장 큰 걸림돌이 되고 있는 개별국가의 낙후산업 처리 문제는 전부가 아니더라도 가능한 것부터 합의하고 실천해 나가는 지혜를 통해 해결해 나갈 수 있을 것입니다.

이를 위해서는 정치 지도자들의 역할이 무엇보다 중요합니다.

그러나, 아시아지역 국가들은 양국 간 자유무역에서 뿐만 아니라, 지역협력 형성에도 소극적이라는 점을 인정하지 않을 수 없습니다.

이제 우리 아시아인들에게는 많은 시간이 주어져 있지 않습니다.

다시 말씀드리지만 21세기 정보화시대에서의 낙오는 과거 산업화시대나 식민지 시절과 비교할 수 없을 만큼 큰 고통을 주게 될 것입니다.

아시아 각국은 발전단계와 문화적인 배경이 서로 다르지만, 경제·사회발전과 미래의 번영을 이루어 나가고자 하는 공통된 목표를 가지고 있습니다.

21세기에 아시아가 세계의 중심에 서서 번영을 이룩하기 위해서는 아시아 각국의 다양한 경험을 서로 공유하고 협력해 나갈려면 보다 밀접한 지역경제협력체의 필요성이 그 어느 때보다도 중요하다고 하겠습니다.

아시아 역내 국가 국민들이 인접국의 문화와 역사에 대해 깊이 이해하는 것은 지역경제협력을 내실 있게 추진해 나가는 데 필수불가결한 요소가 될 것입니다.

한국은 아시아 지역경제협력체 형성의 여건을 조성하기 위하여 그동안

ASEAN과 한·중·일 3국간 정상회의를 통해 여러 가지 제안을 한 바 있습니다.

특히, 김대중 대통령은 2001년 브루나이 정상회의에서 동아시아의 장기적 경제협력 방안에 대한 논의를 체계화할 수 있도록 'ASEAN과 한·중·일 3국간 정상회의의 동아시아 정상회의로의 전환'을 제안하신 바 있습니다.

또한 김대통령은 '동아시아 자유무역지대 구상의 구체화방안 연구'와 '동아시아 포럼 창설' 등을 제시하여 각국 정상들의 지지를 받은 바 있습니다.

'천리 길도 한 걸음부터'라는 말처럼, 김 대통령의 제안은 아시아 지역협력의 귀중한 첫 삽을 뜨는 '한 걸음'이 될 것을 믿어 의심치 않습니다.

이 '첫 삽' 속에 우리는 21세기 아시아 국가들이 공동으로 추구해야 할 무역·투자협력, 지식정보화를 위한 공동노력, 교육·직업훈련·문화협력, 국가 간 발전격차 및 빈곤 타파를 위한 청사진들을 담아내야 할 것입니다.

20세기 후반 아시아 지역은 그 다양성과 경제의 역동성을 기반으로 세계 경제의 견인차 역할을 수행하였습니다.

나는 21세기에도 아시아 지역이 역동성과 창의를 바탕으로 보다 중심적인 역할을 수행할 수 있을 것이라고 확신합니다.

경제의 혁신과 번영을 직접 추진하는 주체는 기업과 근로자, 연구기관, 학자와 민간전문가들입니다.

이들의 미래지향적인 추진력과 용기, 새로운 기술혁신을 위한 끊임없는 노력이 아시아 지역경제에 활력을 불어 넣을 것입니다.

민간 차원의 협력은 공동연구와 공동 기술개방의 기회 확충, 인적자원의 상호교환과 교육·훈련을 위한 네트워크 구축에 바탕을 두어야 합니다.

이러한 민간차원의 '네트워크' 구축은 각국 정부의 적극적인 지원을 필요로 합니다.

지금까지 우리는 세계 경제의 틀 속에서 단기적인 적응 노력에만 힘쓰는 수동적인 대응자세를 가져온 것이 사실입니다.

그러나, 이제 아시아는 21세기 세계경제의 주역으로서 비전을 가지고 중장기적으로 세계경제의 움직임을 능동적으로 만들어 나가는 적극적인 자세가 필요합니다.

이를 위해 정부, 업계, 학계, 국민 개개인 등 모든 이해당사자들이 협력정신을 바탕으로 구체적인 행동계획을 협의하고, 이를 실천해 나가야 할 것입니다.

이제 '보아오 포럼'이 21세기 아시아의 비전을 구체화하고 행동계획을 마련하는 유용한 계기를 제공할 수 있기를 기대합니다.

다시 한 번 보아오 포럼의 창설을 축하하며, 앞으로의 성공을 기원합니다.

감사합니다.

저자 약력

이한동 李漢東

출생　1934년 경기도 포천

학력사항
　1954　서울 경복고등학교 졸
　1958　서울대학교 법과대학 행정학과(법학사)

경력사항
　1958. 12　제10회 고시(사법과) 합격
　1959. 05　군법무관(육군중위)
　1963. 02　서울지방법원 판사
　1969. 11　서울지방검찰청 검사
　1974. 09　법무부 연수원 부원장
　1975. 10　대전지방검찰청 부장검사, 서울고등검찰청 검사
　1977. 04　부산지방검찰청 형사3부장
　1980. 03　서울지방검찰청 특별수사1부장, 형사1부장
　1981. 03　제11대 국회의원
　1981. 04　민주정의당 원내부총무
　1982. 01　민주정의당 총재비서실장
　1984. 06　민주정의당 사무총장
　1985. 02　제12대 국회의원
　1986. 06　민주정의당 원내총무(1번째)
　1988. 04　제13대 국회의원
　1988. 05　민주정의당 정책위원장, 경기도지부위원장
　1988. 08　남북국회회담 준비접촉 대표
　1988. 12　내무부 장관
　1989. 08　민주정의당 원내총무(2번째)
　1992. 05　제14대 국회의원
　1993. 12　민주자유당 원내총무(3번째)
　1995. 02　국회 부의장
　1996. 04　제15대 국회의원
　1997. 09　한나라당 대표최고위원
　2000. 02　자유민주연합 총재
　2000. 05　제16대 국회의원
　2000. 06　제33대 국무총리
　2007. 12　자유한국당 상임고문

상훈
　근정포장(1977)
　청조근정훈장(1989)

주요저서
　『가슴이 넓은 남자가 좋다』(한송, 1997)
　『이한동의 나라살리기』(신원문화사, 1997)